新媒体与网站管理

石 焱 主编

中国林业出版社
China Forestry Publishing House

内容简介

本书从学员需求出发,结合新媒体最新发展趋势和热点技术,总体以提高新媒体管理综合能力为目标,理论以新媒体知识、网站管理和舆情管理为重点,结合实际发生的案例分析,以必需、够用为度。全书共6章,主要包括新媒体概述、新媒体信息管理、新媒体运营及典型应用、网站内容管理、网站运维和网络舆情。本书既有理论和战略高度,又有可操作性的分析指导,案例丰富,可以根据需要从中选取学习内容。编写本书目的在于面向广大林草系统从业人员普及新媒体、网站与网络舆情等知识,提高林草从业人员新媒体运营、网站管理、舆情应对水平,提高工作效率。本书既可供林草系统的信息宣传、信息采编、网站管理人员和广大干部作为参考手册,也可供各行业办公人员、高校学生和广大新媒体工作爱好者学习参考,为林业信息化培训基地指定使用参考用书。

图书在版编目(CIP)数据

新媒体与网站管理/石焱主编 .—北京:中国林业出版社,2020.8
ISBN 978-7-5219-0730-8

Ⅰ.①新… Ⅱ.①石… Ⅲ.①传播媒介－运营管理 Ⅳ.①G206.2

中国版本图书馆 CIP 数据核字(2020)第 141237 号

中国林业出版社·教育分社

策划编辑:高红岩　　责任编辑:高红岩　曹鑫菇　　责任校对:苏　梅
电　话:(010)83143554　　传　真:(010)83143516

出版发行	中国林业出版社(100009　北京市西城区德内大街刘海胡同7号) E-mail:jiaocaipublic@163.com 电话:(010)83143500 http://www.forestry.gov.cn/lycb.html
经　销	新华书店
印　刷	河北京平诚乾印刷有限公司
版　次	2020年8月第1版
印　次	2020年8月第1次印刷
开　本	710mm×1000mm　1/16
印　张	21
字　数	420千字
定　价	62.00元

未经许可,不得以任何方式复制或抄袭本书之部分或全部内容。

版权所有　侵权必究

序

随着互联网的快速发展和"互联网＋"等理念的提出，新媒体对传统媒体产生了巨大的冲击。据中国互联网络信息中心（CNNIC）发布的第45次《中国互联网发展状态统计报告》显示，截至2020年3月，中国网民规模达到9.04亿，联网普及率达64.5%，手机网民规模达8.97亿，网民使用手机上网的比例达99.3%。网络直播、网络音乐、网络视频等应用的用户规模快速增加，在线教育用户规模达4.23亿人，从互联网用户使用的各类网络应用来看，新媒体应用占据了重要位置。

从2012年的移动新媒体元年、2014年的新媒体融合元年、2015年的新媒体视频元年、2017年的新媒体洗牌元年到2018年以来的自媒体、全媒体时代，新媒体在全球发展如火如荼，随着数字化阅读人群"滚雪球"般的成长，移动化、交互化、体验化、个性化、定制化、线下线上一体化、全终端大融合的传播技术，正在让新媒体的创意与内容瞬息万变，受众与技术驱动的"一个内容、多种创意、多次开发；一个产品、多种形态、多次传播"的新媒体，不断注入传统媒体坚守的人文价值和工匠精神，让其在技术引擎的强劲驱动下，释放出更多的正能量。信息传播的主战场已由传统媒体扩展到新兴媒体，也促使现有的媒体格局面临前所未有的变革。

2017年6月1日颁布实施的《互联网新闻信息服务管理规定》正式实施，特别强调了总编辑对网站的重要性。尤其在对党和国家政策的理解上，在对重大新闻的舆论引导上，在对重要稿源的把握上，在有关内容导向的问题上，在对千万个自媒体人的引导上，总编辑责任重大，迫切需要紧跟形势，积极转型，大力提升新媒体素养和技能，包括专业领域的能力和新媒体运营能力，真正理解算法、理解数据、理解用户，并在保证导向和价值观的前提下开展工作。

国家互联网信息办公室于2019年12月发布并于2020年3月1日起施行《网络信息内容生态治理规定》，旨在营造良好网络生态，保障公民、法人和其他组织的合法权益，维护国家安全和公共利益。要求网络信息内容服务平台应当建立网络信息内容生态治理机制，制定平台网络信息内容生态治理细则，健全用户注册、账号管理、信息发布审核、跟帖评论审核、版面页面生态管理、实时巡查、应急处置和网络谣言、黑色产业链信息处置等制度。要加快5G新媒体平台建设，持续优化"4K超高清"频道、强化AI等技术引领，推动内容的精准分发和服务的精准触达。网络生态治理朝常态化、长效化、基层化演进。

2019年1月25日，习近平总书记在中央政治局第十二次集体学习时提出"推动媒体融合发展、建设全媒体成为我们面临的一项紧迫课题"。面对舆论生态、媒体格局、传播方式发生的深刻变化，习近平总书记强调，要因势而谋、应势而动、顺势而为，加快推动媒体融合发展。

党的十八大将生态文明建设纳入中国特色社会主义"五位一体"总体布局和"四个全面"战略布局。党的十九大将建设生态文明提升为"千年大计"，将"美丽中国"纳入国家现代化目标之中，将提供更多"优质生态产品"纳入民生范畴，提出要建立生态环境治理，统筹"山水林田湖草"系统治理，我国林业与草原事业迎来新的发展机遇。作为宣传林业与草原发展政策、科技知识和成就的重要传播手段和平台，林草行业传媒发挥着不可替代的作用。如何把握好新时代新机遇，使林草行业媒体在生态文明建设的大背景下成为一个技术先进、形式多样的新型主流媒体，构建资源整合、立体多元的传播体系，借助媒体融合之力实现转型升级。林草行业媒体人能学懂弄通、深刻理解国家政策，精准把握工作要求，利用全媒体形式，从不同层面、不同视角、不同时间，及时发布国家林业和草原局最新资讯，采写行业新闻，普及林草知识、编发科普文章，宣传一线人员的感人事迹，提高服务政府和群众能力，是面临的一项紧迫任务。

《新媒体与网站管理》这本书，就是在这样的一个背景下，针对林草宣传工作及网站管理人员实际需求进行整理编写。以真实的热点案例作引导，全面梳理了国家和行业两个层面的相关政策法规，帮助读者对新媒体概念、新媒体信息管理、新媒体运营、网站内容管理、网站运维、网络舆情等重点内容进行理解与掌握，具有较强的针对性、实用性和参考性。

国家林业和草原局管理干部学院党委书记　张利明
2020年5月

前　言

2012年，为进一步贯彻落实《全国林业信息化建设纲要2008—2020年》，加快林业信息化人才队伍建设，为建设现代林业提供强有力的人才保障和智力支持，推进生态文化与教育培训系统行动计划的实施，国家林业局（现国家林业和草原局）本着"着远长远，优势互补，资源共享，互利共赢，共同发展"的原则，6月1日，国家林业局办公室正式批复，同意在国家林业局管理干部学院（现国家林业和草原局管理干部学院）设立"林业信息化培训基地"，开展林业行业信息化培训，并进行培训需求调研。八年以来，开展了100多期林业信息化专题培训，林业系统领导干部和技术人员近万人参加了培训。培训期间，培训学员对互联网知识与办公应用技巧、网络安全风险防范、新媒体与舆情应对、互联网新技术等需求做了充分反馈。

为了适应新时期林草系统领导干部和业务人员的工作需要，推进"十四五"林草信息化培训工作力度，进一步提高林草系统广大干部职工的信息化工作能力和水平，我们组织国家林业和草原局管理干部学院林业信息化培训教研室人员、浙江省林业信息宣传中心、有丰富授课经验的新媒体专家一起，在国家林业和草原局信息中心网站处的指导下，共同策划编写了《新媒体与网站管理》。本书根据林草系统的公务员及企事业单位工作人员对新媒体运营、网站管理以及舆情应对的管理需求，有四个主要特点：

一是新媒体理论体系完整。本书既讲述了传统媒体与新媒体方面的知识，又详细介绍了新媒体运营的细节和技巧，重点强调了应用普遍的网站内容管理和运维技巧，对网络舆情的研判预警和引导做了阐述。

二是基础概念清晰明确。根据行业实际需求整理汇编专业知识，在深度上侧重于浅显易懂的描述，减少了阅读的枯燥性；在广度上几乎搜集并覆盖了新媒体等知识的相关名词及最新概念，保证了知识的时效性。

三是案例真实参考性高。本书收集了新媒体与运营、舆情应对等方面的真实的热点案例，通过权威专家的具体剖析，让读者进入特定的操作场景和过程，进一步高效掌握相关知识的应用技巧。

四是搜索方便覆盖全面。梳理了国家针对新媒体、互联网与网站信息、舆情工作的相关法律法规，尤其是2014年《关于加快传统媒体与新兴媒体融合发展的指导意见》的出台、2017年《政府网站发展指引》（国办发〔2017〕47号）和2019年

12月最新出台的《网络信息内容生态治理规定》,旨在准确传达各项法规内容,实现对个人及组织行为的规范化,保障新媒体与网站运营安全及相关工作合法有序。同时梳理了林业行业发布的相关制度。

编写本书的目的在于向广大林草行业干部职工普及新媒体概念、网站管理和舆情应对方面的基本知识,提高林草行业从业人员新媒体应用、网站管理和舆情应对水平,提高工作效率。在互联网强势发展的全媒体时代,对于领导干部和办公人员,掌握必要的新媒体、网站管理和舆情应对的知识十分重要,我们结合林草行业工作人员的岗位特点和林业信息化培训中各类学员的需求反馈,拟定了本书的编写大纲和热点案例分析方案,旨在高效、清晰地提高从业人员的新媒体运营、网站管理和舆情应对的风险防范能力,使得相关人员快速适应全媒体时代要求,熟练运用互联网技术,成为具备较高媒体素养的复合型人才。

本书分为6章,主要包括新媒体概述、新媒体信息管理、新媒体运营及典型应用、网站内容管理、网站运维和网络舆情。各部分内容简洁明了,结构清晰,结合工作实际中真实的热点案例,具有理论够用、突出技能、综合应用的特点,具有极强的参考性和实用性。既可供林草系统的办公人员和广大干部作为参考手册,也可供各行业办公人员、高校学生和广大新媒体与网站管理工作爱好者学习参考。

本书由国家林业和草原局管理干部学院石焱教授担任主编,浙江省林业信息宣传服务中心副主任张科担任副主编,并负责组织编写大纲及统稿。编写人员分工如下:上海大学新闻传播学院副教授洪长晖编写第一章第一节一部分、第二节、第三节一、二部分和第四节;张科编写第一章第一节二至五部分、第三节三部分;牛振兴编写第二章第一、二节;戴慧编写第二章第三节、第四节二至四部分和第六章第一至三节;王雪霖编写第二章第四节一、五部分;奚博编写第二章第五节;石焱编写第三章和第六章第四节;国家林业和草原局信息中心简帅编写第四章第一、二节;浙江省林业信息宣传服务中心柯宗编写第四章第三节;国家林业和草原局信息中心周庆宇编写第四章第四、五节;方博编写第五章第一、二节;柯家辉编写第五章第三、四节;中国应急管理学会舆情专委会秘书长段赛民主任编写第六章第五节;附录由石焱提供思路,马德富、柯家辉和石润昊搜集整理编写。国家林业和草原局信息中心网站处处长冯峻极、浙江省林业信息宣传服务中心副主任张科均全程参与了本书的大纲确定、内容、案例的审核与校对工作。

在编写本书的过程中,笔者参考了大量的资料,编写大纲和思路得到国家林业和草原局管理干部学院党委书记张利明、副院长梁宝君、中国绿色时报社常务副书记邵权熙、国家林业和草原局信息中心网站处处长冯峻极、中国应急管理学会舆情专委会秘书长段赛民、人民日报媒体技术股份有限公司大数据事业部副主任朱海峰、华数云董事长章军、浙江华数省级集客服务部曹洁、浙江华数 ICT 支撑部虞劼、国家林业和草原局退耕还林（草）工程管理中心信息宣传处处长孔忠东、国家林业和草原局华东林业调查规划设计院办公室副主任王涛、国家林业和草原局中南调查规划设计院办公室副主任肖微、北京林业大学信息学院副院长许福、天津市林业局副主任王锐强、国家林业和草原局信息中心大数据处副处长谢宁波等领导和专家的大力支持和有效指导，吸取了许多同仁的经验，在此谨表谢意。

　　谨以此书纪念"林业信息化培训基地"设立八周年！

　　由于时间仓促，作者水平有限，难免有不当之处、错误之处，祈望读者指正。笔者的 E-mail：71161365@qq.com。

石　焱

2020 年 4 月

目　录

序
前　言

第一章　新媒体概述 ·· 001
　第一节　新媒体及相关概念 ·· 001
　第二节　新媒体发展历程 ·· 010
　第三节　传统媒体与新媒体 ·· 016
　第四节　新媒体技术 ·· 033

第二章　新媒体信息管理 ·· 046
　第一节　新媒体信息的要素 ·· 046
　第二节　新媒体素材的处理与编辑 ··· 054
　第三节　新媒体信息的种类和特点 ··· 063
　第四节　新媒体信息发布 ·· 068
　第五节　新媒体信息管理主要政策法规概述 ·· 075

第三章　新媒体运营及典型案例 ··· 079
　第一节　新媒体运营 ·· 079
　第二节　用户运营 ··· 092
　第三节　产品运营 ··· 097
　第四节　内容运营 ··· 105
　第五节　活动运营 ··· 111
　第六节　新媒体运营案例 ·· 115

第四章　网站内容管理 ··· 129
　第一节　国内外政府网站发展现状 ··· 129
　第二节　板块设置 ··· 138

第三节 信息发布 …… 144
第四节 域名管理 …… 152
第五节 典型案例 …… 158

第五章 网站运维管理 …… 164
第一节 服务器 …… 164
第二节 后台发布系统 …… 173
第三节 绩效评估 …… 175
第四节 网站安全 …… 179

第六章 网络舆情 …… 195
第一节 网络舆情概述 …… 195
第二节 网络舆情监测与分析 …… 202
第三节 网络舆情研判与预警 …… 206
第四节 舆情引导与方法 …… 208
第五节 网络舆情典型案例分析 …… 227

附录一 新媒体主要法律法规(全文) …… 251
附录二 相关政策法律法规列表 …… 300
附录三 国家突发公共事件总体应急预案 …… 307
附录四 网络舆情监测服务机构 …… 321
参考文献 …… 322
后 记 …… 325

第一章 新媒体概述

随着我国经济结构的不断转型优化，新媒体行业正在不断融入社会经济和民生生活的各个领域，成为影响中国未来发展的重要因素。新媒体平台已成为经济发展新动能，"互联网+"成为媒体深化融合的新引擎。国家战略持续助推新媒体行业发展，传统媒体与新兴媒体通过优势互补、"一体化"发展深度影响中国社会各层面发展。在我国大力推动网络和信息化事业发展的顶层设计背景下，新媒体连接多行业、多领域发展，成为中国社会转型新阶段的关键因素，各种新技术、新理念、新形态、新模式竞相呈现。数字技术的使用为媒体概念的拓展提供了强大的推动力，媒体终端形式的多样化，人类生命的所有时空几乎都被媒体所包围。户外媒体、环境媒体、移动媒体、自媒体、流媒体、融媒全、全媒体、智媒体等新概念层出不穷，人类的生活被媒体深度侵入。新的时代，不仅意味着信息传输技术的变化，更意味着从根本上实现了信息传递形态由单向朝互动甚至发散的革命性转变，这种转变极大地改变了我们的物质生活形态，同时也不知不觉地改变了我们的精神生活状态。本章介绍了新媒体概念、发展历程、媒体融合发展以及新媒体技术等内容。

第一节 新媒体及相关概念

一、新媒体

（一）新媒体概念的产生

从词源上看，"新媒体（New Media）"一词于1967年经美国哥伦比亚广播电视网技术研究所负责人P·戈尔德马克（P. Goldmark）在一份关于开发EVR（电子录像）产品的项目计划书中提出，之后经美国传播政策总统特别委员会主席E·罗斯托（E. Rostow）通过向尼克松总统提交报告多处使用"New Media"一词（1969），因此，"新媒体"一词开始在美国社会推广，并逐步扩展到全世界。进入21世纪后，"新媒体"这一概念开始在我国流行起来，目前对于新媒体还没有一个统一的定义。之所以难以界定"新媒体"具体所指的原因在于"新媒体"一词语及现象的存在状态可区别对待，并有多种思考维度和角度。

比较富有代表性的定义有，美国新媒体艺术家列维·曼诺维奇认为，新媒体将不再是任何一种特殊意义的媒体，而不过是一种与传统媒体形式没有关联的一组数字信息，但这些信息可以根据需要以相应的媒体形式展示出来；联合国教科文组织总结为新媒体就是以数字技术为基础，以网络为载体进行信息传播的媒介；中国传媒大学廖祥忠认为新媒体是"以数字媒体为核心的新媒体"，即通过数字化交互性的固定或移动的多媒体终端向用户提供信息和服务的传播形态；景东和苏保华在《新媒体定义新论》中，认为新媒体是所有人向大众实时交互地传递信息的传播介质；邢长敏在《论新媒体定义的重构》中认为，新媒体是在传统媒体的基础上，以科学技术为依托，实时地、交互地传递个性化、多样化信息的中介，是一个相对概念；美国的 $Online$ 杂志则把新媒体定义为由所有人对所有人的传播，即是一种多对多的传播；新媒体产业联盟秘书长王斌认为新媒体是以数字信息技术为基础，以互动传播为特点，具有创新形态的媒体。

尽管对于定义"新媒体"的方式不同，并且也存在较大分歧，但通过以上定义我们可以发现，在对新媒体所具备的一些基本特征的揭示上，看法还是较为一致的。如"新媒体"永远是一个相对的、不断更新的概念，就正如印刷媒介相对于甲骨、竹简等媒介来说，曾是一种新媒体，广播相对于印刷媒介来说也曾是一种新媒体，"新媒体"之"新"，是一个相对于"旧"的概念，旧媒体曾经一度是"新媒体"，而"新媒体"又在不断地变化与演进。新信息革命中"新媒体"的最大特征则是集中了数字化、多媒体和网络化等最新技术。新媒体与传统媒体的根本区别在于传播技术的革命，即以多媒体计算机及互联网技术为基础，通过多种传播手段所创造的全新的媒体形态，如微博、即时通信、短视频等，再就是在原有的媒体传播方式基础上产生的被赋予了新的时代内容与传播风格的媒体，如交互电视、楼宇电视等。

北京大学中文系教授张颐武曾说，未来十年，媒体面临的挑战将会有"四对矛盾"：新旧媒体之间的矛盾、跨界和坚守之间的矛盾、善与真之间的矛盾以及大与小之间的矛盾。至于如何选择道路，"大家需要'在纠结中前行'——更重要的是，要在改变世界的同时，提升和改变我们自己"。

（二）新媒体的特征

1. 数字化传播

尼古拉斯·尼葛洛帝在《数字化生存》一书中提出："现代信息技术的突飞猛进必然将改变人类的工作、学习、娱乐方式，即人类的生存方式。"互联网的出现极大改变了人们的生活，对社会群体与社会文化造成了深远影响，使信息传播发生质的飞跃。新媒体也正是在互联网背景下应运而生的一种传播模式，数字化传播也是基于互联网平台广泛使用而得以实现的,数字化即数据对现象本质的充分捕捉,这种数字化的传播模式能够更为准确地捕获每一个连接点的实质性内容,例如,受众的信息接收偏好、传播者的内容制订取向,以及某一行业的传播商业盈利数据等,都可以通过数字化数据得以较为准确地计算与评估。当数字化技术能够广泛地应用于人类信息传播活动中时,媒介作为沟通人与人、人与社会和人与自然界的桥梁,已然可以充分调动数字化网络的能动性与可控性,将这种网络互动模式与人类物质生活和精神生活高度结合,最终为之能动性地服务。

2. 个性化服务

传统媒体以一种"公平"的心态面向大众,这里所说的"公平"是指传播主体向大众提供同样的内容与服务,受众接收到的信息没有差别,无法根据自身需要与喜好选择信息。新媒体时代,新媒体以网络技术为依托,基于对用户数据的采集与分析,为用户提供个性化服务,使用户轻松获取自己需要的信息,满足受众的需求。新媒体环境下,信息传播一改传统媒体"大锅饭"的态势,将受众从传统媒体浩如烟海的信息中解救出来,"受众个性化"成为新媒体区别于传统媒体的亮点所在。

3. 多媒体呈现

随着技术的不断发展,新媒体的信息呈现形式经历了由单纯的文本方式到音频、视频、图形、图像、动画等多种媒体相结合的方式,使信息内容即时而无限地扩展。多媒体的出现,使信息传播变得"鲜活",打破了信息传播的时空壁垒,使信息呈现形式变得多样,这是传统媒体无可比拟的优势。新媒体所具有的这种多媒体呈现形式,使得信息传播覆盖范围更广,传播方式更多样,传播力度更大,传播效果更明显。

4. 双向交互性

传统媒体的传播以单线程传播为主,传播主体单纯地将信息传播给受众,与受众完成信息的传递,在此过程中传者与受者没有产生交互。新媒体环境下,传播过程实现了信息在传播主体与传播受众之间的双向传播,这是新媒体区别于传统媒体的最大特征。人们可以随时随地通过任意媒介来获取任何的消息,并通过信息的二次传播与别的受众发生交互,实现了网络信息共享,打破了用户之间的交互障碍。现代社会的网络化进程,使人们所扮演的角色从单纯的信息接受者变为信息接受者与制造者的共同体,人们不再局限于单一的信息来源,全方位、多主体的信息来源已经为现代信息特征,双向互动已经取代单向传播,成为新媒体环境下人际交互的重要特征。

5. 受众双重性

新媒体环境下,数字化的全方位应用打破了传统媒体信息单线程传播的格局,传播主体与传播受众的双线传播成为现实。在此过程中,"传者→信息→受众"模式消失,传播受众的身份发生变化,受众角色变得主动,主要体现在其开始成为信息传播主体,实现了将信息传播者与接收者的双重身份合二为一。受众在信息传播过程中,作为一个信息节点,因为身份的变化,使该信息节点可以进行信息反馈与二次传播,这就使得信息在传播过程中表现出病毒式传播特征,扩大了信息传播范围,加快了信息传播速度,增加了信息传播途径。

(三)新媒体的分类

1. 政务新媒体

政务新媒体(New Government Media)是指各级行政机关、承担行政职能的事业单位及其内设机构在微博、微信、抖音等第三方平台上开设的政务账号或应用,以及自行开发建设的移动客户端等。它是政府部门及下属机构与"新媒体"的交叉结合,也就是官方机构通过新媒体的工具和渠道,发挥出信息发布、与受众对话和解读政策的功能,本质上"政务新媒体"是一种新兴的媒体,并且是新媒体分类中的一种自媒体,因为有官方"背书",具有更受认可的合法性,同时因为所有工作在政府部门的指导下进行,其信息的真实性、权威性和普惠性远高于个人或民营机构创办的"自媒体",更容易获得网民和其他机构的认可。政务新媒体的存在形式多样,最早提炼出这个概念的是新浪微博,以"政务微博"的方式开启了政务新媒体的新时代。实际上在早期的网络环境中政府及下属单位的官方网站,也是政务新媒体的范畴。目前的政务新媒体,包括官方网站、微信公众号、政务微博、政务App、各类自媒体网站发布平台等。

对"政务新媒体"的定义,可以简单总结为:政府机构及下属单位、公共团体及公开认证了个人信息身份的政府工作人员,以发布政府工作信息、提供公共服务或开展信息交流的新媒体平台。政务新媒体的作用:是移动互联网时代党和政府联系群众、服务群众、凝聚群众的重要渠道,是加快转变政府职能、建设服务型政府的重要手段,是引导网上舆论、构建清朗网络空间的重要阵地,是探索社会治理新模式、提高社会治理能力的重要途径。

2. 科教新媒体

新媒体环境下,科教类节目的传播具有实时性、多样性与互动性等特征,弥补了其在电视播出中存在的内容易逝性、形式单一性等局限。科教类节目最显著的特点是较高的知识含量,该类节目在电视上播出时虽然能够通过画面与声音生动地呈现科学现象原貌,但是,电视播放时段的固定性以及播放顺序的不可逆,导致该媒体在知识传播上存在局限。观众往往难以理解与吸收电视中瞬时闪过的科学知识,还容易感到枯燥。此外,传统科教节目为了提升趣味性,常常将制作重点放在环节设计和悬念铺设上,而未对知识点展开全面的阐述。与电视相比,微博作为新媒体的载体,其用户可以随时随地发布文字、图片、视频和短链接等形式的内容。因而，科教类节目通过新媒体传播，不仅可以实现信息的多样化实时发布，还有利于对电视画面中易逝的科学知识进行再次传播与大范围扩散。

同样在新媒体环境中，科教类节目在传播渠道上的重要特征是其与受众之间的双向互动，互动性是新媒体的普遍特征。以微博为例，是传播与对话的结合体。微博用户公开发布内容，关注者通过转发或评论的方式公开发起对话。在交流过程中，微博发布者收获关注并聚拢人气，粉丝则在互动中获得信息并汇集成稳定群体。微博的互动特征既促进了科教类节目中知识在网络中的深度传播，又加强了节目粉丝群体的稳固性。

3. 娱乐新媒体

纵观娱乐新闻的报道，其信源、信息和信宿越来越集中在自媒体身上，在自媒体中根据娱乐新闻信息的集散量、受众覆盖面和影响程度等方面，又可以分出几种对于娱乐新闻报道的自媒体类型。泛娱乐领域是微博活跃的主力场所。微博作为娱乐圈大事件的发源地，有着不可撼动的地位，过亿的注册量说明绝大部分上网人士都有个人微博账号。一些娱乐新闻人物只要一有风吹草动便会立刻登上微博热搜，随后就会有大量的娱乐媒体跟进、探其究竟，一场由粉丝和媒体参与的娱乐事件便会迅速地引起人们的关注和讨论。微博作为一个具有公共话语空间的媒介，不仅改变了原有的传播模式，同时作为自媒体的平台也对新闻的生产和走向起到了一定的影响，特别是娱乐新闻的产出，微博的受众多为青少年，这样的人群对于娱乐新闻有着极高的探知欲和参与感，微博这一平台正好满足了年轻受众的心理，所以微博也就自然而然成为了娱乐新闻传播的重要聚集地。微信平台上更多的是对于娱乐新闻背景的挖掘或是对于当下正在发生新闻的评论，虽然不能第一时间报道，但对于事件的推波助澜和持续发酵上有着不可磨灭的功劳。每个公众号都拥有自己固定的粉丝，且这些粉丝都对自己关注的公众号有着类似的价值观。这些文本的生产、传播、交互、搜索和分解可以在时间和空间上同时进行，在影响的广度和深度上都非常大。娱乐公众号同样也是娱乐新闻的传播和扩散的主要阵地之一。

4. 知识付费型新媒体

2016年，随着知乎、分答、喜马拉雅FM及得到等知识付费App的崛起，正式敲开了知识付费的大门，这一年也被称为"知识付费元年"，短短几年时间，知识付费已经成为了衡量一位上班族的必备技能。在互联网发展起来以前，知识付费通常是指传统的教育、出版和媒体等行业，而互联网的发展让知识的传播方式发生了很大变化，新媒体环境下的知识付费概念也与之前有所不同。新媒体环境下的知识付费是在在线内容付费和知识共享的基础之上发展出来的，在线知识付费的定义多与内容付费和知识共享联系在一起，可以认为在线知识付费是在线内容付费和知识共享的交集,在线内容是指传播过程和使用过程都是以数字形式呈现的信息。按照在线内容形式的不同又可分为视频、音频、文本、图片和软件等。而在线内容付费即是指对在线内容进行收费。在线内容付费属于电子商务的一种形态,其交易的商品为数字信息产品,知识共享将知识进行整合、归纳和总结,并以有偿或无偿的形式通过不同渠道传播给社会大众。开放和共享则使用户自主生产内容和信息共享成为可能,付费有助于知识产权的保护,并催生更高质量的内容。知识付费在内容付费和知识共享的基础之上发展出来,构建了新的知识传播体系。可以看出,相对于传统出版业和教育业的知识付费,新媒体下的知识付费涵盖的内容更为广泛、形式更为多样,同时也符合数字化时代用户的消费和使用习惯。

5. 新媒体广告

较之传统广告,新媒体广告是基于数字传播和网络在线可实现信息即时互动前提下的一种新型广告形态。目前,国内对新媒体广告的定义主要停留在广告的新媒体传播化的认知阶段,将新媒体单纯视为广告传播的技术载体。但新媒体环境下广告的创意表现、传播方式、效果评估等均已发生彻底变革,新媒体广告不是简单的"新媒体+广告",而是基于新媒体技术,依托社交媒体等网络渠道,以新媒体用户为传播对象传递商品信息、构建品牌形象的广告形式。

对数字化时代下的新型广告受众而言,传统意义上的广告传播策略和价值观已经无法满足他们对商品的需求。在新媒体环境下,彰显个性,通过消费享受成功的喜悦,体现自身的价值,探寻个体存在的意义,消费者看重的不再局限于其使用价值,更关心其所包含或能引发的兴趣爱好、愉悦满足等多重价值。而广告内容化使得广告信息的传递更为隐蔽,在网络视频、电视节目中的广告植入方式也改变了以往硬广告植入的粗暴模式而转变为广告与内容深度融合,打破内容与广告的界限,在用户体验中通过提供有价值的内容抓住用户眼球,将原本呈现内容的方式与品牌信息进行自然有效的融合。将内容赋予场景之中,深耕场景体验,在信息高度碎片化的媒介环境下,广告主开始花费更多心思,一方面努力使广告内容触达潜在顾客,另一方面希望受众与广告发生有意义的互动。新媒体环境下的场景带给消费者一种真实感、卷入感、参与感,进而引发消费者的信赖感。

二、自媒体

自媒体(We Media)是指普通大众通过网络等途径向外发布他们本身的事实和新闻的传播方式。自媒体是私人化、平民化、大众化、独立的传播者,并通过现代技术和电子手段向不特定的多数或个人提供规范或非规范信息。自媒体基于其草根性和平民性的特点,又被称为"公民媒体"或"草根媒体"。

自媒体最重要的作用是：授话语权给草根阶层，给普通民众。自媒体宣传自己，促进个人成长，铸就个人价值，体现舆论。这种普泛化的特点使在我声音的表达越来越成为一种趋势。自媒体的传播主体来自各行各业，其涵盖范围比传统媒体从业者在单一行业中的认知能力更广泛。在某种程度上，他们对于新闻事件的全面把握可以更具体、更清楚、更切合实际，位于"尾部"的草根媒体的专业水准并不一定会比专业的媒体从业人员差，甚至还更有优势。自媒体相对于传统媒体来说范围更加宽泛，并且突破了传统媒介的束缚，更加自由和低门槛，内容的价值与发布内容的人价值相对等是自媒体的时代趋势，体现的也是个人的价值。

目前，自媒体平台包括：微博、微信、抖音、百度官方贴吧、豆瓣等在线网络社区。自媒体在新的互联网新媒体技术的支撑下产生，从它一诞生就以不可阻拦之势快速蔓延到各大平台并在网民中普及，尤其是随着微信、今日头条等 App 的推广，包括微信公众平台、头条号等形式在内的自媒体发展势头迅猛，对传统媒体产生了很大的影响，进一步推动了市场变革。

三、融媒体

融媒体（Media Convergence）是充分利用媒介载体，把广播、电视、报纸等既有共同点，又存在互补性的不同媒体，在人力、内容、宣传等方面进行全面整合，实现"资源通融、内容兼融、宣传互融、利益共融"的新型媒体。融媒体也称为媒介融合，其本意是指各种媒介呈现多功能一体化的趋势。融媒体不是一个独立的实体媒体，它是指整合和利用广播、电视、互联网等主要媒体平台的优势，全面提升其功能、手段和价值的运作模式。

媒介融合这一概念最早由美国马萨诸塞州大学的浦尔教授提出。喻国明教授在《传媒经济学》中认为，媒介融合是指报刊、广播电视、互联网所依赖的技术越来越趋同，以信息技术为中介，以卫星、电缆、计算机技术等为传输手段，数字技术改变了获得数据、现象和语言三种基本信息的时间、空间及成本，各种信息在同一个平台上得到了整合，不同形式的媒介彼此之间的互换性与互联性得到了加强，媒介一体化的趋势日趋明显。融媒体是随着信息化社会不断发展而衍生出的一种运作模式，它把扬长避短作为主要目的和手段，整合、利用互联网的各项内容，将传统媒体和新媒体的优势发挥到极致，实现了资源的互通共融。融媒体具有多元性、时效性、互动性及发展性等特点。互联网时代的高速发展，使代表传统媒体的报纸、电视、广播等多种形式的新闻传播方式受到冲击，在融媒体的时代背景下，要充分发挥融媒体自身的互补性，将传统媒体与互联网相结合，取长补短，将新闻的宣传方式、传播内容等进行有效整理与合并。

例如，《人民日报》的"中央厨房"是一个融媒体中心，是一个完整的、体现整体融合的全体系。它既包括全新的空间平台，还有技术平台，包括全新设计的组织架构。打破了过去媒体的板块分割的运作模式，专门设立总编调度中心，建立采编联动平台，统筹采访、编辑和技术力量，实现"一次采集、多元生成、多渠道传播"的工作格局。实现集中指挥、高效协调、采编调度和信息沟通的基本功能。融媒体中心伟大之处就是设计了"中央厨房"或叫指挥中心的地方，得到同一传播信息源后，经过传播技术处理，分发到不同的新旧媒体平台，供该平台属性用户群进行阅读与传播。浙江首个省县合作融媒体中心——青田传媒集团融媒体中心2018年在青田启用，由指挥区、编发区、媒资区、技术区、会议室和机房组成，总面积达500平方米。

2020年1月16日中国绿色时报社倾力打造的绿色全媒体发布平台"中国绿色云媒"开通，是林草行业以记录的生态美好生活为宗旨，运用云科技、大数据打造的汇集绿色资源、贯通垂直领域、链接BC用户的绿色云媒综合平台。开通以来，始终坚持发布林草播报，充分利用大数据系统，精准获取、筛选和数据化权威媒体信源及海量林草信息，跟踪和掌握舆情动态信息。开通了强国号、头条号、百家号、企鹅号、大鱼号，初步形成新媒体宣传矩阵。

四、全媒体

全媒体（Omnimedia）这一概念源自美国传媒界，是前缀omni和单词media的合成词。不过，无论是在概念源生地的美国，还是引入到中国，"全媒体"这一概念都只是在业界广泛使用的描述性概念。新闻传播学界并没有对它进行严格的限定，大致而言，所谓全媒体是指综合运用各种表现形式，如文、图、声、光、电，来全方位、立体地展示传播内容，同时通过文字、声像、网络、通信等传播手段来传输的一种新的传播形态。它来自于传媒界的应用层面。媒体形式的不断出现和变化，媒体内容、渠道、功能层面的融合，使得人们在使用媒体的概念时需要意义涵盖更广阔的词语，至此，全媒体的概念开始广泛适用。随着全媒体春晚收视、"两会"全媒体传播指数、"马航失联"卫视全媒体传播指数的推出，电视界全媒体收视传播的应用也越来越被业界所接受。

全媒体的发展呈现两种比较明显的态势。一种是注重和突出手段的丰富与延展，采取扩张式战略，如"全媒体出版""全媒体广告""全媒体发布"等；另一种则注重多种媒体手段的有机结合，接近于当下更常用的"融媒体"这一表述，如"全媒体新闻中心""全媒体广播"等。无论是哪一种发展态势，与融媒体概念都有一定的重叠。近几年来，随着国家层面上对融媒体发展的重视与倡导，全媒体这一概念的使用频率几乎与之相同。

特别值得一提的是，习近平总书记在2019年1月25日的中央政治局集体学习时强调，全媒体不断发展，出现了全程媒体、全息媒体、全员媒体、全效媒体。随后，《人民日报》专门撰文做了进一步阐释，"全程"，突破了时空尺度，零时差、"五加二、白加黑"，传播随时随地都可以发生；"全息"，突破了物理尺度，所有信息都可以变成数据，用一个手机就可以获得；"全员"，突破了主体尺度，从"我说你听"的一对多传播，变成了多对多传播，互动性也大大增强；"全效"，突破了功能尺度，集成了内容、信息、社交、服务等各种功能，成为"信息一条街"。全媒体的概念从战略高度得到重视，从中央到地方，整个媒介生态都会发生相应的变化，新闻传播的空间将更具有想象力。

五、智媒体

智媒体（AI Media）是用人工智能技术重构新闻信息生产与传播全流程的媒体。它是基于人工智能、移动互联网、大数据、虚拟现实等新技术的生态系统。

1. 智媒体的构成

智媒体由智能媒体、智慧媒体和智库媒体三部分构成。

（1）智能媒体。指的是用人工智能技术改造媒体，重新定义媒体。除了算法推荐，还包括采访、写作、互动、效果检测、营销等环节与 AI 结合。

（2）智慧媒体。指的是用主流价值观解决算法偏差的问题，为技术引擎植入价值观的灵魂。智慧媒体是智媒体必不可少的重要构成，其关键在于价值主导，让技术更加弘扬主旋律。

（3）智库媒体。指的是以媒体为基础提供全联接智力支持。通过智能技术和智慧报道为政府、企业、社会民众提供智力支持。

2. 智媒体的实现路径

在打造智媒体的路径上，可采取"三轮驱动"的思路，即技术驱动、内容为王、资本支撑。

（1）技术驱动：人工智能赋能传播。

技术几乎是所有传统主流媒体共同面临的难题，也是以往媒体融合较为欠缺的一点。技术改变了世界，支撑了互联网产品的发展，也成为提升主流媒体传播力必须具备的要素。加大新技术运用，是建设新型主流媒体的应有之义。面向未来，要用人工智能赋能传播。

人工智能赋能产品。人工智能的多场景赋能，给用户带去了视、听、读、聊的智能化体验，从而助推传播力提升。

人工智能重构生产。在推进融合发展的流程再造上，新闻机构可以充分运用人工智能技术改变新闻生产的全流程。例如，机器写作、全网采集、智能化监测。

（2）内容为王："三个优先"创新传播。

再先进的技术平台也必须有好的内容才能得到用户认可，二者缺一不可。在新的环境下，坚持内容为王，加强内容创新，必须做到"三个优先"。

第一，移动优先。一个不争的事实是，传统媒体的内容已经不再是舆论风暴的发源地，提升主流媒体的传播力必须坚持移动优先。移动技术应用优先，让新技术产生新内容，如VR（Virtual Reality）报道、H5（HTML5标准）内容、数据可视化内容等。

第二，视频优先。5G时代，视频流将成为传播的主要形式。所以，要提升传播力，必须加强短视频生产和直播应用。

第三，故事优先。故事始终是最好的传播方式，好故事的传播力是惊人的。提升主流媒体传播力，依然要坚持讲好故事。新的传播环境下，以"视频＋故事"把好的形式和好的内容相结合，也是提升传播力的有效手段。

（3）资本支撑：资本运作助力传播。

在互联网环境下，资本也是提升传播力的重要支撑。传播力与用户数、品牌影响力、技术开发能力息息相关，而用户运营、品牌推广、技术产品开发，都离不开资本的支撑。这是互联网平台做强做大的规律性路径，也是新型主流媒体与传统主流媒体发展的不同之处。

主流媒体要做强做大互联网平台，必须走资本运作的道路。通过资本运作积聚资本，有助于加大新媒体平台的品牌与用户推广，引进先进互联网人才，推动体制机制改革创新，从而反哺新媒体平台打造，推动其快速做强做大，助推传播力提升。

人工智能有望改变媒体，重塑媒体的整个流程。未来，人工智能将融入到媒体运作的各个环节，但在媒体行业的落地，需要更复杂、更全面的架构。无论是人工智能本身还是其在传媒领域的应用，距离成熟都还有很长的路要走。当下，应基于媒体行业自身的数据构建具有针对性的人工智能系统，提升媒体与人工智能结合的成熟度。

第二节 新媒体发展历程

随着网络科学技术的发展，近年来基于网络技术和平台所产生的网络新媒体形式被形象地称为"第五媒体"。这些不断涌现的新媒体不但打破了以往传统媒体一统江山的局面，也以其新鲜的模式和创新的思维打破了大众媒体传统的内容生产模式和传播模式，改变了人们的生活习惯、工作方法和思维方式，在为传媒业注入新鲜血液的同时，也对其未来的发展提出了新的挑战。

从新媒体的发展历程来看，新媒体是在传统媒体的基础上逐步发展起来的。传统的媒体主要以报纸、广播和电视为代表，而新兴的互联网媒体、数字媒体则无限拓展了媒体的边界，同时扩大了媒体的内容与信息容量，扩大了媒体的受众面与辐射面，在很大程度上改变了媒体的性质。在创新与发展的过程中，传统媒体逐渐融入新媒体的大环境和大体系中，最终成为了新媒体的一部分。从整个视角来看，新媒体是一种新时期、新时代的媒体，是一种环境、理念与文化进步的产物。

新媒体最早出现在20世纪六七十年代，是指当时新兴的资讯与传播科技，其业务形态与内容随着媒介的不断发展也在不断更新。1967年美国人戈尔德马克首先提出了"新媒体"的概念，1969年美国ARPANET（阿帕网）建成，标志着互联网的诞生。1994年的4月20日，中国全面接入国际互联网，新媒体正是依托了互联网传播才得以应运而生。新媒体在中国的发展历经了萌芽期、发展期、蓬勃期等阶段后进入了现在的全面爆发期，从初期的不被重视到受到越来越多的关注，其中的跌宕起伏有很多值得深思和总结的地方。

一、萌芽期

1994年4月20日，中国与国际互联网的第一条TCP/IP实现全功能连接，成为互联网大家庭中的一员。但中国新媒体的起步却在尚未接入国际互联网就开始了，1993年12月6日，《杭州日报·下午版》通过该市的联机服务网络——展望咨询网进行传输，从而开启了中国报业电子化的序幕。

这是报纸（广电）上网的阶段，1995年1月12日中国首家网络新闻媒体——神州学人网站创办。1995年10月20日，《中国贸易报》率先正式上网创建电子日报，从而揭开了我国报纸（广电）大批上网的序幕。1994年5月中国日报电子版诞生，1995年12月中国日报网络版诞生，成为中国第一家上网的全国性报纸。1997年元旦，由《人民日报》主办的人民网正式上线，这是中国开通的第一家中央及重点新闻宣传网站。此后，新闻网站如雨后春笋般涌现出来。

在这一阶段，主流媒体如人民网、新华网纷纷向网络化发展，新浪、搜狐等商业网站开始涉足网络新闻，地方媒体探索网络发展模式，如千龙新闻网、东方网。依据信息与消费者关系的变革，这是一个以门户主导的时代。在21世纪之前，互联网领军者是雅虎、美国在线等，此时消费者刚从线下传统媒体转向线上的媒体，主要的动作就只是"看"（see），尚且处在完全的资讯1.0时代，门户仅仅是将信息重新组合后以互联网的方式提供给消费者。

二、发展期

进入21世纪之后，随着时代的发展和社会的进步，新媒体在新的时代逐渐展现出强大的辐射力和影响力。在报纸、广播和电视等传统媒体日渐式微的背景下,以互联网技术为基石的新媒体呈现出蓬勃发展的态势,并构建起独特而完善的发展平台,对经济社会生活中的各个领域造成了巨大的冲击。

新媒体是新时期尤其是21世纪以来经济全球化与市场经济充分发酵背景下的产物,代表着媒体产业全新的业态形式与前沿方向,也指引着媒体行业朝着更"高精尖"的方向发展。在这一阶段许多传统媒体纷纷向新媒体转型,2004年7月18日,中国第一家手机报《中国妇女报·彩信版》正式开通,开启了传统媒体与新媒体相融合的时代。

据中国互联网络信息中心(CNNIC)发布第45次《中国互联网发展状态统计报告》的数据显示,截至2020年3月底,我国网民规模为9.04亿,新增网民7508万,互联网普及率达64.5%。其中,手机网民规模达8.97亿,网民中使用手机上网人群的占比达99.3%,手机上网已成为网民最常用的上网渠道之一。互联网人口趋向饱和,2019年1月至12月,国内手机市场总体出货量3.58亿部,同比下降14.7%,与此同时,截止到2020年3月,我国网络视频用户规模达8.5亿,较2018年年底增长1.26亿,占网民整体的94%。各大视频平台进一步细分内容品类,并对其进行专业化生产和运营,行业的娱乐内容生态逐渐形成;各平台以电视剧、电影、综艺、动漫等核心产品类型为基础,不断向游戏、电竞、音乐等新兴产品类型拓展,同时以IP为中心,通过整合平台内外资源实现联动,形成视频内容与音乐、文学、游戏、电商等领域协同的娱乐内容生态。

除了新媒体规模的不断发展扩大,在这一时期最大的变化是诞生了Google和百度这样的公司,以搜索为主导的形式使得消费者开始变得主动,主动搜索和寻找信息(Search)成为互联网行为的核心。搜索引擎改变了以往媒体形态中受众被动接受的状况,将受众置于信息的中心位置,受众从此具有了极强的选择权和主动性。

搜索引擎发展史可分为五个时代。第一个是分类目录时代,这时候人们可以在自己的搜索引擎首页将导航网站这个网址设置为自己的首页,这个网址就是搜索引擎第一代的代表。这个导航网站里面几乎都是一些分类网址,只要是在互联网上的,这个网站都一应俱全,从这里可以看出,这个网站是一个导航网站,或者说分类目录网站,用户可以从这个分类目录里找到自己想要的东西,这就是搜索引擎的第一个时代。

第二个是文本检索时代。到了这一代,搜索引擎查询信息的方法则是通过用户所输入的查询信息提交给服务器,服务器通过查阅,返回给用户一些相关程度高的信息。这一代的搜索引擎的信息检索模型主要包括布尔模型、概率模型或者向量空间模型。通过这些模型来计算用户输入的查询信息与网页内容相关程度高低,相关度高的则返回给用户。采取这种模式的搜索引擎主要是一些早期的搜索引擎,如 Alta Vista、Excite 等。

第三个是整合分析时代。这一代的搜索引擎所使用的方法大概和今日的网站外部链接形式基本相同。在当时,外部链接代表的是一种推荐的含义,通过每个网站的推荐链接的数量来判断一个网站的流行性和重要性,然后搜索引擎再结合网页内容的重要性和相似程度来改善用户搜索的信息质量。这种模式的首先使用者是 Google,并且大获成功,这一成就在当时引起了学术界和其他商业搜索引擎的极度关注。后来,学术界以此成就为基础,提出了更多改进的链接分析算法。大多数的主流搜索引擎都在使用分析链接技术算法。第三代搜索引擎的典型特征就是:智慧整合第二代返回的信息为立体的界面,让用户能轻易地一眼进入到最相关的分类区域去获取信息。

之后还有第四代和第五代搜索引擎。第四代即用户中心时代,所用的搜索引擎技术也是互联网上面用得最普遍的,主要是以用户为中心。第五代搜索引擎应该是基于物联网的搜索,物联网搜索拥有更广阔的搜索空间,直接将生活作为一个生态圈。不过这些都将在新媒体之后的发展阶段大放异彩。

三、蓬勃期

新媒体迎来了在中国的大发展,伴随着政府、组织以及其他的市场主体越来越高的关注度,在政府的大力支持与鼓励文化产业发展的过程中,各种新媒体也迎来了发展的大好时机。

2008 年,网络媒体开始跻身主流媒体,同时这也是新媒体发展极其重要的一年,胡锦涛同志和网民交流开创历史先河,他强调,必须加强主流媒体建设和新兴媒体建设;百年奥运首次独立采用新媒体转播报道,将无与伦比的北京奥运会展现给世界;"5·12"汶川地震,抗震救灾新媒体做出积极贡献;红心中国爱国热潮影响世界;这些大事与首届新媒体节构成了 2008 年新媒体的五件大事,新媒体产业的发展走向一个新的阶段。

2009 年 8 月,门户网站新浪推出了"新浪微博·内测版",成为第一家提供微博服务的门户网站,微博随之蓬勃发展。不仅各种网络热词迅速走红网络,而且微博也逐渐显示出强大的传播力。2010 年被称为媒介融合年,我国"三网融合"起步。如果说微博在改变着传播形态,那么"三网融合"则在改变着传媒业态。

随着 3G 牌照的正式发放,以网络、手机为代表的新媒体的地位、强劲势头已经成为业界、学界的共识,2009 年的世界媒体峰会更是肯定了新媒体的地位——"数字化、网络化时代,世界传媒业的环境与格局正在发生着深刻变化"。的确如此,新华社与开心网的合作、新华社手机电视台的开播、央视网"国家网络电视台"的推出都体现了这种变化着的格局。

这是个"分享"（Share）的时代，出现了 Web 2.0 的概念，社区、博客以及 MySpace、YouTube 等开始流行起来，使用者通过网络可以分享自己的所见所得和各种意见，逐渐掌握更多的主动权，大大激发了人们的创造性和参与性，为新媒体更加健康活跃的发展注入源源不断的动力。

四、爆发期

当越来越多的消费者在互联网上聚集，并将互联网当作生活平台之后，"社交时代"到来了。人们通过关系、兴趣而聚拢，通过关系图谱、兴趣图谱而进行信息的交互，传播的速率大大加快，信息的实时性变得越来越突出，这个时候的关键词，就变成了"社交"（Social），国外以 Facebook 和 Twitter 为代表，国内则以新浪微博、人人网、开心网等为代表。

2010 年，中国版 Facebook、人人网引发了真正的社交元年。

2011 年，微博兴起，140 个字、强大的传播、"大V"段子手崛起，娱乐、营销等热点事件异彩纷呈；1 月 21 日腾讯推出智能移动终端的即时通信应用软件——微信，很快就发展成为服务最为广泛、功能最为强大的社交平台，迅速进入中国社会各个方面。

2012 年，"双十一"电商大战，京东杀出重围。微信公众号开始引爆，今日头条进入大众视野。

2013 年进入电竞元年（电子竞技），知乎、简书、一点资讯相继爆发。

2014 年，一方面互联网 O2O 补贴大战从打车开始，另一方面新媒体端网易自媒体、微博自媒体计划、搜狐自媒体计划展开补贴大战。

2015 年，自媒体人迎来发展的春天，大批大号，如十点读书、一条等备受追捧，资本大量进入新媒体，知乎、今日头条各占一席，滴滴出行、新美大巨头掀起合并热潮。UC 订阅号开启补贴自媒体计划。

2016 年，短视频、网红、VR 闪亮登场，企鹅媒体平台开放红利。

2017 年，社群、知识付费、共享经济爆发；百度百家、直播、小程序成为热门。

2018 年，政务新媒体开启服务升级新阶段，新技术助力主题传播正能量充沛，网络直播发展进入"下半场"、音频类知识付费产品备受青睐。

进入 21 世纪的第二个十年后，移动互联网慢慢发展起来。伴随着 4G 技术和智能手机的发展普及以及各类移动终端设备的运用，移动互联网在很大程度上成为了传统互联网的创新产物和变种。移动互联网下的新媒体是一种集聚式发展的模式，代表了世界范围内新媒体的前沿方向。伴随着智能手机产业的飞速发展，尤其是 5G 技术的发展和移动互联网技术的快速普及，新媒体在社会中的影响力愈发增强，这是当前新媒体发展的重要特征。

中国新媒体发展态势强劲，互联网和手机用户数量持续增长，新的应用和传播形态不断涌现。新媒体不仅进一步变革着大众传播格局，而且快速向政治、经济、文化等诸多领域渗透，成为一种高度社会化的媒介。以微博、微信、App 为代表的自媒体和社交媒体，也包括云计算、大数据、可穿戴设备等新技术，网络舆情、数字新闻、数字营销等新服务，都为新媒体的发展推波助澜。

五、发展前景

具备强大传播作用的新媒体越来越深刻地影响着社会的发展，其"双刃剑"的特点进一步突出。快速并开放发展着的新媒体对人类空间有着极大的拓展，虚拟与现实社会的冲突带来更多的世界性新问题，如网络谣言、色情暴力、虚假信息、病毒诈骗、侵犯个人隐私、泄露国家机密等，各国在大力发展新媒体时也在不断加强着对新媒体的治理。如何趋利避害，化新媒体风险为国家发展机遇，成为当前最重要的问题之一。

2011 年 5 月，国家互联网信息办公室设立，以加强互联网建设、发展和管理。

2014 年 2 月 27 日，中央网络安全和信息化领导小组成立，中共中央总书记习近平任组长。2014 年全国"两会"上，"维护网络安全"首次被写入政府工作报告。2014 年 11 月 19 至 21 日，首届世界互联网大会在浙江乌镇举行。第二届世界互联网大会以"互联互通、共享共治，共建网络空间命运共同体"的理念吸引了全世界关注的目光。与此同时，以腾讯、阿里巴巴、华为为代表的中国网信企业已走出国门，这些都标志着中国正从网络大国迈向网络强国。习近平总书记也在多次讲话中对互联网发展和新媒体传播提出迫切的要求。

2015 年 3 月 5 日，十二届全国人大三次会议，李克强总理在政府工作报告中首次提出"互联网＋"行动计划。

2016 年颁布出台《中华人民共和国网络安全法》。

2017 年 11 月，中国工信部发布通知，正式启动 5G 技术研发试验第三阶段的工作。

2018 年，国务院办公厅印发《关于推进政务新媒体健康有序发展的意见》。

2018 年 8 月 21 日至 22 日，习近平总书记在全国宣传思想工作会议上发表重要讲话，提出要扎实抓好县级领导融媒体中心建设。

2019 年 1 月 10 日，国家互联网信息办公室发布《区块链信息服务管理规定》，自 2 月 15 日施行。

2019年1月25日,中共中央政治局在人民日报社就全媒体时代和媒体融合发展举行第十二次集体学习。

2019年11月18日,发布《网络音视频信息服务管理规定》,自2020年3月起施行。

2019年12月15日,发布《网络信息内容生态治理规定》,自2020年3月起施行。

2019年6月25日,中国社会科学院新闻与传播研究所及社会科学文献出版社共同在北京发布了《新媒体蓝皮书:中国新媒体发展报告No.10(2019)》,报告总结,2018年以来随着新一轮科技革命和产业变革孕育兴起,人工智能、大数据、云计算、区块链等新技术飞速发展,移动应用、社交媒体、网络直接、短视频等新业态不断涌现,这些重塑了新媒体的格局和舆论生态。特别是5G技术更是取得了突破性发展,截至2018年3月,我国提交的5G国际标准文稿占全球的32%,主导标准化项目占比达40%,推进速度、推进的质量均居世界前列。

蓝皮书预测了中国新媒体发展的十大趋势:①数字经济成为我国经济高质量发展的核心动力。②人工智能和5G商用将开启智能互联新时代。③以短视频为代表的网络视频业发展势头强劲。④工业互联网蓬勃发展,传统产业加速数字化转型升级。⑤互联网巨头多向布局,竞争边界模糊。⑥网络空间主流意识形态建设将得到进一步加强。⑦信息消费将成为最具活力的消费领域之一。⑧新零售向深层次数字化发展。⑨粉丝经济成为互联网经济的重要商业模式。⑩网络扶贫持续走向深入。

相比于传统媒体,新媒体在技术模式、运行渠道、传播路径、受众开发以及管理规制等多个层面都具备显著的创新性,也彰显了与传统媒体的巨大差异。在信息化时代,新媒体的信息化特质和优势更加受人青睐。在未来,新媒体的发展将更加迅猛,而运用新媒体来促进经济社会的发展则是社会各界都应该关注的问题。

第三节 传统媒体与新媒体

一、传统媒体

传统媒体(Traditional Media)是相对于近几年兴起的网络媒体而言的,传统的大众传播方式,即通过某种机械装置定期向社会公众发布信息或提供教育娱乐平台的媒体,主要包括报刊、户外、通信、广播、电视以及自媒体以外的网络等传统意义上的媒体。传统媒体主要有声音、图像还包括电视、收音机等,有时间和空间的局限性,而多媒体则集声、图、动画等于一体,更主要的是一定程度上解决了时间和空间的局限性。但是多媒体并不能取代传统媒体。

(一)报纸

报纸(Newspaper)是以刊载新闻和时事评论为主且定期向公众发行的印刷出版物或电子类报纸,是大众传播的重要载体,具有及时反映和引导社会舆论的功能。在内容分布上,报纸上通常刊载不同主题的新闻、消息、评论、专栏等,并且常附带有商业广告。报纸内容的主题具有多样性,包括政治事件、评论、体育、经济等,通常也包括其他娱乐。报纸的收入来源主要来自于广告的收入,也包括个人或群体订阅及购买。

关于报纸的职能,从不同角度,会得出不同的看法,例如,从政党机关报的角度,报纸的职能如毛泽东所说:"报纸的作用和力量,就在它能使党的纲领路线,方针政策,工作任务和工作方法,最迅速最广泛地同群众见面。"法国新闻学者贝尔纳·瓦耶纳关于报纸职能的理解为:报纸的主要职能为报道,随之而来的辩论职能(即传播观点的职能),附带的娱乐职能。

1. 报纸的分类

(1)依据发行时间。可分为日报、周报、双周报等。

(2)依据出刊时间。可分为日报、晨报、早报、晚报等。

(3)依据媒介形态。可分为印刷报纸、网上报纸、电子报等。

(4)依据人群性质。可分为妇女报、学生报、老年报、青年报、农业报、学术报、财经报等。

2. 报纸的特点

(1)可随时阅读,不受时间限制,不会如电视或电台节目般错过指定时间报道的讯息。

(2)互相传阅,读者人数可以是印刷数的几倍。

(3)即使阅读或理解能力较低的人,也可相应多耗时间,吸收报纸的讯息。

(4)因特网崛起,网上版报纸的传阅力较传统印刷品报纸强。

(5)及时性,是报纸区别于书刊的最主要特征,又称新闻性和时间性。从某种意义上讲,快就是报纸的价值所在。当天的国内外政治、经济、社会情况在当天或次日的报纸上就能反映,有的新闻时差仅几小时而已。

(6)信息量大,说明性强。报纸作为综合性内容的媒介,以文字符号为主,图片为辅来传递信息,其容量较大。由于以文字为主,说明性很强,可以详尽地描述,对于一些关心度较高的产品来说,利用报纸的说明性可详细告知消费者有关产品的特点。

(7)信息传播的连续性和完整性。人们从报纸上可以得知即将发生的事(预测)、正在发生的事(报道)、直到对最后结束的反馈信息(综述)以及发生的事意味着什么(分析、评论)。

(8)易保存、可重复。由于报纸特殊的材质及规格,相对于电视、广播等其他媒体,报纸具有较好的保存性,而且易折易放,携带十分方便。一些人在阅读报纸过程中还养成了剪报的习惯,根据各自所需分门别类地收集、剪裁信息。这样,无形中又强化了报纸信息的保存性及重复阅读率。伴随着媒介技术的发展进步,报纸媒体的表现形式也呈现出多样化、多层次、丰富化、现代化等特点。但媒介技术的发展和新媒体时代对纸质媒体造成一定冲击,现阶段报纸的发行量呈现日渐下滑趋势,传统纸质媒体如何结合新媒体的技术优势,做到互相融合、求同存异、共同发展,已成为当下关注的课题。基于新媒体环境,报纸要不断调整自身,要在媒体行业中脱颖而出,这对于报纸的生存发展至关重要。

3. 林草系统全国发行的报纸

林草系统全国发行的报纸有三种,分别是《中国绿色时报》《林海日报》和《黑龙江林业报》。

(1)《中国绿色时报》。它是我国林业和绿化行业唯一一份全国性报纸,由全国绿化委员会与国家林业和草原局主管,中国绿色时报社主办。前身为1987年创刊的《中国林业报》,1998年更名为《中国绿色时报》,历经20多年的发展,出刊周期由最初的周一刊4块版,发展到现在的周五刊28块版。报纸发行覆盖全国所有省(自治区、直辖市)1800个县,是林草行业最有影响力的报纸。主要以"顺应绿色潮流,荟萃绿色信息,倡导绿色时尚,共建绿色家园"为定位,紧密配合国家可持续发展战略的实施和"再造秀美山川"伟大事业的深入开展,及时准确地传递着党和国家有关林业和生态环境建设的政策、法规信息,以丰富、权威的经济、科技、市场资讯为我国绿色事业和绿色产业提供服务和支持。

(2)《林海日报》。创刊于1953年11月11日,是内蒙古大兴安岭重点国有管理局党委机关报,是首家国内公开发行的林业企业报,全国先进企业报,也是呼伦贝尔地区创刊最早的报纸。报纸为周六刊,其子报《生活周刊》24版,报社办公地点在内蒙古牙克石市。

(3)《黑龙江林业报》。1960年创刊,是黑龙江省森林工业总局、龙江森林工业集团总公司主办的党委机关报。报社办公地点在哈尔滨市。周五刊,对开4版,国内公开发行。

(二)杂志

杂志(Magazine),有固定刊名,以期、卷、号或年、月为序,定期或不定期连续出版的印刷读物。它根据一定的编辑方针,将众多作者的作品汇集成册出版,定期出版的,又称期刊。这种类似于注重报纸的时效的手册,兼顾了更加详尽的评论,一种新的媒体也就因这样特殊的原因而产生了。最早出版的一本杂志是于1665年1月在阿姆斯特丹由法国人萨罗出版的《学者杂志》。

杂志是一种印刷纸质媒体，大多数杂志的收入来源同报纸类似，源自于广告商的投放和读者的订阅购买。与报纸相比，杂志缺乏时效性，且覆盖面有限。它的优点是印刷精美，图文并茂，且专业性和可读性较强，深受定向受众的喜爱。

1. 杂志的特点

(1)读者对象的专业性。杂志的读者分类较细，专业性较强。一般来说，杂志的读者都有一定的文化水平，有较好的理解能力。杂志按照内容分类，可分为综合性期刊与专业性期刊两大类；按读者对象分为青年杂志、工人杂志、农民杂志和军人杂志等。

(2)可读性强，内容有感染力，保存期长。杂志媒体的用纸较好，在印刷上要比报纸精美得多，色彩鲜艳精致，激发读者的共鸣欲望。杂志版面较大，内容多，表现深刻，图文并茂，容易把信息完整地表达出来，因此，阅读率更高。比起广播、电视来说，杂志媒体的生命周期更长。广播电视节目一播即逝，而杂志阅读时间长，能够被人保存下来反复阅读。

(3)版面安排灵活，颜色多样。在版面位置安排上可分为封面、封底、封二、封三、扉页、内页、插页，颜色上可以是黑白，也可以是彩色，在版面大小上有全页、半页也有1/3、2/3、1/4、1/6页的区别。与报纸一样，杂志同属印刷媒体。这就决定了它们之间存在着一些共同的心理特性，包括阅读主动性、高认知卷入、保存性和可信性。但是杂志与报纸也存在着很大的差别。在内容上，杂志不像报纸以新闻报道为主，而是以各种专业和科普性知识来满足各种类型读者的需要。在印刷质量上，杂志一般也优于报纸。因此，杂志具有一些不同于报纸的特性。

(4)时效性差，内容局限性。杂志是定期刊物，发行周期较长，有周刊、半月刊、月刊、季刊、半年刊，甚至年刊。时效性强的广告，如企业开张广告、文娱广告、促销广告等，一般不宜选用杂志媒体，否则容易错过时机，达不到广告效果。杂志版面有限，发布的内容也受到空间限制，以及杂志内容的局限性。

2. 全国林业重要的期刊

根据2016年中国期刊统计数据，全国有113种林业期刊，其中有38种重要的林业期刊，依据期刊性质分类，可分为三类。第一类为法律类林业期刊，共1种，为原国家林业局政法司主办的《国家林业局公报》；第二类为社科类林业期刊，共19种，主要有国家林业和草原局经济发展研究中心主办的《绿色中国》，中国会计学会林业分会、东北林业大学主办的《绿色财会》，福建农林大学主办的《林业经济问题》等；第三类为科技类林业期刊，共93种，主要有中国林学会主办的《林业科学》、北京林业大学主办的《北京林业大学学报》、中南林业科技大学主办的《中南林业科技大学学报》等。

林业类科技期刊按照中国知网的期刊分类体系，北大核心期刊有17种（表1-1）。

表1-1 林业类北大核心期刊

	期刊名	主办单位	创刊时间	复合IF	出版周期
1	经济林研究	中南林业科技大学	1983年	1.971	季刊
2	林业科学	中国林学会	1955年	1.751	月刊
3	中南林业科技大学学报	中南林业科技大学	1981年	1.703	月刊
4	北京林业大学学报	北京林业大学	1979年	1.478	月刊
5	森林与环境学报	福建农林大学；中国林学会	1960年	1.393	双月刊
6	西北林学院学报	西北农林科技大学	1984年	1.359	双月刊
7	南京林业大学学报（自然科学版）	南京林业大学	1958年	1.348	双月刊
8	林业科学研究	中国林业科学研究院	1988年	1.236	双月刊
9	浙江农林大学学报	浙江农林大学	1984年	1.17	双月刊
10	林业工程学报	南京林业大学	1987年	1.14	双月刊
11	世界林业研究	中国林科院林业信息所	1988年	1.054	双月刊
12	东北林业大学学报	东北林业大学	1957年	0.987	月刊
13	西南林业大学学报（自然科学版）	西南林业大学	1981年	0.876	双月刊
14	林业经济问题	中国林业经济学会；福建农林大学	1981年	0.843	双月刊
15	林业资源管理	国家林业和草原局调查规划设计院	1972年	0.815	双月刊
16	西部林业科学	云南林科院；云南林学会	1972年	0.707	双月刊
17	林业经济	中国林业经济学会	1979年	0.705	月刊

数据来源：铁铮，2020. 林业科技知识读本。

现代杂志的发展结合了新媒体技术的优势，相较过去只能通过报刊亭购买或者邮递的方式获取杂志，现代人可通过多种媒介渠道获取到杂志的内容。近年来电子杂志也逐渐兴起，同时传统纸质杂志也面临着新的挑战。

（三）广播

广播（Radio Broadcasting）是指通过无线电波或导线传送声音的新闻传播工具。利用无线电波传送节目的被称为无线广播，也被称为电台广播、收音机广播，利用导线传送节目的则被称为有线广播。电台发送广播频率后，听众通过收音机来接收广播节目。广播诞生于20世纪20年代。广播的优势是对象广泛，传播迅速，功能多样，感染力强；劣势是一瞬即逝，顺序收听，不能选择，语言不通则收听困难。

不同的电台广播使用不同的频率范围，依使用的技术不同，电台广播又可分为调幅广播（AM）和调频广播（FM）。大部分电台使用FM广播，部分小规模电台则采用AM广播。电台节目可以直播的形式，或采用预先录音形式广播。部分电台更采用全计算机控制形式，播放预先录制的节目内容。

广播传播的特点：

（1）广播传播范围广，传播速度快，穿透能力强。对于一般的信息处理来说，互联网要快于广播。但是，对重大事件、重要新闻，广播的传播速度要快于互联网。

（2）相比较电视和互联网，广播的获取信息资源的成本低廉，收音机的价格远远低于电视和计算机。

（3）广播不仅能够传播信息，还能够促进人们对接收到的信息进行整合理解，提供帮助，加以引导。

（四）电视

电视（Television、TV、Video）被世人公认为是20世纪最为重要的发明之一。电视是指利用电子技术及其设备进行传送图像画面和音频信号的传播工具，也是重要的广播和视频通信工具。电视还有三种不同的含义：

（1）连续动态的影像和声音转换为电子信号，并通过各种渠道传输电子信号，后再将电子信号还原为影像和声音的技术，即电视。

（2）接收这种电子信号的设备，即可以接收并还原电子信号为连续动态的影像和声音的装置，即电视机。

（3）一种特别的社会文化现象，特指人群之间、人与人之间使用电视作为传播载体进行讯息交流、讯息传播的一种过程，诸如电视节目的制作、电视信号的传输、电视信号的接收和观众对于电视节目内容的评判和反馈等的各个方面。

电视作为传统媒体也同样面临着新媒体技术革新带来的挑战。当前电视技术的一个最明显的特征就是数字化，现在的电视机构正在逐渐淘汰传统的录像带，取而代之的是数字摄像机和各种新兴的记录载体。其次，传输技术也多元化起来，除了传统的无线微波传输外，现在还有有线电视、卫星电视等传输方式。这些新兴的传输方式有效地减轻了信号在传输过程中必然会产生的衰减现象，保证了较好的接收品质。电视机的另一个趋势是智慧化趋势，即与其他电器的结合，特别是与互联网的结合。近年来，英国广播公司（BBC）将电视技术和网络有机地结合在一起,将其核心网站BBCi变成了一个巨大的影像资料库,使其在互动能力上走在了世界媒体的前列。这将使得电视更加智能化,具有更多的功能,突破了传统意义上电视只是一个工具,也是一种文化。

我国林业电视的特点主要包括三个方面:一是各类主流电视媒体播发林业电视新闻信息数量增长较快。二是摄制、播出大型林业电视专题片和纪录片呈井喷态势。其中,系列专题片《寻找中国最美湿地行》《中国古树》《大地寻梦》《绿色梦》以及纪录片《湿润的文明》《中国金丝猴》《飞鸟中国》等,不仅产生较大的反响,有的还获得了国内外专业奖项。三是《绿色时空》《绿野寻踪》两个电视栏目已成为助推林业改革发展的重要宣传阵地。随着互联网科技技术的不断普及和媒体融合,林业电视逐渐融入到生活中的方方面面。

二、新媒体

新媒体(New Media)是相对于传统媒体而言,是报刊、广播、电视等传统媒体以后发展起来的新的媒体形态,是利用数字技术、网络技术、移动技术,通过互联网、无线通信网、有线网络等渠道以及计算机、手机、数字电视机等终端,向用户提供信息和娱乐的传播形态和媒体形态。相对于报刊、杂志、广播、电视等传统意义上的媒体,新媒体被形象地称为"第五媒体"。

新媒体是新的技术支撑体系下出现的媒体形态,具有交互性与即时性、海量性与共享性、多媒体与超文本、个性化与社群化等特征。

(一)网站

网站(Website)是指根据一定的规则,在互联网上使用HTML(Hyper Text Markup Language,超文本标记语言)等工具制作出展示特定内容的相关网页的集合。简单地说,网站是一种沟通工具,就像布告栏一样,人们可以通过网站来发布自己想要公开的信息和资讯,或利用网站来提供相关的网络服务,人们可以通过网页浏览器来访问网站,获取自己需要的资讯或者享受网络服务。早期,网站还只能展示单纯的文本。经过几年的发展,各种图像及声音和动画,甚至VR(Virtual Reality,虚拟现实)技术也开始在互联网上流行起来,网站也慢慢地发展成图文并茂的外观。网站有许多功能,可用于个人网站、商业网站、政府网站等。通过网络技术,用户也可以与其他用户或者网站管理者交流。

网站是在互联网上拥有域名或地址,并提供一定网络服务的主机,是存储文件的空间,以服务器为载体。人们可通过浏览器等进行访问、查找文件,也可通过FTP(远程文件传输)方式上传、下载网站文件。网站可以是个人、企业或其他组织的运作,通常专门用于特定主题或目的。随着网页制作技术的流行,很多个人也开始制作个人主页,这些通常是制作者用来自我介绍、展现个性的地方。也有以提供网络信息为盈利手段的网络公司,通常这些公司的网站上提供人们生活各个方面的信息。

中国林业网与国家林业和草原局(国家公园管理局)政府网、国家生态网一网三名,是国家林业和草原局唯一官方网站(www.forestry.gov.cn),2000年建成。

(二)微博

微博(Weibo),即微型博客(Micro Blog)的简称,也是博客的一种,是一种通过关注机制分享简短实时信息的广播式的社交网络平台,是基于用户关系信息分享、传播以及获取的平台。用户可以通过 Web、WAP 等各种客户端组建个人社区,以 140 字(包括标点符号)的文字更新信息,并实现即时分享。微博的代表性网站是推特和新浪微博。与传统的博客不同,通常微博的文件容量比传统的博客文件容量小,内容更加简短,有一定字数限制。微博还可以发布多媒体,如图片或视频和出版物。

目前,新浪微博和腾讯微博是我国的主要微博服务商,其中,新浪微博的影响力最大,日用户活跃率最高。通常意义上,在中文里微博一词经常用以特指新浪微博。2013年6月19日,中国林业微博发布厅正式上线运行。中国林业微博旨在汇聚林业智慧,传播林业信息,推动生态民生。自建立以来,秉持"及时性、真实性、权威性"的原则,广泛倾听民声民意,及时回应社会关切,打造了具有巨大行业影响力的微博群。新浪、人民、新华、腾讯四大主流门户均已开通中国林业发布官方微博(为国家林业和草原局官方微博)。

(三)微信

微信(WeChat)是腾讯公司于2011年1月21日推出的为智能终端提供即时通信服务的免费应用程序。支持跨通信运营商、跨操作系统平台通过网络快速发送免费(需消耗少量网络流量)语音短信、视频、图片和文字,它面对智能手机用户,支持分组聊天和语音、照片共享、位置共享、消息交流联系、微信支付、游戏等服务、视讯对讲功能、广播消息等。

微信支持多种语言以及移动数据网络。用户可以拍照或拍摄长达10秒钟的视频,发送到个人照片日志,发送到"朋友圈"。用户可以选择列表中的联系人,并使用云服务备份和恢复数据以保护自己的联系簿数据。除此外,微信还具有订阅号、服务号、企业号等功能,可供用户订阅自己喜欢的微信公众号,同时也提供了良好的自媒体平台,每个人都可以申请个人订阅号码来发布个人文章等。用户可以通过订阅或搜索获得各种媒体的微信公众号。

《人民日报》微信公众号的传播特点:首先,采用点对点的传播。根据不同地区的用户定期推送特制的消息内容,使得订阅用户能得到更多的与自己有关的有效信息。虽然是"群发"消息，但给用户的感觉确实接近于"一对一"的交流。与微博不同，由于能够达到点对点的传播。其次，传播过程干扰小，更加私密化。微信的传播更具隐私性，过程中干扰较小，是属于用户自己的传播世界。用户所浏览的内容、所关注的对象只有自己能看到，而转发的评论内容也只有自己朋友圈的人能够看到。微信从上线之日起，就严格限定了微信账号必须与手机号码绑定，所以绝大多数微信用户都是真实存在的个体。而用户的好友也基本上是自己认识的人，朋友圈的设定中也能对个别用户进行屏蔽设置，用户能更有私密感。再次，信息扩散能力强大，传播潜力大。微信公众号推送的内容拥有"发送给朋友""分享到朋友圈""收藏"和分享到其他社交平台上等功能，虽然这些功能大多数设计媒体都已具备，但微信公众号却因微信用户的特殊性而让其区别于别的设计媒体。最后，新闻内容简明扼要，增强用户的自主选择。公众号是在受众通信的基础上建立起来的。用户点开订阅号界面才能看到其推送的内容，在越来越多公众号产生后，受众每天都会收到若干订阅号信息。

中国林业网于 2014 年 5 月和 10 月相继开通了"中国林业网"官方微信订阅号与公众号，订阅号主要发布林业重要信息，公众号主要提供政策和查询服务。中国林业网微信公众平台权威发布林业重大决策部署和重要政策文件、重点工作进展、重要会议及活动等政务信息（为"国家林业和草原局政府网"官方微信）。

（四）微视

微视是腾讯旗下短视频分享社区。作为一款基于通讯录的跨终端、跨平台的视频软件，其微视用户可通过 QQ 号、腾讯微博、微信以及腾讯邮箱账号登录，可以将拍摄的短视频同步分享到微信好友、朋友圈、QQ 空间、腾讯微博。

中国林业网微视账号于 2014 年 11 月正式开通，借助腾讯微视平台，将林业行业重要事件、重大会议以微视频的形式向公众发布，同时展现我国美丽的森林、湿地、荒漠生态系统和丰富的生物多样性资源，为公众提供更加丰富的林业信息。

随着中国网民数量的急剧增长和智能手机的普及，微视频再度进入人们的视线。微视频领域以抖音为代表，在 2018 年掀起了国内外短视频领域的狂欢热潮。抖音作为 2019 年春晚的赞助商、快手作为 2020 年春晚的赞助商在全国观众面前亮相，春晚结合了微信、微博、短视频等多领域平台与观众进行互动。

（五）移动客户端

移动客户端（Mobile Client），就是可以在手机终端运行的软件。以 App（Application，应用程序）为常见软件，App 又指智能手机的第三方应用程序。而客户端（Client）简单理解就是产品或服务所指的终点。客户端或称为用户端，是指与服务器相对应，为客户提供本地服务的程序。除去一些只在本地运行的应用程序之外，通常安装在客户机上，与服务端互相配合运行、接受服务的另一方我们则称为客户端。比较常用的客户端包括因特网使用的网页浏览器、收发电子邮件时的电子邮件客户端，以及即时通讯的客户端软件等。移动客户端与微博、微信、微视频一起构成"三微一端"。"三微一端"的概念最早由中国新闻出版研究院院长魏玉山发布的《2014—2016 中国媒体融合创新报告》中提出。2016 年年初，"央视新闻"新媒体建设推出首个"三微一端"平台。目前，"三微一端"已成为传统媒体转型为新媒体的重要途径。

在报道重要新闻时，"三微一端"通常通过多个渠道发布。《人民日报》采用了"三微一端"全方位对党的十九大进行了报道。在内容方面，三个微终端的通信模式可以有效地整合新闻频道各栏的互动需求。从技术上讲，通过电视和三个微型终端之间的通道实现即时对接；在表示模式方面，可以同时呈现交互式内容以实现跨平台联动。"三微一端"所构成的媒体传播矩阵，是随着现代新媒体网络技术发展而衍生出的新媒体发展方向和风口。

互联网最典型的特征就是实现性，"三微一端"的发展是一种必然。信息技术在发展，媒介形态在不断变化融合，媒介市场的占有率也在不断发生变化，传统媒体结合新媒体技术的转型成为传统媒体发展的必然趋势，"三微一端"适应了人们在信息时代使用的方式，有利于新闻在短时间内的大规模传播，形成强大的动力，并具有裂变式传播的特点。由此可见，"三微一端"的发展前景极其良好。

当下，"三微一端"形成了媒介环境中新的传播矩阵，它们为媒介内容带来更多元、更复杂的传播形态与传播渠道的同时，也给传统媒体发展带来挑战。与此同时，微博媒体的碎片化传播模式，内容与整体分离的微视频媒体，强化了群体间信息隔阂弊端的微信媒体，也成为"三微一端"在传播时需要人们警惕的不利因素。政务移动客户端是基于手机、Pad 等移动终端开发的政府信息服务软件。相对于微博、微信，移动客户端更注重提供各类在线服务和各类在线功能。通过下载访问政务 App，公众可以查询政府公开信息，了解办事流程，在线提交办事请求，追踪办件状态，随时随地便享"智慧政务"。

中国林业网移动客户端正式于 2013 年 8 月上线，2014 年 10 月其 2.0 版升级完成，扩大了中国林业网服务范围和对象，使公众可以更方便地通过移动互联网获取林业政务的应用服务，成为移动电子政务时代推行政府信息公开、服务社会公众、展示林业形象的新渠道。

"草原"App 于 2019 年 12 月 21 日正式上线。"草原"App 依托"草原云""内蒙古客户端"升级而成，是率先入驻"草原云"的省级用户终端。"草原云"平台，是内蒙古各级各类优质媒体资源深度融合、强强联合的一号传播平台和服务平台。

三、传统媒体与新媒体的融合发展

(一) 媒体融合

文献显示,"融合"(Convergence)一词最早于1983年由美国麻省理工学院的依梯尔·索勒·普尔提出,其含义为"多种媒介呈现出多功能一体化的趋势"。随着时间的推移和媒介研究的发展,国外学者的一些"媒体融合"(Media Convergence)著作陆续被译并开始在我国传播。"媒体融合"的实质是打破原有新旧媒体的界限,将内容与表现形式做一个全面的提升。其融合的进程主要是传统媒体逐步向新媒体发展,达到深层次融合。事实上,在这个媒体融合加速发展的时期,其定义种类繁多;而媒体融合和媒介融合的主要区别则在于,媒体融合更侧重于内容与技术的融合,而媒介融合则偏重于传播媒介形式上的融合。

在如今的信息碎片化时代,我们通过网络传媒了解阅读与以往相比数量更加巨大而内容趋向分散的信息。企业如果想通过单一的新媒体平台实现自身品牌传播非常困难。所以,如果想合理地利用新媒体平台,发挥它的最大价值,就需要建立一个良好的"新媒体矩阵"来实现 $1+1 \geqslant 2$ 的效果。

关于"新媒体矩阵",目前行业内还没有统一的定义,大部分人都倾向于将它定义为能够触达目标群体的多种新媒体渠道组合。矩阵有横向矩阵和纵向矩阵两种类型。横向矩阵指企业在全媒体平台的布局,包括自有App、网站和各类新媒体平台如微信、微博、今日头条、搜狐网、企鹅号等,也可以称为外矩阵。纵向矩阵主要指企业在某个媒体平台的生态布局,是其各个产品线的纵深布局,也可以称为内矩阵。这些平台一般都是大平台,如微信。在微信平台可以布局订阅号、服务号、社群、个人号及小程序。

(二) 传统媒体与新媒体的异同

传统媒体有时间和空间的局限性,但优势是能够发挥传统媒体的特长且有强大的人力、物力资源。

新媒体是利用数字技术、网络技术、移动技术,通过互联网、无线通信网、有线网络等渠道以及计算机、手机、数字电视机等终端,向用户提供信息和娱乐的传播形态和媒体形态。新媒体的优势是信息量大、内容丰富,传播与更新速度快,成本低,互动性强并且搜索便捷。

新媒体与传统媒体采用的传播途径和方式有所不同,因为载体不同,但是其根本都是传播内容与信息。所以,新媒体是传统媒体在网络科技时代的更迭与进步,新媒体会比传统媒体更加全方位立体地进行传播活动,但是全面取代传统媒体目前是不可能的。表1-2列出两者的差异。

表 1-2　传统媒体与新媒体的差异

差异项	传统媒体	新媒体
市场	国家垄断	处在激烈的市场竞争中,并没有垄断保护
内容	需要分级管理	编辑职权要大于传统媒体的编辑,新媒体需要有更强的把关意识
版面	如报纸,都有规律的版面区域安排,如版面的轻重、主次、标题的处理、版面区域的安排等	以时间流分配信息,没有传统媒体那样平面布局的概念,也没有成熟的版面语言
采访	以自采为主	大多以编辑为主,仅有少量的采访新闻和原创
管理	一直以来都有非常清晰的管理机构和结构,编辑为主,轻视市场	管理机制需要不断完善,对技术需要更加重视,并选择具有专业素养的从业人员
时效	对于新闻和信息的发布定时定量,有明确的发布时效和时段,观众的关注也自然有了时段性	随时都会传递新闻信息,传播速度是传统媒体无法比拟的
受众	主导受众型	受众主导型,在新媒体的发展下,受众有更多的选择权
写作	写作要求严格	新闻稿更多的关注是速度,文章简洁明了,所以制作的标题也多是大白话,但能突出重点,直截了当

(三)传统媒体与新媒体的融合发展过程

随着市场改革力度的加大,传统媒体也在逐渐发生变化,为了适应新时代的潮流,传统媒体与新媒体的融合迫在眉睫,成了发展的必然趋势。实施新媒体与传统媒体的融合发展终究是一场大规模且长耗时的改革,在融合发展过程中一定要遵循相关原则,把握好改革方向,通过利用新兴技术这个媒介来加快发展的进程,但在这个过程中,要注意新兴网络自身所存在的问题,严格规范管理,遵循文化的改革体制,发挥创新精神,把握好方向,切不可迷失自我。在融合发展过程中,可从内容、资源、渠道、市场着手,使得新旧媒体能顺应科技进步与社会的发展,从而实现更好的发展进步。

(1)在融合发展过程中,要注意严格把控信息的质量。传统媒体已经形成了一个非常完善的信息体系,针对信息的内容具有完善的策划、采编、审核流程,能够保证所发布信息严谨、真实,具有较高的权威性。新媒体信息多来自微博、网站、微信等平台,为了获得关注,经常发布一些虚假、未经证实的信息,一些信息甚至可能引发极其恶劣的影响,危害社会公共安全,但是新媒体网络信息快捷、全面,符合当今社会人们的生活要求,并且随着移动网络设备的不断普及,新媒体的受众也不断增加。新媒体与传统媒体的融合，需要充分结合二者的优势，在发布信息时，一定要对信息来源进行审核，保证信息的真实性，剔除虚假、不实、低质量的信息，在信息传递的过程中，媒体人应该坚守自身的职业素养，坚持正确的舆论导向，形成良好的新闻信息品牌和口碑，提高受众的忠诚度。

（2）在融合发展过程中，要积极建设新型信息传播平台。优质的信息传播平台是确保媒体行业长期发展的根本要素，拥有良好的信息传播平台不仅能够获得更多的受众群体，扩大社会影响力，也能够提高知名度，获得更好的经济效益。传统媒体一定要积极寻求与其他优质媒体平台的深度合作，为媒体融合开辟新的途径。在媒体推广方面，传统媒体可以与有品牌效应的平台进行战略合作，依托其技术和平台效应进行自身推广。目前，很多传统媒体都已经建立了微博、微信公众平台。甚至部分传统媒体还主动寻求与一些知名度较高的手机App合作，如抖音短视频平台中，已经入驻了很多传统媒体品牌，这使得传统媒体平台更加深入群众，更多地与受众进行交流沟通，提高了知名度，取得了很好的效果。

（3）在融合发展过程中，要构建新媒体与传统媒体融合的技术体系。新媒体主要依托现代化人工智能设备而存在，传统媒体要与成熟的新媒体平台加强合作，尤其要利用后者技术优势支撑自身内容创新，形成充分的技术支持，以新技术发展引领、驱动传统媒体转型升级。从传统媒体的角度出发，需要积极引进网络、智能、移动化的技术和设备，加强学习移动互联网技术、人工智能技术、大数据处理技术等。同时，传统媒体要注意实现增强信息内容的共享性、体验性以及互动性，增强受众的信息观看体验，提高受众满意度和接受度。此外，积极开发创新的新媒体产品，增强信息传播的创意特点，如微视频、视频录播、VR、H5等，这些技术更能凸显新媒体的传播特点，更好地实现新媒体和传统媒体的互动融合。

新媒体与传统媒体的融合发展过程要把握内容的有效性、准确性、真实可靠性等，结合新旧媒体的优势，借助新兴的网络技术，和传统的用户资源等相结合。充分发挥新媒体的交互性，结合传统媒体的信息来源，从而使得权威信息的利用率更高，从而提高了公信度。

（四）媒体融合发展的目标、问题与挑战

媒体融合的主要目标是打通媒体的各个层面，整合已有资源并且将传播的内容与渠道进一步提升，促进传统媒体与新媒体的良好融合发展。这种融合的目标顺应时代发展的趋势，有利于重塑主流媒体的传播地位，打通舆论场，促进信息的有效传播。

媒体融合过程中，传统媒体面临的两大主要挑战，一是传统媒体受众流失严

重,大部分读者转向阅读新媒体信息;二是传统媒体营业收入不断下降。

相比较传统媒体,新兴媒体对于技术的需求较高,而技术薄弱也是制约媒体融合发展的关键问题所在。另外,伴随着新兴媒体的兴起,优秀的人才引进跟不上新媒体融合的需求,存在着人才流失严重等现象。虽然媒体在加速融合,但并没有实现可观的盈利,其版权保护也有待加强,这些都影响和制约着媒体融合的进一步发展。总体来说,在传统媒体与新媒体融合发展改革阶段,现有产业格局有两个层面的问题,一是技术层面,二是制度层面,二者交互作用,使得我国传统媒体整合发展十分困难。

(五)关于融合发展的趋势研究

(1)传统媒体的管理者要有较高的融合意识。对于一个传媒行业机构来讲,最高层管理同其他行业的管理者一样,有着统领、指导、决策的作用,现在就媒体形式来讲,融资已迫在眉睫,高层管理者必须端正态度,首先自己就要对融资有一个明确的态度,有坚定不移的决心,重视新媒体与传统媒体的融资,全方位树立对两者的融资发展意识,要亲力亲为,以亲身行动去影响下属,间接性地引起他们的高度重视,影响并感染员工,使其投入其中,并保持较高的积极性。在此基础上,大家共同协作,树立共同的融合意识,才能保证融合工作的顺利进行。

(2)新媒体与传统媒体的领导者要完善融合方案。首先,新媒体与传统媒体的领导者要事前做好充分的计划准备工作,明确融合后果并对之后的一系列工作做出详细规划,如用人所长,每个岗位需要怎样的员工,明确新闻信息的生产过程,注重传播与新闻推广的同时进行。其次,针对于采编、经营和行政三大模块来讲,对其工作要具体分工,尽可能的详细,做到各机构互助互爱,充满工作激情,创造好的工作氛围,将各机构进行融合,方便交流沟通,从而能够让媒体工作者更能轻易地感知到用户的需要。

(3)加强对新闻信息传播的关注。传统媒体与新媒体的融合发展,最根本的目的还是要以有效的新闻信息内容为宗旨,以新兴技术为辅助,实现信息的高速传播与利用。换句话说,传统媒体与新媒体融合之后,还是要把新闻信息的传播放在首位,为了融合后更好地发展,重视对新闻内容的创建,保证信息的有效性与高价值,加强对信息的制造、传播、接收等的严格把控,全面提高相关工作人员的素质能力,借助新兴媒体的优势,吸引人们的兴趣,加强人们对它的依赖程度,从而使得传统媒体与新媒体融合后的媒体机构利益最大化。

(4)搭建平台,提供综合服务。新媒体与传统媒体融合之后,要打通用户平台,让用户通过平台的搭建能够享受到较多的资源,实现信息资源的共享,融合后的媒体机构可以充分利用高新技术媒介,将两者之间的信息数据进行全面分析与过滤,要利用新兴技术媒介将广大用户吸引过来并对其产生依赖性,从而实现媒体信息的高效利用。

(5)技术与人才兼备,提高融合竞争力。对于好的企业来讲,有好的领导者是一方面,更重要的是伯乐和千里马都应同时具备,也就是说人才是必不可少的,对于媒体机构来讲,同样如此,要注重人才的培养,同时也要加大技术的投入力度,人才与技术同时具备,通过用其所长、因岗设人的原则,使得融合后的媒体机构发展更长久,大大提升媒体机构的竞争力。

(6)注重创新发展路径。创新是一个企业的灵魂,企业应该根据时代的潮流与人们的需要不断调整自己的步伐,做出相应的调整,进而制造产品服务,从而满足人们的需求,让人们对其产品或服务更加满意,有更高的评价度,这样才能够使企业在同行业之间提升竞争力,稳住竞争地位。对于媒体机构亦是如此,在融合发展过程中,要借助市场优势等的外力,创新探索出新的发展路径。与此同时,传统媒体可以充分利用已有资源,吸引更多的用户和关注度投入到媒体融合发展中来,进而不断提高媒体的竞争力,使得融合效果能够更好的得以实现。

随着时代的发展,新媒体与传统媒体融合成了发展的必然趋势。对于媒体机构来讲,在融合过程中,一定要注意将新媒体与传统媒体的优势相结合,借助新兴技术这个媒介,确保信息传播的高质量、高效率,全方面满足人们的需求。对于管理者来讲,必须重视两者的深度融合,只有有效的融合发展,才能使得媒体事业顺利发展与进步,从而进一步推动媒体领域的现代化、持续性发展。为此,媒体机构必须制定科学合理的发展方案,不断开拓媒体市场,加大有效信息的推广与利用,打造受众满意的平台,有足够的基金作保障,从而提高市场竞争力,推动传统媒体与现代媒体的融合发展进程,最终促使媒体事业繁荣壮大。

(六)中国林业媒体融合发展的问题与相关建议

随着我国林业的快速发展,也促进了其传媒事业的发展,中国的林业传媒在宣传国家林业政策、加快林业事业发展、促进林业科研转化、公布林业信息方面充当重要的角色。新媒体在为林业信息的传播与接收拓展了路径,同时,也带来了有关林业信息真假难辨的负面影响。

1. 林业媒体融合发展的问题

林业媒体融合是贯彻国家发展的有益实践,大部分传统媒体正在努力尝试新媒体平台建设,还存在以下问题:

一是林业传媒形式多且散。国家林业和草原局主办的传统报纸、期刊、网站数量多,内容分散。例如,期刊有38种,但发行量不大,内容交叉重叠,缺乏错位效应;各家媒体都建立了网站、微博、微信平台,但阅读量小,影响力有限;各期刊之间未建立起内容、作者共享的平台;各种媒体之间缺乏联系,大多林业传媒都是独立运行,平台之间没有统一的统合入口,发挥不出整体效益,凝不成合力,不能为林业信息提供一站式的应用和服务。

二是媒介之间缺乏统一的标准。林业媒体要想实现有关林业资源的共享,降低运营成本,必须要统一媒体融合的规范体系,使得数字信息得以广泛传播,这既可以扩大阅读量,又可以进一步延伸林业产业链。例如,数字出版物需要统一编码、作品的格式、阅读器等,读者在阅读内容时,不会因为格式问题不能在一个阅读设备上阅读所需内容,降低读者流失机率。

三是服务内容欠缺,资源整合乏力。随着中国林业网的融媒体格局形成,林业信息传播加快,访问量也逐渐提升。但从数据显示上看,访问量还没有达到应有的容量,这方面还有很大的发展空间。

四是缺乏具有媒体融合思维的复合型编辑专业人才。

媒体融合最关键的节点是人才的复合,而思维方式的转变才是实现人才复合的根源所在。未来的传媒人才需要运用全媒体的理念,策划好选题,采用媒体融合,衍生新产品,做好与新技术手段的学术交流。媒体融合需要编辑用互联网思维开发适合各种媒体同时传播的多媒体产品,这就要求编辑要拥有互联网背景下的用户思维,既要懂林业专业学术论文或专著的知识,又要懂网络媒体知识,还要懂新媒体的策划设计、编辑制作和运营。

2. 林业媒体融合发展的相关建议

一是构建深度融合的组织机构和传播渠道。传统林业媒体行业的资源配置还是依据计划进行的,对于市场在资源配置中的作用重视不够,市场竞争力严重不足。因此,林业媒体行业需要转变传统的发展模式,依据现代企业进行体制改革,对内部结构进行优化调整,促进经济增长方式的转变,实现林业传媒产业的资源配置以及使用效率的提升。利用新媒体技术,将分散的资源整合,将其所建的新媒体统一聚合到中国林业新媒体旗舰平台上,既可节约人力资源又能实现内容资源共享,还能为各自领域的用户提供差异化的服务。林业媒体行业可以从宣传定位、技术手段、发行渠道、人员培训等方面加强联合,在宣传策划和项目上共同承担任务,各自发挥特长,在宣传项目上形成合力和共鸣、共振扩大宣传效果。加强人员业务交流的渠道和平台建设,促进人才的流通。

二是做好顶层设计,实现全面融合。林业媒体应打破行业内部壁垒,吸取各自优势,建立媒体同盟,实现信息沟通、业务融通、资源共享。在条件成熟时,推进统一的、规范的新媒体平台建设,形成新媒体矩阵,实现共同发展。这项工作,建议自上而下去推动。

三是立足林业特色,加强内容建设。与新媒体企业竞争,传统媒体最核心的优势之一便是内容生产力。虽然新媒体企业的崛起挤占了传统媒体的市场,但是其在内容方面对传统媒体依然有相当高的依赖性，主流的原创、优质内容仍来自于传统媒体。好的内容首先是要有优秀的作者群体来支持，林业媒体经过多年的发展，传统媒体拥有固定从事林业科研、生产的专家和学者队伍的专家库，为原创文章提供了更高的价值。专业化的内容制作、高质量的原创文章通过多年积累的强大采编团队、权威信息资源、规范的编辑流程得以实现。同时，把林业传媒内容生产与新媒体信息发布的速度和广度优势相结合，为互联网的交互性和碎片化需求提供"短、精、快"的优质内容，以适应新媒体传播渠道的变化。各媒体之间利用传统媒体的内容优势，做到载体形式的互补、内容的分级分类互补、时效性与传播空间互补，努力满足受众的多样化需求，从而在激烈竞争中抢占舆论制高点。

四是增强技术创新，构建传播体系。技术创新带来传播效率和质量的提高。媒体融合时代，好产品也需要好渠道。网站的内容传播不应是简单地转载发布，而应该是对内容深度整合之后，有策略地通过不同平台、不同渠道去推送、去影响受众。通过技术创新，网站将在系统内打开各种媒体形式，无缝连接各种平台资源，实现信息内容生产链的聚合，实现信息产品传播链的裂变，从而实现电视、报纸、网站、微博、微信、移动客户端等全媒体传播渠道的融通共享，进而真正实现高效的分众化、精准化传播。做到不断利用新技术创新推动平台升级，改造PC端网站平台，建设移动新媒体矩阵。加强顶层设计，注重整体优化，打造立体传播体系，持续推进新闻产品平台技术升级，形成立体多样、融合发展的传播格局。

五是重点推出一批示范产品。林业传统媒体应遵循新闻传播规律和新兴媒体发展规律，以先进技术为支撑，以内容建设为根本，推动传统媒体和新兴媒体在内容、渠道、平台、经营、管理等方面的深度融合。在现有条件基础上，按照林草事业发展形势要求，重点推出一批融合产品、拳头产品，为整体推进林业行业媒体融合发展积累经验、做出示范。采用"内容＋科技＋个性化定制服务"这种互联网时代的发展模式，在内容制作上，根据互联网和移动互联网的特点，改变内容制作方式，在移动客户端上投入更大的支持力度，抢占移动客户端，积极地开发网络社区，从而让信息服务实现移动化、社交化以及本地化，最大程度上与用户的生活圈、工作圈与消费圈接轨和串联，实现各渠道的相互呼应，推出新型产品。

六是培养复合型人才，打造媒体融合团队。媒体产业的竞争，一个是技术的依赖，另一个是内容的依赖，归根结底是人才。创新的事业必须有创新的人才，人才是创新的核心要素。林业传媒人员不仅要掌握传统的编校理论和方法，更要在林业专业基础上，掌握计算机及新型网络技术，从文字到图像制作、再到电子文件处理，将高科技的网络技术运用到工作中，保障专业精、技术强，适应新媒体时代下的电子稿件处理需要。媒体融合技术人才严重缺乏，一方面是由于传统的传媒人才没有进行系统培训，另一方面是因为收入差距大导致招聘懂技术的人才比较困难。林业传媒要适应市场竞争环境，建立顺畅高效的体制机制，必须吸引壮大人才队伍，同时进行多层次培训，提升传媒人员的综合素质，真正打造一支具有一流专业素养和现代传播技能的"媒体融合"团队。

第四节 新媒体技术

新媒体技术的出现是建立在信息技术和移动通信飞速发展的基础之上，新媒体技术区别于电视、广播等传统媒体技术，一方面各类新媒体技术建立在传统媒体技术的基础上，另一方面又都在一定程度上对传统媒体技术在表现力与传播能力方面产生了极大的拓展。马歇尔·麦克卢汉认为：从长远的观点来看问题，媒介即是讯息。所以，社会靠集体行动开发出一种新媒介（如印刷术、电报、照片和广播）时，它就赢得了表达新讯息的权利。媒介所传达出来的"讯息"，"都是它们在延伸人体过程中对我们的感知方式以及社会交往形式的改造"。因此，新媒体技术将成为推动媒介发展的重要驱动力量之一。常见的新媒体技术有素材制作方面的，如 HTML5、流媒体技术等；有新媒体传输方面的，如移动电视（IPTV）传输技术、P2P 技术；有新媒体内容检索方面的，如深度搜索信息的工具、搜索企业信息的天眼查、新芽等；有虚拟现实（VR）、增强现实（AR）、混合现实（MR）、虚拟成像技术等。

一、新媒体素材制作技术

（一）HTML5 技术

HTML 指的是超文本标记语言，即标准通用标记语言下的一个应用。超文本标记语言是一种规范和标准，它通过标记符号来编辑现实在网页中的各个部分，网页文件本身是一种文本文件，通过在文本文件中添加标记符号，可以告知浏览器如何实现其中的内容，但是对于不同的浏览器，同一标记符号可能会有不同的解释，为了兼容更多浏览器以及更完美地显示效果，国际互联网工程任务组（The Internet Engineering Task Force，简称 IETF）在 1993 年 6 月发布了超文本标志语言 HTML1.0，但没有作为标准发布。1995 年 11 月 IETF 发布首个官方版本 HTML2.0。在 1996 年和 1997 年两年的时间里 W3C 组织（Word Wide Web Consortium，万维网联盟）发布了 HTML3.2 和 HTML4.0 两个版本。1997 年 12 月 24 日 W3C 组织发布了 HTML4.01，这是一个被广泛使用的标准。2014 年 10 月

28日W3C组织的HTML工作组正式发布了HTML5.0的推荐标准。HTML5是对之前的HTML文档的修改和拓展，去掉了一些不常使用的标签，也增加了一些新的持签，同时HTML5能兼容之前所有的HTML版本。正是因为HTML5的众多优点，才使得它被普遍认可，并且作为一个标准被广泛接受。

首先，HTML5引入了结构化的语义标签，使得HTML5在文档结构上较HTML4.01更加明晰和易读。新添加的智能表单让无需复杂的编程语言的实现变为现实。增加的自动完成等功能，增强了用户体验感。微数据的引入，也使机器的数据处理更加简单。其次是在多媒体形态上，标签的添加使得无需安装插件即可实现音频、视频的播放。再者Canvas画布可以实现随意绘制线条与形状，将文本、图像、视频等方式结合。WebGL技术的应用可以使在网页上直接呈现3D效果成为现实。再次，HTML5的引用满足了人们对于离线存储的要求。最后，在通信方面，HTML5 Web Socket极大地减少了不必要的网络流量与延迟，而HTML5 Web Notification技术则可以使用户在浏览网页时在最小化状态也能收到来自Web应用的桌面通知。在手机等移动终端设备中，HTML5可以更轻松地调用GPS等定位API，实现更加便捷的LBS位置服务。

（二）流媒体技术

流媒体技术（Streaming），又称为流式媒体，它是指采用流式传输的方式在互联网上传输音频、视频等多媒体文件。它的优点在于用户在观看和使用多媒体文件时并不需要完整地下载整个文件，只需要在开始时将一部分内容进行存储，剩下的部分可以以数据流的方式随时进行传送并播放。实现流媒体技术又包括了两种方式，分为实时流式传播（Realtime Streaming）和顺序流式传播（Progressive Streaming），其中，顺序流式传播主要基于HTTP传输协议，实时流式传播则需要通过专用流媒体服务器与传输协议。

流媒体技术的出现，让音频、视频等信息的传播一定程度上不再依赖于网络带宽对信息传输的限制，互联网能够在带宽有限的情况下承载更多的多媒体信息，流媒体技术的广泛应用让直播与短视频更加成为网络中的主流传播方式。

二、新媒体传输技术

（一）LBS位置服务

LBS（Location Based Service）即基于位置的服务，是通过卫星网络或无线网络来获取用户的经纬度信息，在电子地图或GIS（Geographic Information System）平台下，为终端用户提供基于位置的信息查询和应用服务。另外，LBS技术还被描述为定位技术、移动通信技术、互联网技术与GIS技术相结合的产物。

LBS位置服务技术由下列关键技术组成。

1. LBS 定位技术

首先是基于移动终端的定位技术，其中包括全球定位系统（GPS）技术和辅助全球定位系统（Assistant-Global Positing System，A-GPS）技术。GPS 技术基于卫星向 GPS 设备发送信号从而获取和测算出使用者的位置信息。A-GPS 定位技术则是一种辅助手段，首先创建一个 GPS 参考网络，移动通信网将 GPS 参考网络产生的校正数据、近似位置信息等发送到 GPS 接收终端，由移动终端获得的各类无线信号确定设备所在的位置。

除此之外，还有基于移动网络的定位技术，如 Cell-ID 定位技术、ADA 定位技术、TOA 定位技术、TDOA 定位技术和 E-OTD 定位技术等。

2. GIS 相关技术

GIS 技术包括路径规划、电子地图、移动数据库等技术，GIS 技术为 LBS 应用提供了许多类似可视化地图、目录服务、地图信息等地理信息的功能。Google 地图、百度地图、高德地图等也可以看成一种 GIS 服务，这些技术共同支撑起了各类 LBS 位置服务，为用户提供了便捷。

(二) 语义网技术

语义网（Semantic Web）是由万维网联盟提出的一个概念，语义网的核心是要给万维网上的文档添加语义（Meta Data），而这种语义是能够被计算机所理解的。依此来使整个互联网成为一个普遍公用的信息交互的桥梁。万维网创始人 Tim Berners-Lee 对语义万维网做了如下的描述：语义万维网并不是一个孤立的万维网，而是对当前万维网的扩展，语义万维网上的信息具有定义良好的含义，使得计算机之间以及人类能够更好的彼此合作。简单地说，语义网是一种智能网络，它不但能够理解词语和概念，而且还能够理解它们之间的逻辑关系，可以使交流变得更有效率和价值。

万维网之父蒂姆·贝纳斯·李将万维网的演化过程分为两个阶段。第一个阶段，万维网作为一种有利于人们相互合作的强大工具，以页面的方式向人们提供了大量的信息。这个目标已经实现。第二个阶段，连接到万维网上的机器也应该能够自动分析处理万维网上的所有数据。由于传统的语言本身的固有缺陷，标签集只针对于内容的显示格式，缺乏针对数据内容的标签，数据的显示格式和数据内容交叉起来，使得万维网上的信息内容很难被机器理解，不能对万维网上的海量数据进行自动处理。例如，搜索引擎搜索到的页面也只有和关键字相匹配的页面，遗漏了大量内容相关的页面，另外一方面找到太多不相关页面，使得在查准率和查全率效率不高。他表示，使用"语义"的用户将可应用远远强于现有网络中任何东西的功能。在"语义"中，用户可将两个毫不相干的东西连接在一起，如银行报账单和日历。用户可以将银行报账单拖到日历上，也可以将日历拖到银行报账单上,这样就可以知道何时应当进行支付。他指出,"语义"将呈现给人们的是一个所有数据"无缝"式连接的网络。在"语义"技术破土而出之后,目前人们对Facebook和MySpace等社交网站的"痴迷"终将被"无所不联"的网络所取代。

(三)IPTV移动电视传输技术

IPTV俗称交互式网络电视,是一种利用宽带有线电视网,集互联网、多媒体、通信等多种技术于一体,向家庭用户提供包括数字电视在内的多种交互式服务的崭新技术。用户在家中可以享受IPTV服务。IPTV既不同于传统的模拟式有线电视,也不同于经典的数字电视,因为传统的模拟电视和经典的数字电视都具有频分制、定时、单向广播等特点。尽管经典的数字电视相对于模拟电视有许多技术革新,但只是信号形式的改变,而没有触及媒体内容的传播方式。国际电信联盟IPTV焦点组(ITU-T FG IPTV)于2006年10月16日至20日在韩国釜山举行的第二次会议上确定了IPTV的定义:IPTV是在IP网络上传送包含电视、视频、文本、图形和数据等,提供QoS/QoE(服务质量/用户体验质量)、安全、交互性和可靠性的可管理的多媒体业务。IPTV既与IP(Internet Protocol)有关,即与IP网及IP业务有关;又与TV有关,当然也涉及TV网络及业务。显然,它与目前的三个运营网(广播电视网、Internet和电信网)及其业务直接相关。从下一代网络(Next Generation Network,NGN)的概念与定义来看,IPTV可看作是三重播放(Triple-play,话音、数据和视频三重业务捆绑)业务的一种技术实现形式。IPTV技术集Internet、多媒体、通信等多种技术于一体,利用宽带网络作为基础设施,以家用电视机、个人计算机、手机以及个人数字助理(Personal Digital Assistant,PDA)等便携终端作为主要显示终端,通过IP协议向用户提供包括数字电视节目在内的多种交互型多媒体业务。IPTV最大的优势在于"互动性"和"按需观看",彻底改变了传统电视单向广播的特点。它的出现极大地满足了用户对在线影视欣赏的需求。

(四)P2P技术

P2P(Peer-to-Peer)技术是一种点对点的互联网传播技术,在P2P网络方式下,每个对等实体(Peer)既是服务的提供者,又是服务的享用者。Peer为系统提供有限的计算或存储资源,Peer之间协作为其他Peer提供服务,将服务器的负载分散到Peer中,从而有效地减轻了服务器的负载和网络带宽占用,极大地提高了系统的可扩展性。

P2P技术具有以下特点:

(1)去中心化。P2P系统中的数据资源分散于各个节点,Peer之间可通过直接互联共享计算资源、存储资源和信息资源等,而传统C/S模型系统数据资源完全集中于服务器,节点必须依赖中心服务器才能获取资源。

(2)动态更新。P2P 系统的工作原理决定了 P2P 覆盖网络中的 Peer 可以自由加入和离开网络,且系统会根据网络分布情况和内容变化情况,动态更新资源索引信息。

(3)健壮性。由于 P2P 系统的内容交付能力分散在各个 Peer,即使部分 Peer 失去连接,由于系统的自动适应性,依然可以保持系统的平稳运行,整个系统的服务能力波动也不大,因此,P2P 系统具有良好的健壮性。

三、虚拟现实、增强现实、混合现实等技术

根据多伦多大学 Paul Milgram 和 Fumio Kishino 对虚拟现实、增强现实和混合现实技术的定义,这三种技术都是在真实世界和虚拟场景之间存在的技术,增强现实技术更加倾向于对现实世界的还原与增强,虚拟现实技术更倾向于虚拟场景的结构,而混合现实则介于这两者之间,如图 1-1 所示。

图 1-1 Paul Milgram 和 Fumio Kishino 的虚拟—现实分类

(一)虚拟现实

1. 虚拟现实的定义

虚拟现实(Virtual Reality,VR)是一种高端人机接口,包括通过视觉、听觉、触觉、嗅觉和味觉等多种感觉通道的实时模拟和实时交互。VR 技术通过计算机和相关输入设备创造一个完全虚构的空间,使用户沉浸在一个由设计者制造的与现实完全不同的环境中,利用双目视觉原理,削弱了现实环境的影响,使得眼镜中呈现出的是 3D 立体的虚拟环境。

2. 虚拟现实的三种特性

在虚拟现实系统当中,有着较为重要的几个特性,即交互性(Interactivity)、沉浸感(Immersion)和构想性(Imagination)。

(1)交互性。交互性是指参与者对于虚拟现实中所显示的物体的可操作程度和受到反馈的自然程度。这种主要借助于外部传感器和专用设备(如手套、手柄、光线传感器等)产生的交互方式,通过参与者的人为操作,能够从画面中获得接近现实活动的体验。

虚拟现实最大的特点就在于它与用户的直接交互性,这种不同于由鼠标键盘到触摸屏幕之间的二维交互方式,经由众多的外部传感器,能够给人带来沉浸式的交互体验,让长期以来一成不变的人机交互达到一个新的境界。

(2)沉浸感。沉浸感又称为临场感,它是指用户借助交互设备和自身的感知

系统所感受到的模拟场景，从而让用户真正体会到所处场景是整个虚拟场景的一部分。

在这样的环境中，沉浸感也受到了诸多系统特性的影响。

①多感知性。就是指在虚拟现实系统中，除了通过人体的眼睛和耳朵等器官进行感受，还必须经由运动、距离等去辅助。此外，嗅觉与味觉也是其中的一部分。

②自主性。虚拟现实中，环境中的物体在与参与者进行交互时应该表现出符合现实世界物理规律的自主性，这种自主性也可以符合作者的设定与想象。例如，在用户按照特定的方向对物体做功时，物体会沿受力的方向与周围其他物体产生互动。自主性即物体在受到影响之后根据物理规律或制作者制定的规律自主运动的过程。

(3)构想性。在航空航天、武器试验、气象预报和医疗等诸多领域中，因为成本等原因，现有的技术无法达到应有的效果。这个时候通过对虚拟现实技术的合理运用，就为这些问题提供了一种新的解决方案。同时，VR 的构想性能够扩展人的思维，充分发挥人的想象力并提升生产和教育的效率与质量。

(二)增强现实

增强现实（Augmented Reality，AR）这一概念最早由 Thomas Caudell 在 1990 年提出。1992 年，Tom Caudell 和 David Mizell 使用"增强现实"这一概念。AR 技术是一种将真实世界信息和虚拟世界信息"无缝"结合的技术，该技术通过虚拟的信息（视觉信息、声音、味道、触觉等）通过计算机等系统处理，模拟仿真后叠加在真实世界中，表现为真实的环境和虚拟的物体实时地叠加到了同一个画面或空间，满足了用户超越现实的感官体验。

增强现实的三种原则：

(1)真实世界和虚拟世界的信息集成。与参与者完全沉浸其中的虚拟现实的体验不同，增强现实所传达的一切图像与信息都是建立在真实世界的基础之上，这类基于真实世界的设备和传播方式，是对于参与者所处在的现实世界的补充或重塑。这类信息可以是对于物体信息的补充，可以是借助所需要的现实物体增加交互性，也可以是对现实中的物体在虚拟世界中进行重构或分解，以帮助人们更好地观察和了解。

(2)增强现实具有实时交互性。在 AR 当中，虚拟世界与现实世界同步，因此 AR 需要有较高的反馈速度，达到融入现实世界当中的目的。通过头盔、眼镜等设备，基于三维建模等工具，实时交互性让 AR 在生活与生产中的应用范围大大变广。

(3)增强现实是通过在三维世界中定位添加虚拟物体（三维注册）。AR 技术主要运用了三维建模、景深感应和动作感应等技术,通过专用的景深摄像机和动作摄像机将现实世界转化为三维坐标,从而在其中添加虚拟物体,并感应参与者的反应。

(三)混合现实

多伦多大学 Paul Milgram 对混合现实(Mixed Reality,MR)的定义是:真实世界和虚拟世界在一个显示设备中同时呈现。也有学者认为:现代意义上的"混合现实"是不同类型的现实(主要是指真实现实与虚拟现实)的彼此混合。将计算机所生成的虚拟对象融合到真实的环境当中,从而建立出一个新的环境以及符合一般视觉上所认知的虚拟影像,在这之中现实世界中的物件能够与虚拟世界中的物件共同存在并且即时地产生互动。

混合现实与虚拟现实有明显区别。虚拟现实具备沉浸性,所追求的是尽可能将用户的五官感觉置于计算机系统的控制之下,切断他们与真实世界的联系。相比之下,混合现实则允许用户同时保持与真实世界及虚拟世界的联系,并根据自身需要及所处情境调整上述联系。混合现实与增强现实也有所区别。增强现实指的是将动态的、背景专门化的信息加在用户的视觉域之上。它是以真实世界为本位,强调让虚拟技术服务于真实现实。相比之下,混合现实对真实世界和虚拟世界一视同仁,不论是将虚拟物体融入真实环境,或者是将真实物体融入虚拟环境,都是允许的。

(四)全息投影

全息投影技术(Front-projected Holographic Display)也被称为虚拟成像技术。它利用光的干涉和衍射原理,记录物体的全部光学信息并再现到真实空间。全息立体投影不是利用数码技术实现的,而是投影设备将不同角度影像投影至一种国外进口的全息膜上,让你看不到不属于自身角度的其他图像,因而实现了真正的全息立体影像。让使用者可以在不借助任何辅助设备的情况下都能够从任何角度裸眼看到三维图像,全息的本意是在真实世界中呈现一个 3D 虚拟空间。

在进行全息投影之前,要先进行全息摄影,早在 1947 年,匈牙利裔英国科学家 Dennis Gabor 就已发明了全息摄影,可以将实体的状态、形态、大小、颜色、比例等信息记录在感光元件上。在摄影之后还需要进行成像的过程,利用光的衍射原理,将摄影记录下来的内容重新还原。

四、其他技术

(一)三网融合

"三网融合"(Tri-networks Integration)又称三网合一,指的是以电话网(包括移动通信网)为代表的电信网、以有线电视网为代表的广播电视网和互联网高层业务应用的融合。主要表现为在技术方面趋向一致，在网络层面上实现互联互通，在业务层面上相互渗透和交叉，在应用层面上使用同一的通信协议。其目的是通过优化现有的网络配置，综合利用现有的网络资源，采用全数字化连接，宽带数据交换与传输、高度集成业务、简化终端接口、智能化管理与控制方式，改造多媒体信息网络，为用户提供数据视频、语音等多媒体信息服务。

2015年9月，国务院办公厅印发《三网融合推广方案》，时至今日，无论是电信网、广电网与互联网都取得了长足的发展，4G技术让移动互联网的速度大幅度加快；5G（第五代通信网络技术）标准将带来更高的带宽速率、更低更可靠的时延和更大容量的网络连接。新一轮的宽带提速降费和村村通网工程让电信网的覆盖面积更广、覆盖人群更多；广电网与互联网相结合，IPTV等技术的出现让广播电视以互联网为载体，网络电视吸引更加年轻的观众。与此同时，央视等各家主流新闻媒体也通过改进采编和分发流程的方式，加快了三网融合的步伐。

三网融合作为媒介融合过程中的重要环节，在加速媒介融合进程的同时，也让媒介更多地适应当下新的传播环境，为新媒体的传播做出了巨大的贡献。

（二）硬件设备

新媒体的发展离不开硬件设备的进步，网站的建设与管理也建立在众多的硬件设备的基础之上。从新媒体诞生和不断演进之日开始，硬件设备的进步为新媒体的发展给予了巨大助力。在这其中，以英特尔为代表的X86和以高通为代表的ARM芯片都得到了长足的进步，以英伟达为代表的GPU厂商也为新媒体提供了更加强大的图形和AI性能，让更多的新表现形式有实现的可能。建立在智能算法与更高运算性能的CPU基础上的人工智能正在进一步改变新媒体的业态，塑造全新的媒介产业。

1. CPU

CPU（Central Processing Unit，中央处理器）是当代信息产业的核心，无论是PC机还是智能手机，每一步操作都需要CPU参与运算；此外，大量的科学计算也依赖CPU实现，可以说CPU的性能是如今新媒体和网站建设的基础设施之一。在处理器领域有英特尔、AMD等厂家为PC机与笔记本制作的X86处理器，以高性能为主要特点；以及以高通、联发科和海思等为代表的，以低功耗为主要特征的ARM处理器。这些处理器为消费级设备提供广阔市场的同时，也在服务器和分布式计算领域有广泛的运用。

2. GPU

GPU（Graphics Processing Unit，图形显示芯片）在早期是为了弥补CPU在3D图形显示方面的缺陷，最早被称为3D图形加速卡，只负责承担三维图像的生成与输出功能。随着GPU性能的提升，英伟达等厂商已经开始使用GPU进行人工智能运算的尝试，其使用的 CUDA 技术也为大量的服务器和人工智能运算提供助力。

（三）数据挖掘

数据挖掘（Data Mining）是指从大量的数据中通过算法搜索隐藏于其中信息的过程。数据挖掘通常与计算机科学有关，并通过统计、在线分析处理、情报检索、机器学习、专家系统（依靠过去的经验法则）和模式识别等诸多方法来实现任务目标。近年来，数据挖掘引起了信息产业界的极大关注，其主要原因是存在大量数据，可以广泛使用，并且迫切需要将这些数据转换成有用的信息和知识。获取的信息和知识可以广泛用于各种应用，包括商务管理、生产控制、市场分析、工程设计和科学探索等。

而新媒体的数据挖掘和分析，是更好的是对受众的把握，会涉及数据的采取、统计、维度等多方面的内容。通过数据可以分析出，产品的设计是否合理、用户是如何使用这些功能、功能使用的频次如何、转化路径是否靠谱。数据同样能够告诉运营者，用户来源，用户活跃情况等。数据还能够告诉的是趋势、是转化，也是更加细化的运营。

（四）大数据

大数据（Big Data）是指无法在一定时间范围内用常规软件工具进行捕捉、管理和处理的数据集合，是需要新处理模式才能具有更强的决策力、洞察发现力和流程优化能力的海量、高增长率和多样化的信息资产。大数据技术的战略意义不在于掌握庞大的数据信息，而在于对这些含有意义的数据进行专业化处理。换而言之，如果把大数据比作一种产业，那么这种产业实现盈利的关键在于提高对数据的"加工能力"，通过"加工"实现数据的"增值"。从技术上看，大数据与云计算的关系就像一枚硬币的正反面一样密不可分。大数据必然无法用单台的计算机进行处理，必须采用分布式架构。它的特色在于对海量数据进行分布式数据挖掘。但它必须依托云计算的分布式处理、分布式数据库和云存储、虚拟化技术。随着云时代的来临，大数据也吸引了越来越多的关注。

数据新闻就是典型的大数据技术在传媒领域的应用。数据新闻又叫数据驱动新闻，是指基于数据的抓取、挖掘、统计、分析和可视化呈现的新型新闻报道方式。数据新闻在大数据技术的推动下发生质和量的飞跃。数据新闻是随着数据时代的到来出现的一种新型报道形态，是数据技术对新闻业全面渗透的必然结果，它的出现在一定程度上改变了传统新闻生产流程。数据新闻有别于精确新闻和数字新闻。精确新闻由美国学者、新闻记者菲利普·迈耶在20世纪60年代提出，指记者在采访新闻时运用调查、实验和内容分析等社会科学研究方法来收集资料、查证事实，从而报道新闻。这类新闻报道70年代风行于美国新闻界。80年代，中国新闻界开始运用这种新闻报道方法。它的特点是用精确的具体数据分析新闻事件，以避免主观的、人为的错误。它侧重于微观的具体调查、实验和内容分析。而数字新闻，则指以数字、公式、字母等静态形式来辅助文字报道。现在所说的大数据新闻，显现的是对大数据的挖掘与处理的结果，可以通过复杂的交互式、动态化的图片和视频来呈现这类新闻。

(五) 人工智能

人工智能（Artificial Intelligence，AI），是研究、开发用于模拟、延伸和扩展人的智能的理论、方法、技术及应用系统的一门新的技术科学。人工智能是计算机科学的一个分支，它企图了解智能的实质，并生产出一种新的能以人类智能相似的方式做出反应的智能机器。该领域的研究包括机器人、语言识别、图像识别、自然语言处理和专家系统等。人工智能从诞生以来，理论和技术日益成熟，应用领域也不断扩大，可以设想，未来人工智能带来的科技产品，将会是人类智慧的"容器"。人工智能可以对人的意识、思维的信息过程进行模拟。人工智能不是人的智能，但能像人那样思考、也可能超过人的智能。

人工智能是研究使计算机来模拟人的某些思维过程和智能行为（如学习、推理、思考、规划等）的学科，主要包括计算机实现智能的原理、制造类似于人脑智能的计算机，使计算机能实现更高层次的应用。人工智能将涉及计算机科学、心理学、哲学和语言学等学科。可以说，人工智能几乎涵盖自然科学和社会科学的所有学科，其范围已远远超出了计算机科学的范畴。人工智能与思维科学的关系是实践和理论的关系，人工智能是处于思维科学的技术应用层次，是它的一个应用分支。从思维观点看，人工智能不仅限于逻辑思维，要考虑形象思维、灵感思维才能促进人工智能的突破性发展，数学常被认为是多种学科的基础科学，数学也进入语言、思维领域，人工智能学科也必须借用数学工具，它们将互相促进而更快地发展。

利用人工智能技术，创造了虚拟主播、智能写作机器人等智慧媒体。

1. 虚拟主播

虚拟主播是指以原创的虚拟人格设定、形象在视频网站、社交平台上使用虚拟形象进行活动的主播，在中国，虚拟主播普遍被称为虚拟UP主，Virtual UP (VUP)。形象多以MMD或Unity的3D模型或Live2D制作的2D模型出现，并以真人声优配音，但声优一般情况下并不公开。视频形式多种多样，Vlog和游戏实况较多。

虚拟主持人，是数字技术处理出来通过广播、网络等通信传媒与受众形成交互的仿真人形象，虽然具有主持人的功能和作用，但是却没有真实主持人的现实生活体验，因此被人们称为虚拟主持人。2001年英国，世界上诞生了第一个虚拟主持人——阿娜诺娃（Ananova）。在国内电视屏幕上正式出镜的虚拟主持人是主持《科技新闻周刊》的男性主持人——比尔邓。

2. 智能写作机器人

智能写作机器人整合了目前最先进的人工智能、大数据分析、自然语言处理等技术，聚合全网信息，通过融合各个领域知识，对数据进行深度分析，可以实现对资讯内容的全自动智能化采编，提高了资讯的采集、加工、分析处理效率。用户可以根据自己的需求设定所需素材的搜索词，利用智能写作机器人自动搜集与输入的关键词相关的信息，再将这些信息按照语句出现频率和新闻关键词加以整合，制作出一个符合该媒体稿件风格的模板，随后带入具体的"何时，何地，何事，何人，何因"新闻五要素，即可以生成一篇完整的新闻稿件。机器新闻写作遵循"提取数据—套用模板—生成稿件—人工把关"这一模式化的生产流程，可以在几秒甚至几毫秒内生产出一篇新闻报道。

智能写作是基于自然语言处理和知识图谱技术，智能挖掘商品营销卖点，提供标题、短文等题材营销内容，全面提升内容创作效率和营销效果。

3. 资讯机器人

资讯机器人行业是人工智能领域一个全新的分支，是传统资讯行业与人工智能的交叉行业，中国首个资讯机器人诞生于 2013 年，经过几年的发展，资讯机器人成为传媒行业不可或缺的智能助手。随着 Giiso 企业的写作机器人、新华社快笔小新、今日头条张小明、腾讯梦幻写手、百度创作大脑的相继入局，中国资讯机器人阵容不断强大，传统媒体先后开始全新的资讯机器人创作时代。腾讯梦幻写手、新华社快笔小新、今日头条张小明等均是企业为自身资讯生产部门研发的智能机器人，主要承担本企业财经、体育等板块内容的素材采集与写作编辑工作。与这些企业专用产品不同的是 Giiso 旗下的写作机器人，作为中国首个进入商用阶段的智能写手，它面向公众开放，可为任何第三方媒体或企业编辑部提供智能写手服务，并且是首个可进行政治、经济、文化、娱乐、科技等综合内容创作的写作机器人。

由新华社和阿里巴巴共同成立的一家媒体人工智能科技公司，被业界称为"技术公司里最懂媒体、媒体公司里最懂技术"的公司——新华智云，2019 年发布了 25 款媒体机器人，主要用于解决内容生产者在采集和处理新闻资源上的痛点和难点。其中，助力新闻人"采集"新闻资源的媒体机器人有 8 款（图 1-2）。

已经出现的更好更快助新闻人"处理"新闻资源的媒体机器人有 17 款（图 1-3）。

从这些媒体机器人的功能来看，在以下几个方面有重要价值：

（1）新闻业人机协同的观念和意识将大大提升。将使整个行业观念快速统一到加快新闻生产分发的人机协同上来，例如，人脸追踪机器人、数据标引机器

图1-2 "采集"新闻资源的媒体机器人

图1-3 "处理"新闻资源的媒体机器人

人、突发识别机器人等都明显超越了人类新闻工作者的能力,与这些机器人的协作将使人类新闻工作者的新闻生产能力大幅度提高。

(2)全产业链智能化进程提速。机器人涉及新闻生产的全产业链,从采集、制作、分发、审核到广告、用户均有涉足。新闻生产全线智能化应该会带来变化,从初期产制方面的智能化,逐步到产业生态、生产关系、竞争格局……值得跟踪观察。

(3)将推动媒体融合的进一步深化。媒体大脑一直在为中央和地方媒体的媒体融合转型提供服务,媒体机器人的推出将使整个行业受益,可以预见媒体融合深化过程中,智能化将成为下一个重点。

未来,媒体是否具备了智能化,这将成为媒体最重要的特点。随着大数据和人工智能时代的到来，新闻人在新闻资源的采集和处理过程中面临新的痛点，需要新技术来解决。但无论技术如何变化，从媒体角度来讲，有些事情是固定不变的。采访和写稿是媒体最重要的工作，也就是对新闻资源的采集和处理，这是媒体在任何时代的两个根本工作和重心。

第二章　新媒体信息管理

信息时代，新媒体作为人们日常工作、学习和生活经常利用的一个非常重要的工具，其作用日益显现。新媒体信息编辑作为一种新兴的职业，在信息的传播中发挥着越来越重要的作用。随着新媒体信息处理技术发展日新月异，新媒体编辑工作模式也在不断变化，因此，分析不同种类新媒体信息的新特点、研究新媒体素材的处理方式，就成为广大新媒体信息处理共同面对的重大课题。本章介绍了新媒体信息的各要素、新媒体信息的种类、特点与新媒体信息发布，了解新媒体素材的处理与编辑方法等内容。

第一节　新媒体信息的要素

新媒体信息可由文稿、图片、音频、视频等相关要素组合而成。

一、文稿

虽然新媒体产业与传统的媒体产业在一些方面有诸多不同，但始终改变不了媒体产业以信息内容生产为核心的基础。文稿可以是由文字文本、图画文本、声音文本、影像文本任意组成的主文本，是传播满足广大群众的"利益需求""文化需求"和"个性化需求"的最主要信息产品，是新媒体信息的核心组成要素。我们在新媒体中，经常看到来源于不同类别、不同渠道的文稿，这里着重介绍文稿归类的概念。

（一）文稿归类

新媒体中，文稿归类是指根据新媒体文稿内容属性、受众对象和其他特征，将文稿分门别类地归入既定频道、栏目中，以便于读者的浏览、搜索，以及新媒体对海量文稿进行管理。

（二）归类方法

（1）按主题归类。指的是按文稿的主要内容以及基于主要内容的中心思想进行归类。

（2）按地域归类。比较通用的有国内、国际之分，国内某省、某市之分。

（3）按文稿涉及主要人物身份归类。在栏目设置上会牵涉到按人物进行文稿归类问题，因为人物不同的社会身份代表不同的社会阶级、社会群体，其言论、行为、作为往往成为读者认识社会的一个标杆。人物分政府官员、专家、名流、演员、新锐等角色。

（4）按时效性归类。最新新闻、滚动新闻、即时新闻、最新原创、最近更新等栏目都是从时效角度对文稿归类，该归类主要充分利用读者对文稿时效性的关注。

（5）按稿件重要性归类。要闻、焦点、专稿、重点推荐、精品阅读等栏目是一些媒体对重要新闻稿、文学稿进行推介而专设的。判定稿件重要程度的依据在于信息的价值（时新性、重要性、显著性、接近性、趣味性）。频道的先后顺序和栏目的前后排列本身即已隐性地体现稿件的重要程度，单设相关频道或栏目无疑再次提醒受众关注它们以及置于其中的文稿。

（6）按信息形式归类。从信息形式看，网站内容分文字、图片、视频三大块。目前看来，文字仍然是网站内容信息的主要形式。视频和图片是次要的或辅佐性的信息形式。文字抽象但信息量大，所占网络空间小；图像、视频形式新颖，所占网络空间大。可以把图片、图表、Flash、音视频等形式稿件放入相关的栏目，也可以把它们与文字搭配使用，按上述归类方法归入不同栏目。专设频道或栏目，如新华图片、图表、音视频频道或栏目。

二、图片

数码相机和互联网的普及几乎同时到来，这为新媒体上的影像表达准备了条件，而手机摄影摄像功能的飞速演化更是为之插上了腾飞的翅膀。对于互联网来说，大量图片的出现使网络在新闻传递的功能上，大大增加了娱乐的色彩，提高了互联网的亲和力。

在新媒体时代，计算机所处理的图片主要有位图与矢量图两种。

（一）位图图像

位图图像（Bitmap）也称为点阵图像或绘制图像，是由称作像素（图片元素）的单个点组成的。这些点可以进行不同的排列和染色以构成图样。当放大位图时，可以看见赖以构成整个图像的无数单个方块。扩大位图尺寸的效果是增大单个像素，从而使线条和形状显得参差不齐。然而，如果从稍远的位置观看它，位图图像的颜色和形状又显得是连续的。

（二）矢量图

矢量图（Vector Graphics）也称为面向对象的图像或绘图图像，在数学上定义为一系列由线连接的点。矢量文件中的图形元素称为对象。每个对象都是一个自成一体的实体，它具有颜色、形状、轮廓、大小和屏幕位置等属性。矢量图是根据几何特性来绘制图形，矢量可以是一个点或一条线，矢量图只能靠软件生成，文件占用内在空间较小，因为这种类型的图像文件包含独立的分离图像，可以自由无限制地重新组合。它的特点是放大后图像不会失真，和分辨率无关，适用于图形设计、文字设计和一些标志设计、版式设计等。

位图和矢量图的比较见表2-1。

表2-1 位图和矢量图的比较

图像类型	组成	优点	缺点	常用制作工具
位图	像素	只要有足够多的不同色彩的像素，就可以制作出色彩丰富的图像，逼真地表现自然界的景象	缩放和旋转容易失真，同时文件容量较大，占用的存储空间较大	Photoshop、画图等
矢量图	数学向量	文件容量较小，在进行放大、缩小或旋转等操作时图像不会失真	不易制作色彩变化太多的图像	AI、Flash、CorelDraw等

(三) 位图的常见格式

1. BMP

BMP是Windows操作系统中的标准图像文件格式，能够被多种Windows应用程序所支持。

2. GIF格式

GIF格式是支持动态图片的常用格式，如果不需要动态图片，可以考虑8位的PNG代替。最适于基本的网络动画。

3. JPEG格式

JPEG是确定该格式的联合图像专家小组（Joint Photographic Experts Group）的首字母缩写。JPEG是一种针对相片图像而广泛使用的一种有损压缩标准方法。使用JPEG格式压缩的图片文件一般也被称为JPEG Files，最普遍被使用的扩展名格式为.jpg，其他常用的扩展名还包括.jpeg、.jpe、.jfif以及.jif。

4. PNG格式

PNG格式全称便捷的网络制图，用于插图、地理图标、小型图文档最佳。PNG格式无损压缩适用于地理插图，如文字和图标。PNG格式比JPEG格式有更小的文档尺寸。不适用于印刷制品，因为压缩高分辨率的相片很慢，因此该格式常用于网络中低分辨率图像。网页模式有两种默认格式：PNG-24和PNG-8。

PNG-24是全彩（24位）支持全透明模式。PNG限制于256彩（8位）和1位的透明度(或者100%的不透明度或100%的透明像素)。

5. TIFF 格式

当不需要图层或者高品质无损保存图片时，TIFF 是最好的格式。TIFF 适用于最高的印刷质量的格式，不适用于网络媒体。

TIFF 可以支持不同颜色模式、路径、透明度及通道，是打印文档中最常用的格式，TIFF 文件能压缩为 LZW 格式。这种压缩损失很少，大约能减少一半文件尺寸，不过会稍微增加文档打开时间。

6. PSD 格式

PSD 格式适用于大型，有图层、透明度等要求的源文档和工作文件，PSD 文档可以保留图层及其他的 PS 处理信息。最佳体验是把工作文件存为 PSD 格式，展开的副本存为 TIFF 或 JPEG 文件用于共享。因缺乏合适的压缩方式，致使保存的 PSD 文件很大，但所有信息完好，包括透明度、图层、路径、通道等。不是所有的第三方程序都支持 PSD 文件，所以并不合适除 Adobe 工作组以外的软件。

7. RAW 格式

RAW 格式是一个共享的图片格式，包含数码相机捕捉到的未处理的图像数据，不同制造商通常有自己的原始文件扩展格式。如：

Canon：CR2：(Canon RAW)

Nikon：NEF：(Nikon Electronic Format)

Universal：DNG(Digital Negative)

RAW 文件作为工作对象优于 JPEG 文件，数码相机拍摄图片，RAW 格式额外的图像数据给调整留下很大空间。

特殊 RAW 图像需要特殊软件处理，如 Adobe Camera RAW 最新版 CC 已内置此功能。做出的调整不会改动源 RAW 文件，但也要记得保存元数据，这样可以随时重新编辑设置。

RAW 文件是数码相机的源文件(数字底片)，千万别误删。

(四)矢量图的常见格式

1. SWF 格式

SWF 是 Macromedia 公司(现已被 Adobe 公司收购)的动画设计软件 Flash 的专用格式。

它支持矢量和点阵图形的动画文件格式；缩放不失真，文件体积小；采用了流媒体技术，可以一边下载一边播放；已广泛应用于网页设计、动画制作等领域。

2. SVG 格式

SVG 是一种用 XML(标准通用标记语言的子集)定义的语言，用来描述二维矢量及矢量/栅格图形。SVG 提供了三种类型的图形对象：矢量图形（Vector Graphic Shape，如由直线和曲线组成的路径）、图像（Image）、文本（Text）。图形对象还可进行分组、添加样式、变换、组合等操作，特征集包括嵌套变换（Nested Transformations）、剪切路径（Clipping Paths）、Alpha 蒙板（Alpha Masks）、滤镜效果（Filter Effects）、模板对象（Template Objects）和其他扩展（Extensibility）。

SVG 图形是可交互的和动态的，可以在 SVG 文件中嵌入动画元素或通过脚本来定义动画。

它提供了目前网络流行的 PNG 和 JPEG 格式无法具备的优势：可以任意放大图形显示，但绝不会以牺牲图像质量为代价；可在 SVG 图像中保留可编辑和可搜寻的状态；平均来讲，SVG 文件比 JPEG 和 PNG 格式的文件要小很多，因而下载也很快。可以相信，SVG 的开发将会为 Web 提供新的图像标准。

3. DXF 格式

DXF 是 AutoCAD（Drawing Interchange Format 或者 Drawing Exchange Format）绘图交换文件，是 Autodesk 公司开发的用于 AutoCAD 与其他软件之间进行 CAD 数据交换的 CAD 数据文件格式。它是一种开放的矢量数据格式，可以分为两类：ASCII 格式和二进制格式。ASCII 具有可读性好的特点，但占用的空间较大；二进制格式则占用的空间小，读取速度快。由于 AutoCAD 现在是最流行的 CAD 系统，DXF 也被广泛使用，成为事实上的标准。绝大多数 CAD 系统都能读入或输出 DXF 文件。

4. WMF 格式

WMF 是 Windows Metafile 的缩写，简称图元文件，它是微软公司定义的一种 Windows 平台下的图形文件格式，文件的扩展名包括 .wmf 和 .emf 两种。它们是属于矢量类图形，是由简单的线条和封闭线条（图形）组成的矢量图，其主要特点是文件非常小，可以任意缩放而不影响图像质量，可以很好地在 Office 中使用。.wmf 是 16 位图元文件格式，.emf 是 32 位增强型图元文件，与 .wmf 文件相比，功能得到改进。

三、音频

音频是能被人体感知的声音频率，定义为 20～20 000 Hz。声音是通过物体振动产生的声波，是通过介质（空气或固体、液体）传播并能被人或动物听觉器官所感知的波动现象。多媒体中常见的音频素材是数字音频。数字音频计算机数据的存储是以 0, 1 的形式存取的，就是首先将音频文件转化为电平信号，接着再将这些电平信号转化成二进制数据保存，播放的时候就把这些数据转换为模拟的电平信号再送到喇叭播出,数字声音和一般磁带、广播、电视中的声音(模拟音频)就存储播放方式而言有着本质区别。相比而言,它具有存储方便、存储成本低廉、存储和传输的过程中没有声音的失真、编辑和处理非常方便等特点。

常见的音频格式有以下几种。

1. WAV 格式

WAV 是 Waveform 的简称,也叫波形声音文件,为微软公司(Microsoft)开发的一种声音文件格式,标准格式化的 WAV 文件和 CD 格式一样,也是 44.1K 的取样频率,16 位量化数字,因此在声音文件质量上和 CD 相差无几。WAV 打开工具是 Windows 的媒体播放器。

2. AIFF 格式

AIFF 是音频交换文件格式(Audio Interchange File Format)的英文缩写,AIFF 是一种文件格式存储的数字音频(波形)的数据。AIFF 支持各种比特决议、采样率和音频通道。AIFF 应用于个人计算机及其他电子音响设备以存储音乐数据。AIFF 是 Apple 计算机上面的标准音频格式,属于 QuickTime 技术的一部分。

3. MP3 格式

MP3 是一种音频压缩技术,其全称是动态影像专家压缩标准音频层面 3 (Moving Picture Experts Group Audio Layer Ⅲ),简称 MP3。它被设计用来大幅度降低音频数据量。MP3 格式一直都是最流行的网络共享音频格式。

4. WMA 格式

WMA(Windows Media Audio),它是微软公司推出的与 MP3 格式齐名的一种新的音频格式。由于 WMA 在压缩比和音质方面都超过了 MP3,更是远胜于 RA(RealAudio),即使在较低的采样频率下也能产生较好的音质。一般使用 WMA 编码格式的文件以 WMA 作为扩展名,一些使用 Windows Media Audio 编码格式编码其所有内容的纯音频 ASF 文件也使用 WMA 作为扩展名。

5. RA 格式

RA(RealAudio,即时播音系统)是 Progressive Networks 公司所开发的软体系统,是一种新型流式音频(Streaming Audio)文件格式。它包含在 Real Media 中,主要用于在低速的广域网上实时传输音频信息。RA 主要适用于网络上的在线播放。现在的 RA 文件格式主要有 RA、RM(Real Media,RealAudio G2)、RMX(RealAudio Secured)三种,这些文件的共同性在于随着网络带宽的不同而改变声音的质量,在保证大多数人听到流畅声音的前提下,令带宽较宽敞的听众获得较好的音质。

四、视频

视觉符号是传播信息、表达情感的重要媒介。与文字和图像相比，视频影像图文并茂、声画同步，能够传达的信息量更为丰富，表现力和感染力也更强。而数字视频也是新媒体传播中的重要组成元素。

（一）模拟视频与数字视频

1. 模拟视频

模拟视频是指由连续的模拟信号组成的视频图像，以前所接触的电影、电视都是模拟信号，之所以将它们称为模拟信号，是因为它们模拟了表示声音、图像信息的物理量。摄像机是获取视频信号的来源，早期的摄像机以电子管作为光电转换器件，把外界的光信号转换为电信号。摄像机前的被拍摄物体的不同亮度对应于不同的亮度值，摄像机电子管中的电流会发生相应的变化。模拟信号就是利用这种电流的变化来表示或者模拟所拍摄的图像，记录下它们的光学特征，然后通过调制和解调，将信号传输给接收机，通过电子枪显示在荧光屏上，还原成原来的光学图像。这就是电视广播的基本原理和过程。模拟信号的波形模拟着信息的变化，其特点是幅度连续（连续的含义是在某一取值范围内可以取无限多个数值）。其信号波形在时间上也是连续的，因此它又是连续信号。模拟视频具有成本低、还原性好等优点，但信号容易失真和损失。从长远上看，模拟视频将被数字视频所取代。

2. 数字视频

数字视频就是以离散的、不连续的数字形式记录的视频，是和模拟视频相对的。数字视频有不同的产生方式，存储方式和播出方式。为了存储视觉信息，模拟视频信号的山峰和山谷必须通过模拟/数字（A/D）转换器来转变为数字的"0"或"1"，进而转换为数字视频。这个转变过程就是我们所说的视频捕捉（或采集过程）。另外，也可以通过数字摄像机直接产生数字视频信号，存储在数字带、P2卡、蓝光盘或者磁盘上，从而得到不同格式的数字视频。然后通过PC、特定的播放器等播放出来。通常，DVD、DV磁带、计算机等保存和处理的都是数字视频。数字视频具有易于保存和处理、稳定性好等优点，是视频技术的发展重点，在新媒体中占有重要的地位。

（二）常见的视频格式

1. AVI格式

AVI（Audio Video Interleaved，即音频视频交错格式）是将语音和影像同步组合在一起的文件格式。AVI是由微软公司发表的视频格式，在视频领域可以说是最悠久的格式之一。AVI格式调用方便，图像质量好，压缩标准可任意选择，是应用最广泛的格式。

2. MPEG、MPG、DAT 格式

MPEG(动态图像专家组)是 Motion Picture Experts Group 的缩写。这类格式包括了 MPEG-1、MPEG-2 和 MPEG-4 在内的多种视频格式。MPEG-1 被广泛地应用在 VCD 的制作和一些视频片段下载的网络应用上面,大部分的 VCD 都是用 MPEG-1 格式压缩的(刻录软件自动将 MPEG-1 转为 .DAT 格式),使用 MPEG-1 的压缩算法,可以把一部 120 分钟长的电影压缩到 1.2GB 左右大小,其视频分辨率为 352×288。MPEG-2 则是应用在 DVD 的制作,同时在一些 HDTV(高清晰电视广播)和一些高要求视频编辑、处理上面也有相当多的应用。使用 MPEG-2 的压缩算法压缩一部 120 分钟长的电影可以压缩到 5~8GB 的大小(MPEG-2 的图像质量是 MPEG-1 无法比拟的)。其视频分辨率为 720×480。

3. ASF 格式

ASF 是 Advanced Streaming Format(高级串流格式)的缩写,是 Microsoft 为 Windows 98 所开发的串流多媒体文件格式。ASF 是微软公司 Windows Media 的核心。这是一种包含音频、视频、图像以及控制命令脚本等多媒体信息的数据格式。

4. WMV 格式

WMV(Windows Media Video)是微软推出的一种流媒体格式,它是在"同门"的 ASF(Advanced Stream Format)格式升级延伸来得。在同等视频质量下,WMV 格式的文件可以边下载边播放,因此很适合在网上播放和传输。

5. MOV 格式

MOV 即 QuickTime 影片格式,它是 Apple 公司开发的一种音频、视频文件格式,用于存储常用数字媒体类型。当选择 QuickTime(*.mov)作为"保存类型"时,动画将保存为 .mov 文件。QuickTime 用于保存音频和视频信息,包括 Apple Mac、Windows95/98/NT/2003/XP/VISTA,甚至 Windows 7 在内的所有主流电脑平台支持。

6. Real Video 格式

Real Video 文件是 Real Networks 公司开发的一种新型流式视频文件格式,它包含在 Real Networks 公司所制定的音频视频压缩规范 Real Media 中,主要用来在低速率的广域网上实时传输活动视频影像,可以根据网络数据传输速率的不同而采用不同的压缩比率,从而实现影像数据的实时传送和实时播放。Real Video 除了可以以普通的视频文件形式播放之外,还可以与 RealServer 服务器相配合,在数据传输过程中边下载边播放视频影像,而不必像大多数视频文件那样,必须先下载然后才能播放。目前,Internet 上已有不少网站利用 Real Video 技术进行重大事件的实况转播。Real Video格式文件包括后缀名为RA、RM、RAM、RMVB的四种视频格式，可以使用任何一种常用于多媒体及Web上制作视频的方法来创建Real Video文件。例如Premiere、VideoShop以及AfterEffects等，对于文件的播放可用Realplayer和暴风影音播放。

7. FLV/F4V格式

FLV是Flash Video的简称，FLV流媒体格式是随着Adobe公司Flash MX的推出发展而来的视频格式。F4V是Adobe公司为了迎接高清时代而推出继FLV格式后的支持H.264的流媒体格式。它和FLV主要的区别在于，FLV格式采用的是H263编码，而F4V则支持H.264编码的高清晰视频，视频码率最高可达50Mbps。由于它们形成的文件极小、加载速度极快，使得网络观看视频文件成为可能，它的出现有效地解决了视频文件导入Flash后，使导出的SWF文件体积庞大，不能在网络上很好的使用等问题，目前已在YouTube、Yahoo! Video等各大视频分享网站中广为使用。

第二节　新媒体素材的处理与编辑

不同的新媒体元素都有各自的处理与编辑方法。下面介绍文稿、图片、音频、视频四种素材的处理方法。

一、文稿的处理与编辑

文稿的处理与编辑除了包括编辑文稿的内容之外，还应包括文稿审读、文稿修改、文稿标题编辑处理几个方面内容。现对文稿编辑内容完成后的审读、修改、标题的编辑与处理三个方面内容进行介绍。

（一）文稿审读

文稿审读又称为"审稿"，是文稿编辑工作的关键。各类原稿的审读，通常采用初审、复审、终审三级审稿制度。初审要求通读原稿，提出基本评价和处理意见。复审要求复核初审意见，判断其正确程度，并解决初审中未能解决的问题。终审应对原稿质量和能否采用做出最后决定。审稿时，应特别注意以下几个问题。在政治问题上，要注意是否违背《中华人民共和国宪法》，有没有同党和政府的重大方针政策相抵触的问题；在学术问题上，要贯彻"百花齐放，百家争鸣"的方针。同时判定稿件是否已经充分地阐明主题所要求说明的内容，在论证和叙述方面，是否有逻辑性和说服力。审稿时还要考虑读者的需要和出版的目的性，以及有无侵害他人版权的情况等。

（二）文稿修改

文稿的修改是指用正确的内容形式替换来自传统印刷媒体或网络论坛等稿件

中错误的内容形式。主要包括修改错别字、语法错误、标点符号使用错误、单位与数字使用错误；知识性错误、事实性错误、政治性错误、行文格式上的问题。

1. 语法错误

文稿中常见的语法错误主要包括用词错误、搭配不当、成分残缺、句式杂糅、逻辑问题、成分赘余、词语位置不当、指代不明等。

2. 知识性错误

造成知识性错误的原因一是对相关的科学知识不甚了解，二是错用文字所致。编校中少犯甚至不犯知识性错误的唯一途径就是遇到自己不理解的知识敢于质疑，勤于查阅工具书、相关书籍，或请教专家。

3. 事实性错误

稿件中涉及的事实可能是不真实的甚至完全是捏造的（如假新闻）。常见的错误有事实有误、年代有误、数据有误等。分析法和调查法是发现并改正事实性错误的两种行之有效的方法。分析法是利用稿件提供的事实（尤其是其中的细节）、编辑自身的信息积累、作者的写作条件等进行推理分析，发现其中不合逻辑的地方。调查法是对存疑的事实采用多种办法进行核对，如与作者或其他相关人员取得联系，求证事实真相。

4. 政治性错误

概括起来，政治性错误不外乎以下三方面内容。一是政治观点错误；二是政策性错；三是国名、人名、重大事件等因录排错误造成政治性差错。稿件的主题思想不能与党和国家的路线、方针、政策相违背。稿件中不得有损害国家主权和领土完整的内容，如严禁将新疆称为"东突厥斯坦"、钓鱼岛称为"尖阁群岛"、南沙群岛称为"斯普拉特利群岛"、台湾称为"福摩萨"。编辑对党和政府的港澳台政策、宗教政策、民族政策、未成年人保护政策、保密政策等必须了然于胸。不能把港澳台误称为国家，对台湾地区政权，应以"台湾当局"或"台湾有关方面"相称，不能使用"中华民国"字样，不能使用"中华民国"纪年。对台湾当局"政权"系统和其他机构的名称，无法回避时应加引号，如台湾"立法院""行政院""监察院"等。对各民族不得使用旧社会流传的带有污辱性的称呼，如"回回""蛮子"等。不能教唆、诱导青少年犯罪。在涉及未成年人的稿件中，注意对其个人隐私进行保密。对未成年的犯罪嫌疑人，不能披露其姓名、住所；刊登照片必须经过技术处理，使其面貌不能被辨认。不能泄露国家机密（如国家重大决策、外交、军事、科技等）、危害国家安全。不得使用"北朝鲜"（英文 North Korea）来称呼朝鲜民主主义共和国，可直接使用简称"朝鲜"。

5. 行文格式及其他问题

行文格式本无所谓对错，它只是文稿的一种约定俗成的外在形式。问题在于格式一旦在读者心目中形成，任何不统一都会影响阅读效果和传播效果。正文字体字号相对固定，行与行之间空距稍宽于传统书报刊，段与段之间空一行，适合读者进行网上阅读；切忌字体字号变化无规律，段首不空格，不该换行换段即随意换行换段。各级标题既区别于正文，同级题又相对统一，给人条理分明的印象，便于阅读；切忌标题分行但字体字号无变化，同级题不统一，造成阅读错觉。其他问题既包括文稿中出现图表错误的情况，如文图不符、表格数据有误等，也包括电头*的转换、时间地点人物的准确表述、地点人物译名的统一等情况。

（三）文稿标题的编辑

不管是在传统媒体中还是在新媒体中，标题都是新闻文稿的"眼睛"。在传统的纸质媒体如报纸中，其新闻标题和正文处于同一个版面，读者在阅读时可以同时扫视标题和正文；但是在网络媒体等新媒体中，文稿的标题和正文处于不同的页面，受众只有通过点击新媒体文稿的标题才能够看到正文，新媒体文稿标题是新媒体文稿发挥作用的起点，是引起网民阅读兴趣的关键所在。稿件再好，如果标题不能够引人入胜，吸引网民的注意力，新媒体文稿的传播功能是无法发挥的，新媒体文稿的标题编辑所遵循的规则也与传统媒体的标题编辑规则存在根本性差异。因此，新媒体文稿的标题在网络媒体中的重要性远远超过了任何传统的新闻媒体。文稿标题的处理工作需要从文稿标题遵循的原则和制作技巧开始。

1. 标题的制作原则

亮点突出；准确具体；创意新颖；语言简练；亲切贴近观众。如何能做到贴近观众呢，可以从观众感兴趣、易于接受、最关心、距离观众最近的时空等角度进行制作标题。

2. 标题的制作技巧

可以从文稿标题的内容和形式两方面注意技巧的应用。文稿标题内容提炼出来后，要注意长短适中、单行实题、虚实兼顾、有文采等方面。一般来说，人们在阅读文字，眼球跳动时是不能感知文字的，眼球停顿时感知的文字也只有6～7个。若超过六七个文字则需加标点或者是空格来"换气"。所以，网络标题最好控制在16～20字之间，最好中间用空格分成两部分，各部分由7～10个字组成。在制作标题的时候还考虑标题的结构，是采用单一型还是复合型的标题，一般来说，网站多使用单一型的标题，即单行题居多。但是这不等于说网络标题不需要虚题，只是说以实题为主，根据情况注意二者的合理搭配，虚实兼顾。有些内容复杂的稿件可以运用复合型的标题。标题如果过实，缺乏悬念，会使网民丧失继续阅读的兴趣；标题如果过虚，网民看不明白，同样还是会打消网民的积极性。

---

* 电头是电讯稿件发出单位、时间和地点的说明。电头多放在新闻稿件的开头，用括号或比较显著的字体区别于正文，有时也放在稿件的末尾。

标题是稿件的"眼睛",有文采的标题对整篇稿件才能起到"画龙点睛"的作用,要使标题具有文采,可从以下几个方面考虑:活用动词、善用各类修辞手法、巧用数字和字母符号、借用诗词佳句、俗语、流行歌曲和口语化、大众化的语言。

  文稿标题形式的编排,可以采用不同的字体、字号和标点符号,还要区别对待不同等级的页面标题。另外,有效地运用色彩、提花、线条等不同的美术手段也是编排的重要方法之一。不同的字体、字号的表现力不同,对读者产生的心理作用也不同。字体主要分为宋体、仿宋体、楷体、黑体等。它们的笔画浓淡不同,各有特色。例如,黑体笔画粗重,横竖一致,字形方整,给人以雄劲有力的感觉,适合于表现严肃庄重的内容,表现强度要强烈一些;仿宋体则笔画清瘦,横竖相近,字形清丽细巧,适合于表现秀美典雅的内容,表现强度要弱一些。字号也是一样,字号大的字比字号小的字的表现强度大一些,加粗比细笔的表现强度大一些。在制作标题时,要根据稿件的内容和特点,利用不同字体、字号的表现强度,恰当地选择字体和字号,这样网民看到标题就可以感受到新闻的重要程度。网站的页面具有不同的等级,一般来说,网站都是采用二级或者三级的页面设置方法。对于不同等级的页面标题,要区别对待。为了节省空间,主页的标题常常采用单行实题的形式,二级、三级页面的标题可以更详细些,可以借鉴报纸新闻标题的特点来制作复合型的标题,还可以采用标题加内容提要的形式。色彩是一种隐性的语言,不同的色彩给人的视觉感受和心理效果是不同的。例如,红色代表喜庆、热情;蓝色代表冷静、逻辑;黑色代表庄严、肃穆;黄色代表明亮、希望;绿色代表生机、活力。编辑在制作标题的时候要根据标题内容和特点选择不同的色彩,但千万不能乱用。目前大多数的网站多以黑色和蓝色为主,也有通过色彩对比来突出重点的标题。而提花和线条可以用来区分稿件,使版面更加清晰,便于阅读。

二、图片的处理与编辑

  图片处理,即对图片进行处理、修改。通常是通过图片处理软件,对图片进行调色、抠图、合成、明暗修改、彩度和色度的修改、添加特殊效果、编辑、修复等。从理论上说,图片编辑的任务,就是在规定的时间内、在符合传媒整体风格和版面内容要求的条件下,将一块固定面积的平面组织设计成一种具有整体风格的表达形式,以期最大限度地发挥单幅图片和组合图片的传播效能。这一图片编辑的基本原则,在纸介传媒和网络传媒中,任务是一样的。不同之处在于,传统的纸质媒体图片编辑会根据一个或多个固定的版面,以一种注重整体感、突出重点和图片与图片以及图片与文字搭配关系的方式,对图片进行选择、组织、排版;而新媒体时代要面对的是容量更大、更富于多变性的载体,如手机屏幕、户外电子屏幕、互联网网页等。同时,电视图片编辑的编辑素材除了记者提供的数码摄影图片之外,更多的是要采用图片软件处理已经以数字化方式存在的大量电子图片。

(一)常用的图片处理软件

常用的图片处理软件有美图秀秀、可牛影像、批量图片处理小助手 SignPics 和 Photoshop 等软件。

1. 美图秀秀

美图秀秀(美图大师)是一款图片处理软件,一分钟就能上手,比 PS 简单得多。美图秀秀可以轻松美化数码照片,独有一键P图、神奇美容、边框场景、超炫闪图等强大功能,还有每日更新的海量素材,广泛应用于个人照片处理、QQ 表情制作、QQ 头像制作、空间图片美化、非主流图片处理、淘宝网店装饰、宝宝日历制作等,让照片个性十足。

2. 可牛影像

可牛影像是新一代的图片处理软件,独有美白祛痘、瘦脸瘦身、明星场景、多照片叠加等功能,更有 50 余种照片特效,数秒即可制作出影楼级的专业照片。

3. 批量图片处理小助手(SignPics)

由于很多时间,在上传媒体图片的时候,会发现很多图片传不上去,是因为图片太大等原因,如果我们手动一个一个来处理,就会浪费大量时间,淘宝店主日常会用到很多图片,一般都要利用到批处理软件。批量图片处理小助手(Sign-Pics)是一个能迅速大批量处理图片的工具软件。

4. Photoshop

Adobe Photoshop,简称 PS,是由 Adobe Systems 开发和发行的图像处理软件。Photoshop 主要处理以像素所构成的数字图像。使用其众多的编修与绘图工具,可以有效地进行图片编辑工作。Photoshop 有很多功能,在图像、图形、文字、视频、出版等各方面都有涉及。2003 年,Adobe Photoshop 8 被更名为 Adobe Photoshop CS。2013 年 7 月,Adobe 公司推出了新版本的 Photoshop CC,自此,Photoshop CS6 作为 Adobe CS 系列的最后一个版本被新的 CC 系列取代。截至 2019 年 1 月,Adobe Photoshop CC 2019 为市场最新版本。Adobe 支持 Windows 操作系统、Android 与 Mac OS,Linux 操作系统用户可以通过使用 Wine 来运行 Photoshop。

(二)数字图片如何应对新媒体时代

1. 注重图文编辑

新媒体时代,海量的图片信息很可能导致人们对于图片的过度依赖而忽略文字的功能。虽然现今社会人们的阅读习惯正在改变,把目光大量的转移到一种能替代或诠释文字的图像。但新媒体时代，文字绝对不能沦为图像的注释。只有文字的参与，信息传递才能变得完整。因此，传播者应该重视图片的文字编辑，使文字与图片相辅相成，为信息传播而服务。

2. 采用专题图片，实现深入报道

图片的主要优势在于形象表现力和视觉冲击力，但深度报道功能却比较弱。因此，大量采用专题形式的图片报道方式，是既保持图片的特点，又实现等同于文字的深度报道的最好方法。

3. 加强图片的真实性

一般来说，在对新闻图像进行编辑处理时，要保持图片的真实成长性就必须提高传播者的职业素质，加强对信息监管也十分重要。

4. 注意图片的文件大小

由于数字图片在传递时，文件较大，部分终端如手机，按号网络的带宽速度较慢，会导致图片传输过慢或传输失败，所以适当地根据应用调整图片的文件大小很重要。

三、音频的处理与编辑

音频的编辑是通过计算机系统来完成的，计算机只能处理二进制的数字信号，为此必须要把模拟形式存在的声音信号，转换为计算机可以识别并处理的数字信号。这时我们就需要进行 A/D 转换，即模拟/数字（Analog/Digital）转换，这个过程也称数字化。它包括采样、量化和编码三个步骤。

(一)音频的数字化

1. 采样

采样就是对模拟信号每隔一个固定的时间间隔取一个样本值。每秒钟采样的次数叫采样率。显然，采样时间间隔越短，所取的一系列值就越能精确地反映原来的模拟信号。如果采样时间间隔太长，就会使原信号失真。

经过采样后，模拟信号时间上离散，其幅值也是离散的，不会连续，但它在样本值上仍然是模拟信号，还必须用数字表示出来，为此，必须对样本值进行量化。

2. 量化

量化就是把样本的无限多个连续的取值可能变为有限幅度值的集合的过程。衡量量化精度的一个重要指标就是量化位数(bit)，即每个采样点能够表示的数据范围。经常采用的量化位数有 8bit、12bit 和 16bit 等。例如，8bit 量化级表示每个采样点可以表示 2 的 8 次幂，即 256 个不同量化值。标准的 CD 音频采用 44.1kHz、16bit 的双声道量化。量化位数越高，所能表示的声音变化的动态范围也就越大。

3. 编码

按照一定规律，把量化后的值用二进制的数字信号流表示的过程就是编码。直接编码后的数字音频文件体积较大，如我们常见的 Audio CD，就采用了 PCM 脉冲编码调制（Pulse Code Modulation），一张 CD 光盘只能容纳 72 分钟的音乐信息。为了便于本地存储和方便网络传播，必须对声音数据进行压缩。声音的压缩一般分为无损和有损两种情况。无损压缩也即解压缩后的数据和压缩前的完全一致，声音质量没有任何损失，但文件体积较大。有损压缩意味着在压缩的过程中要丢失一些人耳所不敏感的音频信息，而且丢失的信息不可恢复。几乎所有高压缩的算法都采用有损压缩，这样才能有效减少文件体积。根据不同的需求环境，对声音数据进行相应的压缩编码后，就形成了不同的音频格式文件，如 RA、WMA、MP3 等。可以采用一些常见的音频编辑处理软件对音频通过相应的压缩编码进行处理，进而得到相应格式的数字音频文件。

（二）常用的音频处理软件

1. Cool Edit Pro 2.1 中文版

Cool Edit Pro 是一款外国开发的功能庞大的、效果出色的多轨录音和音频处理软件。使用该软件的用户可以用声音来"绘"制一个音频世界，用户可以"绘制"的音频包括：音调、歌曲中的一部分、颤音、声音、噪声、弦乐及调整静音等。

2. Adobe Audition 3.0 中文版

Adobe Audition 是一款专业的音频应用，专门为在广播设备、照相室以及从事后期制作类似工作的人员而设计的，这款应用不仅能提供先进的编辑、音频混合功能，而且还提供控制和效果处理功能。最多可以混合 128 个声道，可编辑单个音频文件。总体而言，对专业人员来说，这款应用是比较好用的。

3. MP3 剪切合并大师

剪切合并大师是一款界面大方简洁、操作简便的 MP3 剪切软件。这款软件可以方便地将 MP3 类型的音频和视频剪接成各种片段。对于非专业人员或者对视频功能要求不是那么全面的可以尝试使用这款软件。总体而言，对于新手入门，这款软件是不错的。

4. GoldWave

GoldWave 是一个集声音录制、转换、播放和编辑的音频工具，虽然所占空间不大，但是功能却不弱。这款软件能打开的功能有很多，包括 AFC、OGG、AVI VOC、IFF、MP3、AIF、SND、MAT、AU、DWD、SMP、VOX 及 SDS 等音频文件格式。同时，软件内部包含大量的音频处理特效，从多普勒、回声、混响、降噪等特效到高级的计算公式等。

四、视频的处理与编辑

一般情况下，视频数据是和音频数据关联在一起的，所以在处理视频时，需要把视频和音频信号统一调制在一个载波频率上，这就是常说的调制。调制的过程中，对视频信号幅度有一定的要求。如果视频信号超标，就会影响调制后的信号质量，使画面及声音出现干扰。一般的数字视频编辑软件，都能够对视频和音频进行同步编辑。使用计算机处理视频时，由于数据存储在硬盘上，因此，编辑软件可以实现随机（非线性）地访问与编辑。和以前使用编辑控制器与录像机组成的线性磁带编辑系统相比，计算机软件的视频编辑方式通常被称为非线性编辑。因此，视频编辑软件，也就被称为非线性编辑软件。

（一）视频在线制作工具

1. 快剪辑

快剪辑是 360 公司推出的国内首款在线视频剪辑软件。快剪辑支持本地视频剪辑和全网视频在线录制剪辑，边看边剪的功能方便了自媒体人快速抓取素材完成短视频制作，大大提高了视频的生产制作效率；丰富的特效文字、画面效果、音乐素材库等大量资源素材可供用户随心使用，产品界面清晰简洁，且所有素材功能免费使用，无内置广告。此外，快剪辑体积非常小，仅仅 40MB，几乎不占硬盘容量，低内存消耗，超级精简。

2. 其他视频在线制作工具

如爱美刻、传影 DIY、米奇视频等一些专业的在线视频制作网站。它们无需学习软件，制作视频轻松上手。

（二）需要有一定基础的视频制作工具

1. 会声会影

会声会影是一款强大的视频制作、剪辑软件，具有多种的视频剪辑功能和制作动画效果。

高清视频剪辑、编辑、制作软件会声会影，功能灵活易用，编辑步骤清晰明了，即使初学者也能在软件的引导下轻松制作出好莱坞级的视频作品。会声会影提供了从捕获、编辑到分享的一系列功能。拥有上百种视频转场特效、视频滤镜、覆叠效果及标题样式，用户可以充分利用这些元素修饰影片，制作出更加生动的影片效果。其应用非常广泛，可以刻录光盘、制作电子相册、节日贺卡、MTV 制作、广告制作、栏目片头、宣传视频、课件制作。

会声会影官网提供会声会影所有中文版本及视频教程、模板素材的免费下载。

2. iMovie

iMovie 是一款由 Apple 公司开发的视频剪辑软件，是 Macintosh 电脑上的应用程序套装 iLife 的一部分。之后于 WWDC 2010 推出了 iOS 版本。它允许用户剪辑自己的家庭电影。Mac 版 iMovie 可以编辑十分强大的 4K 视频,可以自定视频主题,包括新闻、公告等。整个剪辑过程只需简单的拖拽动作就能完成,十分方便。

3. Windows Movie Maker

它又称为影音制作,是 Windows Vista 及以上版本附带的一个影视剪辑小软件(Windows XP 带有 Movie Maker)。它功能比较简单,可以组合镜头、声音,加入镜头切换的特效,只要将镜头片段拖入就行,很简单,适合家用摄像后的一些小规模的处理。通过 Windows Movie Maker Live(影音制作),可以简单明了地将一堆家庭视频和照片转变为感人的家庭电影、音频剪辑或商业广告。剪裁视频,添加配乐和一些照片,然后只需单击一下就可以添加主题,从而为电影添加匹配的过渡和片头。其制作的电影看起来是如此的专业,人们很难相信它竟是免费的。

(三)专业的视频制作工具

1. Adobe Premiere

Adobe Premiere Pro 是目前最流行的视频剪辑软件之一,是强大的数码视频编辑工具,它作为功能强大的多媒体视频、音频编辑软件,应用范围不胜枚举,制作效果美不胜收,足以协助用户更加高效地工作。Adobe Premiere Pro 以其新的合理化界面和通用高端工具,兼顾了广大视频用户的不同需求,在一个并不昂贵的视频编辑工具箱中,提供了前所未有的生产能力、控制能力和灵活性。Adobe Premiere Pro 是一个创新的非线性视频编辑应用程序,也是一个功能强大的实时视频和音频编辑工具,是视频爱好者们使用最多的视频剪辑软件之一。

2. Final Cut Pro

Final Cut Pro 是苹果系统中专业视频剪辑软件 Final Cut Studio 中的一个产品。Final Cut Studio 中还包括 Soundtrack 等字幕、包装、声音方面的软件,所以这两个就是包含和被包含的关系。它运用 Avid 系统中含有的三点编辑功能,在 Preferences 菜单中进行所有的 DV 预置之后,采集视频相当方便,用软件控制摄像机,可批量采集。时间线简洁容易浏览,程序的设计者选择邻接的编辑方式,剪辑是首尾相连放置的,切换(如淡入淡出或划变)是通过在编辑点上双击指定的,并使用控制句柄来控制效果的长度以及入和出。特技调色板具有很多切换,虽然大部分是时髦的飞行运动、卷页模式,然而,这些切换是可自定义的,它使 Final Cut Pro 优于只有提供少许平凡运行特技的其他套装软件。

3. SonyVegas

Vegas 为一个整合影像编辑与声音编辑的软件,其中无限制的视轨与音轨,更是其他影音软件所没有的特性。在效果上更提供了视讯合成、进阶编码、转场特效、修剪及动画控制等。不论是专业人士或是个人用户，都可因其简易的操作界面而轻松上手。此套视讯应用软件可说是数位影像、串流视讯、多媒体简报、广播等用户解决数位编辑之方案。

第三节 新媒体信息的种类和特点

有关新媒体信息种类的划分，有不同的分类方法，根据新媒体的分类情况，把新媒体信息分为网络新媒体信息、手机新媒体信息、数字电视新媒体信息、移动电视新媒体信息。

一、网络新媒体信息

网络作为数字时代中的新兴传播媒介，其革命性的传播方式与空前迅速的发展规模对大众传播乃至整个人类社会带来巨大影响。网络媒体信息主要是指网站、BBS、即时通信、网络社区、博客、播客等新媒体形态中的信息。

（一）网络新媒体信息的特点

1. 非线性的编辑/超链接的编辑

传统的媒体信息，编辑时经过策划、组稿和选稿、改稿、制作标题和写作提要、设计版面和栏目等一系列流程。所谓线性编辑方式，是指编辑对所采集的大量新闻素材（包括文字、图片、声音、影像等），通过十几套机器（编辑机、特技机、编辑控制器、调音台、校正器、切换台）等进行整理，按先后顺序组合成新闻成品的工作方式。以上线性化的流程，相对于网络编辑工作来讲，工作环节众多，往往会影响信息内容发布的速度和质量。与此不同，网络新媒体信息编辑工作基于计算机技术发展带来的超文本/超媒体技术，实现了非线性编辑。非线性编辑借助计算机来进行数字化制作，几乎所有的工作都在计算机里完成。它不是以字符，而是以结点（Node）为单位组织各种信息，节点内容可以是文字、图片、音频、视频或其组合。这些节点通过超链接发生关联，并形成网状结构的信息网络。

2. 整合性

"整合"一词由英文 Integration 译来，即对资源进行加工、重组，使之重新形成合理的结构，通过整体优化来实现 $1+1>2$ 的效应。这里的整合，不是"拷贝＋粘贴"的机械动作，而是从相关内容聚合到跟踪报道、评论分析等增值形式的发展。对于网络媒体而言，整合具有比原创更为重要的意义，因为整合有利于网络媒体扬长避短。

3. 全时性

全时性是网络新闻传播时效性强的形象表述。网络编辑工作的全时性是一种以"秒"为单位的信息交流的双向互动。从发布者方面来说，网络编辑可以获得文本、图像、音频、视频等信息并在第一时间发布，也可以在第一时间更新、修改、删除已经发布的信息。从受众方面来说，网民只需简单点击鼠标，就可立即浏览这些信息。

4. 数据库化

在网络传播中不可能存在统治式或霸权式的传播方式，网络新媒体信息要想使自己的网站有较高的黏着度、点击率以及稳固的网民，还得利用网络迅捷的搜索查询特点，建立具有自己特色的完备的数据库。一般的网站都建有自己的数据库管理系统，它是在数据库服务器或者在大型计算机系统上操作用来管理数据、接受用户查询、响应用户请求的软件程序，具有互联性、互操作性和互用性的特征。

(二) 网络新媒体信息的传播特点

1. 交互性

网络编辑工作作为计算机中介传播的一种新形式，与传统纸质新闻和广播电视节目相区别的一个主要特征就是交互性。传统媒体的信息流动模式是从编辑加工至读者消费。而网络媒体改变了受众的被动局面，甚至业界也有这样的声音发展，网络传播更加接近人际传播。从传播过程中传授者的身份看，网络传播可以是个人对个人、个人对多人、多人对多人乃至多人对个人，从而打破了过去由信息传播者向受众单向传送信息的格局。

2. 用户自己制作内容

网络使传统媒体中的受众完成了从被动的接受者向信息的传播者的华丽转身。只要拥有一定的技术手段，就可以随时在网上发布信息或改写已有的信息。传播主体的变化为今天的互联网带来了理念和思想体系的升级换代，而且给网络媒体信息带来了新的特点——用户制作内容。许多新的群体开始加入网络媒体信息编辑的队伍，许多新的信息渠道和信息传播方式也开始成为网络媒体信息编辑运作的一部分。

二、手机新媒体信息

作为新媒体的重要成员，手机媒体被誉为继报刊、广播、电视、网络之后的"第五媒体"，手机媒体最显著的特征是无与伦比的便携性、互动性、隐私性、贴身性、网络化及用户的海量性，从而打破了地域、时间和电脑终端设备的限制，使得人们能够随时随地地接收文字、图片、声音、视频等，越来越成为受到广泛认同的、传播与互动中的新大众文化的传播媒介。手机媒体信息主要包括手机短信、彩信报、手机电视、手机杂志、手机电影、手机小说、手机门户网站、各类媒体 App、微信公众号等新媒体形态中的信息。

(一)手机新媒体信息的特点

1. 不可预测性

手机媒体信息面对的是巨大数目的用户，它的受众群体特点有广泛性、复杂性、分散性、无组织性、隐匿性、参与性、积极性等，并且不固定、不确定。此外，在社会人际关系上有个"六度"理论，是说人们和任何一个陌生人之间所间隔的人不会超过六个，也就是说，最多通过六个人人们就能够认识任何一个陌生人。在手机传播的网络中，实际上人们把一条信息，只要传给三个人，就可以传遍全世界。这就是说手机媒体的互动功能又把手机媒体信息的不可预测性放大了数倍。

2. 小屏幕浏览

手机的小屏幕是其最直观的特点。虽然传统的互联网(有线网络)以其海量信息和即时传播受到人们的青睐，但其终端毕竟具有不易携带的劣势。而手机则因其小巧轻便、可随时随地获取资讯而在各种新媒体形式中表现突出。

3. 非集中控制性

手机媒体编辑工作的非集中控制性比较明显，人们收到短信，是信息的被动接收者；人们发出短信，是信息的主动发布者，这就是非集中控制性编辑的具体表现。"人人编辑"在这里体现得淋漓尽致，每个人都可以控制信息的发与不发。手机媒体使得信息民主化推进固然令人欣喜，但其发展过程中所带来的监管问题也不可小觑。

(二)手机新媒体信息的传播特点

1. 打破时间、空间的限制，实现信息的即时交换

手机媒体依托无线网络和数字技术等手段，使手机用户能随时随地地使用手机媒体上网获取信息，加上手机小巧便于携带，可以机不离身随身携带，任何时间、任何地方都可以打开手机，通过无线网络和移动通信系统来阅读新闻，了解刚刚发生的或者是正在发生的事情，从而实现实时数据传输和即时的交互性信息传递。

2. 开放的交互式信息传播

手机媒体在传播信息时，发送双方兼备传者、受者双重身份，始终处在不断转化的过程中。信息接受方式由静态向动态演变，受众的自主性、信息选择性得到提高。个体既是信息的发送者，又是信息符号的还原者，使传受主体多元化。信息的传送与接收之间没有第三者的介入，因此，传送、接收、反馈的过程十分迅速，双方的地位也是平等的。

3. 分众传播的信息更具有针对性

人们在面对互联网上的海量信息时，有时会被动地接受一些信息，面对五花八门的信息时会眼花缭乱，需要花费时间去选择所需要的和关注的信息。手机媒体可以有针对性地定制各种服务，如手机报、新闻资讯、股市行情等。手机内容服务商也可以为受众提供各种个性化的服务，针对不同的受众，满足受众个性化的需求。移动、联通、电信掌握着许多手机用户的号码，可以根据他们定制的各种短信服务和增值业务来细分目标客户群从而调整分众传播的范围和数量，手机广告也可以有效地定位受众，节约成本。

三、数字电视新媒体信息

数字电视就是指从演播室到发射、传输、接收的所有环节都是使用数字电视信号或对该系统所有的信号传播都是通过由 0，1 数字串所构成的数字流来传播的电视类型。这里把数字电视中播放的内容称为数字电视新媒体信息。数字电视新媒体信息的特点为数字化和受众为本。

(一) 数字化

数字电视（Digital Television，DTV）是指从节目摄制、编辑、储存、发射、传输到信号的接收、处理、显示等全过程完全数字化的电视系统。首先，这种先进的数字化技术使数字电视可以传输 500 多套高质量的数字电视节目，而原有的有线电视传输线路最多只能传输 70～80 套模拟电视节目。这为数字电视媒体信息满足每位观众的个性化需要提供了条件。其次，统一的数字信息格式还可以使数字电视与互联网、手机之间进行数字信息交流。随着三网合一（互联网、电信网络和广电网络的融合），媒体之间的界限将逐渐消失。这时，数字电视将融入互联网、手机的各种特点。

(二) 以受众为本

传统模拟电视具有一定的强制性，即电视节目是"你播我看"，观众被动地接收着电视节目播出表上的内容。而数字电视用户能自主地选择收看电视节目。因此，数字电视媒体信息应该尽量迎合观众的需要。首先，为观众提供丰富的专业化、更为细分的节目，如新闻、电视剧、电影、音乐、远程教育、气象、旅游、卫生、购物、电子政务、游戏、生活百科、图书馆、报刊电子版、主要网站、音像下载等。其次，为观众预告收看节目的时间。电子节目菜单不仅会详细列表当前正在播放的节目内容，还会预告当天、明天，乃至下周将要播出的节目，还可以查询已播过的节目。这样，观众就可以很方便地选择自己需要的节目，自由安排时间收视。此外，如果观众没有时间收看正在播出的节目，还可以通过数字存储功能将节目下载并存储起来。

四、移动电视新媒体信息

移动数字电视顾名思义就是可在移动状态中收看的电视，是全新概念的信息型移动户外数字电视传媒，是传统电视媒体的延伸。它采用了当今世界最先进的数字电视技术，通过无线发射、地面接收的方法进行电视节目传播，可以在任何安装了接收装置的移动线体中收看到如DVD般清晰的移动电视画面，当然也能在非移动的情况下接收。这里的移动电视媒体信息指的是公交、地铁等公共交通工具上的基于无线传输的移动电视系统中播放的信息。

移动电视新媒体信息的特点为多渠道和流动性。

（一）多渠道

顾名思义，移动电视最大的特点是能够移动。公交车、出租车、城市轻轨、地铁、火车、电梯、手机等，都是它的传播渠道。所以，在移动电视媒体信息中应该充分地考虑到各种渠道的特点——处于移动状态、时速不超过120公里的交通工具或通信工具上，这样才能保持电视信号的稳定性、清晰度。

（二）流动性

传统电视的受众是相对固定的、稳定的，而移动电视的受众往往是流动的、开放的、不定的、多变的。基于观众的这种特点，移动电视媒体信息应该有两方面的认识。其一，移动电视拥有流动的、潜在的、庞大的受众群体，所以其开发的潜力巨大；其二，受众的流动性又使传播的效果具有不可预测性。这主要是指受众在某种渠道中停留的时间是不固定的、暂时的。这样，移动电视的传播就带有了很大的偶然性、短暂性、随机性和开放性。

五、户外新媒体

户外新媒体是新近产生的，有别于传统的户外媒体形式（广告牌、灯箱、车体等）的新型户外媒体。户外新媒体以液晶电视为载体，如楼宇电视、公交电视、地铁电视、列车电视、航空电视、大型LED屏等，主要是新材料、新技术、新媒体、新设备的应用，或与传统的户外媒体形式的相结合，使得传统的户外媒体形式有质的提升，以达到吸引人气、提高媒体价值的目的。

户外媒体是指主要建筑物的楼顶和商业区的门前、路边等户外场地设置的发布广告的信息的媒介，主要形式包括气球、飞艇、车厢、大型充气模型、高校内、高档小区走廊楼道等。

基于设计灵活性的特点，广告设计者常结合广告客户自身形象、发布区域、时间等量身定制富有个性化的广告。借助户外媒体特殊载具和新技术、新材料的特点，而设计发布的一些形式个性化的广告，能很好地突破户外广告没有的形式，展示运动感和时空性。

在一些城市的地铁隧道墙上，经常可以发现一连串不同幅的广告画面巧妙借用地铁运动演绎一幅动态方面的广告。同时，一些运用视频、数字、移动等新材料、新技术的户外媒体也逐渐成为一种趋势。户外媒体给人的印象已不是简简单单的平面单一信息传达，数字电子技术的应用使户外媒体开始"动"起来，有了动态大屏幕、数字视频网络播放系统、公交车中的CD。有了三维成像展示台，很多户外媒体开始走向多元化，这也正是户外媒体生命力所在。

其他还有一种电子菜谱新媒体，是一种现时正在兴起的新媒体形式，是基于餐饮管理系统和无线应用技术所开发的全新媒体形式，以平板电脑、Pad、iPad电子菜谱为媒体信息接收终端，以网络和云计算为主要信息存储和传递方式，搭建起一个以全国中高档餐饮企业的顾客为主要目标人群的信息传播平台。通过高清大图、3D效果、视频效果等来增加品牌的公众认知度。

第四节　新媒体信息发布

随着互联网的飞速发展，大量信息技术成为了人们生活不可或缺的一部分，数据规模及信息存储量也呈几何倍数增加。信息传播不只是简单的技术问题，同时也是一个战略性问题，在当今社会大数据不断发展的情况下，势必会对传播格局、态势产生影响，拓展出更为丰富的信息发布与传播路径。

一、信息发布

（一）信息

信息（Information），指音信、消息、通信系统传输和处理的对象，泛指人类社会传播的一切内容。人通过获得、识别自然界和社会的不同信息来区别不同事物，得以认识和改造世界。在一切通信和控制系统中，信息是一种普遍联系的形式。信息的标题基本都是单标题，很少采用多行标题，形式既比较死板、直观，又比较固定、规范。信息可以是一段文字、一句话、一张图片，没有固定格式。

信息与新闻（消息）稿件最大的区别是：信息稿件有超前性，只要有计划、有举措的事情，就可以报送。而新闻（消息）稿件一般情况下是对已经发生的事实进行报道。信息可以以任何渠道传播，可以是公开的，也可以是私人的。新闻是公开性质，所有人都可以看到。

（二）消息

消息（Message），即狭义的新闻，它是对新近发生的有社会意义并引起公众兴趣的事实的简短报道。因此，真实性、时效性及文字少、篇幅小成为消息的基本特征。消息一般篇幅均较短，几十字、百把字或几百字。消息的标题必须简明、准确地概括消息内容，帮助读者理解报道的事实。消息在新闻体诸体裁中，时效性是最强的，对"时间新"的要求最高，要求争分抢秒，迅速完稿，"立马可待"。

消息最明显的标志是"电头"或"本报讯"，即在导语之前有用异体字标出的"××社×地×月×日电"或"本报讯"。

(三)通讯报道

通讯(News Report)，是运用记叙、描写、抒情、议论等多种手法，具体、生动、形象地反映新闻事件或典型人物的一种新闻报道形式。它是记叙文的一种，是报纸、广播电台、通讯社常用的文体。其基本特点：严格的真实性、报道的客观性、较强的时间性和描写的形象性。

其写作要求：

第一，主题要明确。有了明确的主题，取舍材料才有标准，起笔、过渡、高潮、结尾才有依据。

第二，材料要精当。按照主题思想的要求，去掂量材料、选取材料；把最能反映事物本质的、具有典型意义的和最有吸引力的材料写进去。

第三，写人离不开事，写事为了写人。写人物通讯固然要写人，就是写事件通讯、概貌通讯、工作通讯，也不能忘记写人。当然，写人离不开写事。离开事例、细节、情节去写人，势必写得空洞。

第四，角度要新颖。写作方法要灵活多样，除叙述外，可以描写、议论，也可以穿插人物对话、自叙和作者的体会、感受，既可以用第三人称的报道形式，也可以写成第一人称的访问记、印象记或书信体、日记体等。通讯所报道的新闻事实，可以从各个不同的角度去观察、去反映，诸如正面、反面、侧面、鸟瞰、平视、仰望、远眺、近看、俯首、细察……角度不同，印象各异。若能精心选取最佳角度去写，往往能使稿件增添新意，别具一格，引人入胜。

(四)新闻

新闻(News)，指报纸、电台、电视台、互联网等媒体经常使用的记录与传播信息的一种文体，是反映时代的一种文体。

广义的新闻：除了发表于报刊、广播、互联网、电视上的评论与专文外的常用文本都属于新闻，包括消息、通讯、特写、速写(有的将速写纳入特写之列)等。

狭义的新闻：就是指消息，有动态性消息、综合类消息、评论类消息等。是用概括的叙述方式，以较简明扼要的文字，迅速及时地报道附近新近发生的、有价值的事实，使一定人群了解。

新闻一般包括标题、导语、主体、背景和结语五部分。前三者是主要部分，后二者是辅助部分。写法以叙述为主兼或有议论、描写、评论等。新闻是包含海量资讯的新闻服务平台，真实反映每时每刻的重要事件。

新闻六要素（也就是记叙要素）：时间、地点、人物、事件的起因、经过、结果。即五个"W"和一个"H"，Who（何人）、What（何事）、When（何时）、Where（何地）、Why（何因）、How（如何）。

新闻的特点：公开性、真实性、针对性、时效性、准确性、显著性、接近性、开放性、广泛性、变动性。

二、新媒体信息发布

传统媒体的信息发布经过了长期的发展，无论是平面媒体的印刷发行，还是广播电视节目的播出，技术上成熟稳定，操作上也较为简便，系统的安全性与可靠性也较高。而以计算机网络技术、通信技术等数字信息技术为基础的新媒体，所涉及技术的复杂性与集成性较高，同时新媒体发布还会受到通信网络带宽、用户终端情况等诸多因素的影响，因此，新媒体信息发布与传统媒体相比，在信息传播的管理与控制等方面更为复杂。

（一）新媒体信息发布的政策规制

长期以来，由于传统媒体的重大社会影响力，各国政府一直通过法律和行政等手段对传统媒体的信息发布进行较为严格的政策规制。尤其是广播电视业，除了具备作为公共产品的特点，广播电视频率资源的稀缺性也是政府规制的重要原因。因此，对传统媒体信息发布，我国政府采用的是以"事先预防"为主的规制手段。

新媒体发布涉及的行业与技术众多，新媒体的信息内容庞杂，实时性与互动性强，信息发布主体分散，这些特点决定了政府对新媒体的信息发布以主体的自我审查为主，行政规范为辅。政府对新媒体信息发布一般事先不予检查，发布后如发现违法内容依法惩处。因此，可以说对于新媒体信息发布，政府采取的是以"事后追惩"为主的规制手段。

传统媒体的印刷设备与发行渠道，广播电视的播出设备与网络建设等硬件成本较为昂贵，设备维护和工作运行的费用高，个人或中小公司难以承受。而新媒体信息发布的门槛则大大降低，一台普通的计算机服务器通过互联网就可以方便地进行信息发布。新媒体信息传播打破了传统媒体的话语权垄断，为普通群体或个体参与新媒体传播提供了可能与条件。

（二）新媒体信息发布内容丰富多彩，形式新颖多样

从内容上来看，传统媒体由于受到版面、发行成本、频率频道资源限制等原

因，能够发布的信息资源有限。新媒体的信息发布主要依靠计算机网络，网络数据存储的成本较低，因此，新媒体较传统媒体更适合大量数据信息的发布。

从形式上来看，新媒体消解了报纸、广播、电视的边界，融合了印刷媒体与广播电视媒体的优势，可以综合运用文字、图片、音频、视等多种表现形式，在最大程度上扩大了信息与媒介使用者的接触面。

另外，对于同一信息内容，新媒体发布时可以提供文字、图片、音频、视频等多个版本，可以充分满足不同层次的受众需求。新媒体各种信息符号的综合作用，强化了传播内容对信息接收者的心理、态度与行为的影响，有效地增强了传播效果。

(三)新媒体信息发布可以运用线性与非线性两种方式

大家在收听广播、观看电视时，虽然可以选择不同的频率与频道，但对于任何频道，我们只能按照电台、电视台既定的播出顺序进行观赏，既不能暂停、快进或快退，也不能按照主题或内容等线索进行跳转。在阅读印刷品时，虽然理论上可以进行任意顺序的阅读，但在逻辑和习惯上，我们一般都会按照报纸的版面或图书的页码顺序阅读。所以说，传统媒体采用线性即单一时间线的方式进行发布，媒介使用者只能按照信息发布者既定的逻辑顺序连贯地接受信息。

以非线性网络传播为主的新媒体融合了传统媒体的优势，其信息发布可以综合运用线性与非线性两种方式。例如网络流媒体直播，就是与传统电视播出一样的线性方式发布的。而网络媒体的图文信息发布，则以非线性方式为主。网络媒体的栏目顺序、超链接、导航条、搜索工具等为网民提供了众多的信息阅读顺序与方式，网民可以按照自己兴趣或需求，进行非线性的个性化阅读。

(四)新媒体信息发布的实时性与互动性增强

传统的广播电视能够以直播的形式进行信息的实时发布，但一方面广播电视直播涉及的环节众多，技术复杂，需要大量的准备时间与成本；另一方面在有些特定的工作环境下，广播电视直播设备可能会无法正常使用，因此，传统媒体能够实时发布的信息资讯有限。

通过网络、手机等有线或无线终端发布新媒体信息，以文字、图片、音频或视频等方式对新闻信息进行实时发布，是新媒体信息发布的一大突出优势。新媒体信息的实时发布，大大增强了信息价值和时效性，也增强了新闻信息的现场感、真实感与感染力。

新媒体信息发布的互动性是指受众的反馈成了新媒体信息发布的补充和延伸。由于新媒体信息发布与修改的便捷性，信息发布者可根据事实的发展或受众的相关反馈及时修正、补充已发布的信息内容。而传统媒体出错以后，只能在下期节目中采用刊发单独"更正"的方式进行弥补。新媒体信息的互动特性使广大受众能够充分参与到新媒体信息发布的过程中。一些网友在浏览网络信息时，可能会以评论或跟帖的形式发表自己的感想、建议或意见。很多网站也对网友的精彩跟帖以摘录、集合与推荐等方式进行了互动信息的发掘与整合。因此，可以说新媒体的信息发布不是止于一个时间点，而是始于一个时间点的一段持续的过程。信息互动的过程与结果，成了新媒体信息发布内容的有机组成部分。

三、网络媒体信息发布

为了加快网站开发的速度，减少开发的成本，降低普通人进行网络信息管理与发布的技术壁垒，信息发布系统就应运而生了。信息发布系统实际上就是一个可以进行个性化设计的界面友好的模块化的网站内容管理系统。简而言之，信息发布系统可以让用户不需要学习复杂的网络建站技术，就能够构建出一个风格统一、维护方便、功能强大的专业网站。

通常我们所说的信息发布系统，都是从前台信息发布的功能而言，如果从后台的内容管理角度出发，信息发布系统也习惯被称为网络内容管理系统（Content Management System，CMS）。目前，国内外基于 ASP、PHP、JSP 等动态语言的 CMS 众多，有免费的，也有商业软件。国外的如 PHP-NUKE、PHPCOW News Publishing System、Mambo、Joomla 等，国内的有 Turbocms、帝国 CMS、PHPCMS、DEDECMS 等。

一个完整的网络信息发布流程包括网络环境搭建、行政许可与备案、信息编辑与审核、预览效果与测试、正式发布与维护五个环节。

（一）网络环境搭建

要通过网络发布信息，首先要向 ISP（Internet Service Provider，网络服务提供商）租用服务器或虚拟主机，进行网络站点的建设与管理，如部署 CMS 系统作为网络信息发布的工作环境。

服务器配置完成后，还要向 ISP 申请域名和 IP（Internet Protocol，互联网协议）地址才能把信息真正发布到网络上。申请域名的时候要注意，域名既要与网络媒体的内容和性质相符，又要尽可能简洁。域名需要向 ISP 单独购买。申请域名之后，还要申请相对应的 IP 地址。IP 地址一般是在租用服务器或虚拟主机时由 ISP 提供。

（二）行政许可与备案

在网络环境搭建完毕后，如果要利用网络来发布信息或进行网络媒体经营，还要申请相关的"营业执照"，即申请相应的行政许可和进行网络备案。国家对经营性互联网信息服务实行许可制度；对非经营性互联网信息服务实行备案制度。未取得许可或者未履行备案手续的，不得从事互联网信息服务。

根据国务院新闻办公室和工业与信息化部发布的《互联网站从事登载新闻业务管理暂行规定》，在国内从事登载新闻业务的互联网站，应当报国务院新闻办公室或者省、自治区、直辖市人民政府新闻办公室审核批准。根据国家广播电影电视总局的相关规定，要在网上发布音视频新闻，要获得《广播电视节目制作经营许可证》和《信息网络传播视听节目许可证》。

另外，从事互联网信息服务，拟开办电子公告服务的，应当在申请经营性互联网信息服务许可或者办理非经营性互联网信息服务备案时，提出专项申请或者专项备案。只有这些相关材料都审批完以后，一个网络媒体才能正式合法地发布信息。按照规定，网络媒体应当在网站主页的显著位置标明其经营许可证编号或者备案编号，一般网站都将其放在首页的最下方。

（三）信息编辑与审核

网络环境搭建完成后，网络编辑就可以通过CMS的信息编辑模块进行网络信息的编辑、排版等工作。一般网络媒体都会有多个网络编辑，他们根据业务需要，在CMS用户管理模块的授权下，负责不同的栏目编辑与管理。按照一般网络媒体的权限管理，普通编辑不能直接发布信息，需要主编或其他管理人员审核签发后，信息才能进入发布序列。

（四）预览效果与测试

通过审核的信息在正式发布前，最好使用CMS的预发布功能，预览一下最终显示效果。虽然CMS都提供了所见即所得的可视化编辑环境，但有时由于软件功能、编辑的操作等原因，CMS环境的编辑效果可能和最终发布效果会有所不同。

（五）正式发布与维护

预发布测试后没有问题的信息，就可以正式发布，供网民浏览与访问了。与传统媒体的信息发布不同，网络媒体信息发布后，还要对已发布信息进行专门的管理与维护。网络媒体的交互能力，使得网民能够方便地和已发布信息进行互动。

因此，对于已发布信息，编辑还要及时修正发现的文字或事实错误，管理网民的互动信息，删除违反法律规定的不良评论等。可以说，网络媒体的信息发布，在一定时间内，是一个持续和交互的过程。

四、手机媒体信息发布

手机媒体信息发布指的是以手机为接收终端，以语音电话、SMS（Short Message Service，短信服务）、WAP（Wireless Application Protocol，无线应用协议）和手机App中网页等为主要形式的信息发布过程。手机媒体是近些年手机普及与无线网络通信技术进步的产物,手机媒体传承了无线通信移动性、个人性、实时性、安全性的优势,作为一种可移动、个性化的传播载体,是今后媒体信息发布的一个重要领域,其市场发展前景广阔。

(一)手机媒体 WAP 信息发布流程

通过手机发布 WAP 信息,向手机用户提供音视频节目可以通过以下两种途径:一是信息发布者与移动电信运营商或者其他 WAP SP(服务提供商)合作,通过电信运营商的 WAP 网关向手机用户提供音视频节目点播或订阅服务;二是信息发布者建立 WAP 网站,直接发布新闻资讯、音频、视频等多媒体信息。

信息发布者与移动电线运营商合作后,运营商或 WAP SP 负责音频、视频节目的 WAP 发布,发布者只需要建立普通的 Web 网站即可。这种发布方式使得信息发布者不用关心 WAP 发布的技术细节,可以专注于媒体内容的制作,但这种方式不适合发布大量的多媒体信息。

媒体发布者也可以建立专门的 WAP 网站,用来更好地发布手机媒体信息。

(二)建立 WAP 网站发布信息的主要流程

1. 音视频等节目的准备

制作好的音视频节目,为了能够在手机上通过 WAP 发布,还要进行编码格式的转换。手机上能够播放的音频、视频节目通用文件格式是 3gp。3gp 是第三代合作伙伴计划(3GPP)为 3G 移动通信网络制定的多媒体文件格式。它可以应用到 3G 手机上,也能够兼容 2G 和 4G 手机。

2. 建立 WAP 服务器

为了发布 WAP 信息,必须先建立一个 WAP 服务器。创建一个 WAP 手机站点服务器其实是非常简单的,一个普通的 Web 服务器或虚拟主机进行简单的配置,让服务器能够正确解释 WML 等 WAP 语言后,就成了一个 WAP 服务器。

配置好服务器后,还需要申请单独的域名和 IP,手机用户才能访问。可以为 WAP 网站申请单独的域名,如果已有 Web 站点的域名,则 WAP 网站就可以直接把二级域名如 WAP.domain.com 解析到相应地址。这样计算机用户通过 www.domain.com 就可以访问 Web 站点,手机用户通过 WAP.domain.com 就可以访问 WAP 站点。

3. 使用 WAP CMS 编辑与发布信息

WAP 服务器配置好后,就可以进行 WAP 网站的开发与建设了。和 Web 网站的建设一样,可以直接编辑 WML 语言,也可以通过可视化编辑工具或 WAP CMS 来进行 WAP 网站建设。

使用 CMS 建设网站时,可以使用专门针对 WAP 网站建设的 WAP CMS,也可以使用 Web CMS。现在不少 Web CMS 同时支持 WAP 网站建设,在编辑时，使用系统提供的相应 WAP 模块进行编辑即可。如果 Web CMS 不直接支持 WAP 网站建设，则可以通过安装 WAP 插件，或者手工设置页面模板等相关参数的方法，使 Web CMS 支持 WAP 站点的建设。

五、其他新媒体信息发布

除了常见的网络媒体、手机媒体外，新媒体信息还可以通过多种形式发布，如地铁等公共交通场所安装的交互信息终端、城市中心地区的公共信息亭等。这些信息终端既可以有常用信息查询、公共费用交纳、电子商务等市政服务的作用，还可以发布交通出行、旅游购物、金融资讯等新闻信息，有的还能直接接入互联网，作为网络客户端浏览信息。

这些信息终端实际就是网络媒体的扩展和延伸，它既可以和政府部门、银行、通信营运商及相关企事业单位的局域网络互联，使市民、企业、政府能进行广泛的多媒体信息交流与电子商务，也可以直接连入互联网，作为一台普通的互联网客户端设备，满足市民和游客的上网需求。

这些信息终端的信息发布与普通的网络媒体信息发布基本相同，通过相应的信息发布系统，管理者就可以直接发布与更新相关信息。当前由于我国很多城市规划缺乏整体性与长期性，公共服务信息终端硬件维护成本高、缺乏有效盈利模式等原因，不少城市的多媒体信息终端，信息陈旧、功能不全，而且仅有少数设备能够正常使用，已经成了"形象工程"。

因此，在使用城市公共服务信息终端进行信息发布时，一是要保证数据的准确性，切实方便市民和游客的生活和出行，使普通市民享受到城市信息化带来的实惠和方便；二是要及时更新数据，目前中国的城市发展迅速，如果交通出行等信息不能实时更新，就会误导信息使用者的出行、购物等决策，同时损害新媒体平台的形象。

第五节　新媒体信息管理主要政策法规概述

一、国家主要政策法规出台情况

从 2000 年以来，为了规范互联网信息服务活动，规范互联网的信息发布与审核管理，促进互联网信息服务健康有序发展，国家出台了一系列的政策法规。《互联网信息服务管理办法》经 2000 年 9 月 20 日国务院第 31 次常务会议通过，2000 年 9 月 25 日公布施行，并根据 2011 年 1 月 8 日《国务院关于废止和修改部分行政法规的决定》修订。该办法对经营性和非经营性两种信息服务进行了明确规定。

建好、管好政府网站是各级政府及其部门的重要职责，为了进一步做好政府网站信息内容建设工作，国务院办公厅于2014年11月17日印发了《关于加强政府网站信息内容建设的意见》，旨在解决政府网站信息内容更新不及时、信息发布不准确、意见建议不回应等问题。

为了加强对移动互联网应用程序（App）信息服务的规范管理，促进行业健康有序发展，保护公民、法人和其他组织的合法权益，国家互联网信息办公室于2016年6月28日，发布了《移动互联网应用程序信息服务管理规定》，自2016年8月1日起实施。该规定规范了移动互联网应用程序信息服务管理，明确了网民在使用移动互联网信息服务中的合法权益，为构建移动互联网的安全、健康、可持续发展的长效机制提供了制度保证。

随着移动互联网的不断发展，各类互联网群组的用户规模与社会影响力越来越大，在满足公众多样化信息需求的同时，也出现了大量传播乱象，如传播低俗色情、网络谣言、网络营销诈骗等违反法律法规和社会公序良俗的现象。2017年，连续发布了《关于促进移动互联网健康有序发展的意见》《互联网新闻信息服务管理规定》《关于规范党员干部网络行为的意见》《政府网站发展指引》《互联网跟帖评论服务管理规定》《互联网论坛社区服务管理规定》《互联网群组信息服务管理规定》《互联网用户公众账号信息服务管理规定》等一系列规定。明确了互联网信息服务提供者和使用者的双方责任，对互联网的信息发布与网络行为做出规范性要求，构建文明有序的网络空间。《政府网站发展指引》的发布，旨在进一步加强政府网站管理，深入推进互联网政务信息数据和便民服务平台建设，提升政府网上服务能力。同时对政府网站的规范化管理、监管考核、资源集约的推进都有十分重要的意义。

2018年2月2日，国家互联网信息办公室公布了《微博客信息服务管理规定》，旨在促进微博客信息服务健康有序发展，保护公民、法人和其他组织的合法权益，维护国家安全和公共利益。2018年10月27日，国务院办公厅关于印发《政府网站集约化试点工作方案》的通知，旨在完成政府网站集约化工作，实现本地区各级各类政府网站资源优化融合、平台整合安全、数据互认共享、管理统筹规范、服务便捷高效。2018年12月27日，国务院办公厅印发《关于推进政务新媒体健康有序发展的意见》，要求各地区、各部门要充分认识移动互联网环境下做好政务新媒体工作的重大意义，提高认识，转变观念，加强与宣传、网信、公安等部门的沟通协调，共同做好发布引导、舆情应对、网络安全等工作。

国家互联网信息办公室2019年1月10日发布《区块链信息服务管理规定》，自2019年2月15日起施行。旨在明确区块链信息服务提供者的信息安全管理责任，规范和促进区块链技术及相关服务健康发展，规避区块链信息服务安全风险，为区块链信息服务的提供、使用、管理等提供有效的法律依据。区块链技术作为一种通用性术，已经从数字货币加速渗透至其他领域，并与各行各业创新融合。

为进一步推动全国政府网站和政府系统政务新媒体健康有序发展，2019年4月1日，国务院办公厅印发了《政府网站与政务新媒体检查指标》和《政府网站与政务新媒体监管工作年度考核指标》，明确每半年对全国政府网站及政务新媒体运行情况进行抽查，每年度对有关监管工作进行考核，指标分为三部分，第一部分为单项否决指标，适用于所有政府网站、政府系统的政务新媒体；第二部分为扣分指标，第三部分为加分指标，适用于政府门户网站，扣分指标分值为100分，加分指标分值为30分。进一步加强和完善政府网站及政务新媒体日常管理和常态化监管工作。

为了营造良好网络生态，保障公民、法人和其他组织的合法权益，维护国家安全和公共利益，构建天朗气清的网络空间，国家互联网信息办公室于2019年12月15日发布《网络信息内容生态治理规定》，自2020年3月1日起正式施行。《治理规定》集中体现了习近平总书记关于"网络安全工作要坚持网络安全为人民、网络安全靠人民，保障个人信息安全，维护公民在网络空间的合法权益"的重要指示精神，以网络信息内容为主要治理对象，以建立健全网络综合治理体系、营造清朗的网络空间、建设良好的网络生态为目标，突出了"政府、企业、社会、网民"等多元主体参与网络生态治理的主观能动性，重点规范网络信息内容生产者、网络信息内容服务平台、网络信息内容服务使用者以及网络行业组织在网络生态治理中的权利与义务，这是我国网络信息内容生态治理法治领域的一项里程碑事件，而且以"网络信息内容生态"作为网络空间治理立法的目标，这在全球也属首创。

二、林业和草原行业出台相关政策制度情况

2007年5月24日，为了加强林业政务信息、电子政务、督查督办、政务公开工作，国家林业局出台了《关于进一步加强政务信息、电子政务、督查督办、政务公开工作的指导意见》。

2008年9月3日，为了加强林业信息管理，提高信息工作效率，改变信息简报多头报送、重复报送局面，进一步规范信息报送秩序，确保信息保密安全，国家林业局下发了《关于进一步规范林业信息简报报送工作的通知》。

2010年7月9日，国家林业局印发《中国林业网管理办法》，加强了中国林业网的规范管理，构建了中国林业网的长效运行机制。12月15日，印发《全国林业网站绩效评估标准（试行）》和《全国林业网站绩效评估办法（试行）》，旨在全

面推进林业政务公开和信息发布,积极拓展林业在线服务和网上办事,有效整合林业信息资源,不断提升林业网站的建设和运维水平。

2016年3月1日,国家林业局印发《全国林业信息化工作管理办法》,4月7日发布《关于全面推进政务公开工作的意见》;11月15日发布《全国林业信息化率评测工作实施方案》,提高林业信息化工作水平。

2018年3月17日,按照《深化党和国家机构改革方案》,将原国家林业局的职责,原农业部的草原监督管理职责,以及原国土资源部、住房和城乡建设部、水利部、原农业部、原国家海洋局等部门的自然保护区、风景名胜区、自然遗产、地质公园等管理职责整合,组建国家林业和草原局,加挂国家公园管理局牌子,由自然资源部管理,主要负责监督管理森林、草原、湿地、荒漠和陆生野生动植物资源开发利用和保护,组织生态保护和修复,开展造林绿化工作,管理国家公园等各类自然保护地,旨在加大生态系统保护力度,统筹森林、草原、湿地、荒漠监督管理,加快建立以国家公园为主体的自然保护地体系,保障国家生态安全。

在新的发展形势下,2018年9月3日国家林业和草原局出台了《关于进一步加强网络安全和信息化工作的意见》,进一步明确了新时期林业和草原信息化工作的重点任务、工作要求、发展目标,主要包括"认真学习领会精神,提高思想认识水平""推进网站综合治理,构建良好网络生态""加强网络安全防护,保障网络安全可控""践行新发展理念,推动高质量发展""压实主体责任,加强组织领导"五部分共18项内容,将进一步加快提升新时期林业和草原信息化和现代化水平,有力推动林业和草原高质量发展。

随着新一代人工智能技术不断取得应用突破,全球加速进入智慧化新时代,人工智能将成为未来第一生产力,对人类生产生活、社会组织和思想行为带来颠覆性变革。抢抓人工智能发展机遇,深化智慧化引领,既是全面建成智慧林业的重要举措,更是林草行业顺应时代潮流、实现智慧化跃进的良好机遇。为深入贯彻《国务院关于印发〈新一代人工智能发展规划〉的通知》精神,全面推动人工智能技术在林草行业核心业务中的应用,2019年11月8日,国家林业和草原局印发《关于促进林业和草原人工智能发展的指导意见》,提出到2025年,实现林草人工智能技术在林草行业重点建设领域中示范应用;到2030年,林草人工智能基础理论实现突破,部分技术与应用达到先进水平,在林草行业领域试点示范取得显著成果,并开始在大范围区域实现推广;到2035年,林草人工智能理论、技术与应用总体达到世界领先水平。开展建设生态保护、生态修复、生态灾害防治、生态产业和生态管理人工智能应用体系的任务。

第三章 新媒体运营及典型案例

随着互联网自媒体的蓬勃发展，数字化新媒体时代到来，企业拥有了自己的自媒体平台，不再靠单纯的广告投放和病毒式营销，他们更多地把注意力转移到新媒体运营上，政府需要借鉴企业的新媒体运营理念和模式开展运营，方能实现信息管理的目标。从新媒体运营行业来讲，是整个团队去做，并且要做到专业，不再只是简单的广告推送，要把内容优化做到更完善，改变传统的内容运营模式，寻找创新的突破口。本章介绍了新媒体运营的概念、策略、技巧和典型的运营案例。

第一节 新媒体运营

一、新媒体运营的概念

新媒体运营，是通过现代化移动互联网手段，通过利用微信、微博、抖音等新兴媒体平台工具进行产品宣传、推广、营销的一系列运营手段。通过策划品牌相关的优质、高度传播性的内容和线上活动，向客户广泛或者精准推送消息，提高参与度，提高知名度，从而充分利用粉丝经济，达到相应营销目的。

作为一项系统性的工作，新媒体运营可以从战略角度、职能角度、操作角度进行全面理解。

（一）战略角度

从战略角度看，新媒体运营是一个整体，对内衔接产品、对外衔接目标用户。新媒体运营部门需要挖掘用户需求并协助产品提升，设计优质内容并提升用户体验，即对产品及用户双重负责。因此，战略角度的新媒体运营可以定义为：借助新媒体工具，实现对产品研发、产品推广、用户反馈、产品优化的闭环精细化管理。

（二）职能角度

从职能角度看，新媒体运营包括经典的四大模块，即用户运营、产品运营、内容运营及活动运营。所以，职能角度的新媒体运营可以定义为：利用新媒体工具进行产品、用户、内容及活动四大运营模块的统筹与运作。在实际运营工作中，四大模块之间往往没有清晰的边界，各项工作会有交叉。

(三)操作角度

从操作角度看,每一项具体工作又是一个小的运营闭环。因此,操作角度的新媒体运营可以定义为:负责新媒体工具或平台具体的工作,基于运营数据不断优化改进的过程。例如,将微博、微信、QQ 等新媒体平台的价值持续放大。

因此,新媒体运营不是一个简单的概念,而是从战略到操作、从企业全局到细节执行的系统工作。

二、新媒体运营和新媒体营销的区别

新媒体运营和新媒体营销仅一字之差,经常被混为一谈。虽然二者存在相似之处,但也有明显的区别,见表 3-1 所列。

表 3-1 新媒体运营与新媒体营销的异同

类别	序号	要素	含义
相同点	1	渊源相近	都是线下工作的线上变体
	2	价值相似	都是连接双方的重要桥梁
	3	细节相交	具体工作有大量重合部分
差异点	1	侧重区别	营销向外,运营向内
	2	思维差异	营销策略制胜,运营细节为王
	3	导向差别	营销结果导向,运营多重导向

(一)新媒体运营和新媒体营销的三大相同之处

1. 渊源相近:线下工作的线上变体

运营和营销都是在线下早已存在多年的工作,并非新媒体领域的专有名词。

营销一词不是新媒体领域的专有名词,早在互联网诞生之前,市场策划、品牌推广、电话销售等与营销相关的工作就已经存在。同样,运营一词在线下也早已存在,如地铁运营、工厂运营、饭店运营、企业运营等。

2. 价值相似:连接双方的重要桥梁

新媒体运营和新媒体营销都是连接产品与用户的桥梁。

从产品到用户角度:新媒体运营和新媒体营销都需要充分挖掘产品特色,并将产品优势呈现于互联网,从而使用户在线上接触企业产品。

从用户到产品角度:新媒体运营和新媒体营销都需要将用户的意见定期整理,随后与产品团队沟通,持续改善用户体验。

3. 细节相交:具体工作有大量重合部分

一方面,新媒体运营和新媒体营销在职能上有重合。大量企业的新媒体部门通常只有文案、设计、推广、客服等岗位,这类岗位既是新媒体营销岗位,又是新媒体运营岗位，二者在此处没有严格的区分。

另一方面，新媒体运营和新媒体营销在具体工作上也有重合。例如，挖掘商品卖点、设计宣传信息、撰写公众号文章等。

（二）新媒体运与新媒体营销的三大不同之处

1. 侧重区别：营销向外，运营向内

新媒体营销偏向对外的工作，尤其是与用户打交道，想方设法触达用户并达成营销目标。因此，营销者需要围绕"营销"进行定期的用户分析、用户跟进、产品分销策划等工作。

而新媒体运营偏向内部工作，所以运营者的日常工作包括账号管理、矩阵设计、选题规划、内容推送、数据分析等。

2. 思维差异：营销策略制胜，运营细节为王

企业营销的关键是策略及顶层设计，优秀的营销策略是营销成功的前提。例如，脑白金在进行营销之前，先制定了"集中资源，集中发力"的策略，并要求各地办事处遵照此策略，倾其所有猛砸广告，对消费者进行深度说服，这也成为脑白金顺利启动全国市场的关键一步。

而运营工作的关键是把控细节。如果设计出优秀的策略却不注意细节，很有可能"由于海报忘记加二维码"或"软文网址写错"等问题而导致运营效果大减。

3. 导向差别：营销结果导向，运营多重导向

新媒体营销工作的效果可以通过一系列营销结果数据直接评判；而新媒体运营工作的效果评判标准更多，除了对营销结果数据的考量外，还包括用户数据、内容数据等，不仅仅要考虑短期扶植，也要考虑对运营成本有价值的长期指标。

三、新媒体运营的发展

新媒体运营是连接网民与互联网产品的桥梁，因此新媒体运营的发展，也是随着互联网产品的创新发展及网民的喜好而不断变化的。新媒体运营发展的不同阶段虽然都涉及内容、用户、产品及活动，但每个阶段的侧重各有不同，如图3-1所示。

图 3-1　新媒体运营的发展历史

(一)用户运营主导期(2000年以前)

2000年以前,我国互联网尚处于萌芽阶段,网民数量极少,此时互联网公司处于野蛮生长阶段,新创意层出不穷、新产品不断出现——哪家公司能够挖掘到用户需求、"抢"到用户,哪家公司就能更快成长。

成长为巨头的互联网公司,几乎全部得益于2000年以前围绕用户需求而抢占的当时互联网领域的"第一批",抢到了"第一批",同时也抢占了互联网的先机,见表3-2所列。

表3-2 第一批满足用户需求的企业

用户需求	产品	公司简称	推出时间
看新闻	新浪网	新浪	1998年
发邮件	网易邮箱	网易	1998年
卖产品	阿里巴巴网站	阿里巴巴	1999年
聊天	QQ	腾讯	1999年
搜索	百度搜索	百度	2000年

在用户运营主导期,不少公司的程序员常充当运营的角色,随时与用户沟通产品体验并调整产品。

(二)产品运营主导期(2000—2005年)

2000—2005年,互联网进入发展期。此阶段很少出现像QQ、百度一类的具有划时代意义的产品,各大互联网公司的重点都是在原有产品基础上"修炼内功",进行产品优化与延展。例如,阿里巴巴在外贸网站的基础上推出了阿里旺旺、支付宝等产品模块;腾讯在QQ的基础上,推出了QQ空间、QQ游戏等产品模块;百度在文字搜索基础上增加了图片搜索、百度贴吧等产品模块。在产品运营主导期,新媒体运营的重点工作都是围绕产品展开的,如新产品研发、需求反馈、产品优化等。

(三)活动运营主导期(2005—2012年)

2005年起,国内互联网公司同质化竞争开始激烈化,大量同领域竞争的网站功能类似、界面相仿,因此,很多网站必须尝试通过形式多样的活动进行品牌推广与用户激活,与竞争对手拉开距离。在活动运营主导期,新媒体运营的重点工作就是设计创意活动、确保活动执行、监督活动效果,通过活动获取用户并激活网站流量。

(四)内容运营主导期(2012—2020年)

2010年6月,Apple公司发布了被称为"自第一代iPhone以来最大飞跃"的iPhone4。随后两年内,越来越多的智能手机品牌进入网民的视野。网民也开始进入移动互联网时代,看今日头条和微信聊天成为网民日常必做的事情。

由于网民浏览手机的时间有限,抓住用户注意力、吸引用户持续停留成为新媒体运营者的头等大事。因此,内容运营成为这一阶段新媒体运营的重点工作。为了在纷繁复杂的文章、图片、视频中脱颖而出,新媒体运营者需要花时间分析用户喜好、撰写吸引眼球的标题、设计走心的内容、辅之以精心设计的图片或HTML5,以达到更好的运营效果。

四、新媒体运营的 18 个必备关键词

常见的新媒体运营关键词包括策划、执行、反馈三大类(表 3-3),这些关键词是新媒体入门必备的关键词。

表 3-3　新媒体运营必知关键词

类　别	定　义
策划类	用户画像、产品矩阵、运营策划
执行类	KOL、账号矩阵、文案、软文、工具
反馈类	粉丝数、曝光量、阅读量、访问量、跳出率、活跃用户数、转化率、好评率、销售额、ARPU

1. 用户画像

用户画像最初是在电商领域得到应用的,在大数据时代背景下,用户信息充斥在网络中,将用户的每个具体信息抽象成标签,利用这些标签将用户形象具体化,从而为用户提供有针对性的服务。用户画像的过程就是一个"贴标签"的过程,通过用户年龄、性别、消费习惯、浏览习惯等多重信息,运营者把用户抽象成标签化的模型,以便进行更有针对性的新媒体推广或用户管理。

2. 产品矩阵

产品矩阵即针对不同用户或同一用户不同需求而设计的系列化产品。例如,大众点评网为一般消费者、团购消费者、后台商家分别开发了三个版本的软件产品,以满足其差异化需求。

3. 运营策划

在开展具体的执行工作前,运营者必须先进行运营策划,如分析目的、确定方式、讨论创意等。如果前期策划出现错误,看起来执行同样的工作,效果会大打折扣。

4. 关键意见领袖

关键意见领袖(Key Opinion Leader,简称 KOL)是营销学上的概念,指的是在行业内有话语权的人,如微博"大 V"、论坛红人等。通常被定义为:拥有更

多、更准确的产品信息,且为相关群体所接受或信任,并对该群体的购买行为有较大影响力的人。KOL通常有一定专业度,其观点容易让粉丝信服。运营者可以尝试与KOL合作,借助其影响力为企业品牌助力。

5. 账号矩阵

新媒体账号矩阵指的是企业高管、企业员工、企业产品等不同模块在互联网的账号组合。好的账号矩阵可以借助团队的力量集中放大运营效果。

6. 文案

文案最早专指广告文案,包括广告标题、正文、口号。在新媒体运营中,文案既有长文案(微信公众号文章、今日头条文章等),又有短文案(微信朋友圈文案、微博文案),还有多媒体文案(海报文案、视频文案、音频逐字稿)等。

7. 软文

软文(Advertorial)是相对于硬性广告而言,指由企业的市场策划人员或广告公司的文案人员负责撰写的"文字广告"。与硬广告相比,软文之所以叫作软文,精妙之处就在于一个"软"字,让用户不受强制广告的宣传下,文章内容与广告的完美结合,从而达到广告宣传效果。实现将要宣传的信息嵌入文章内容中,影响用户于无形。

好的软文有双向特点:既能让用户在文章里找到自己所需的信息,为用户提供价值;又能推广企业的宣传内容,影响用户决策。

8. 工具

熟练使用工具,有助于提高运营者的工作效率。例如,在设计海报时,可以尝试在"创客贴"网站快速生成;在微信文章排版时,可以在"i排版"快捷操作;在监控账号后台数据时,可以利用"西瓜助手"实时监控;在进行网络调研时,可以借助"问卷网"一键生成表单。

9. 粉丝数

粉丝数的多少是账号运营优劣的考量标准之一。运营者需要定期统计粉丝情况,包括粉丝总数、新关注人数、取消关注人数、净增关注人数等。特别是在进行专门的拉新活动或渠道推广后,运营者需要统计新增粉丝数,以评估推广质量。

10. 曝光量

曝光量是产品或品牌的互联网知名度考量标准之一。运营者需要熟悉的曝光量数据包括微信阅读量、单条微博阅读量、微博话题阅读量等。

11. 阅读量

阅读量是文章质量的考量标准之一。在文章推送12小时、24小时、48小时等时间节点,运营者需要记录文章的阅读量,判断文章的整体质量。

12. 访问量

访问量(Page View，简称 PV)，即在一定时间内页面被访问的次数，用户每一次对网站中的每个网页访问均被记录一次。用户对同一页面的多次访问，访问量累计。访问量是 PC 网站或移动网站的考量标准之一。为了提升访问量，运营者需要通过朋友圈、微信群、微信公众号等多渠道综合推广。

13. 跳出率

跳出率指的是仅浏览了一个页面就离开网站的访问(会话)次数占总访问次数的比率。跳出率越高代表网页对用户的吸引程度越低。

为了提升网站的营销效果，运营者需要想方设法制作精美的页面并吸引用户驻足；同时需要提升推广精准程度，避免不相关用户进行"打开网页后马上关掉"的操作，无形之中拉高了跳出率。

14. 活跃用户数

活跃用户数是相对流失用户的概念，指的是经常使用企业软件、浏览企业网站或打开企业公众号的用户数量。用户在下载某软件或关注某公众号一段时间后，很可能逐渐降低活跃度。因此，运营者需要尝试通过撰写更有趣的文章、策划更有创意的活动、设计更有吸引力的用户体系方法，持续提升活跃用户数。

15. 转化率

转化率在线下指的是消费人数与到店人数的比例；在新媒体运营中，转化率不仅包含消费人数，也包括完成指定动作的人数，如关注微信公众号、参加指定活动、下载某款软件的人数。

16. 好评率

好评率是产品或品牌的互联网美誉度考量标准之一。运营者必须关注的好评率包括大众点评星级、店铺评论区好评率、百度知道差评比例、垂直类网站口碑等。

17. 销售额

以销售为目的发起的活动或推送的文章，通常需要对销售额进行统计与分析。仅通过销售额很难判断文章或活动的营销效果，运营者需要将总销售额、分销成本、浏览量、转化比例等数据一并计算，以得到更客观的效果分析。

18. ARPU(Average Revenue Per User，每用户平均收入)

ARPU 注重的是一个时间段内运营商从每用户所得到的利润。很明显，高端的用户越多，ARPU 越高，说明平均每个用户贡献的收入越高。在这个时间段，从运营商的运营情况来看，ARPU 值高说明利润高，这段时间效益好。ARPU 是给股东的，投资商不仅要看企业现在的盈利能力，更关注企业的发展能力。ARPU 值高，则企业的目前利润值较高，发展前景好，有投资可行性。

以上18个专业术语，运营者必须熟练使用，才能更好地与团队和用户沟通，并有针对性地提升运营效果。

五、新媒体运营的九大模块

新媒体运营主要是把产品与用户快速连接。运营前期的用户维系：渠道推广，病毒营销，活动，新媒体广告投放。

运营后期的工作：用户建设，用户激励，用户召回，运营机制设计，活动文案，策划，用户维系等。

(一)新媒体运营的四大经典模块（表3-4）

表3-4 四大经典模块及作用

模块	作用	关键点
用户运营	核心	用户画像
产品运营	根基	类型分析、周期判断
内容运营	纽带	传播模式设计
活动运营	手段	跨界、整合

1. 用户运营——新媒体运营的核心

无论是研发产品、策划活动，还是推送内容，都需要围绕用户有针对性地展开。因此，新媒体运营者需要进行用户日常管理，吸引新用户关注、减少老用户流失，同时想方设法激活沉寂用户。在用户运营工作中，用户画像是工作的起点。只有进行过清晰的用户画像，后续的用户分类、拉新、促活与留存等工作才有意义。否则，用户运营的效果会大打折扣，甚至会出现南辕北辙的结果。

2. 产品运营——新媒体运营的根基

狭义的产品运营指的是企业的互联网产品运营，包括企业手机软件设计与开发、企业网站运营与调试等。

广义的产品运营可以把新媒体运营过程中涉及的账号、平台、活动等项目都看作产品，进行策划、运营与调试。

例如，一个今日头条账号，也可以看作是一件产品。在开通后，需要进行如下产品运营工作：

(1)产品调研。搜索相关今日头条账号，了解其日常内容。

(2)前期设计。头像设计、简介设计、选题设计。

(3)上线调试。撰写文章并测试阅读数据。

(4)正式发布。试过新手期后正式撰写。

产品运营的关键点是类型分析与周期判断。一方面，产品运营负责人需要准确识别产品的类型,针对不同的产品采用差异化的运营模式;另一方面,产品运营负责人必须清晰地判断出产品的生命周期,根据生命周期及时调整运营策略。

3. 内容运营——新媒体运营的纽带

内容用于连接产品与用户,运营者需要重点关注内容的定位、设计与传播,找到差异化的内容定位,创作走心的内容形式,辅之以较好的内容传播,从而触达更多用户。

新媒体内容并不是简单地写一篇文章、录一段视频、做一张图片,而是要让更多的用户打开、完整浏览并转发到朋友圈或转发给好友。因此,新媒体内容运营的关键点是设计传播模式,力争获得更多的传播。

4. 活动运营——新媒体运营的手段

新媒体活动运营需要关注策划与执行。新媒体活动在开展前需要进行详细策划,明确活动目的并确定活动形式、内容、时间计划等;活动完成后,需要活动负责人进行任务跟进与活动复盘。

活动运营的效果体现在活动参与度上,但是持续提升用户参与度却又相当困难。一方面,现阶段网民的可选择性变大,通常不会对同一家公司、同一个账号或同一类活动保持浓厚兴趣;另一方面,活动运营团队很容易在策划几次活动后进入思路枯竭、创意失效的状态——没有新的灵感,自然无法激发用户的参与。

因此,活动运营的关键点是跨界与整合——与其他行业的公司举办联合活动,同时整合各方面传播资源,以确保活动效果。

(二)新媒体运营的五类衍生模块

在企业新媒体运营的实际应用中,四大经典模块会进行重新组合,衍生出五类模块,包括社群运营、网站运营、流量运营、平台运营及店铺运营。

1. 社群运营

在企业新媒体运营过程中,部分企业会将用户运营的重心从微信公众号、微博等内容平台转移至 QQ 群、微信群等社群平台,因此,对用户的运营与管理便随之迁移至聊天群管理。

2. 网站运营

网站运营是指一切为了提升网站服务于用户的效率,而从事与网站后期运作、经营有关的行为工作;范畴通常包括网站内容更新维护、网站服务器维护、网站流程优化、数据挖掘分析、用户研究管理、网站营销策划等,网站运营常用的指标:访问量、IP(Internet Protocol,独立 IP 数)、注册用户、在线用户、网站跳出率、转化率、付费用户、在线时长、购买频次、ARPU 值。

网站运营由产品运营、内容运营、用户运营三大模块衍生而成。

网站作为企业的互联网产品之一,需要按照产品管理的流程进行开发、调试、上线测试、改版等。网站新闻、产品信息等内容，需要日常更新。网站的注册用户需要进行分类管理，网站的日常浏览用户也需要进行点击跟踪，从而充分挖掘用户需求。

3. 流量运营

流量运营也称推广运营。为了提升企业微信公众号文章的阅读量、企业微博的粉丝量及曝光量、企业网站的访问量，部分新媒体运营团队需要进行专门的流量统计与管理。一方面，运营者需要做好内容，因为推广需要通过优质内容承载；另一方面，运营者需要策划活动，阶段性地提升流量效果。

4. 平台运营

平台运营是指为了提升平台的服务，发展更多的用户并获得更大的收益，而从事与平台经营、运作相关的工作。由于内容运营的主要工作是微信公众号，实际上，平台运营也可以看作将内容运营的一部分工作进行放大与细化。例如，内容运营的工作之一是微信公众号的素材管理、留言管理等内容相关功能；而在此基础上，平台运营需要继续围绕微信公众号进行细化管理，对自动回复、自定义菜单、消息管理、统计、设置等功能进行日常管理与维护。

5. 店铺运营

对天猫店、京东店、微店等互联网店铺的管理，需要综合产品运营、用户运营、内容运营、活动运营四大模块的运营能力。

第一，对店铺销售的产品，需要利用产品运营思维进行调试与优化；第二，对购买店铺产品的消费者，需要借助用户运营的思路进行分类与管理；第三，对店铺页面、店铺推广方案等，需利用内容运营的知识进行设计；第四，店铺在各种线上购物节日，可以借鉴活动运营的方式策划活动。

● 小贴士：做运营，避免五种思维

A. 运营就是打杂，只做琐碎的工作。每一个运营者都应该有大局观，从企业的整体规划去思考新媒体运营思路。

B. 产品是产品部门的事情，后期运营是运营部门的事情。实际上，两个部门都要对产品负责。

C. 运营可以突击、可以速成。运营不是一项速成工作，是需要日积月累的。

D. 运营部门负责花钱，营销部门负责挣钱。运营部门也需要策划活动，在线上推广产品并获得销售，获得收入；营销部门在进行品牌推广时，也需要花钱投放广告。所以，两个部门都须有预算和销售管理。

E. 运营不需要技术，没有技术的人可以去做运营。运营确实不需要很高的编程水平或设计水平，但也需要相关专业的运营能力，包括战略、策划、执行、数据能力等。

六、新媒体运营管理的战略规划思路

企业新媒体运营岗位一般包括专员、主管、总监等,专员需要关注细节,主管抓重点并提高效率,而新媒体运营总监必须聚焦的是战略规划:从整体上设计企业的新媒体运营定位与思路、设计可执行的运营计划。

梳理企业的新媒体运营战略需要四个步骤,即定位提炼、思路梳理、运营计划、执行反馈。

1. 定位提炼

在新媒体工作起步之前,运营负责人需要系统思考企业新媒体定位,确定企业新媒体的功能、产品、形象三大定位。

功能定位:让新媒体为企业实现何种功能?线上销售?线上服务?线上口碑?

产品定位:需要借助新媒体为企业哪几款产品做线上推广?

形象定位:企业以何种形象出现在互联网?新媒体名称是什么?语言风格是什么?

2. 思路梳理

定位解决的是什么的问题,而思路解决的是怎么做的问题。

假如定位是"以贴心的服务为企业口碑加分",那么新媒体运营思路可以是"官方微博温柔响应,策划活动鼓励好评"。

假如定位是"用专业的内容提升企业线上销售额",那么新媒体运营思路则应是"官方自媒体发布专业图文,图文内容直接链接官方店铺"。

3. 运营计划

在运营负责人设计好企业的运营思路后,接下来需要落实到计划,列出每一阶段的具体目标、任务等。此类计划不必精确到每天的具体工作,更倾向于部门目标与各小组的阶段性任务。

4. 执行反馈

定位、思路、计划这三个步骤的重点是大方向,而第四步"执行反馈"的重点是细节。新媒体运营负责人需要把大方向宣传至团队成员,并由团队成员继续向下进行细节梳理。

产品运营组需要向下梳理:产品面向哪一类用户?开发什么产品?开发周期多久?

内容运营组需要继续梳理:入驻哪些内容平台?注册几个账号?每个账号投入多少精力?日常发布什么内容?

用户运营则需要思考:用户从哪来?如何留住用户?如何激活沉寂用户?

在团队执行过程中，新媒体运营负责人需要关注各阶段的目标完成情况，根据数据进行计划的调整。

七、新媒体运营岗位的能力与职业发展

(一)新媒体运营岗位的能力清单

1. 文字表达能力

虽然在新媒体团队中已经有编辑、文案等专业的文字撰写岗位，但新媒体运营者也需要具备一定的文字表达能力。一方面，在撰写方案与团队沟通的时候，要将思路用文字清晰地表达出来，做出优秀的选题策划大纲；另一方面，面向用户的活动规则、课程大纲等简单文字，一般也会由新媒体运营者直接撰写，一旦表达能力有限，就可能出现异议。例如，在撰写微博活动说明文字时，"转发微博两天"就可能会被理解为两层含义，转发一条微博并保存两天，或者两天都转发这条微博。不同的理解会给参与者造成不同的引导，从而为企业的网络口碑埋下隐患，而优秀的文字能力能让读者避免歧义，读起来如沐春风。

2. 项目管理能力

新媒体团队中不可替代的是项目运营者，项目的推进必不可少地需要计划、沟通、协作、执行、反馈等步骤；新媒体运营者也要具备项目管理能力。

如发布一篇推广文章，新媒体工作者需要进行项目的整体管理工作：

第一步，制作进度条，规划出文章发布的每个环节所需要的执行者和截止时间等细节。

第二步，整理文章、图片文字美化需求，及时与编辑进行充分沟通。

第三步，编辑或撰写文章时，运营者需要及时关注实时动态，积极调整、收集相关素材。

第四步，文章完成后，运营者要与推广专员进行商讨，布局推广发布渠道，推动热点的形成。

第五步，监管推广效果，随时关注动态，做好优化和后续工作。

以上一系列工作都需要新媒体运营者建立在统筹规划的基础上。

3. 人际沟通能力

新媒体运营不是一项独立的工作，必须要进行多方面的沟通。

一方面，新媒体运营者要进行内部团队的沟通，将文案需求、设计需求、产品功能需求等准确传达至相关部门或者小组；另一方面，新媒体运营者还需要跟客户沟通，随时了解客户需求并做好沟通的反馈工作。

4. 用户洞察能力

新媒体的平稳发展得益于日常的稳定运营，而跨越式的提升需要一个阶段爆

发式的运营,如一篇"10万点击率"的文章、一次"刷屏级"HTML5等。爆发式运营表面上看是由于巧妙的创意或者独特的思路,但深层次的原因都是对用户需求的洞察力,爆文能达到10万点击率,是由于点破了读者的欢欣、孤独、焦虑、迷茫等内心情感或兴趣点,达到情感的共鸣,从而获得读者的认同;而HTML5之所以刷屏,也是因为满足了参与者的炫耀、跟风、猎奇等心理,而被疯狂转发。HTML5策划的创意是排第一位的,创意是否新颖直接决定一个HTML5策划的生死;设计是HTML5对外展示的脸,直接决定了HTML5策划的风格;前端技术则是解决交互呈现及不同手机机型适配的问题。

5. 热点跟进能力

新媒体的受众与传统报刊、电视等媒体的受众不同,以年轻人居多,因此新媒体运营必须随时关注热点并及时跟进报道。如果只关注热点本身而不关注热点的关联,很有可能出现热点昙花一现的情况,因此,跟进热点,与企业定位相结合,进行后续报道也非常重要。

6. 渠道整合能力

新媒体运营者通常面对两条渠道,原本媒体上的渠道,包括线下活动、线下广告、线上媒体等;另一个是媒体的外部资源,如外部合作媒体、相关行业网站、微信公众号等。媒体运营只有懂得渠道整合,借助更多资源的力量推动新媒体工作,才有可能将运营效果最大化,特别是在运营中与外部渠道跨界合作,会使受众眼前一亮。如大众点评和摩拜单车的合作,业务上两家企业并无交集,但是他们携手推出"炫光吃货车",引爆了上海、成都、深圳三地的吃货圈。通过跨界合作,两家公司渠道推广和资源共享,获得了活动参与度最大化的效果,品牌联手提升。万物即平台,所见即媒体,作为新媒体小编要脑洞大开,任何地方都可以进行宣传,如杭州的地铁车厢案例。

7. 数据分析能力

新媒体运营者通常需要充当数据分析师的角色,懂得基本的数据分析,会使用Excel或更专业的数据分析工具,进行数据分析、过程监控、数据总结等。新媒体的管理者除了对数据本身进行分析外,还要对团队业绩和职工绩效等进行考核和较量。

以上七大能力是现阶段绝大多数企业对新媒体运营岗位的能力需求。需要强调的是,不同时期的企业对新媒体运营岗位的能力要求有不同。如2000年左右,从事新媒体运营的人必须掌握论坛营销技巧;2007年前后,新媒体运营者的必备能力是人人网、开心网等社交网站账号的运营;2017年,微博运营、微信运营成为新媒体运营的必备技能;2020年,抖音运营成为新媒体运营的必备技能,直播带货成为新风口和新趋势。

(二)新媒体运营职业的发展路径

在企业新媒体部门,与运营相关的岗位通常有三类,分别是新媒体运营专员、新媒体运营主管和新媒体运营总监。

1. 新媒体运营专员

不同企业对于新媒体运营专员的岗位命名各不相同。在规模较小的团队中,专员岗位一般称为新媒体运营专员、新媒体专员、运营专员、新媒体运营助理等;在规模较大的团队中,专员岗位又被细分为微信运营专员、微博运营专员、活动策划专员、产品策划专员等,不同岗位的专项能力见表3-5。

表3-5 新媒体专员必备的专项能力

岗 位	所需能力
用户运营专员	用户分级、用户拉新、用户留存、用户促活等
产品运营专员	需求挖掘、产品内测、用户反馈、产品调优等
内容运营专员	账号运营、内容策划、内容选题、内容推广、内容数据等
活动运营专员	活动方案制定、活动细节策划、活动执行、活动效果分析等

2. 新媒体运营主管

新媒体运营主管需要负责的是整个新媒体部门,因此,必须具备提升团队效率的能力,做好评估与拆解工作。

所谓评估,即评估各项工作的意义,剔除无价值工作,将新媒体部门的重点工作放在对绩效有意义的事情上。所谓拆解,即关注同行及互联网知名企业的最新动作,拆解其背后的方法及意义,将拆解后的优秀方法借鉴到部门工作中。

3. 新媒体运营总监

新媒体运营总监作为新媒体部门的最高指挥官,其发出的指令将在一定时期内影响新媒体部门的整体工作安排。因此,新媒体运营总监必须结合企业整体的市场定位,设计独特的新媒体运营思路并落实执行。

第二节 用户运营

一、用户运营的概念

用户运营是指以用户为中心搭建用户体系,开发需求产品,策划相关活动与内容,遵循用户的需求设置运营活动与规则,制定运营战略与运营目标,同时严格控制实施过程与结果,最终达到超出用户预期,进而实现所设置的新媒体运营目标。

新媒体运营，用户是核心。很多企业的新媒体部门规定："新员工在入职后，必须先做与用户相关的工作（如网店客服、微信公众号后台互动、用户社群沟通等），再上任其本职岗位。"因为不论是开发产品、设计活动，还是策划内容，都需要围绕用户。如果不重视用户运营，新媒体就会出现事倍而功半的运营结果——面向大量不精准的用户开展新媒体工作，造成资金与精力浪费，最终降低了转化率、曝光量等数据。

二、用户运营的工作

用户运营的工作主要围绕四方面展开，包括拉新、促活、留存及转化。

1. 拉新

拉新即流量获取，指让潜在用户首次接触到产品，达到用户量增长。即通过微博、微信、论坛、社群、线下等渠道进行推广，邀请新用户注册或试用，其目的是提升用户总体数量。

企业需要运用合适的用户增长策略来推动拉新工作。例如，抖音是一款音乐创意短视频社交软件。2016年9月上线后，分两个阶段来实现用户量增长，先进行了初期的验证及版本更新，即产品打磨期（2016.9—2017.5），潜下心打磨产品，探索最完美的发展方向。接着进入产品发展期（2017.5—至今），开启大规模的用户拉新工作。具体手段主要为赞助综艺节目实现品牌的大规模曝光，由于在产品打磨期已经验证了产品发展模式及部分用户激活手段，可以有效避免用户大规模来又大规模走的情况，因此这一阶段抖音的功能模块已基本无大变动，主要目标在留存上。通过一系列运营手段，提高用户黏性，抢占市场。

2. 促活

促活展开来说，就是促进用户活跃的意思。活跃的用户会经常登录应用、使用产品、在平台中留言，为网站、产品、平台创造价值，是真正有用的用户。

例如，小米手机认证微博@小米手机于2017年9月13日发起"拍个透明照"的微博话题，邀请用户晒出自己的"变脸照"并转发微博，在参与者中抽取一位获奖者送出小米手机。@小米手机微博日常转发量平均200次左右，而通过此活动得近万人转发，粉丝活跃度提升了50倍，达到了促活的目的。

3. 留存

留存通俗点来讲，就是指新增用户中经过一段时间后留下来的那部分，这个时间一般以日、周、月来计算。而留存率，顾名思义，就是留下来的占当时新增总用户的比率。

用户的留存至关重要，可以想象一下，通过一系列方式新增了数量可观的用户,最后却因为各种原因几乎全部流失,留存率低到可怜。那么,之前所做的一切就是无用功了。所以,利用一些活动留住用户,也成了如今大多数企业商家、运营人员的常用手段。和拉新一样,留存目的也要量化、具体化。

4. 转化

转化即拥有一定活跃用户后,尝试通过下载付费、会员充值等方式获取收入,目的是提升转化率。做好用户的维护、提高复购率,不管是线上互联网运营,还是线下零售的营销,思维上是相辅相成的。

三、用户运营的技巧

围绕拉新、促活、留存及转化,用户运营可以展开大量细节工作,其中最核心的工作是以下几点:

1. 绘制用户画像,为用户运营工作锚定方向

用户画像又称用户角色,是新媒体运营工作的起点,并且为用户运营锚定整体方向。做出清晰的用户画像,需要做好两件事。

一是提炼用户标签,用故事描述用户画像。

提炼用户标签的过程,主要是针对三个问题的循环研究过程:

Who:用户是谁?　　　——分析固定属性

Where:用户在哪里?　——分析用户路径

What:用户在做什么?——用户在做什么,即分析用户场景

在研究用户固定属性、用户路径和用户场景后,提炼出关键词,就形成了一套完整的用户标签。

二是绕开画像误区,防止从源头上出错。

减少使用提问式画像、大数据画像和嵌入式画像。防止运营者用提问式将问题选项带有倾向性或过于封闭,而使用户的回复受到限制,或者受用户知识水平、过往经验的限制,未必是代表其真实感受;防止大数据不具备完整维度,或者行业大数据不代表企业大数据;防止运营者将自己或团队的特殊和日常行为进行提炼,代入用户特征,进行用户画像。嵌入式画像的最大问题在于新媒体运营者不等于用户。

2. 搭建用户体系,打牢用户运营的基础框架

在精确的用户画像之后,运营者需要继续将用户细分并搭建用户体系,为不同用户设计差异化运营方式。

运营者可以借助 RFM 模型设计管理层级。RFM 模型,即通过最近一次消费(Recency)、消费频率(Frequency)、消费金额(Monetary)三个指标组成矩阵,评估用户价值状况。

第一步，做指标调整。如果是政府网站，可以用最近一次登录、登录频率、浏览时间作为用户体系指标；如果是企业 App，可以用最后一次打开、打开频率、停留时间作为用户体系指标；如果是官方店铺，可以用最后一次下单、下单频率、订单金额作为用户体系指标。

第二步，对用户级别进行调整。例如，京东的用户级别共分为五个等级：注册会员、铜牌会员、银牌会员、金牌会员和钻石会员。会员的级别还可以由成长值决定，成长值越高，会员等级越高，享受的会员权益越多。

第三步，分级运营。划分出不同的用户级别后，需要进行精细化用户运营，尤其是将重点精力投在优质用户上。

3. 寻找目标用户，提高用户获取质量

新媒体运营的效果一般通过粉丝数量、阅读数量、转化数量等指标评估，而这些指标都与用户总体数量成正比。因此，运营者必须想方设法进行用户拉新工作。拉新工作力求精准。大量不相关用户会增加客服工作量、降低转化率，最终降低运营效果。

获取精准用户分三个步骤：一是识别用户渠道。根据用户画像中的用户路径，识别出用户的活跃渠道，找到用户"出没"的网站或软件，做好渠道布局。二是设计引入形式。引入形式没有固定模板，新媒体运营者可以结合渠道特点及产品特色，加入独特的创意，吸引用户。常见的引入方式有硬广、软文、活动等。硬广是直接将产品广告放入文案中，能够明显看出广告宣传的痕迹。软文是将产品广告隐藏在文案中，不易被发现，通过讲故事或者是讲述日常生活的方式吸引目标客户阅读。三是给出引入的理由。用户不会主动关注毫不相关的公众号或下载不了解的软件，即使找到了精准用户并设计出引入方式，依然需要给出引入理由。

4. 设计用户玩法，提升活跃度并减少用户流失

提升活跃度减少用户流失最重要的是将路人变成忠粉。互联网中，路人指的是浅层次接触的用户，路人有助于提升企业的品牌知名度，但无法产生实际的运营价值。有效运营价值来自深度接触的用户，也称为忠粉。深度接触的用户，不仅关注企业账号或浏览企业文章，更多会加入企业社群、参与企业活动、推荐身边好友关注企业账号或邀请身边朋友下载软件。

四、用户运营的策略

获取一个新用户的成本往往高于挽留一个老用户，因此，新媒体运营者必须提升用户活跃度，降低用户流失率，将路人变为忠粉。

将路人变为忠粉的九种策略包括：内容、活动、资源、社群、功能、积分、

奖励、投入、提醒。

1. 内容

内容是最稳妥的促活方式。好的内容会让用户从接触账号时的"看一看内容"到"很期待，等着看内容"，完成活跃度的初始积累。

通过内容增加用户活跃度不是偶尔刻意为之，而是需要新媒体运营者持续地发出高质量的文章、视频、图片等。

2. 活动

运营者可以定期策划与组织企业新媒体活动，通过富有创意的活动吸引用户参与，提升用户活跃度。

3. 资源

运营者可以在部分新媒体平台放置学习资料、成长工具、工作素材等资源并引导用户下载，用资源促活。

4. 社群

现阶段新的公众号、富有创意的新媒体产品层出不穷，即使新媒体运营者每天推送有用、有趣的文章，用户对企业的热情度仍然会随着关注时间增加而逐渐减弱。

新媒体运营者要想办法将企业与用户的关系从冰冷的"账号对人"变为带有温度的"人对人"。

5. 功能

用户对不同互联网产品的使用频率各有不同，一部分产品属于高频产品，用户打开次数较多，如微信、QQ、微博等。而另一部分产品属于低频产品，用户只有在特定场景下才会打开，如滴滴出行、丁香医生等，用户只有在打车、求医等情况下使用。

低频产品提升用户活跃度，可以尝试增加高频功能，使用户增加在线时长或打开频次。

6. 积分

新媒体运营者可以参考 RFM 模型，设计对应的用户层级并设置相应的积分体系，每个用户层级享受不同的用户待遇。

7. 奖励

积分体系完成的是精神层面的奖励，满足用户尊荣感；此外，新媒体运营者也可以设置物质奖励，进一步提升用户活跃度。

8. 投入

用户往往对已经付出时间或资金的产品更忠诚。新媒体运营者在进行用户管理时，也可以引导用户进行适当投入，以降低流失率。在线下饭店，如果消费者提前预订并已经缴纳定金，往往不会轻易取消预订，但如果只是电话预约，则很有可能会由于天气等原因而取消。

9. 提醒

当用户长时间没有打开软件或者登录网站时，新媒体运营者可以尝试推送提醒，引导其尽快打开。为了在诸多提醒中脱颖而出，此类提醒信息必须足够吸引用户，做好三个细节。

首先是信息抓人眼球。用户在没有打开信息的时候只能看到信息标题及前20～30个字，这些文字如果纯粹是广告语或者毫无创意，用户不会点开。

其次是内容强调价值。既然是吸引用户再次登录账号或网站，信息必须准确表述用户回归后的价值，如"我们新增一款适合你的功能""我们对老用户有福利发放""今天有免费优惠券"等。

最后是操作简洁。信息最好包含网址，用户点击后直接跳转到相关页面或软件。否则，用户很有可能会因为操作烦琐而放弃回归。

第三节 产品运营

一、产品运营的概念

产品运营（Product Operation）指的是从内容建设、用户维护、活动策划三个层面来连接用户和管理产品，并产生产品价值和商业价值的新媒体手段。这个概念中重要关键词是产品、连接及价值。理解产品运营的概念，实际上就是理解这三个关键词的含义。

1. 产品

互联网产品可以从两方面来理解。狭义的互联网产品指的是独立开发的网站或软件，如计算机网站、计算机客户端、手机软件、游戏、HTML5等。

广义的互联网产品可以更细化，企业入驻某平台后销售的商品或开发的功能，如微信小程序、网易云课堂的课程等，都涉及产品开发、推广等环节，同样可以称为互联网产品。

新媒体运营，产品是根基。俗话说"巧妇难为无米之炊"，有了产品之后，才能围绕产品开展内容、用户、活动三个模块的运营工作。

2. 连接

产品运营者需要做好与用户、开发者、其他运营者的连接，其日常工作也围绕这三方角色展开，见表3-6所列。

表 3-6 产品运营者的日常工作清单

序号	具体工作	连接对象
1	挖掘用户需求	用户
2	倾听用户反馈	用户
3	产品测试	开发者
4	产品升级	开发者
5	用户意见反馈	开发者
6	推送产品软文	内容运营团队
7	设计用户策略	用户运营团队
8	策划产品活动	活动运营团队

3. 价值

产品运营是企业新媒体运营的价值体现。运营者不能只关注活动人气、内容阅读量等数据，而必须想方设法吸引用户为产品买单，帮助企业实现营销目的。

二、产品运营的工作思路

不同的企业对产品运营的岗位定位各有不同，运营者需要针对自己的岗位角色，梳理出对应的工作思路。

1. 传统企业的产品运营工作思路

传统企业的主要业务通常在线下，借助新媒体实现简单的企业形象展示、企业产品展示、企业活动宣传等，没必要开发专属的计算机客户端、手机软件，因此其互联网产品主要指官方网站、官方微信公众号等。

这类企业往往不需要招聘专门的程序员或工程师，开发工作由第三方公司外包，同时由公司的产品运营负责人进行对接。

传统企业的产品运营的工作思路是：项目统筹，一次完成。

一是项目统筹。传统企业的产品运营负责人需要独立完成网站或微信公众号开发的全流程统筹工作，包括开发需求整理、开发界面设计、开发进度跟踪、二次开发反馈等。

二是一次完成。网站、微信公众号、小程序等产品的外包性质决定了产品开发的阶段性——从开发到验收，第三方公司会围绕公司需求持续改进；一旦验收完成，第三方公司仅需负责产品稳定运行即可，改版需要另收费用。因此，产品运营负责人必须提前做好页面设计、栏目规划、功能设计等，防止由于策划失误而导致频繁改版，增加开发成本。

2. 互联网企业的产品运营工作思路

互联网企业的产品不仅包括基础的官方网站、官方微信公众号，还包括手机软件、电脑客户端、游戏等,如 QQ、淘宝、百度、美团外卖等。

互联网企业的产品运营工作思路是:用户沟通、产品迭代。

互联网企业本身有网页开发工程师、产品 UI 设计师、软件开发工程师等岗位,一般不需要外包公司进行产品开发,此时产品运营负责人的工作思路由"项目统筹、一次完成"改为"用户沟通、产品迭代",即做好用户沟通,倾听用户反馈,同时与开发工程师一起做好产品迭代与升级工作。

3. 传统企业产品运营的"互联网+"模式

"互联网+"是互联网思维的进一步实践成果。对传统企业而言,借助信息通信技术以及互联网平台,让互联网与传统行业进行深度整合,有助于创造新的发展生态。

当传统企业尝试开发互联网产品并进行互联网转型时,作为产品运营负责人,必须马上识别出角色变化,并做出"互联网+"模式下的工作思路调整,见表3-7所列。

表 3-7 传统企业产品运营的模式转换

模式	产品运营思路	运营细节工作
传统模式	项目统筹	开发需求整理、开发界面设计、开发进度跟踪、二次开发反馈等
	一次完成	第三方公司沟通、产品调试、产品验收等
"互联网+"模式	用户沟通	用户数据监测、用户意见管理等
	产品迭代	网站性能优化、软件版本更新等

案例一:中国石油化工集团公司(以下简称中国石化)作为一家典型的传统企业,公司官方网站自从1997年3月注册开始,一直以企业宣传、产品介绍、新闻公告等功能为主。自2013年开始,公司推出了中国石化网上营业厅网站,用于实现网上加油卡预约、订单查询、加油卡充值等功能。随着中国石化的互联网转型升级,其互联网产品由典型的单一展示型网站变为"企业官网+网上营业厅"的双产品模式,作为公司的新媒体运营者也进行了调整。

第一,工作重点由内容变为用户,从之前的"新闻编辑、新闻发布"改为"用户数据观察、用户反馈跟进"等。

第二,工作思路从"一次完成"到"优化迭代",对网站处理速度、报错次数等反复调优。

案例二:中国移动通信集团有限公司(以下简称中国移动)也借助互联网进行了业务升级。中国移动最早的网站仅发挥了企业信息发布及企业形象展示的传统作用。随着中国移动的互联网转型升级,公司的官网专注于用户的服务,包括办业务、买手机等功能。公司的产品运营者也将产品运营策略调整如下：

第一，持续提升客户服务质量，改善客户满意度。

第二，持续跟进客户意见反馈，进行网站升级。

三、产品运营的策略

新媒体产品运营，需要针对产品类型采取对应的运营模式。不过，互联网产品没有固定的分类方法。

例如，按照场景划分，可以将互联网产品分为出行类、社交类、观影类、电商类、餐饮类、知识类等（表3-8）。

表3-8　按照场景划分的互联网产品类型

场景	互联网产品类型
出行类	滴滴出行、神州租车、12306订票网站、摩拜单车、去哪儿网等
社交类	QQ、微信、领英、脉脉、陌陌、旺旺等
观影类	猫眼电影、豆瓣电影、爱奇艺影音等
电商类	淘宝、京东、当当、中粮我买网、苏宁易购等
餐饮类	美团外卖、大众点评、美食杰、下厨房等
知识类	网易云课堂、得到、荔枝微课等
……	……

还可以按照人群划分，可以将互联网产品分为学生类、职场类、女性类、老年类等（表3-9）。

表3-9　按照人群划分的互联网产品类型

人群	互联网产品类型
学生类	作业帮、小猿搜题、51Talk、沪江英语等
职场类	智联招聘、中华英才、钉钉、51Job等
女性类	穿衣助手、美柚、每日瑜伽等
老年类	手机放大镜、老人桌面、爱家养老等
……	……

虽然产品类别划分的方法多种多样，但在进行产品运营工作时，没有必要进行过于复杂的产品划分，一般将产品分为三大类即可。

一是独立产品，即企业独立开发且满足某项独立功能的产品，如墨迹天气、酷狗音乐、高德地图等。重点在独立，也即产品本身就能够完成企业的需求，不需要其他产品的配合。但独立产品功能和盈利渠道都太过单一，许多独立产品都开始整合资源往平台产品发展。

二是平台产品，即企业开发一个平台，邀请其他企业和个人入驻，如淘宝、京东、亚马逊、网易云课堂等。

三是入驻产品，和平台产品正好互补，即入驻平台并提供商品、课程、咨询等内容的产品，如淘宝商品、京东电子书、千聊课程等。享受平台的服务，和平台共同搭建生态系统。

独立产品和平台产品都属于需要开发与升级的互联网产品，其运营有大量相似之处，如都需要设立用户规则、都需要策划活动并引流等。平台类产品的运营策略更缜密，独立产品可参照平台产品的策略进行运营。因此，下面主要探讨平台产品及入驻产品的运营策略。

（一）平台产品的运营策略

平台产品本身不从事销售，它的定位类似商场，其价值在于人气。典型的平台包括淘宝、京东、当当、中粮我买网等。平台的价值在于连接，而连接的基础是人气。只有持续获取新用户、持续吸引新入驻、持续鼓励入驻者发布新产品或内容，才能稳步提升平台的人气。要提高平台的人气，需要采取三种运营策略：规则引导、活动统筹、渠道搭建。

1. 规则引导

平台产品的运营规矩为本。平台对接的是无数的用户和大量的入驻产品，需要做好管理工作，让平台系统稳定运行，因此，制定完善的规则非常重要。规则分为两部分，一部分是针对入驻产品的，另一部分是针对用户的。例如，淘宝的平台运营规则中就分为对消费者的规则和对商家的规则。

2. 活动统筹

活动是提升人气的重要方式，平台上的入驻商家虽然也有各自单独的活动，但由平台统一组织、大量商家参与的活动更能聚集人气。例如，天猫"双十一"、京东"6·18"、网易云课堂"全民充电节"等活动都已经成为全民参与的购物节了，聚集了大量人气。

3. 渠道搭建

为了获取更多的流量，吸引用户，平台运营还需要搭建流量矩阵和引流渠道。引流渠道包括官方自媒体、合作网站、合作自媒体、付费广告投放等。其中，引流效果最快的是付费广告投放。现如今的媒体渠道大爆发，引流渠道非常丰富，平台运营需要结合自身情况合理整合渠道，多个渠道共同引流。

（二）入驻产品的运营策略

入驻产品指的是在平台注册账号，上传到平台的产品。可以再细分为实体类产品、内容类产品、应用类产品。

实体类入驻产品，即通过淘宝、京东等平台销售的衣服、食品、家电、书籍等产品。

内容类入驻产品，即通过内容平台进行图文销售的产品，如"得到"的专栏、"分答"的课程等。

应用类入驻产品，即通过应用市场下载的产品，如 App Store 的软件、微信小程序等。

1. 排名优化

平台更关注流量，入驻更关注排名。平台官方运营团队通常会专门投入资金与人力并想方设法提升平台流量；而入驻类产品需要提升自身的排名，将平台流量有效地引导至产品页面。

实体类产品和应用类产品首要的策略就是排名优化。包括淘宝、京东、App Store 等平台都会有搜索排名，入驻类产品需要在排名中名列前茅才能得到大量的流量，支撑起销售和盈利数据。排名越靠前，曝光效果越好。运营者需要在标题、描述、销量、评价四方面进行排名优化。

2. 口碑传播

一些平台并没有做搜索排名，如抖音、快手、微信公众号等，在这些平台上的产品运营就需要口碑传播了。这些平台多数是内容型的平台，因此，口碑传播是内容类产品运营的首要策略。

四、产品运营的技巧与重点

运营者往往希望互联网产品刚上线就马上火爆，刚推出就供不应求，但是几乎所有的互联网产品都会经历从诞生到衰落的过程，这个过程也被称为互联网产品生命周期。

互联网产品生命周期是指互联网产品的市场寿命，即互联网产品从进入市场开始，直到最终退出市场为止，所经历的市场生命循环过程。互联网产品生命周期可以划分为五个阶段，即验证、启动、增长、稳定、衰落。

由于互联网产品存在生命周期，因此产品运营也不能采用"一招鲜吃遍天"的一成不变方式，而是需要在产品生命周期的不同阶段抓住不同的运营重点，见表3-10所列。

表3-10 不同阶段的产品运营重点

产品阶段	产品运营重点
验证	产品模型，内部验证
启动	产品优化，口碑传播
增长	事件策划，渠道发力

(续)

产品阶段	产品运营重点
稳定	促进活跃，提高转化
衰落	产品转型，用户疏导

1. 验证阶段：产品模型，内部验证

没有用户需求的产品通常不会有好的市场表现。因此，产品正式上市之前，必须先进行产品验证，防止在开发后才发现没有用户需求，浪费大量的时间和资源。

运营者需要联合产品开发者，先用最短的时间开发出产品模型，即"最小化可行产品"，更侧重于对未知市场的勘测，用最小的代价来验证产品的可行性。

最小化可行产品开发完成后，运营者需要邀请用户试用，收集用户反馈。对于用户有需求的产品，进一步根据用户的反馈进行优化调整；对于毫无用户需求的产品，可以在内部二次讨论，决定是否继续开发。

2. 启动阶段：产品优化，口碑传播

互联网产品的启动阶段指的是产品完成最初版本开发并上线的过程。启动阶段需要产品运营者重点完成如下两件事。

第一，产品优化。上线的产品一般不会百分之百完美，因此，产品运营者必须全面接触用户，收集用户反馈并发至开发者处，随后尽快做出调整。常见的反馈收集文宗见表3-11。

表3-11　常见的反馈收集方法

类别	用法
系统分析	设置用户跟踪代码、后台自动分析
被动收集	公布客服邮箱、设计用户反馈页面、放置客服按钮等
主动收集	发起用户访谈、发起"挑刺"活动等

第二，口碑传播。由于启动阶段的产品处于"不完美"时期，如果在此时进行大规模推广，很容易导致用户大量流失。因此，该阶段需要运营者在没有推广的情况下设计传播环节，引导用户自发推荐给好友。

3. 增长阶段：事件策划，渠道发力

经过验证阶段和启动阶段的验证与优化后，产品开始被正式推广，进入增长阶段。增长阶段需要运营者想方设法获取新用户：一方面围绕产品策划相关事件，进一步提升产品知名度，提升人气；另一方面多渠道发力，扩大产品的用户基数。

增长阶段的事件策划指的是运营者围绕产品策划相关事件，引起媒体和消费者关注，以求提高产品的知名度。

增长阶段的渠道发力指的是充分挖掘可以为产品引流的渠道，增加产品曝光量。运营者可以用于产品宣传的常见渠道如下：

第一，企业官方自媒体，如官方网站、官方微博、官方微信等。

第二，合作自媒体，如行业论坛、行业微信公众号等。

第三，付费广告，如百度广告、微博广告、论坛广告等。

需要强调的是，增长阶段的"渠道发力"不局限于线上渠道，也可以尝试传统的线下推广。

4. 稳定阶段：促进活跃，提高转化

增长阶段的重点工作是"拉新"，而稳定阶段的重点工作变成了"促活、转化"。

5. 衰落阶段：产品转型，用户导流

产品进入衰落阶段，可能由两个原因引起：

第一，产品本身更新迭代慢，用户在过了新鲜期后逐渐放弃使用。

第二，由于互联网硬件设备升级，整个行业或领域出现了衰落，如智能手机出现后，传统的手机网站整体出现流量下滑现象。

进入衰落阶段，运营者不能无动于衷，而需要采用积极的手段减少损失。

如果在现有的产品基础上还可以进行开发与调整，那么可以尝试做产品转型，迎合网民的新需求。

如果原有的产品形态已经无法继续开发，转型无从下手，则需要开发另一款产品，将现有产品的用户引导到新产品或新平台上。

产品导流可以采用五种方式：

第一，发消息。运营者可以借助站内信、邮件、短信等形式，直接邀请用户点击进入新产品或新产品下载页面。

第二，做活动。运营者可以用"一起穿越""我们搬家啦"等趣味活动形式，鼓励用户参加活动，使用新产品。

第三，发福利。运营者可以在新平台或新产品上设计"诱饵"，如现金红包、课程资料、物质奖励等，引导用户使用新产品。

第四，做内容。每个产品都有可挖掘的内容，如产品理念、开发历程、创业者故事等。利用图文或视频的形式，运营者可以坦诚地告诉用户目前的产品情况，用内容打动用户，实现导流。

第五，做排名。对于严重依赖百度、淘宝等搜索引擎流量的产品，其用户主要通过搜索关键词并点击的方式进入。因此，可以先开发好新产品并做好搜索引擎优化，随着新产品排名提升，用户逐渐迁移。

第四节　内容运营

一、内容运营的基本概念

在新媒体运营中，内容运营是指运营者利用新媒体渠道，用文字、图片、或者视频等形式将企业信息友好地呈现在用户面前，并激发用户参与、分享、传播的完整运营过程。

(一)内容运营中内容的含义

第一，内容指的是内容形式。用户通过手机或计算机上网，只能通过"看图文、看视频、听音频"等形式了解产品或品牌信息，与之对应，内容可以是文章、海报、视频或音频等数字内容。

第二，内容指的是内容渠道，用户浏览的互联网内容，一般来自公众号、微博、门户网站、腾讯新闻类应用等内容渠道。相应的运营者也要将内容布局在相应的内容渠道，与用户的内容浏览习惯相匹配。

(二)内容运营的作用

1. 有助于提升产品知名度

内容运营的作用对新媒体运营的整体效果起着至关的重要作用

产品本身不会说话，需要内容进行表达。用户在使用产品之前，只能通过内容来了解产品，因此优质的内容、精准的推送、多平台的宣传可以让更多用户接触产品信息，从而提升产品知名度。

2. 有助于提升营销质量

企业新媒体运营最终是为了转化，让用户愿意付费。长期扎实的内容运营加上好的内容和活动，能带来更高的转化率。

3. 有助于提升用户参与感

用户的参与感来自于持续的互动。设计具有话题性、创新性的新媒体内容，会引导用户参与互动，提升用户的参与感。

(三)学习内容运营的四个步骤

第一步，明白内容运营的整体环节，把握各个环节的重点。

第二步，熟练掌握如何设计走心内容，提升内容运营效果。

第三步，熟练长内容和短内容撰写技巧，丰富内容和形式。

第四步，掌握传播模式设计，使内容发出后获得更多的转载与曝光。

二、内容运营的七个核心环节

学习内容运营，需要熟悉整体环节，并把握各个环节的重点。企业新媒体内容运营共七个核心环节，包括选题规划、内容规划、形式创意、素材整理、内容编辑、内容优化和内容传播。

1. 选题规划

新媒体运营的第一个环节是进行选题规划，策划出下一阶段的主要内容形式、内容选题等，并做成计划表，作为下一阶段的内容运营总纲。

2. 内容策划

选题规划做的是阶段性的内容设计，而内容策划做的是更具体的内容设计，也就解决以下重要问题：

(1) 制作本次内容的目的是什么？推广新品、宣传品牌还是其他？

(2) 内容投放的渠道在哪里？微信公众号、微博、知乎还是其他？

(3) 该渠道的用户是谁？大学生、职场人还是其他？

(4) 内容制作的周期是多久？内容传播周期预计多久？

(5) 内容的主题、风格如何设计？

3. 形式创意

确定内容后，要根据企业调性、用户习惯、渠道特点、竞品内容等设计新颖的、创意的表现形式，完成内容的展现。

4. 素材整理

内容形式敲定后，需要进行素材的收集与整理。素材包括内部素材和行业素材两种类别。

内部素材包括产品图、产品理念、活动流程、过往照片、过往数据等；行业素材包括行业数据、行业新闻、网民舆论、近期热点等。尽可能多地搜集并分门别类地整理这两大类素材，这一环节就基本完成了。

如果有可能，运营者需要养成随手记录素材的习惯，完善自己的素材库。

5. 内容编辑

实际上就是常规意义的写文章、做海报、创作HTML5、制作视频等，属于内容运营的执行工作。

6. 内容优化

内容编辑工作完成后需要进行测试、反馈及优化，如果转化率低或反馈不好，需要对内容进行优化与调整。

常见的测试与反馈包括文章预览直接转到粉丝群、报名网址分享在朋友圈、微博发布设置为"好友圈"、内容海报仅部分人可见。

7. 内容传播

设计传播模式及便于传播的内容，引导粉丝将内容转发到朋友圈、微信群或更多渠道。特别是对于粉丝比较少的账号，仅为数不多的人可以看到其推送的内容，传播效果有限。因此，运营者需要设计传播模式及便于传播的内容，引导粉丝将内容发到朋友圈、微信群或更多渠道。

三、内容运营的技巧

（一）设计走心内容，提升内容运营效果

走心的新媒体内容指的是通过精心设计的文字、图片、视频等内容打动用户，使用户自发点赞、转发或者直接下单。设计走心的新媒体内容分为五个步骤，即渠道用户画像、用户场景拆解、用户痛点挖掘、解决方案描述及内容细节打磨（图 3-2）。

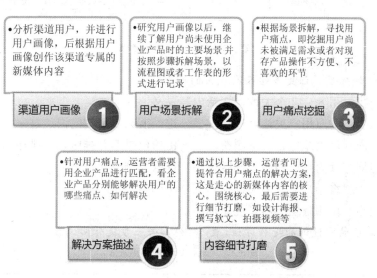

图 3-2　设计走心的新媒体内容的五个步骤

（二）策划长内容，提升用户转化率

长内容指商品详细信息、软文、硬广告等介绍和描述产品，吸引用户消费，形成转化的新媒体内容。运营者可以从六大要素入手，优化转化页的内容并提高转化率。这六大要素包括简明介绍、场景设计、具体参数、产生信任、付费刺激、放心售后（图 3-3）。

（三）设计短内容优化运营效果

在软文故事、硬广正文等长内容设计完成后，需要设计标题、摘要、转发语等短内容，优化运营效果。

在内容运营过程中，短内容更多的是扮锦上添花的角色——同样的文章设计不同的短内容，效果会有很大的区别。

图 3-3　长内容的六大要素

1. 设计标题，让更多的人有点击的冲动

第一步，用 8~15 个关键词概括内容要义。

第二步，按照用户关注点进行排序，选择前二三个关键词。这一步一般由新媒体部门内部讨论或组建小范围粉丝群，由粉丝投票并排序。如排序后，第一步中的关键词缩减为排版网站、排版技巧、排版案例。

第三步，将用户关注的关键词串成初步标题。

第四步，使用标题技巧，优化标题。

2. 常见摘要设计的七种方法（表 3-12），进一步提升阅读量

表 3-12　摘要设计的七种方法

摘要设计方法	方法内容
补充法	借助摘要内容，补充标题内容
解释法	标题部分提出问题，摘要部分进行解答
提问法	在摘要部分提出问题，引导读者点击文章并寻找答案
概括法	提炼正文核心，在摘要部分用精炼的语言概括正文内容
直白法	在摘要部分写出需用户完成的动作，防止部分用户不愿意点击文章导致转化效果变差
刺激法	提出挑衅性文字，激发用户兴趣，提高点击率
引用法	引用名人名言、古诗词、励志金句等，吸引用户主动点击

3. 撰写转发语，提升传播效果

为了提升某篇软文或某款海报的宣传效果，运营者要持续宣传，增加内容的曝光度。但由于企业运营团队人手有限，其转发效果也很容易遇到瓶颈，因此必须发动粉丝的力量，引导粉丝把文章或海报转发到微博、微信朋友圈、微信群等渠道。

粉丝的文案能力参差不齐,为扩大宣传效果,运营者必须"帮粉丝写好"转发语,把转发语一并发给粉丝。粉丝转发语包括四大要素:

要素一:第一人称"我"。

网民在浏览朋友圈时,如果发现生硬的广告,点击打开的可能性会变小。因此,转发语需要以第一人称的体验出发,以"我用了某产品""我打算学习某课程""我想要"等语句作为开头。

要素二:一句话描述。

浏览者的时间有限,必须对这次微课或这款产品等进行概括性的描述。概括性的描述字数必须要少,最好一句话讲清楚。

要素三:价值点呈现。

网民通常不会花时间了解与自己无关的内容。因此,转发语中需要写明使用产品后有哪些好处。例如,"听这节课,一小时让你入门新媒体"等。

要素四:稀缺性强调。

无限量供应的产品,网民通常不会珍惜,认为"以后能用到""以后再看吧"。所以,转发语中必须明确告诉网民"仅限 100 人参加""测试期仅提供 50 个名额"等信息,表示其稀缺性。

(四)结合场景设计好的传播模式,并降低成本

好的新媒体内容必须辅之以好的传播,增加内容发酵时间并提升新媒体运营的效果。

传统的传播方式包括新闻源宣传、行业公众号投放、搜索引擎投放等,以广告形式居多。但是由于互联网广告费用逐年上涨,一味投放互联网广告,企业新媒体运营整体成本会随之增加。因此,运营者必须想方设法策划"自传播"模式,分析用户与企业连接的整体流程,并结合场景设计传播。

用户与企业的连接,发生在售前、销售、交付、服务、推荐五个场景。运营者需要结合这五个场景来设计传播模式,如图 3-4 所示。

图 3-4 结合五个场景设计传播模式

1. 结合售前场景,设计公关传播

公关传播在这里指的是通过企业自媒体、行业网站等渠道,塑造品牌形象,提升品牌知名度、美誉度和信任感,从而帮助企业取得用户心理上的认同。

用户购买产品之前都处于售前场景。由于用户没有使用产品,其对产品的认知也只能停留在"看过相关信息""读过相关内容"层面。因此，运营者一方面需要在自媒体平台发出专业内容，树立专业形象；另一方面需要借助软文、新闻源等形式，让更多用户接触企业品牌、文化、技术等相关信息。

2. 结合销售场景，设计促销传播

促销传播指通过鼓励对产品和服务进行尝试或促进销售等活动而进行品牌传播的一种方式。利用新媒体进行促销传播，主要通过赠送虚拟购物券、价格满减、转发送红包等形式。

部分用户对企业产品暂无需求时，会处于观望状态，如关注企业公众号、收藏企业产品页面等。运营者需要设计促销策略，并用海报、文章等内容形式触达用户，以期获得更好的销售反馈。

3. 结合交付场景，设计话题传播

话题传播指的是结合互联网的力量及用户的口碑，让企业产品或服务成为一段时期内网民谈论的话题，以达到传播效果。

用户对企业产品的第一印象极其重要。设计精良的产品通常会引发用户主动晒单，帮助企业增加互联网话题内容，企业的新媒体传播能力会随着产品交付而升级。

4. 结合服务场景，设计口碑传播

口碑传播是指用户在使用企业产品或享受企业服务后，出于认可而主动分享使用心得，从而协助企业完成传播。当消费者感知的产品或服务质量超出其预期，消费者会感到满意，但满意的顾客未必都会发生口碑传播，而此时消费者若接收了与其消费经历相符合的口碑信息，就会强化其满意感，从而产生进一步口碑传播的冲动。

5. 结合推荐场景，设计人际传播

人际传播是一种社会的活动，任何人的生存都离不开和他人之间的交往。在人们之间的交往活动中，人们相互之间传递和交换着知识、意见、情感、愿望、观念等信息，从而产生了人与人之间的互相认知、互相吸引、互相作用的社会关系网络。我们将此称为"人际传播"。基于人际传播媒体形式的差异，我们还可以进一步把人际传播划分为直接传播和间接传播两种形式。

所谓直接传播，指的是古来已有的传播者和受体之间无需经过传播媒体而面对面地直接进行信息交流的过程。直接传播主要是通过口头语言、类语言、体态语言的传递进行的信息交流。间接传播是指在现代社会里的各种传播媒体出现后，人际传播不再受到距离的限制，可以通过这些传播媒体进行远距离交流。这就大大拓展了人际传播的范围。

新媒体运营者主要是以直接传播和快速决定为主要特点，设计推荐海报、推荐标题、推荐摘要、推荐封面图等内容，提升人际传播的转化效果。

第五节 活动运营

一、活动运营的基本概念

活动运营指的是围绕企业目标而系统地开展一项或一系列活动，其中，完整地包括阶段计划、目标分析、玩法设计、物料制作、活动预热、活动发布、过程执行、活动结束、后期发酵及效果评估等全部过程。

在新媒体运营工作中，之所以重视活动运营，是因为活动运营具有快速提升运营效果的作用——微博发布、微信公众号发文、产品数据分析等日常工作，可以使企业新媒体稳定运行；而阶段性开展新媒体活动，可以使运营效果在某个时期内快速提升。

理解活动运营，重点理解目标、系列、完整三个关键词。

第一是"目标"。活动运营必须紧密围绕企业目标，如提升新品曝光度、提升产品销量、提升品牌美誉度等，否则即使活动过程火爆、参与人数多，也会在活动后进行效果评估时，由于结果数据与目标不匹配，而使活动效果减分。

第二是"系列"。新媒体活动多数情况下以"系列活动"的形式出现，一方面，活动之间需要系列化，每个活动之间要有衔接；另一方面，活动自身也具有系列化特征，一场大型活动本身又包括"预热活动""正式活动""发酵活动"等小活动。

第三是"完整"。活动运营不仅仅是发布一篇活动文章、撰写一条"转发抽奖"微博而已，而是包含三个阶段及十大完整的环节。

二、活动运营的完整流程及关键环节

（一）活动运营的完整流程（图 3-5）

1. 策划阶段

策划是一切新媒体活动的起点，好的活动离不开好的策划。活动运营超过一

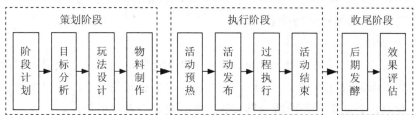

图 3-5　活动运营的完整流程

半的工作量都在策划阶段。策划阶段需要完成四项工作，为后续两个阶段搭建起整体框架。

首先是阶段计划，运营者需要根据节假日、周庆年、企业发展计划等因素，计划好第二年的整体活动计划。

其次是目标分析和玩法设计。每次活动前先确定活动目标，然后根据目标设计玩法。同时，在这一流程中需要运营者将目标数据植入玩法，以便后期对活动的监控。

最后是物料制作，包括线上物料（如活动海报、活动视频、活动文字）和线下物料（如易拉宝、宣传单、条幅）的制作。运营者必须提前将物料制作完成，防止由于物料缺失而延误其他工作。

2. 执行阶段

活动进入执行阶段后，活动运营工作从策划转为落地，为了使策划阶段制定的工作目标顺利实施，运营者需要协调整个团队将策划方案完整无缺地执行下去。执行阶段包括了四个流程：活动预热、活动发布、过程执行和活动结束，通过这个流程精准执行策划案。

3. 收尾阶段

在对外宣布活动结束后，新媒体运营的工作实际上并没有完成。这一阶段需要完成两个流程，一是要对活动进行后期发酵，整理出活动过程中的照片、视频、留言截图等，进行二次传播；二是要对活动效果做效果评估，带领团队复盘，总结经验，把经验归档，便于后续活动的持续改进。

(二)活动运营的关键环节

在活动运营的十大环节中，运营者需要重点关注的四个关键环节，即阶段计划、玩法设计、过程执行和效果评估。

1. 阶段计划

阶段计划是活动运营的总纲。成熟的新媒体活动运营者并不是在某个热点到来后才开始"抓热点、做活动"，而是提前一年就进行了热点预判及前期准备。

阶段计划的大纲一定是提前很长时间策划出来的，不是随机的，更不是"想起一出是一出"的那种活动计划。

2. 玩法设计

玩法设计可以说是活动运营的灵魂。平淡无奇的活动不可能吸引网民的注意力，因为大家都很"成熟"了，互联网的套路了解的也很深入了，所以要想做好活动，关键点还是在于奇特的活动形式和创意，越新奇越吸引用户。

3. 过程执行

过程执行是活动运营的根基。基础都打不牢，后面有什么也都是虚的，因此活动运营的小编需要在策划执行阶段，借用《活动推进表》《活动物料清单》以及《活动运筹表》三大表单来确保执行工作顺利完成，中间哪一个环节出现问题，直接责任到人。

4. 效果评估

效果评估是对整个活动的考核，也是检测运营人的能力。在活动开始之前应该"预埋"监控数据，这样在活动结束后就能出完整的效果对比了，便于总结与优化。

三、活动运营的技巧

（一）设计全年活动规划并提前筹备

通常在新媒体运营的四大基础模块中，活动运营基本上从来不会单独出现，因为它的每一步骤都需要其他模块的支持，如常见的组合是：

产品运营+活动运营：通常是为了策划一场新品发布活动。

用户运营+活动运营：一般是策划提升用户黏性或者活跃度的活动。

内容运营+活动运营：一般是策划转发有奖的相关活动。

因此，活动运营都是搭配各部门需求而存在的，活动运营不能凭运营者的主观想法来独立设计，而是要配合着企业整个计划以及相关部门的需求来设计相关活动。成熟的活动运营团队通常会提前一年规划好第二年全年的活动方案，之所以要提前设计好一年的活动方案，主要是有以下两个重要作用：

第一，可以减少运营的随机性，可以让运营者少有或者没有"临时抱佛脚"的心态，不能总是想着随机追热点而缺少整体规划和主线思路。

第二，规划出全年的活动有助于安排相关执行者灵活安排时间，提前筹备活动海报、活动方案等素材，避免到紧要关头让大家都仓促准备和无意义的加班，大大提升工作效率。

（二）做好整合策划与跨界活动

活动运营的效果一般会体现在活动的参与度上，但是持续提升用户参与度相当困难。

一方面，现阶段网民的可选择性变大，通常不会对同一家公司、同一个账号或同一类活动保持浓厚的兴趣；另一方面，活动运营团队很容易在策划几次活动进入"思路枯竭""创意失效"的状态——没有新的灵感，自然无法激发用户的参与。因此，运营者需要做好跨界与整合，以提升参与度，确保活动效果。

活动运营的跨界整合有五种策划方式，包括产品跨界、内容跨界、圈层跨界、IP跨界和渠道跨界。

1. 产品跨界

产品跨界指的是以定制产品作为活动主线，把原本毫不相干的产品元素相互融合，突出"限量""定制"等关键词，引爆合作双方的新媒体传播。

2. 内容跨界

内容跨界指的是合作方在活动文章、活动海报、活动视频等内容中互相植入对方的品牌，在内容传播过程中对参与方的品牌进行多次传播，达到共赢的目的。

3. 圈层跨界

在互联网的发展过程中，网民的喜好呈多样化发展趋势，即有的网民喜欢动漫，有的网民喜欢体育赛事，有的网民喜欢在线阅读，有的网民喜欢网络游戏等。不同的网络喜好产生了不同的文化圈层，而不同圈层的品牌跨界合作，可以激活对方的用户，尝试获得超出预期的活动效果。

4. IP 跨界

2014 年之前，IP 常用作 Internet Protocol 的英文缩写，所对应的意思为"网络之间互连的协议"；2014 年后，IP 的原意为知识产权（Intellectual Property），不过在文化创意行业被引入后，网民喜欢的小说、剧本、漫画甚至个人都被看作 IP。一个成功的 IP 实际上也是一个独特的文化现象，尝试不同形式的 IP 跨界合作，可以将 IP 的影响力充分聚合。

5. 渠道跨界

活动运营未必局限于互联网渠道。运营者可以尝试与其他渠道的品牌进行合作，打通线上和线下渠道，多维度放大品牌的声量。

（三）确保活动精确执行，用好三大表单

活动执行是活动运营的根基，负责活动策划的落地。运营者可以通过设计《活动推进表》《活动物料清单》《活动运筹表》三大表单来实现既定方案的精准执行。

1. 用《活动推进表》跟进事项进度

《活动推进表》重点关注"事"，制订各事项的推进时间，并跟进事项的完成情况。

首先，运营者需要计算活动周期并设计各阶段的时间，然后根据类别和事项的分类方式拆分事项，最终将两者结合，制作成一张整体的表单。

2. 用《活动物料清单》跟进相关素材

活动需要很多物料素材，包括线上的文案、海报、视频等，以及下线的服装、道具、条幅、宣传单等。《活动物料清单》需要理清所有的物料，并确定每一项物料具体的负责人和完成时间。在活动执行过程中要时刻跟进物料的准备情况。

3. 用《活动运筹表》协调团队工作

《活动运筹表》强调的是人员的统筹安排，关注的点在"人"。它是由《活动推

进表》和《活动物料清单》提炼而成的,利用该表可以清晰地掌握每个团队成员负责的事项和完成情况。

(四)如何评估活动效果并做好活动复盘

经过前期策划、中期执行、后期发酵后,新媒体活动本身已经结束,但活动运营还需要做最后一项工作——"总结"。活动总结分为两部分,一是分析数据,评估活动效果;二是复盘过程,提炼活动经验。

围绕分析数据和复盘过程两个层面,活动总结可以用"埋、算、析、盘"四个字来概括。

1."埋"即数据预埋

数据预埋需要在活动开始前完成。运营者需要提前设置数据观察入口,并将过往数据清零,便于活动结束后的数据统计。

2."算"即统计数据

"埋"的目的就是方便"算"。活动开始前设定推广二维码、分销链接等数据入口,等活动结束后就可以进入后台统计相关数据。

3."析"即分析效果

新媒体活动效果的精确评估,来自于数据的准确比对。一场新媒体活动可能会有多个目标,很可能既要通过活动涨粉,又要通过活动销售产品。因此,数据对比时,需要将活动目标所涉及的数据全部进行统计,然后分别评判目标的达成情况,解析数据原因。例如,参与人数、引流量、转化率、销售额等,活动运营需要分析每个目标的达成情况,并分析数据原因。到这一步,这次活动的相关事情已经都完成了。

4."盘"即过程复盘

复盘是为了下一次活动可以做得更好。复盘需要紧扣"过程",首先通过个人总结、团队互评的方式提炼出复盘清单,然后将清单按照"经验"和"教训"进行归类与整理,并根据经验和教训,进一步写出对后续活动的建议。通过复盘,运营团队的所有经验与教训都可以作为经验档案,留存于团队的资料库,作为下一次活动的运营参考。

第六节 新媒体运营案例

新媒体运营是一项实践性极强的工作。如果想成为运营高手,不能只了解理论知识,还必须亲自参与方案打磨、活动策划、用户调研等具体工作,积累丰富的行业经验,持续提升运营能力。

但是在实际工作中,不少运营者会遇到运营经验提升的瓶颈。为了学习最新

的运营技巧并获取运营经验,分析拆解运营案例有四个非常重要的意义:

1. 研究案例,总结起步方法

刚搭建新媒体部门的单位、刚注册新媒体账号的运营者,往往觉得无从下手,不知道如何启动。尝试研究类似账号或企业的起步案例并总结起步要素,运营者可以更快地掌握新媒体起步的关键方法。

2. 分析案例,梳理整体思路

新媒体运营往往会遇到"没有思路、不知道如何优化运营工作"的问题。运营者可以分析优秀公司的新媒体运营技巧,结合自己单位的独特优势,梳理出新媒体整体思路。

3. 复盘案例,避免出现运营漏洞

任何一个新媒体案例都不可能百分百完美。因此,运营者可以尝试进行案例复盘,分析案例中的不完美之处,避免出现在自己的运营工作中。特别是对于出现失误的案例,运营者可以尝试从参与者的视角分析案例本身,并思考引发失误的主要因素,在自己的工作中规避类似的问题。

4. 拆解案例,打磨细节

新媒体领域经常有爆款内容出现,如"10万+"文章、"刷屏级"HTML5或海报等。运营者不仅要关注爆款内容,而且要对爆款内容进行拆解,并为己所用。

一、社交新媒体案例

(一)QQ

QQ是1999年2月由腾讯公司自主开发的基于Internet的即时通信网络工具——腾讯即时通信(Tencent Instant Messenger,简称TM或腾讯QQ)。其合理的设计、良好的应用、强大的功能、稳定高效的系统运行,赢得了用户的肯定。QQ以前是模仿ICQ,它是国际的一个聊天工具,是我寻找你(I seek you)的意思,腾讯模仿ICQ,在ICQ前加了一个字母O,意为开放的ICQ(opening I seek you),但被指侵权,于是腾讯老板马化腾就把OICQ改名为QQ,就是现在我们用的QQ。除了名字变化,腾讯QQ的标志却一直没有改,一直是小企鹅。

(二)微信

微信(WeChat)是腾讯公司于2011年1月21日推出的一个为智能终端提供即时通信服务的免费应用程序。微信主要功能包括即时通信、公众平台(公众号)、微信支付、微信小程序等。

微信支持跨通信运营商、跨操作系统平台,通过网络快速发送免费(需消耗少量网络流量)语音短信、视频、图片和文字,同时,也可以使用通过共享流媒体内容的资料和基于位置的社交插件"摇一摇""漂流瓶""朋友圈""公众平台""语

音记事本"等服务插件。

腾讯发布的 2019 年年度微信数据报告中显示，截至 2019 年 9 月，微信月活跃账户数达到 11.51 亿。

微信传播指数，又称为 WCI 指数，更能权威地反映微信公众号的整体传播力和影响力，也是目前应用最广泛的微信传播力的评判标准，是中国新媒体大数据的权威平台清博指数数据团队考虑各维度数据后得出的综合指数。从"整体传播力""篇均传播力""头条传播力""峰值传播力"四个维度进行评价，评价维度更全面。WCI 指数越高反映出该公众号整体的传播力越强、影响力越大，所以是越高越好的。

微信推广运营的方法：

1. 微信公众号做好内容定位

企业在进行微信公众号推送时，主要进行的是内容营销。所以，企业向用户推送的内容才是重点。对企业来说，做好内容定位是必不可少的。

企业在进行内容定位时，一定要精耕细作，多推送有价值的内容，尽量避免那些纯粹的广告。只有这样才能吸引更多的粉丝关注。也就是说，微信公众号的推文是建立在满足用户需求的基础之上的，企业发布的信息最好要与用户想要的信息达成高度一致。

此外，微信公众号推送的内容也应以高质量的原创和高转载率的内容为主；否则，拥有再多的粉丝，没有阅读量也是没有意义的。

2. 微信尽快完成认证

微信只有在通过认证之后才有搜索中文的特权，企业在开通微信公众号之后，一定要尽快完成认证。相对来说，微信实现认证的门槛是比较低的，只要有 500 名订阅用户即可。

微信认证最大的好处就是，用户在微信的添加好友中直接搜索中文，就可以找到自己想要的微信公众号，甚至用户都不用将命名输入出来就可以搜索。对那些确实没办法及时认证的用户来说，最好选择一个容易记忆的微信 ID，或者用 6 位数以内的 QQ 号来申请微信公众号。

3. 利用所有线上线下推广渠道

微信公众号在进行推广时可以利用人人网、微博等各种社交平台进行推广。此外，还可以根据与自身微信绑定的 QQ 账号来进行营销，如通过 QQ 邮件、好友邀请等方式实现 QQ 用户的批量导入。有些企业，还在其官网上对自身的微信公众号进行宣传，以实现线上的全渠道推广。

对企业来说，微信公众号的线下推广也非常重要。企业可以通过各地的社会化媒体营销活动进行宣讲，如设计二维码海报，以优惠活动的方式获得大量的用户。

4. 策划大量有奖互动活动

作为微信公众平台的运营者,一定要策划大量的有奖互动活动。这是增强与粉丝互动、提高平台活跃度最有效的方法。

5. 朋友圈运营模式

微信运营者在进行朋友圈营销时要把握好五大运营模式,即代理模式、直营模式、淘宝营销、O2O 模式和品牌模式。

2020 年,微信视频号火了,它是一个短视频内容平台,在微信"发现"一栏,视频号位于朋友圈的正下方,位置醒目。用户打开视频号一栏,轻触相机创建视频号,用户可以发布 1 分钟之内时长的短视频,或者 9 张以内的图片,文字在 1000 字以内,随时随地与朋友分享,一个微信可以申请一个视频号。从形态和使用的角度,视频号是一个简单的发布短内容的工具和浏览短内容的平台。作为一个综合性广场,相比抖音和快手,视频号可能会更加重视媒体性内容。可以预见,视频号非常重视媒体资讯内容的运营,而不是偏颇抖音式娱乐化内容。它是用一个新的短内容社交媒体功能,补全了微信大生态的短板。在某种意义上是腾讯微博的复活进化版。某种程度上标志着微信迈入一个新的里程碑,在保持原来私密的同时走向公开。

(三)微博

微博(Weibo)是一种基于用户关系信息分享、传播以及获取的通过关注机制分享简短实时信息的广播式的社交媒体、网络平台,用户可以通过 PC、手机等多种移动终端接入,以文字、图片、视频等多媒体形式,实现信息的即时分享、传播互动。微博提供了一个平台,你既可以作为观众,在微博上浏览感兴趣的信息;也可以作为发布者,在微博上发布内容供别人浏览。发布的内容一般较短,例如 140 字的限制,微博由此得名。也可以发布图片,分享视频等。微博最大的特点就是:发布信息快速,信息传播的速度快。

(四)手机 App

App 是 Application(应用程序)的缩写,一般指智能手机(可以 iOS、Android 或其他智能系统的手机)上的软件。

当前智能手机主流安装的 App 有:微信、QQ、淘宝、京东、美团、高德地图、航旅纵横、抖音、学习强国等。

(五)微视频

微视频(又称视频分享类短片)是指个体通过 PC、手机、摄像头、DV、DC、MP4 等多种视频终端摄录的视频短片的统称。微视频最大的特点是短、快、精炼和大众化,可借助互联网快速进行传播。

当前微视频主要应用是影视娱乐、教育行业、广告营销等。

（六）抖音

抖音是一款音乐创意短视频社交软件，是一个专注年轻群体的15秒音乐短视频社区。用户可以通过这款软件选择歌曲，拍摄15秒的音乐短视频，形成自己的作品。通过抖音短视频，人们可以分享他们的生活，同时也可以在这里认识到更多的朋友，了解各种奇闻趣事。

抖音实质上是一个专注年轻人的音乐短视频社区，用户可以选择歌曲，配以短视频，形成自己的作品。它与小咖秀类似，但不同的是，抖音用户可以通过视频拍摄快慢、视频编辑、特效（反复、闪一下、慢镜头）等技术让视频更具创造性，而不是简单的对嘴型。抖音平台一般都是年轻用户，配乐以电音、舞曲为主，视频分为两派：舞蹈派、创意派，共同的特点是都很有节奏感。也有少数放着抒情音乐展示咖啡拉花技巧的用户，成了抖音圈的一股清流。

抖音推广运营的方法：

1. 做好抖音账号定位

抖音账号定位其实和微信公众号定位是相类似的，不管是微信、微博还是抖音，优秀的账号都是坚持只输出与账号定位领域相关的内容。内容越专业、越垂直，吸引到的粉丝也就越精准，转化率相对来说就很高。对于抖音平台来说，抖音账号定位越垂直，账号权重越高。如果一天发美食，一天发舞蹈，再过两天发明星，不仅无法吸引垂直领域的粉丝关注，还会导致账号权重降低，获得的初始推荐流量变少。总的来说，一个好的抖音账号定位，可以帮助快速涨粉、快速引流、快速变现。

2. 确定用户目标人群

确定抖音账号的目标人群，需要用到粉丝画像。粉丝画像是根据社会属性、生活习惯和其他行为等信息抽象出的一个标签化的粉丝模型。我们通过这个粉丝模型就可以找到每个账号的目标人群。粉丝画像的构建通常来说可以分为三个步骤：收集分析粉丝信息、细分粉丝群以及建立和丰富粉丝画像。

3. 精心设计视频标题

一个视频的标题通常有两个核心作用，这也是我们编写标题时重点参考的方向：对于用户而言，为了让看到的用户为我们的视频停留、点赞、评论、转发；对于平台而言，为了获得平台更多精准推荐，获得更多的曝光。为了满足用户需求，对抖音上点赞量不错的视频进行了研究与测试，发现标题主要有以下几种类型：叙事、概述视频内容的主旨；留悬念；设置疑问、反问；擅长利用引导语；其他有引导信息的语句，来引导用户进行留言、点赞等。

4. 做好内容优化

视频内容是整个运营的核心，通常可以通过蹭热度、发布用户喜欢的主题、优化背景音乐、转换角色等方式做好内容优化。例如针对特定的节日、新闻热点，提前策划符合人设特点的内容选题。利用与热点话题相关的个性化内容聚拢人群，同时增加自身的人情味。通过统计数据发现，搞笑、美食、生活技能、音乐这些内容的效果最好，以吐槽、恶搞、情景剧为主要呈现方式的搞笑类的内容，具备天然的平民化属性，能够满足大部分用户娱乐放松的需求。萌娃、母婴、美妆、旅游是相对最难的四个类别，内容相对垂直，因此受众较窄。同时，建议视频拍摄团队成为深度抖音用户，每天至少使用抖音一小时以上，逐渐培养网感，这样就可以逐渐了解用户喜欢看什么，不喜欢看什么。

(七) 快手

快手是北京快手科技有限公司旗下的产品。快手的前身叫"GIF 快手"，诞生于 2011 年 3 月，最初是一款用来制作、分享 GIF 图片（由多幅图片组成的小动画）的手机应用。2012 年 11 月，快手从纯粹的工具应用转型为短视频社区，用于用户记录和分享生产、生活的平台。后来随着智能手机的普及和移动流量成本的下降，快手从 2015 年开始用户量逐年增长，2019 年 5 月，快手日活跃用户已超过 2 亿。

快手作为一个非常火爆的短视频平台，在其运营与引流方面有着与其他短视频自媒体的不同与相近。获得粉丝的前提就是作品必须上热门，只有上热门才有人喜欢和关注。

当在快手发布作品后，快手会对每一个用户的作品进行人工初审，审核的目的是杜绝垃圾内容展示，如色情、暴力血腥、违反国家规定的视频。

当人工审核结束后，快手会将你的作品给予一定时间的曝光，这个时间非常短，在这短暂的时间内如果你的作品播放次数、喜欢次数、评论数等达到一定数值，那么这个视频就会上热门。如果在这段时间内没有达到一定的播放和喜欢，那么这个作品几乎不会再有大流量注入。

快手有一套独特的循环排名算法，与搜索引擎不同，搜索引擎是根据关键字以及外链和权重来计算排名，而快手是根据这个作品的热度来进行排名。

热度＝播放次数＋喜欢次数＋评论数，热度越高，表明作品质量越好。

(八) 哔哩哔哩 (B 站)

哔哩哔哩，英文名称：bilibili，简称 B 站。现为中国年轻一代高度聚集的文化社区和视频平台，该网站于 2009 年 6 月 26 日创建，被粉丝们亲切地称为 B 站。2018 年 3 月 28 日，哔哩哔哩在美国纳斯达克上市。

B 站早期是一个 ACG（动画、漫画、游戏）内容创作与分享的视频网站。经过十年多的发展，围绕用户、创作者和内容，构建了一个源源不断产生优质内容的生态系统，B 站已经涵盖 7000 多个兴趣圈层的多元文化社区。

(九)领英(LinkedIn)

领英是全球知名的职场社交平台,覆盖全球超 6 亿会员。领英致力于打造"一站式职业发展平台",帮助职场人连接无限机会。用领英,走好职业发展的每一步。盈利模式:广告、付费服务和额外优惠的工具。

二、内容新媒体案例

(一)得到

"得到",2016 年 5 月上线,是罗辑思维团队旗下的付费学习软件,旨在为用户提供"省时间的高效知识服务",提倡碎片化学习方式,让用户短时间内获得有效的知识。创始人罗振宇创建得到的愿景是建设一所世界领先的终身学习型的通识大学,得到课程主要分为商学院、科学学院、视野学院、社科学院、人文学院和能力学院等。

2017 年,得到 App 在 App Store 中国大陆图书类畅销榜中位居第 1 名,2017 年 12 月,得到 App 入选 App Store 2017 年度精选的年度趋势(知识付费类)。

(二)知乎

知乎是网络问答社区的行业领头者,连接着各行各业的用户。用户分享着彼此的知识、经验和见解,为中文互联网源源不断地提供多种多样的信息。准确地讲,知乎更像一个论坛:用户围绕着某一感兴趣的话题进行相关的讨论,同时可以关注兴趣一致的人。对于概念性的解释,网络百科几乎涵盖了你所有的疑问;但是对于发散思维的整合,却是知乎的一大特色。

知乎是一个可信赖的问答社区,以让每个人高效获得可信赖的解答为使命。知乎凭借认真、专业和友善的社区氛围,结构化、易获得的优质内容,基于问答的内容生产方式和独特的社区机制,吸引、聚集了各行各业中大量的亲历者、内行人、领域专家、领域爱好者,将高质量的内容透过人的节点成规模地生产和分享。用户通过问答等交流方式建立信任和连接,打造和提升个人影响力,并发现、获得新机会。

知乎创始人周源曾说:"我们相信一点,在垃圾泛滥的互联网信息海洋中,真正有价值的信息是绝对的稀缺品,知识——被系统化、组织化的高质量信息——都还存在于个体大脑中,远未得到有效的挖掘和利用。"知乎提供了一个产生、分享和传播知识的工具,鼓励每个人都来分享知识,将每个人的知识都聚集起来,并为人人所用。

(三)简书

简书是一个创作社区,任何人均可以在其上进行创作。用户在简书上面可以方便地创作自己的作品,互相交流。一篇短文、一张照片、一首诗、一幅画……

相信每个人都是生活中的艺术家，有着无穷的创造力。

(四) 今日头条

今日头条于 2012 年 8 月上线，是北京字节跳动科技有限公司推出的一款基于数据挖掘技术的个性化推荐引擎产品，它为用户推荐有价值的、个性化的信息，提供连接人与信息的新型服务，是国内移动互联网领域成长最快的产品之一，经过近几年的快速发展如今已经跻身新闻资讯客户端第一阵营。今日头条可以根据每个用户的兴趣、位置等多个维度进行个性化推荐，内容包括音乐、电影、游戏、购物等资讯。

在信息爆炸的时代，人们面对的选择越来越多，选择过多，信息超载，也常常会使人无所适从。在这种情况下，推荐引擎便开始展现技术优势，发挥威力。今日头条就是一款基于数据挖掘的推荐引擎产品，它不是传统意义上的新闻客户端，没有采编人员，不生产内容，运转核心是一套由代码搭建而成的算法。算法模型会记录用户在今日头条上的每一次行为，在海量的资讯里知道用户感兴趣的内容，甚至知道用户有可能感兴趣的内容，并将它们精准推送给用户。

同时，今日头条推出了开放的内容创作与分发平台——"头条号"，它是针对媒体、国家机构、企业以及自媒体推出的专业信息发布平台，致力于帮助内容生产者在移动互联网上高效率地获得更多的曝光和关注。

(五) 喜马拉雅

喜马拉雅是中国领先的音频分享平台，手机用户超过 6 亿。同时，喜马拉雅还拥有超过 5000 万的海外用户，是中国文化出海的中坚阵地。喜马拉雅以"用声音分享人类智慧"为使命，首创 PUGC 内容生态，不仅引领着音频行业的创新，同时也吸引了大量的文化和自媒体人投身音频内容创业，其中，包括马东、吴晓波、高晓松、蔡康永、李开复、陈志武、郭德纲、冯仑、龚琳娜、华少、黄健翔等自媒体大咖和 700 万有声主播，他们共同创造了覆盖财经、音乐、新闻、商业、小说、汽车等 328 类过亿有声内容。不仅如此，央视新闻、人民日报评论、新浪、福布斯、36 氪、三联生活周刊等 5000 家媒体和阿里、百度、肯德基、杜蕾斯、欧莱雅等 3000 多家品牌也都纷纷入驻喜马拉雅。

(六) 樊登读书会

樊登读书会是一个基于移动互联网的学习型机构，是一个平台，可以帮助你在零碎时间快速有效地阅读(如晚饭后、睡觉前、上下班途中、机场等候、高速铁路等)，它也是一个优化的精英人际圈。樊登读书会旨在帮助更多中国人养成阅读习惯，通过知识的传播来改善自我，造福社会。

樊登读书会提供形式多样的精华解读，以视频、音频、图文等多种形式呈现在樊登读书会 App 上进行分享传播。用户可以免费下载樊登读书 App，樊登读书App每周为用户更新一本与家庭、事业、心灵有关的优质书籍的精华解读，以音频、视频等方式满足多场景的学习需求，解决"没有时间读书、不知道读什么书、读书效率较低"的难题。

另外，樊登读书会企业版一书一课，一周一本书，一月一门课，帮助企业打造学习型组织。还有樊登小读者是樊登读书会旗下一款专门给儿童讲读书籍的，帮助儿童养成学习习惯。樊登读书会以文字解读和视音频讲解的形式，帮助那些没有时间读书、不知道读哪些书和读书效率低的人群每年吸收50本书的精华内容。

如果人的一生是一场拉力赛，那么樊登就是一个走位清奇的玩家。他或许不是第一个扎进文科怀抱的理工男，但却是难得的把"读书"这件事搞出了规模和事业的人。

三、社群新媒体案例

（一）天鸽：互动式营销

天鸽互动是中国最大的实时社交视频平台之一，其盈利模式不再是一种"美女经济"，而一种"粉丝经济"。下面对天鸽互动的营销方法进行图解分析，如图3-6所示。

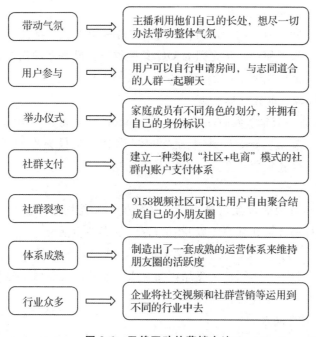

图3-6 天鸽互动的营销方法

(二)小米：QQ空间引爆营销

小米手机通过QQ空间进行的营销推广活动，曾一再引爆QQ空间的社群营销市场。也许很多人会问，小米手机的秘诀是什么？下面就对小米手机进行QQ空间营销的秘诀进行图解分析，如图3-7所示。

图3-7　小米手机QQ空间营销的秘诀

QQ空间作为一种交流工具，在实际的社区营销生活中发挥着重要的作用。它不仅是一种流行的社群营销手段，也是目前最为广泛的社群营销方法之一。QQ空间社群营销能够实现及时的点对点交流，能更加快速地反馈用户的问题，能在交流中提高交易的成功率。

在进行QQ社群营销活动的时候，QQ的各种组件及各项功能为社群营销活动的顺利完成带来了便利。正是因为QQ具有群、空间等多项功能，才能使商家的营销之力得到更好发挥，也让QQ的营销效果更加明显。

(三)Facebook：疯狂社群营销

Facebook是一个非常大的社群，在Facebook上聚集了不少的人群，对某些话题进行讨论、交流。Facebook就是"失控"营销，是最突出的社群营销之一。这种"失控"的社群营销能给企业带来以下两点好处。

1. 传授效果

"失控"社群营销的传播效果很快，又轻松，无需网址，没有非常生硬的规定，而且会使社群成员在社群中以"在做自己"的姿态生活着。

Facebook社群成员换一张照片成明星照，是自己独立的行为，不是跟着某个特定的活动，也不是为活动的奖品，而是人们发自内心想做。这样才能在很大程度上调动其他人群参与进去。

2. 方便找到发起人

在"Doppelganger Week"活动火爆以后，有很多用户都在寻找活动的发起人。由此可见，当一个活动红了，人们就会去想知道到底是谁发起这样有趣的活动。

(四)熊猫频道

2013年4月11日,中国网络电视台(CNTV)与中国大熊猫保护研究中心联合推出就双方合作共同开展央视网络《熊猫频道》达成共识,并在北京举行了签字仪式。熊猫频道是一个网络视频媒体,以国宝大熊猫为主要载体,以大熊猫互动直播、点播、纪录片、图片等节目为主要内容,包含中英双语,集网站、社区、社交媒体等多种形式的主题新媒体集群,这也是全球唯一的大熊猫主题社区网络频道。它主要展现熊猫基地内熊猫的生活起居状态,呼吁大家爱护大自然,爱护大熊猫。

四、娱乐新媒体案例

(一)网络游戏

网络游戏,英文名称为Online Game,又称在线游戏,简称网游,指以互联网为传输媒介,以游戏运营商服务器和用户计算机为处理终端,以游戏客户端软件为信息交互窗口的旨在实现娱乐、休闲、交流和取得虚拟成就的具有可持续性的个体性多人在线游戏。

近几年,随着智能手机的普及以及手机硬件的飞速发展,网络游戏已经由计算机逐步向手机过渡,手机可以让人们摆脱时间与空间的局限,丰富自身的精神世界。随着5G时代的到来,手机游戏市场将会是网络游戏产业这一领域最具有活力的市场。

(二)网络视频

网络视频就是在网上传播的视频资源,如网络电影、电视剧、新闻、综艺节目、广告等视频节目。

网络视频行业虽然诞生的时间不是很长,但发展却非常迅速。除去专业的视频网站(优酷、腾讯视频、西瓜视频、56网、PPlive等),一些门户网站(搜狐、新浪、网易等)也开始进入该领域。

五、分众展示新媒体

(一)楼宇电视

楼宇电视是指采用数字电视机为接收终端,把楼、场、堂、馆、所等公共场所作为传播空间,播放各种信息的新兴电视传播形态。

楼宇电视的接收终端通常设在商业楼宇、高档住宅、办公大楼等场所的大厅和电梯口,针对特定环境下处于等候状态的人群,抓住有效时间,满足这部分受众需求,重复播出内容,强化播放效率。

楼宇电视的目标受众明确,有效锁定企业主、经理人和白领受众人群,其终端设置区域充分覆盖都市高学历、高收入、高消费的青年人群,他们是领先消费群体,对高档产品具有很强的消费能力,能够带来较高的广告效益。楼宇电视同时具有强烈的电视社区终端渗透能力,根据楼宇性质细分联播网区划,日渐形成涵盖机场贵宾厅等的传媒联播网。

楼宇电视促进了传媒业发展,迅速成为媒体传播不可或缺的重要组成部分,同时也激化了大众传播媒介的市场竞争,引起传播渠道竞争,使得投放更趋理性,更加科学、细分化。楼宇电视具有分众化传媒特性,注重对核心目标消费者的重度覆盖,促进了整个媒体投资更趋于精确化。

(二)地铁广告——高科技新媒体

在地铁范围内设置的各种广告统称地铁广告。地铁高科技新媒体广告有以下几种:

地铁LED数字媒体:属于拦截媒体,媒体屏幕大,尺寸有7~35平方米,可播放动态画面,只播广告内容。

车载电视:属于伴随媒体,媒体屏幕小,尺寸有17英寸,播放内容为节目内容加广告。

站台PIS:站台等候时,可以看到的媒体,尺寸有32英寸、42英寸,播放内容为节目内容加广告。

地铁广告媒体设置策略:

(1)将安全运营置于首位,将乘客满意置于首位。

(2)尊重轨道交通的"公共物品"特性,适度开发其市场价值。

(3)因地而异、因地制宜。

广告信息需要借助媒体进行传播,媒体就像广告中的邮递员,功能是将广告信息送到接触媒体的受众中去。户外LED及楼宇电子屏的广告投放是注重从客户利益角度出发,结合媒体投放经验,开展"双屏投放,跨屏营销"的户外传播概念,整合户外LED屏与楼宇3.0屏两大户外数字媒体资源,有效地提高目标人群的到达率和精准度,有效帮助广告主节省预算,带来更高的品牌传播和广告收益回报。

(三)车载电视

车载移动数字电视(简称车载电视)是移动数字电视的一种,通常安装在公交车、地铁和出租车等公共交通工具上,采用数字电视技术,通过无线发射、地面接收的方式进行电视节目转播。

优点:信息覆盖面大,具有强迫收视的特点,信息传播效果显著,有效到达率高,采用无线数字电视传输方式。

缺点:单一频道强制性传播的特点缺乏互动性,内容亟待完善,信号质量仍然有待提高。

六、政务新媒体案例

(一) 国资小新

"国资小新"是国务院国有资产监督管理委员会新闻中心的新媒体统一平台，2012年6月16日，"国资小新"微博开通；2013年7月25日，微信公众号"国资小新"上线。"国资小新"是中央部委中第一个卡通形象，主要发布国资委及其下属的国有企业动态，是国资委试水新媒体、创新政务和新闻发布的重要举措。"国资小新"目前已在微博、微信、今日头条、抖音、快手、哔哩哔哩、人民日报客户端等19个新媒体平台开通账号，累计粉丝过千万，成长为一个有明确定位、运营模式成熟、良好粉丝基础的政务发布平台。以"国资小新"为龙头，已形成国资系的新媒体矩阵。

(二) 人民日报

2013年1月1日，《人民日报》微信公众号应运而生，作为主流新闻门户，以突出真实、原创、亲和为理念，在探索纸媒和新媒体融合的同时，坚持为广大受众提供高质量、精内容的信息服务。2014年6月12日，人民日报客户端正式上线。它是一站式获取资讯信息和政务服务的高效平台，也是人民日报社适应媒体变革形势，加快推进传统媒体与新兴媒体融合发展迈出的重要一步。《人民日报》2018年9月入驻抖音平台，2019年9月16日，人民日报客户端7.0版正式上线。从单纯的报纸电子版，到微博平台的正式上线，到微信公众号的推出，再到移动客户端的问世，《人民日报》一步一步紧跟新时代媒体的发展趋势，适时地踏出了一个又一个加快推进传统媒体与新兴媒体融合的铿锵步伐。2019年9月19日，人民日报召开"人民日报智慧媒体研究院"发布会，宣布正式推出旗下短视频聚合平台"人民日报+"。"人民日报+"依托"人民问政"等特色功能，为主流媒体建立自主可控的短视频平台迈出创新探索的第一步。现如今，人民日报已经由传统报业集团转变为拥有报纸、期刊、网站、客户端、微博、微信、抖音、快手、互动触控屏等十多种载体的全媒体形态的"人民媒体方阵"，综合覆盖受众超过9亿，俨然已成功完成了党报的华丽转型，以破冰之势为其他传统媒体做了表率。

(三) 健康中国

"健康中国"是中华人民共和国国家卫生健康委员会官方账号。2018年，国家卫生健康委员会的政务新媒体全面入驻了中国网民聚集、活跃度较高的27个新媒体，涵盖了知乎、抖音、快手等中国网民聚集的新闻资讯、知识分享、音频广播、短视频等各类平台。利用这些政务新媒体发布平台，一方面配合新闻发布会内容传播，采用新媒体语言和"一图读懂"等易于网民接受的可视化形式，进行二次传播、多次传播，进一步提升发布会传播效果；另一方面，围绕卫生健康重大选题发起网上群众性活动，普及健康科普知识，及时回应群众关切问题，将新媒体的互动、体验、分享优势充分发挥，受到群众欢迎。可通过查找"健康中国"公众号关注了解。

（四）中国普法

"中国普法"微信公众号于 2015 年 5 月 18 日开通，是司法部旗下全国性官方普法平台，具有权威性、实时性、服务性等特点。该公众号涵盖法治动态要闻、社会热点案例解读、法律法规库、法治文化作品库和律师在线咨询等大量法律服务内容，是全民学法用法的好帮手。中国普法以权威声音、主流价值、法治特色、清新表达为宗旨，坚持正确舆论导向，坚持真实性、原创性、互动性、服务性相统一，最大限度地传播和增加法治正能量。

（五）中国林业网

中国林业网与国家林业和草原局（国家公园管理局）政府网、国家生态网一网三名，是国家林业和草原局唯一官方网站（www.forestry.gov.cn），于 2000 年建成。2013 年 6 月 19 日，中国林业微博发布厅正式上线运行。中国林业网移动客户端正式于 2013 年 8 月上线，2014 年 10 月其 2.0 版升级完成，扩大了中国林业网服务范围和对象，使公众可以更方便地通过移动互联网获取林业政务的应用服务，成为移动电子政务时代推行政府信息公开、服务社会公众、展示林业形象的新渠道。中国林业网于 2014 年 5 月和 10 月相继开通了"中国林业网"官方微信订阅号与公众号，订阅号主要发布林业重要信息，公众号主要提供政策和查询服务。"中国林业网"微信公众平台权威发布林业重大决策部署和重要政策文件，重点工作进展，重要会议及活动等政务信息。"中国林业网"微视账号借助腾讯微视平台于 2014 年 11 月正式开通。

第四章 网站内容管理

网站作为新媒体最主要的一种存在形式，具有举足轻重的地位。网站质量的好坏取决于网站的内容，所以对网站内容进行有效的管理就特别重要。网站的内容是指包括文件、表格、图片、数据库中的数据甚至视频等一切发布到 Internet 的信息。网站内容是决定访问者黏性的最重要因素，一个网站的内容得不到访问者的认可，这个网站距离关闭就不远了。而网站的内容管理涉及政治、技术、组织等多方面因素。本章介绍了政府网站的发展现状、网站内容管理及典型案例。

第一节 国内外政府网站发展现状

一、国外政府网站发展现状

无论是发达国家，还是发展中国家，基层政府一直都是政府运作的最重要组成部分，其办事效率一直是民众热切关心的问题。因此，提高基层的办事效率就成为了世界各国政府急需解决的事情。而政府网站与电子政务正是提高基层政府工作效率最有效的措施。

美国在政府改革及其信息通信技术应用于政府管理方面，一直走在国际的前列，电子政务的发展与应用同样如此。美国政府门户网站于 2005 年年底已经建成了网上政府的目录体系，链接了 22 000 多个政府部门的网站，拥有 18 000 万的网页数量，计算访问量大约每周 1000 万次，估计大约 1370 万公民使用网站所提供的服务项目。在美国联邦政府的门户网站上大概有 500 万个链接。美国联邦政府门户网站在以英文作为主要版本语言的同时，还以法、德、汉、日等 25 国语言对外发布政务信息，提供服务。

俄罗斯政府网站建设特点是由联邦政府统一组织和管理，由联邦各部和地方政府根据需要实施建设。其建设经验是制定和完善网站建设的法规基础、网站建设标准化和注重网络信息安全。俄联邦政府网页设计简洁，按总统和政府管辖范围提供链接，查询方便，网速快。网站建设的不足之处是政府存在的官僚习气和过分保密的情况，致使信息资源利用不够充分。

新加坡从20世纪80年代起就开始发展电子政务,现在已成为世界上电子政务最发达的国家之一。目前,普通公民在家里通过政府的"电子公民中心"网站即可完成各种日常事务,如查询自己的社会保险账号余额、申请报税、为新买的摩托车上牌照、登记义务兵役等。

加拿大的电子政务被很多研究机构评为全球最佳的范例之一。2002年联合国在对包括日本、新加坡在内的二十几个国家的评比中,加拿大名列第一。加拿大政府网站对于巨大的政府信息集合,不是简单按照某一种模式随意组织和整理,其对信息划分得细致周全,多元化、立体化的展示信息方式也是很多国家政府网站所不能及的。

法国政府门户网站主要包括法国网、法国公共服务网、法国政府网和法国政府数据网,且四个网站的功能各异。法国网重点强调对外宣传法国式浪漫;法国公共服务网详细展现政府所能提供的所有公共服务;法国政府网法国和政府数据网尽量关注最新新闻和数据让公众共享。法国政府认为公众应该可以在一个统一的政府门户网站与政府进行充分的信息交流,得到由政府所提供各种各样的服务。2000年法国政府建立了"我的公共服务"核心网站,以方便公众和企业不出家门就能通过政府门户网站办理各类相关事项。该网站的最大亮点在于整合了之前多个部门的社会服务功能,尝试提供快捷的"一站式"服务,消除了公众和企业在不同政府部门网站界面转换操作所带来的不便,实现了"以公众需求为中心"的服务观念上的转变。公众和企业登陆"我的公共服务"门户网站,不仅可以查阅到税务、教育、社会保障等方面的信息,甚至可以直接办理各种与生活和工作相关的具体事项。2009年之后,法国公共服务网不断得到优化和更新,为公众提供更具人性化的网络便民服务,满足了公众的行政事务方便性需求和信息需求,深受公众的普遍欢迎,满意率高达97%。为避免不同政府部门网站在功能上的重复,法国政府于2011年整合了近200个政府网站,到2012年年底整合之后的各类政府网站仅剩下60个。政府门户网站之间有效实现了相互链接,甚至还可以链接到国际组织、欧盟机构等网站。

印度政府门户网站建设也较为完备,虽然印度经济不算发达,但其信息技术产业比较发达,在世界占据一席之地,从而导致印度在全球数字政府总体排名中名列第八。2010年,印度政府为寻求技术上的突破,与业内影响最大的软件行业组织NASSCOM协商洽谈,探讨在政府门户网站服务中使用云技术进行推广的前景。2012年,印度政府开始效仿美国网站的经验,拟投入巨额资本建立一站式官方数据门户网站data.gov.in,使其成为政府收集所有公开和非公开数据的"聚水池"。除了可以避免数据重复之外,"一站式"政府门户网站还可以采用共同标准实现数据的收集和传输,进而实现有效整合各个单独的数据库。印度政府目前正在制定相应的架构和标准,努力将收集到的所有非涉密数据集中到政府数据门户网站。各个政府部门向数据官方门户网站提供数据的同时,也可以以人读和机读的形式共享其他数据和信息。印度的政府门户网站的正常运行必须依赖健全的法律、法规,印度主要有《信息技术法》和《信息权利法》。《信息技术法》于 2000 年 6 月 9 日正式生效,是一部可以用于规范政府门户网站建设的全国性法律。该法在法律上承认了政府信息的电子交换、传输、存储以及政府文件的电子归档等合法性问题,规定了专门负责政府门户网站建设的管理部门,还特别设置了网络上诉法庭专门负责审理相关纠纷。《信息权利法》于 2005 年 10 月 12 日正式生效,是一部从公民宪法权利角度规范获取政府电子信息的方法。该法规定了公共信息官和信息管理委员会具有负责信息公开相关事务的权利和义务,赋予了信息管理委员会在民事法庭上的权力,从而提供了切实可行的制度和法律上的保障来规范政府门户网站的建设。

韩国政府门户网站一直都具有较高水平,联合国 2014 年关于全球的电子政务调查报告中显示,韩国一直专注于电子政务创新并发挥其在世界的领导作用,电子政务服务水平 2014 年排名第一。在政府和企业界的大力参与和积极支持下,韩国政府信息公开及门户网站建设充分发挥计算机网络的重要作用,取得了飞速发展。韩国政府门户网站(http://www.korea.net/)以"Everything you need to know about Korea,you can find on Korea.net"为理念,对世界产生了深远的影响,为亚洲国家树立了榜样。韩国早在 1978 年就开始着手政府信息化工作。1986 年之后,韩国政府尝试网络在线处理一些类似于土地管理、国税管理等业务。1996 年之后,韩国正式推出电子政务,拟定信息公开计划。到 2000 年,绝大部分政府机关、产业组织、教育机关、医疗机关和研究机构纷纷加入国家信息高速公路。2003 年,韩国政府策划了"31 蓝图议程",目标之一是为其国民提供在世界领先的电子政府服务。2004 年,韩国政府进行了业务流程重组(BPR)和信息系统规划(ISP),2005 年投入建设,2006 年完成政府网络系统整合,实现电子政府服务面向公众的功能。韩国拥有世界最高的互联网接入率,2008 年家庭宽带普及率和综合得分分别高达 93% 和 15.92,平均速率达到惊人的 49.5Mbps。根据建设"透明型政府、能干型政府、服务型政府"的理念,韩国于 2013 年 6 月正式启动"政府 3.0 时代",目标之一便是在国民提出要求之前将政府所拥有的信息进行公开。所有这些努力,为韩国政府门户网站的建设赢得了国际社会的普遍尊重,也深受韩国国民的普遍欢迎。在推进政府门户网站建设的过程中,韩国政府一向致力于相关法律体系的制定和完善工作,并把它作为一项最基本的任务来抓,陆续制定或修改了《信息化促进基本法》《个人信息保护法》《数字内容管理条例》《公共机关情报公开法》《电子政务法》等法律法规。尤其是 2001 年制定的《关于实现电子政府和促进行政业务电子化的法律》，使韩国政府门户网站建设从此迈入法制化、规范化的道路。

二、国内政府网站发展现状

政府网站是政府部门履行政府职能、面向社会提供服务的官方网站，是政府实现政务公开和社会公众、企业获取政府服务的重要渠道。我国从最初个别政府部门尝试建立政府网站，到后来由中央政府统一部署推动，直至建立覆盖了中央到地方的各层级政府网站体系。随着政府网站的建设与发展，政府网站不断改进完善，政府网站建设质量和服务水平不断提高，政府信息公开制度不断完善，网上事务处理能力不断提升，公众参与度不断加强。

(一) 我国政府网站建设与发展的历史进程

截至 2018 年 12 月，我国共有政府网站 17 962 个，主要包括政府门户网站和部门网站，我国在线政务服务用户规模达到 3.94 亿，占总体网民的 47.5%。如此庞大的数据表明，我国政府网站的建设取得了很大成就，但我国政府网站的发展并非一蹴而就，而是经过 20 余年的探索逐步建设得来。中国软件评测中心发布《2019 年中国数字政府服务能力评估总报告》和《政务数据质量管理调查白皮书》，对 2019 年数字政府服务能力进行评估。评估显示，截至 2019 年 11 月我国已有 10 个省级地方政府出台并公开数字政府规划计划；全国政府网站数量，由 2015 年初的 8.4 万家，集约至 2019 年 12 月初的 1.45 万家；多地统筹建成全省政务服务 App。

根据政府网站建设相关政策，可将政府网站的发展历程分为四个阶段。

1. 初始起步阶段

我国从 20 世纪 80 年代起，各级政府部门开始建设办公自动化工程，这个内部信息化办公网络从纵横两个方面为计算机和通信网络的利用奠定了基础；1993 年年底，为了适应国际信息高速公路建设热潮，我国正式启动了"金桥""金卡"和"金关"的"三金工程"，以建设中国的"信息准高速国道"；1998 年 4 月，我国第一个严格意义上的政府网站"青岛政府信息公开网"建立，政府网站建设探索中前进；1999 年 1 月，政府部门在北京召开"政府上网工程"启动大会，得到各级政府部门、电信部门、软硬件厂商和新闻单位的大力协助与支持，在社会上引起很大反响，其初步目标为年底实现 60% 以上的部委和各级政府部门上网。这一阶段是我国政府网站建设的起步阶段，将近十年的摸索为我国政府网站建设奠定了坚实的基础，自此揭开了政府上网迅速发展的序幕，1999 年由此被称为"政府上网元年"，我国政府网站建设从此进入崭新的阶段。

2. 快速发展阶段

2002 年，《关于我国电子政务建设指导意见》出台，仅一年时间，70% 以上的地市级政府在网上设立了窗口,进行信息公开;2006年被称为电子政务的"政策年",有关电子政务的方针政策如雨后春笋般冒出来,如《国家电子政务总体框架》《国家电子政务建设"十一五"规划》等文件,而中央政府门户网站的正式开通,标志着由中央政府门户网站牵头,各级政府部门协同建设的自上而下的政府网站体系基本形成;2007年1月,国务院通过《中华人民共和国政府信息公开条例》,这一条例使行政公开有了全国性的较高位阶的法律依据,同时为公民的知情权提供了法律保障,是我国政府信息公开"里程碑"式的文件。8月,国务院信息化工作办公室颁布了《关于开展政府网站"百件实事网上办"活动的通知》,倡导各级政府网站围绕重点领域开展活动,由此全面推动了"在线政务"的发展。同年,西藏自治区政府网站的开通,标志着我国省级网站建设已全面完成,政府网站自身建设水平显著提升,我国政府网站建设的初始目标基本实现。这一阶段是我国政府网站建设的快速发展阶段,诸多政策的相继出台标志着我国对政府网站建设的关注和重视,各级政府也积极响应,政府网站建设普及率快速增长,省级政府网站实现了全覆盖。在这一阶段,我国基本上解决了政府网站的有无问题,为下一步的政府网站建设目标提供了内容支撑。

3. 加强服务阶段

2008年,国务院办公厅颁布《国务院办公厅关于施行〈中华人民共和国政府信息公开条例〉若干问题的意见》,对政府网站的服务内容进行了深化和拓宽,由提供简单行政办事开始向教育、医疗卫生、社会保障、交通出行等多领域的便民服务;2009年,《政府网站发展评估核心指标体系(试行)》颁布,指出各地区、各部门围绕提高政府网站信息公开质量、增强办事服务能力、注重政民互动实效等要求,根据实际工作需要建立和完善本地区、本部门政府网站发展评估核心指标体系;2011年4月,《国务院办公厅关于进一步加强政府网站管理工作的通知》出台,指出政府网站已成为发布政府信息、与公众交流互动的重要平台和窗口,可以提高行政效能、提升政府公信力;2011年8月,新华社发布的《关于深化政务公开加强政务服务的意见》提到要"按照公开为原则、不公开为例外的要求,及时、准确、全面公开涉及群众切身利益的政府信息;按照便民利民的要求,进一步改进政务服务,提高行政效能,为人民群众提供优质便捷高效服务";2012年,《无障碍环境建设条例》中指出,残疾人组织的网站、设区的市级以上人民政府网站和政府公益活动网站应当达到无障碍网站设计标准。

政府网站建设是一个过程,在解决了有无问题后,我国政府网站建设的任务是解决质量好坏问题。在这一阶段,我国政府网站建设秉持"以人为本,为人民服务"的思想,改进在建设初期遗留的"僵尸网站""面子工程"等问题,不断地将关系民生的服务内容纳入政府网站建设体系中来,扩大政府网站的服务范围,拓宽服务群体的覆盖面，严格把好质量关。

4."互联网＋"政务阶段

2014年2月，我国成立中央网络安全和信息化领导小组，6月，浙江政务服务网正式开通运行，这是全国首个省、市、县一体化的网上政务服务平台，这标志着我国政府网站建设进入全新的阶段；2015年，国务院办公厅首次在全国范围内组织开展了全国政府网站普查，设定考评指标，摸清全国政府网站基本情况；2016年，建立了常态化监管机制，国务院还发布了《关于加快推进"互联网＋政务服务"工作的指导意见》，与近期有关政务公开、政务信息资源共享、智慧城市建设、大数据监管等方面的系列文件共同形成全面深化"互联网＋政务"改革与发展的政策布局；2017年，31个省（自治区、直辖市）在政府工作报告中提及了"互联网＋政务"，如贵州省提出要加快打造"数字政府"，依托"云上贵州"平台，深挖大数据政用价值，推行"互联网＋政务服务"；2017年5月，国务院办公厅发布《政府网站发展指引》，对政府网站的管理职责、内容功能、建设目标等提出明确要求和标准规范，它是有关政府网站建设的一份纲领性文件；2018年4月，《2018年政务公开工作要点》提出要加快各地区各部门政府网站和中国政府网等信息系统互联互通，推动政务服务"一网通办""全国漫游"；6月，国务院办公厅印发《进一步深化"互联网＋政务服务"推进政务服务"一网、一门、一次"改革实施方案》，进一步深化"互联网＋政务服务"；9月，国务院办公厅印发《国务院办公厅关于加强政府网站域名管理的通知》，促进政府网站健康有序发展；11月，国务院办公厅印发《政府网站集约化十点工作方案》，建设基于统一信息资源库的政府网站集约化平台，以信息资源共享共用带动试点地区政府网站整体服务水平的提升。随着"互联网＋"、大数据技术等新兴技术在诸多领域的应用，我国政府部门也引入了"互联网＋政务服务"概念，并出台了一系列政策，推动我国政府网站建设迈入了"互联网＋政务"阶段。这一阶段，各级各类政府部门依托大数据平台，深入融合政府信息资源，精简政府网站数量，统一政府网站服务平台，简化政府服务流程，提高行政部门办事效率，为政府部门和社会公众提供了便利，节省了时间。

(二)我国政府网站建设与发展的规律特征

1. 资源集约化

推进集约整合，实现数据和服务融通。政府网站数量持续精简，从2015年的84 094个精简至2019年的14 544个，精简率达82.7%；市县部门、街道等基层政府网站纷纷向上级门户网站迁移整合。我国自2014年提出政府网站集约化建设要求，到2017年明确网站集约化工作路径以来，各级政府部门积极探索网站集约化建设模式，并取得了初步成效。如广东、江苏、贵州、青岛、深圳、成都等地区结合实际情况，陆续启动了政府网站集约化建设工作，北京、贵阳、六安、罗湖等地积极推进统一信息资源库建设，平台、资源的规范整合正在深入开展。随着政府网站集约化整合进程加快，各级政府对政府网站的建设越来越加强统筹规划和顶层设计，强调优化技术、资金、人员等要素合理配置，要避免重复建设，减少资源浪费现象，以集中共享的资源库为基础、安全可控的云平台为依托，通过集中管理信息资源、统一搭建服务平台、联合提供服务内容以及县级政府网站逐步整合至地市级政府网站等方式，实现政府网站资源优化融合及数据共享，打造协同联动、规范高效的政府网站集群，推进政府网站集约共享。

2. 服务广泛化

自2008年起，我国政府网站的服务内容由提供简单行政办事开始向有助于促进教育公平、完善医疗保险、方便交通出行、规范住房交易等民生领域转变。随后，我国提出要深化政务公开，重视和加强政府网站建设，完善门户网站功能，扩大网上办事范围，及时充实和更新信息发布内容，凡是不涉密的文件要通过政府门户网站公开发布，深化政务公开，强化解读回应。80%的网站能较好公开机构职能、政策文件、动态要闻等基础信息。重点领域信息公开专栏开通率较高，省级总体开通率达到100%，市县开通率超过60%。86%的网站积极开通政策解读专栏，对政策进行解读。此外，我国还出台了《无障碍环境建设条例》，为实现无障碍信息交流提供了政策规范和法律依据。从以上政策中可以看出，我国政府网站提供的服务越来越广泛。一方面是服务内容覆盖的范围越来越广泛，从最开始的仅可提供政府基本职能和工作动态信息等，到提供"公开为原则，不公开为例外"的与民生相关的各方面的服务。另一方面是服务群体覆盖的范围越来越广泛，从政府体系内部人员，到普通大众，再到障碍人士。政府网站建设在发展过程中始终做到以群众需求为导向，将群众对美好生活的需要作为政府网站建设的追求目标和努力方向，秉持初心、锐意进取，不断提高政府网站的可用性、实用性、易用性。

3. 流程一体化

深化创新在线服务流程一体化，方便企业群众办事。国家及各地政务服务一体化平台建成，服务规范性大幅提升；最多跑一次、不见面审批、一网通办、一件事一次办、好差评等得到推广，并不断深化。2014年，浙江政务服务网上线开通运行，这是我国打造省、市、县一体化的政务服务网集群的开端。随后我国提出"互联网＋政务服务"，并发布了一系列关于加快推进"互联网＋政务服务"的政策，以实现"一号申请""一窗受理""一网通办"。其主要宗旨是推动三个转变：变"群众跑腿"为"信息跑路"，变"群众来回跑"为"部门协同办"，变被动服务为主动服务。主要目的是从解决人民群众反映强烈的办事难、办事慢、办事繁等问题出发，简化办事流程，提高办事效率，为公众提供简便易用的政务服务。如"贵州政务服务好差评"不仅可以评部门，还可以具体到每一位前后台工作人员。广东整合了 11 182 项主题集成服务，深圳基于数据共享实现 114 个高频事项的自动"秒批"。

政府信息资源的集中管理为政务服务流程的一体化建设打下了建设的基础，现阶段多数政府部门遵照政策要求，根据自身实际情况，持续推进"互联网＋政务服务"建设，积极推动各级政府部门跨部门、跨地域通过资源融合、平台融合的方式实现数据共享和业务协同，开展政务服务事项网上"一站式"办理。全面完成政务服务一体化建设还有很长的路要走，需要各级政府部门联合协动，先建立省级政务服务"一张网"，再打造全国政务服务"一张网"，最终实现"全国一网通办"。

4. 制度规范化

政府网站建设经过探索阶段，从一开始的"摸着石头过河"状态已逐步转向规范化阶段，主要表现在两个方面：一是网站建设要求愈加详尽。在《政府网站发展指引》中明确对政府网站的开设流程、名称、域名、网页设计等提出了明确的要求，为政府网站建设提供指导和方向。二是网站管理愈加严格。如抽查通报机制逐步完善，政府部门大都已建立政府网站定期抽查通报工作机制，网站运行和管理呈现健康向好的发展态势。国家部委制定的规章制度和方针政策是各级政府部门建设政府网站的依据，具有指导意义。只有建立具有可行性的、标准规范的制度体系，让政府网站建设有法可依、有据可循，我国政府网站建设工作才能有条不紊地进行。在现有基础上，我国应该注重对网站信息协同联动机制、互动反馈机制、网站信息安全等方面的政策制定和完善。

5. 应用创新化

吉林、河北、浙江、深圳等地网站建设在线智能机器人客服平台，利用自然语言处理技术，建立咨询知识库，为公众提供 7×24 小时的政务咨询服务；成都利用智能分析系统，实时抓取网站数据并进行分析，精准定位用户需求，为用户提供重点服务策划和推荐。此外，深圳、柳州等积极开展个人主页建设，为社会居民建立集个人信息管理、社交网络互动、公共事务办理等功能为一体的新型个性化公共服务平台。

随着物联网、云存储、大数据等技术的兴起，一些部门、地方发挥自身优势，借助大数据分析、人工智能等互联网技术，大力探索创新政务服务手段和形式，不断提高网站人性化、智能化服务水平。在与时俱进应用新兴技术的同时，高端独特的服务形式也能为政府网站做宣传，提高其知名度和美誉度。北京、深圳等地政府网站梳理知识库，编制知识图谱，探索智能化搜索，实现了"搜索即服务"。上海、湖南等17个省级政府网站开通智能问答机器人。西安、深圳等20余家网站利用大数据分析，更好地了解用户需求，把握用户诉求。

6. 公众参与化

在我国的政府网站发展评估核心指标体系中，政民互动已成为必不可少的评估指标之一，这表明公众在政府网站建设中参与程度越来越高。前总理温家宝曾提到"办好政府网站的关键在于及时、准确公开政务信息，倾听群众的意见、呼声和要求，及时讲清事实真相、政策措施、处理结果"。我国发布的有关政府网站建设的系列文件中，为人民服务的思想贯穿始终，要求政府网站以公众的需求为立足点，下大力气提供便民服务，让群众更有获得感。

在相关政策的推动下，各级各类政府部门在门户网站中不断建立和完善政民沟通渠道，以最大限度实现与公众互动交流。这一系列措施表明，政府网站建设不只是政府单方面需要落实的事情，也是与广大民众密切相关的事情，政府网站建设是为了更加便利地服务大众，其核心思想是问意于民，只有让公众参与进来，才能更加全面地了解公众的需求，才能从根本上实现资源利用最大化。

7. 监管常态化

自2015年国务院办公厅开展第一次全国政府网站普查，评测政府网站达标合格情况后，我国还建立了常态化监管机制，每季度开展抽查活动，改善政府网站"散、乱、差"等现象。2018年1月，国务院办公厅发出关于做好政府网站年度报表发布工作的通知，要求政府网站开展《政府网站监管年度报表》和《政府网站工作年度报表》发布工作。通过监管的方式，发现存在问题的政府网站，督促其进行整改或予以关停，经过三年多的清查和整改，各级政府网站建设状况明显规范。

实际上，在我国政府网站建设初期，建设目标是形成政府网站层级体系，解决的是政府网站的有无问题，这导致许多政府机构重建轻管，网站信息更新不及时、链接失效、文件适用期过时等问题，形成所谓的"僵尸"网站，对政府网站进行监管的要求越来越迫切。而随着政府网站建设的发展，我国政府网站监管机制逐步建立并完善起来，防止出现监督不到位的情况，确保政府网站平台成为公众进行交流沟通、获取信息与办理事务的主要场所。

（三）我国政府网站建设管理过程中存在的问题

各级政府网站已经成为各级人民政府及其部门发布政府信息、提供在线服务、与公众互动交流的重要平台和窗口，在提高行政效能、提升政府公信力等方面发挥了重要作用。尽管各级政府高度重视政府网站管理，且花了很大的精力督促检查通报，但从检查通报的情况来看，也还存在不少问题。

1. 网站内容更新不及时

网站内容更新不及时是个老问题，网站普查对网站内容更新有严格的要求，但是部分网站仍然存在网站信息长期不更新,这类网站应该及时关闭,更多的情况可能是单位小,职能比较单一,信息量不大,信息虽然更新了,但还是达不到考核的要求。

2. 在线服务不便民

一些网站办事服务信息不准确、不实用,政务服务事项办事指南要素不全,缺少办理依据、办事流程、表格下载、咨询电话、投诉电话、受理地点和时间等。未开设政务咨询和调查征集类栏目,未开设政府信息公开栏目,未发布政府信息公开指南、政府信息公开目录、政府信息公开年报等内容等情况。部分网站虽然开设了互动栏目,但是互动信息长期不回应。

3. 域名标识不规范

很多政府网站仍是".com"为后缀,没有按照要求重新申请".gov"为后缀的域名,网站网页底部功能区未列明党政机关网站标识、网站标识码、ICP备案编号和公安机关备案标识。

4. 网站安全水平亟待提高

根据国务院办公厅2017年5月15日印发的《政府网站发展指引》要求,网站安全与网站开设要同步规划、同步建设、同步实施。很多政府网站在运行,但网站安全工作并未跟上,存在重视内容管理,而网站安全防护措施没有及时跟上,安全水平亟待提高。相比商业网站,政府网站的防护能力很不够,往往也成为重要信息泄露的又一源头,如某省司法厅的网站存在严重漏洞,致使该省司法普法考试的名单存在泄露的风险。

第二节 板块设置

一、企业网站

(一)企业网站概念

所谓企业网站,就是企业以网络营销为目的,为了在互联网上进行企业宣传,节约宣传成本,增加宣传方式而建设的网站。其是企业在互联网上进行网络营销和形象宣传的平台,相当于企业的网络名片,不但对企业的形象是一个良好的宣传,同时可以辅助企业的销售,通过网络直接帮助企业实现产品的销售,企业可以利用网站来进行宣传、产品资讯发布、招聘等。其是企业通向互联网的平台和门户及开展网络营销的重要条件。

(二)企业网站功能板块

众多企业网站尽管在风格上不一样,但是功能板块是相同的。一般来说,有顶部导航、广告图片、新闻资讯、在线咨询、视频功能、产品展示等板块。

1. 企业网站顶部导航

一般来说，顶部导航是醒目的，因此要放置企业重要的信息，包括企业的介绍、联系方式、产品分类以及企业新闻等栏目内容。

2. 企业网站首页的广告图片

广告图片的目的是为了吸引用户，想要做得完美，就要在图片上体现出企业优质的服务以及有特色的产品。建议使用高清的产品图片，或者是可以体现出企业核心的图片。

3. 新闻资讯板块

这一个功能板块主要是用来展示企业的新闻等资讯内容的标题，一般来说，显示的数量要控制在20条以内。

4. 在线咨询板块

很多企业网站一般都是QQ或者是商务通等在线沟通软件，这些软件的弹出时间一定要合理，不要影响用户体验。

5. 视频功能板块

不少企业都习惯在首页上设计一个视频板块，目的是为了更直观地宣传企业。尽管这一功能板块会影响网站的加载速度，但是对某些行业来说，视频功能板块的作用是很重要的。

6. 产品展示板块

企业网站通常会在首页展示几种产品，这可以通过后台不断更新进行更改。

二、政府网站

(一)政府网站概念

政府网站是指全省各级人民政府及其部门在互联网上进行政府信息公开、网上办事服务、政民互动等的官方平台。

门户网站是指省、市(州)、县(市、区)人民政府通过互联网进行政府信息公开、网上办事服务、政民互动等的官方平台。

部门网站是指全省各级政府部门通过互联网进行政府信息公开、网上办事服务、政民互动等的官方平台。

政府网站群由省、市(州)、县(市、区)三级政府门户网站和各级政府部门网站组成，形成以门户网站为主站、下级政府门户网站和本级政府部门网站为子站的网站群体系。

(二)政府网站定位

政府网站是信息化条件下政府同群众密切联系的新桥梁；是打牢政府施政民

意基础和社会基础的新渠道；是网络时代政府履行职责的新平台；是打造法治政府、阳光政府的新载体。需做到以下几点：

（1）及时报道重要政务活动、重大政策措施，做好独家发布、转载发布、联合发布。

（2）按照政府信息公开的要求，充分公开行政法规、规章、政府规范性文件，公开财政预算、公共资源配置、重大建设项目批准和实施、社会公益事业建设等重要信息。

（3）各级政府网站要制定和完善一套信息发布的内容清单，明确日常发布、定期发布和随时发布的类别、时限和主体，确保每周发布的信息量和更新速度。

（4）政策发布、信息公开必须做广泛深入的解读阐释。把重大政策的基本内容、精神实质、决策背景讲清楚，把重大政策与群众的利益关系讲明白。

（5）注重创新政策解读形式，邀请专家学者、实际工作人员、第三方研究机构等多角度、多侧面解读，用通俗易懂的语言和易于接受的方式进行解读。

(三) 政府网站功能板块

为进一步加强政府网站管理，引领各级政府网站创新发展，深入推进互联网政务信息数据和便民服务平台建设，提升政府网上服务能力，按照党中央、国务院关于全面推进政务公开和"互联网＋政务服务"的要求，结合各地区、各部门政府网站工作实际，在《政府网站发展指引》中明确规定了政府网站的功能板块。

政府网站功能板块主要包括信息发布、解读回应和互动交流，政府门户网站和具有对外服务职能的部门网站还要提供办事服务功能。中国政府网要发挥好政务公开第一平台和政务服务总门户作用，构建开放式政府网站系统架构，省级政府和国务院各部门网站要主动与中国政府网做好对接。

1. 信息发布

各地区、各部门要建立完善政府网站信息发布机制，及时准确发布政府重要会议、重要活动、重大决策信息。国务院文件在中国政府网公开发布后，各地区、各部门要及时在本地区、本部门网站转载，加大宣传力度，抓好国务院文件的贯彻落实。

政府网站要对发布的信息和数据进行科学分类、及时更新，确保准确权威，便于公众使用。对信息数据无力持续更新或维护的栏目要进行优化调整。已发布的静态信息发生变化或调整时，要及时更新替换。政府网站使用地图时，要采用测绘地信部门发布的标准地图或依法取得审图号的地图。

（1）概况信息。发布经济、社会、历史、地理、人文、行政区划等介绍性信息。

（2）机构职能。发布机构设置、主要职责和联系方式等信息。在同一网站发布多个机构职能信息时,要集中规范发布,统一展现形式。

(3)负责人信息。发布本地区、本部门、本机构的负责人信息,可包括姓名、照片、简历、主管或分管工作等,以及重要讲话文稿。

(4)文件资料。发布本地区、本部门出台的法规、规章、应主动公开的政府文件以及相关法律法规等,应提供准确的分类和搜索功能。如相关文件资料发生修改、废止、失效等情况,应及时公开,并在已发布的原文件上做出明确标注。

(5)政务动态。发布本地区、本部门政务要闻、通知公告、工作动态等需要社会公众广泛知晓的信息,转载上级政府网站、本级政府门户网站发布的重要信息。发布或转载信息时,应注明来源,确保内容准确无误。对于重要信息,有条件的要配发相关图片、视频。

(6)信息公开指南、目录和年报。发布政府信息公开指南和政府信息公开目录,并及时更新。信息公开目录要与网站文件资料库、有关栏目内容关联融合,可通过目录检索到具体信息,方便公众查找。按要求发布政府信息公开工作年度报告。

(7)数据发布。发布人口、自然资源、经济、农业、工业、服务业、财政金融、民生保障等社会关注度高的本地区、本行业统计数据。加强与业务部门相关系统的对接,通过数据接口等方式,动态更新相关数据,并做好与本级政府门户网站、中国政府网等网站的数据对接和前端整合。要按照主题、地区、部门等维度对数据进行科学合理分类,并通过图表图解、地图等可视化方式展现和解读。提供便捷的数据查询功能,可按数据项、时间周期等进行检索,动态生成数据图表,并提供下载功能。

(8)数据开放。在依法做好安全保障和隐私保护的前提下,以机器可读的数据格式,通过政府网站集中规范向社会开放政府数据集,并持续更新,提供数据接口,方便公众开发新的应用。数据开放前要进行保密审查和脱敏处理,对过期失效的数据应及时清理更新或标注过期失效标识。政府网站要公开已在网站开放的数据目录,并注明各数据集浏览量、下载量和接口调用等情况。国家政府数据统一开放平台与中国政府网要做好数据对接和前端整合,形成统一的数据开放入口。

2. 解读回应

(1)政府网站发布本地区、本部门的重要政策文件时,应发布由文件制发部门、牵头或起草部门提供的解读材料。通过发布各种形式的解读、评论、专访,详细介绍政策的背景依据、目标任务、主要内容和解决的问题等。国务院文件公开发布时,应在中国政府网同步发布文件新闻通稿和配套政策解读材料。

(2)政府网站应根据拟发布的政策文件和解读材料,会同业务部门制作便于公众理解和互联网传播的解读产品，从公众生产生活实际需求出发，对政策文件及解读材料进行梳理、分类、提炼、精简，重新归纳组织，通过数字化、图表图解、音频、视频、动漫等形式予以展现。网站解读产品须与文件内容相符，于文件上网后及时发布。

（3）政府网站应做好政策文件与解读材料的相互关联，在政策文件页面提供解读材料页面入口，在解读材料页面关联政策文件有关内容。及时转载对政策文件精神解读到位的媒体评论文章，形成传播合力，增强政策的传播力、影响力。

（4）对涉及本地区、本部门的重大突发事件，要在宣传部门指导下，按程序及时发布由相关回应主体提供的回应信息，公布客观事实，并根据事件发展和工作进展发布动态信息，表明政府态度。对社会公众关注的热点问题，要邀请相关业务部门做出权威、正面的回应，阐明政策，解疑释惑。对涉及本地区、本部门的网络谣言，要及时发布相关部门辟谣信息。回应信息要主动向各类传统媒体和新媒体平台推送，扩大传播范围，增强互动效果。

3. 办事服务

（1）各省（自治区、直辖市）人民政府、国务院有关部门要依托政府门户网站，整合本地区、本部门政务服务资源与数据，加快构建权威、便捷的一体化互联网政务服务平台。中国政府网是全国政务服务的总门户，各地区、各部门网上政务服务平台要主动做好对接。

政府网站要设置统一的办事服务入口，发布本地区、本部门政务服务事项目录，集中提供在线服务。要编制网站在线服务资源清单，按主题、对象等维度，对服务事项进行科学分类、统一命名、合理展现。应标明每一服务事项网上可办理程度，能全程在线办理的要集中突出展现。对非政务服务事项要严格审核，谨慎提供，确保安全。

（2）办事服务功能要有机关联文件资料库、互动交流平台、答问知识库中的信息资源，在事项列表页或办事指南页提供相关法律法规、政策文件、常见问题、咨询投诉和监督举报入口等，实现一体化服务。省级政府、国务院部门网站建设的文件资料库、答问知识库等信息服务资源应主动与中国政府网对接，形成互联互通的政务信息资源库。

（3）整合业务部门办事服务系统前端功能，利用电子证照库和统一身份认证，综合提供在线预约、在线申报、在线咨询、在线查询以及电子监察、公众评价等功能，实现网站统一受理、统一记录、统一反馈。

（4）细化规范办事指南，列明依据条件、流程时限、收费标准、注意事项、办理机构、联系方式等；明确需提交材料的名称、依据、格式、份数、签名签章等要求，并提供规范表格、填写说明和示范文本，确保内容准确，并与线下保持一致。

(5) 全程记录企业群众在线办事过程,对查阅、预约、咨询、申请、受理、反馈等关键数据进行汇总分析,为业务部门简化优化服务流程、便捷企业群众办事提供参考。

4. 互动交流

(1) 政府门户网站要搭建统一的互动交流平台,根据工作需要,实现留言评论、在线访谈、征集调查、咨询投诉和即时通讯等功能,为听取民意、了解民愿、汇聚民智、回应民声提供平台支撑。部门网站开设互动交流栏目尽量使用政府门户网站统一的互动交流平台。互动交流栏目应标明开设宗旨、目的和使用方式等。

(2) 信息发布、解读回应和办事服务类栏目要通过统一的互动交流平台提供留言评论等功能,实现数据汇聚、统一处理。

(3) 政府网站开设互动交流栏目,要加强审核把关和组织保障,确保网民有序参与,提高业务部门互动频率,增强互动效果。建立网民意见建议的审看、处理和反馈等机制,做到件件有落实、事事有回音,更好听民意、汇民智。地方和部门网站对中国政府网转办的网民意见建议,要认真研究办理、及时反馈。

(4) 对收集到的意见建议要认真研判,起草的舆情信息要客观真实反映群众心声和关切重点,有参考价值的政策建议要按程序转送业务部门研究办理,提出答复意见。有关单位提供的回复内容出现敷衍推诿、答非所问等情况的,要予以退回并积极沟通,督促相关单位重新回复。

(5) 做好意见建议受理反馈情况的公开工作,列清受理日期、答复日期、答复部门、答复内容以及有关统计数据等。开展专项意见建议征集活动的,要在网站上公布采用情况。以电子邮箱形式接受网民意见建议的,要每日查看邮箱信件,及时办理并公开信件办理情况。

(6) 定期整理网民咨询及答复内容,按照主题、关注度等进行分类汇总和结构化处理,编制形成知识库,实行动态更新。在网民提出类似咨询时,推送可供参考的答复口径。

三、网站管理员职责

(一) 网站管理员

网站管理员,也被称为 Webmaster、Postmaster、网站架构师、网站开发者、站长、网络管理员等,是设计、开发、运营、维护一个网站的负责人。对于公众站点来说,网站管理员能够更改、处理用户留下的所有评论。

网站管理员的一个更广泛的定义是指管理网站的所有事宜,主要是网站维护，网站日常事务，一个使用在线媒体出售产品和/或服务的商人。这个更广泛的定义不仅涵盖了监督网站建设和维护的技术方面，也涵盖了网站的内容管理、广告、市场营销以及订单的履行。

(二) 网站管理员的职责

(1) 认真学习业务知识，善于总结经验，互相学习，互相帮助。

(2) 保证信息准确性。输入计算机的信息要保证真实准确，实事求是。

(3) 保证信息时效性。要及时录入、更新、上传、下达信息，保证信息使用及时。

(4) 保证数据库完整性。数据库个案信息必须完整、齐全。

(5) 计算机中的信息，不经批准，不得随意向他人提供。

(6) 不得向他人透露本系统的网络情况。操作员对自己的用户名和口令必须严格保密，并随时更换自己的口令。

(7) 不准对他人透露计算机的硬件配置和软件配置等情况。

(8) 按时认真纪录工作日志。工作日志内容完整、详细、字迹工整、清楚。工作日志要记录开、关机情况，"遇到问题"和"解决问题"情况，数据备份和恢复情况，数据上报下载情况等。

(9) 做好数据备份工作，每月最少备份一次，并且备份到多处。要在工作日志中详细记录备份时间、备份到何处、备份时数据库状况等。

网站管理员核心的责任包括规定和管理一个网站的不同用户的访问权限、网站外观设计和设立网站导航。对内容的布置可能是网站管理员的责任的一个组成部分，而不是内容的创作。

通常情况下，网站管理员是读取用户的反馈意见和关于网站功能的投诉的代理人。其实更多的是在负责服务器的运行，这要多于制作实际的网页。网页都是由高级设计师处理。

在网站建设和实施过程中，除了对网站管理员有具体工作职责之外，还需要有针对性建立健全信息员选拔机制，组建一支具有较高信息化技术水平、熟悉网站管理、了解具体业务的复合型信息员队伍。要进一步加强基层信息员的培训工作，保证基层信息员队伍的相对稳定，形成一支适应不同层次需求、结构合理的信息员队伍。

第三节　信息发布

网站不仅是亿万网民获取信息、交流信息的大平台，还直接或间接决定着人们能够看到或不能看到的信息内容，对社会大众的动员、引领作用巨大，在重大突发性事件当中，甚至能够对事件的定性和发展走向起到决定性作用。因此，各类网站，尤其是开通了新闻评论、允许网民广泛参与的新闻网站，对社会秩序的建构和稳定发挥着重要的作用。如果能够利用好各类网站，或者各类网站能够发挥应有的作用，就能推动社会良好发展。反之，则可能带来无穷无尽的麻烦。

一、强化网站主体责任

网站，尤其是新闻网站和社交网站，是人们认知世界、获悉身边事务的窗口，也是人们表达经济、政治和文化见解的主要平台。随着生活网络化程度的不断加深，新闻网站也潜移默化地影响着人们的求知途径、思维方式和价值观念。在这种情况下，社会能否形成共同理想、共同目标和共同价值观，能否形成网上、网下"同心圆"，与新闻网站能否站在国家、民族等全局利益的角度处理新闻信息，在国家法律允许的范围内从事各项新闻报道活动，有直接的关系。

网站建设和运营过程中存在各种各样的乱象：为吸引眼球编写、炮制虚假新闻，扰乱社会秩序；新闻网站的内容充斥大量法律、法规明令禁止的内容；商业网站盲目追求经济利益，存在严重损害广大网民的人身及其他权利和利益的现象；不具备新闻资质的网站违法从事新闻采编活动，冲击中国新闻监管体系；个别新闻网站甚至成为国际反华势力进行意识形态渗透、犯罪分子实施犯罪活动的温床。在这种情况下，要避免网站经营者盲目追求点击率，避免搜索服务单纯竞价排序，避免社交媒体成为散布不实信息的平台，避免电子商务平台成为假货泛滥的地方，就必须强化互联网企业的社会责任，通过引导、督促和有效监管，设法使网站明确自己的经济责任、法律责任、社会责任和道德责任，确保互联网企业在发展的过程中，注重经济效益和社会效益的统一。

从事互联网新闻信息服务的网站要建立总编辑负责制，总编辑要对新闻信息内容的导向和创作生产传播活动负总责，完善总编辑及核心内容管理人员任职、管理、考核与退出机制；发布信息应当导向正确、事实准确、来源规范、合法合规；提升信息内容安全技术保障能力，建设新闻发稿审核系统，加强对网络直播、弹幕等新产品、新应用、新功能上线的安全评估。此外，网站还应严格落实 7×24 小时值班制度，建立健全跟帖评论管理制度，完善用户注册管理制度，强化内容管理队伍建设，做好举报受理工作等。

强化网站主体责任，要求网站拥有者、经营者和各部门负责人要有防范意识，要把新闻网站作为宣传党的事业的主阵地、主战场，要主动承担起新闻网站的历史使命、社会责任，主动将网站的经营活动纳入到党的各项事业中来，主动维护党和政府的形象，主动传播正能量，主动传播社会主义核心价值观，平衡新闻网站所追求的经济利益和社会责任，以主人翁的心态做好各项新闻工作。

二、政府网站信息发布要求

政府网站是信息化条件下政府密切联系人民群众的重要桥梁，也是网络时代政府履行职责的重要平台。近年来，各级政府积极适应信息技术发展、传播方式变革，运用互联网转变政府职能、创新管理服务、提升治理能力，使政府网站成为信息公开、回应关切、提供服务的重要载体。但一些政府网站也存在内容更新不及时、信息发布不准确、意见建议不回应等问题，严重影响政府公信力。建好管好政府网站是各级政府及其部门的重要职责，做好政府网站信息内容建设迫在眉睫。

(一)加强信息发布

1. 强化信息发布更新

各地区、各部门要将政府网站作为政府信息公开的第一平台，建立完善信息发布机制，第一时间发布政府重要会议、重要活动、重大政策信息。依法公开政府信息，做到决策公开、执行公开、管理公开、服务公开、结果公开。健全政府网站信息内容更新的保障机制，提高发布时效，对本地区、本部门政府网站内容更新情况进行监测，对于内容更新没有保障的栏目要及时归并或关闭。

2. 加大政策解读力度

政府研究制定重大政策时，要同步做好网络政策解读方案。涉及经济发展和社会民生等政策出台时，在政府网站同步推出由政策制定参与者、专业机构、专家学者撰写的解读评论文章或开展的访谈等，深入浅出、通俗易懂地解读政策。要提供相关背景、案例、数据等，还可通过数字化、图表图解、音频、视频等方式予以展现，增强网站的吸引力亲和力。

3. 做好社会热点回应

涉及本地区、本部门的重大突发事件、应急事件，要依法按程序在第一时间通过政府网站发布信息，公布客观事实，并根据事件发展和工作进展及时发布动态信息，表明政府态度。围绕社会关注的热点问题，相关部门和单位要通过政府网站做出积极回应，阐明政策、解疑释惑、化解矛盾、理顺情绪。

4. 加强互动交流

各地区、各部门要通过政府网站开展在线访谈、意见征集、网上调查等，加强与公众的互动交流，广泛倾听公众意见建议，接受社会的批评监督，搭建政府与公众交流的"直通车"。进一步完善公众意见的收集、处理、反馈机制，了解民情，回答问题。开办互动栏目的，要配备相应的后台服务团队和受理系统。收到网民意见建议后，要进行综合研判，对其中有价值、有意义的应在7个工作日内反馈处理意见，情况复杂的可延长至15个工作日，无法办理的应予以解释说明。

(二)加强网站传播

拓宽网站传播渠道。通过开展技术优化、增强内容吸引力,提升政府网站页面在搜索引擎中的收录比例和搜索效果。政府网站要提供面向主要社交媒体的信息分享服务,加强手机、平板电脑等移动终端应用服务,积极利用微博、微信等新技术、新应用传播政府网站内容,方便公众及时获取政府信息。有条件的政府网站可发挥优势,开展研讨交流、推广政府网站品牌等活动。

1. 建立完善联动工作机制

各级政府面向公众公开举办重要会议、新闻发布、经贸活动、旅游推广等活动时,政府网站要积极参与,做好传播工作。各级政府网站之间要加强协同联动,发挥政府网站集群效应。国务院发布对全局工作有指导意义、需要社会广泛知晓的政策信息时,各级政府网站应及时转载、链接;发布某个行业或地区的政策信息时,涉及的部门和地方政府网站应及时转载、链接。

2. 加强与新闻媒体协作

加强政府网站与报刊、杂志、广播、电视等媒体的合作,增进政府网站同新闻网站以及有新闻资质的商业网站等的协同,最大限度地提高政府信息的影响力,将政府声音及时准确传递给公众。同时,政府网站也可选用传统媒体和其他网站的重要信息、观点,丰富网站内容。

3. 规范外语版网站内容

开设外语版网站要有专业、合格的支撑能力,用专业外语队伍保障内容更新,确保语言规范、准确,尊重外国受众文化和接受习惯。精心组织设置外语版网站栏目,加快信息更新频率,核心信息尽量与中文版网站基本同步。加强与中央和省(自治区、直辖市)外宣媒体的合作,解决语言翻译问题。没有相应条件的可暂不开设外语版。

(三)完善信息内容支撑体系

1. 建立信息协调机制

由各地区、各部门办公厅(室)牵头,相关职能部门参加,建立主管主办政府网站的信息内容建设协调机制,统筹业务部门、所属单位和相关方面向政府网站提供信息,分解政策解读、互动回应、舆情处置等任务。各地区、各部门办公厅(室)要根据实际需要,确定一位负责人主持协调机制,每周定期研究政府网站信息内容建设工作,按照"谁主管谁负责""谁发布谁负责",根据职责分工,向有关方面安排落实信息提供任务。办公厅(室)政府信息公开或其他专门工作机构承担日常具体协调工作。

2. 规范信息发布流程

职能部门要根据不同内容性质分级分类处理,选择信息发布途径和方式,把握好信息内容的基调、倾向、角度，突出重点，放大亮点，谨慎掌握敏感问题的分寸。要明确信息内容提供的责任，严格采集、审核、报送、复制、传递等环节程序，做好信息公开前的保密审查工作，防止失泄密问题。按照政府网站信息内容的格式、方式、发布时限，做好原创性信息的编制和加工，保证所提供的信息内容合法、完整、准确、及时。网站运行管理团队要明确编辑把关环节的责任，做好信息内容接收、筛选、加工、发布等，对时效性要求高的信息随时编辑、上网。杜绝政治错误、内容差错、技术故障。

3. 加强网上网下融合

业务部门要切实做好网上信息提供、政策解读、互动回应、舆情处置等线下工作，使线上业务与线下业务同步考虑、同步推进。建立政府网站信息员、联络员制度，在负责提供信息内容的职能部门中聘请若干信息员、联络员，负责网站信息收集、撰写、报送及联络等工作。

4. 理顺外包服务关系

各地区、各部门要组建网站的专业运行管理团队，负责重要信息内容的发布和把关。对于外包的业务和事项，严格审查服务单位的业务资质、服务能力、人员素质，核实管理制度、响应速度、应急预案，确保服务人员技术水平能够满足网站运行要求。签订合作协议，应划清自主运行和外包服务的关系，明确网站运行管理团队、技术运维团队、信息和服务保障团队的职责与关系，细化外包服务人员、服务内容、服务质量等要求，既加强沟通交流，又做好监督管理，确保人员到位、服务到位。

三、政府网站信息采编

(一) 做好政府网站信息工作应该具备的理念

(1) 政府信息无小事的理念。政府网站是政府部门在互联网上履行职能、面向社会公众提供在线服务的官方网站，政府网站信息必须体现出及时性、准确性和权威性，稍有差错，都可能会影响政府部门的公信力和权威。

(2) 主动融入部门中心工作的理念。一是需要及时了解和掌握相关核心业务工作，将工作中需要让公众了解的内容或者事项及时编辑发布。二是要发动各单位、各部门力量，及时反映各自相关政务事项，保障网站信息全、快、准。

(3) 质量为本的理念。应该牢固树立"质量为本"的理念，从政府网站信息采集、编辑、审核等环节入手，对网站信息的要素、格式等内容严格把关，提升网站信息建设水平。

(二) 网站信息采集

1. 网站信息采集的基本要求

政府网站信息工作是一项严肃的工作，具有很强的政治性、政策性和全局性，总的来说，基本要求可以用六个字概括：新、实、准、快、精、全。

（1）新。即信息所反映的情况必须是最近发生的。一般来说，网站信息报送时间限定在近三天以内发生的，部分特别重要但是不能及时发布的信息可以酌情延长至一周左右。

（2）实。一是反映的事件必须真实；二是事件发生的程度，在语言表述上必须实事求是，不能有任何虚构的事实和夸大或缩小的情况发生。

（3）准。采集的网站政府信息力求准确无误，如反馈各类政务活动的信息，包括时间、地点、人物、事情经过，特别是涉及领导职务一定要准确。

（4）快。网站信息采编人员发现有价值的信息素材就要立即进行采集，并进行综合、加工，快速进行报送。

（5）精。在保证信息质量的前提下，通过信息写作人员的加工、整理，使其质量和形势升华达到要求。一是要根据决策需求和重点工作，在吃透情况的基础上，拿出有分析、有观点、有建议的信息；二是要从一般反映事物表面现象的低层次信息中，归纳并整理出深层次信息，实现信息从低层次到高层次的升华和增值。

（6）全。政府网站信息除了要重视信息自身内容外，基本要素也要完善，包括信息来源、作者等要素。

2. 信息来源

网站信息采集是信息工作的第一道"工序"，也是一项基础性的工作。信息采集工作直接影响和决定着整个信息工作的质量和效益。重视信息采集工作是提高信息写作质量的关键。以国家林业和草原局政府网为例，网站发布的各类信息主要来源有以下几类：

（1）党中央、国务院的信息。党中央、国务院在中国政府网发布的各类政策文件、重要会议动态等。这类信息是对各项工作的部署和要求，具有很强的针对性和时效性，常常对工作产生重要影响，必须注意采集。

（2）主流媒体及其他部委信息。人民网、新华网、中新网、光明网等主流媒体发布各类涉林涉草信息，各部委、各省级政府部门发布的涉林涉草政府信息。

（3）各地、各单位上报信息。国家林业和草原局政府网采用信息报送机制，各地、各单位都是通过报送邮箱，将各自的重要会议召开情况、重要工作推进程度、重要活动举办情况等重要信息报送至工作人员。

（4）其他重要信息。为让社会公众通过国家林业和草原局政府网及时了解各类信息，从政治、经济、文化等方面，采集重要信息，并在网站展示。

在收集信息时，一是要注意信息是否涉密，一定要避免发生泄密。二是要符合国家有关法律、法规和方针政策，把握好内容的基调、倾向、角度，突出重点，放大亮点。三是要注意信息是否适合在网上发布，是否会产生不良影响，谨慎掌握敏感问题的分寸，确保信息内容真实、客观、准确、及时。

对于内部信息和下级信息，国家林业和草原局政府网已经形成了一套报送采集机制，在报送信息时，应注意以下事项：将每条信息单独保存为纯文本格式（.txt）作为邮件附件，如一次报送多条信息，用压缩软件打包后作为邮件附件；将信息标题作为文件名（××省××县……）；每个纯文本文件中都要包括标题、单位、正文；如有图片，图片文件名应与所对应的纯文本文件名一致，并调整图片大小，宽度不超过700像素；注意信息时效性，杜绝出现月报或者半月报的情况；在信息结尾写明作者（要落实到个人）。

(三) 网站信息编写原则和基本要求

1. 基本原则

一是符合格式要求的原则；二是符合法规和政策规定的原则；三是符合真实性原则；四是简洁精炼的原则；五是领导审核把关的原则；六是注意保密的原则。

2. 基本要求

在编写网站信息时，对于文字、图片、视频类信息，在内容上要把握以下总体要求：

(1) 文字信息。一是网站信息反映的事情要集中，论述的观点要集中，组织的材料要集中。同时还要注意观点要新、内容要新、角度要新。二是信息编写注意导语、背景、主体、结尾要全面。同时，采用正三角形原则，按重要性顺序采写，这条对网站信息来说尤其重要。三是网站信息内容都比较严肃，要求语言必须同其他公文一样端庄、郑重、平实。信息内容必须写得一清二楚，十分准确，要做到用词准确，词句简练，得体通顺，让人不折不扣地了解信息的本意。四是对事实的陈述要清楚明白，不能模棱两可或拖泥带水，要杜绝不核实事实就轻易下笔和含糊其辞的做法。要选用适当和适量的材料叙述事实、说明观点、摆出问题、提出建议。

(2) 图片信息。一是内容真实。政府网站的图片信息往往是放在比较显眼或者重要的位置，容易受到关注，因此，真实性是最重要的。任何较为明显的PS等行为，都容易弄巧成拙，直接影响政府网站公信力。二是明确重点。图片信息一定要找准需要反映的内容，如人物图片，如果是单人照，正面一般比侧面要好一些。如果照片中不止一人，则需要将重点反映的人物放在中央或者显著位置。三是大小得当。由于是在网站发布，因此，过大或者过小的图片信息都是不合格的，过大会导致打开较慢或者打不开，过小会使图片无法看清，影响阅读。

(3) 视频信息。一是内容清晰。一般来说，视频信息分为标清和高清两种。

由于种种限制，标清还比较多。但有时因为后期制作等原因，往往导致视频质量较差，直接影响观看。二是定位准确。好的政府网站视频信息，应该能快速反映出主要内容和次要内容的区别。三是音效合适。目前多数视频信息都是经过编辑，有些配音和背景声音都处理得很合适。但也有一些存在声音忽高忽低、背景声音嘈杂等情况，直接影响到信息本来的质量。

（4）图解解读。一是内容准确。图解是为了让公众能够对一项政策、一个文件或者一个会议的重要内容有所了解，一定要做到内容准确，能够正确反映出重点内容。二是简单易懂。制作图解就是为了让公众能够快速了解，一定要将内容形象易懂，方便公众理解。三是篇幅合适。高质量的图解应该将篇幅控制在合理范围，太长可能没人会看，太短无法表达出完整内容。

（四）审核发布

政府网站信息审核发布是保证网站信息质量的重要环节，是信息正式发布前的最后一道防线。按照"谁主管谁负责""谁审核谁负责""谁发布谁负责"的原则，严格执行审核程序，特别是要做好信息公开前的保密审查工作，防止失泄密问题发生，杜绝出现政治错误及内容差错。尤其需要注意以下一些具体问题。

1. 关于领导活动的信息

首先，审核领导的职务、姓名时，一定检查是否完整并且是否准确无误，要避免使用"视察""亲临""重要讲话"等字样。在审核信息时，要注意信息应以工作内容为主，提出的要求、建议和对某项工作的评价要避免口语化。涉及中央领导同志的信息要更加注意，一般应以新华社、《人民日报》的报道为准。

发布领导讲话要经过相关人员、部门审核，确认是否可以发布，不能仅根据现场记录或录音整理后就直接发布。一定要使用规范的语言，不能口语化。

2. 关于重要会议的信息

审核重要会议信息时，要注意召开会议的单位或部门，会议的时间、地点、参加人员，会议的议程和主要议题是信息的重点。例如，召开会议贯彻落实上级会议精神的信息，一般包括以下内容：会议召开的时间、地点，贯彻的具体精神，参加会议的领导、人员，会议的主要安排、内容，贯彻具体采取的措施。会议做出的决定和采取的措施是报道会议信息的重点，对只笼统地写与会人员提高了认识，决心做好工作这类信息应提出修改要求。

3. 关于出台规定或者部署某项工作的信息

为了规范或开展某项工作，各单位会制定一些规章制度，或下发通知要求开展某项工作。审核这类信息时，要注意信息不能简单地把规章制度或者通知的正文部分照搬过来。信息稿是使领导和社会公众对某项工作有所了解，审核时要注意将命令式的语气转变成报道的口气。

4. 关于突发事件类的信息

信息审核时一定要确定是否可以向社会公开，如果是可以公开的，要注意反映事件的真实面貌，不能夸大或缩小，更不能弄虚作假，以免造成不良的社会影响。同时，重大事件还应该及时请示上级领导，避免出现舆情问题。

5. 严格执行领导审核、签发的制度

按照审核流程，所有政府网站信息都要在采编完成后，根据信息内容，上报主管领导审阅，在领导审核、签发后再向上一级单位报送。

6. 信息安全要求

网站信息审核、发布严格把握"涉密信息不上网，上网信息不涉密"的原则，层层把关，凡未经审核的信息严禁上网发布。如信息是转载内容，应遵守国家和省、市的有关规定。被转载的网站应是国家、省、市的政府网站，以此保证所转载信息的真实性、权威性。门户网站应依据《中华人民共和国保守国家秘密法》《互联网信息服务管理办法》和《互联网电子公告服务管理规定》等有关保密的法律、法规，建立健全网站信息安全管理制度，坚决杜绝有害信息的扩散，严禁涉密信息上网，防止泄露国家秘密。发布的信息不得含有下列内容：一是违反《中华人民共和国宪法》所确定的基本原则；二是危害国家安全，泄露国家秘密，煽动颠覆国家政权，破坏国家统一；三是损害国家的荣誉和利益；四是煽动民族仇恨、民族歧视，破坏民族团结；五是破坏国家宗教政策，宣扬邪教，宣扬封建迷信；六是散布谣言，编造和传播假新闻，扰乱社会秩序，破坏社会稳定；七是散布淫秽、色情、赌博、暴力、恐怖或者教唆犯罪；八是侮辱或者诽谤他人，侵害他人合法权益；九是法律、法规禁止的其他内容。

第四节　域名管理

一、域名与域名系统

域名（Domain Name），也称网域，可以狭义理解为我们通常所说的网址，是由一串用点分隔的英文字母组成的 Internet 上某一台计算机或计算机组的名称，用于在数据传输时标识计算机的电子方位。网络上的主机通信必须指定双方机器的 IP 地址。IP 地址虽然能够唯一地标识网络上的计算机，但它是数字型的，对使用网络的人来说有不便记忆的缺点，因而提出了字符型的名字标识，将二进制的 IP 地址转换成字符地址，即域名地址，简称域名。网络中命名资源（如客户机、服务器、路由器等）的管理集合即构成域。从逻辑上，所有域自上而下形成一个森林状结构，每个域可包含多个主机和多个子域，树叶域通常对应于一台主机。每个域都可包含多个主机和多个子域，树叶域通常对应于一台主机。每个域或子域都有其固有的域名。

域名系统（Domain Name System，DNS，有时也简称为域名）是Internet的一项核心服务，它作为可以将域名和IP地址相互映射的一个分布式数据库，能够使人更方便地访问互联网，而不用去记住能够被计算机直接读取的IP地址数串。它一方面规定了域名语法以及域名管理特权的分派规则，另一方面描述了关于域名的具体实现。

例如，"www.forestry.gov.cn"这样的字符串就是一个域名，和IP地址114.112.160.203相对应。DNS就像是一个自动的电话号码簿，我们可以直接拨打www.forestry.gov.cn的名字来代替"电话号码"（IP地址）。我们直接调用网站的名字以后，DNS就会将便于人类使用的名字（如www.forestry.gov.cn）转化成便于机器识别的IP地址（如114.112.160.203）。简单地讲，域名就是人们为了减轻记忆负担而给IP地址所起的"别名"。域名系统也就是对IP地址的"命名系统"。域名和IP地址一样，都只是逻辑上的概念，并不代表计算机所在的物理位置。域名长度可变，其中的字符串为了便于使用经常带有辅助记忆功能。一个Internet域名只对应一个IP地址，但每个IP地址不一定只对应一个Internet域名，因此，在Internet中域名非常之多。为了便于域名管理，其命名采用层次结构，或称为树状结构。在这种命名机制中，名字空间被分为若干个部分，每一个部分称为一个域，每个域还可以再划分子域，子域也可以继续划分，如此反复，整个名字空间就成了一个由顶级域、二级域、三级域等构成的层次树状结构。

顶级域名也叫一级域名，域名是由两个或两个以上的词构成，中间由点号分隔开，最右边的那个词就叫作顶级域名，如"www.baidu.com"由三个标号"www""baidu"和"com"组成。其中，"com"是顶级域名，"baidu"是二级域名，"www"是三级域名。

顶级域名又分为两类：一是国家和地区顶级域名，如中国是cn，美国是us等；二是国际顶级域名，如表示工商企业的.com，表示非营利组织的.org，表示网络商的.net等。例如"www.forestry.gov.cn"中的"cn"和"gov"，分别属于国家顶级域名和通用顶级域名。域名作为互联网的一项基础性资源，在世界各国均存在着不同程度的域名侵权、域名抢注等问题。从国际组织以及各国的域名管理措施来看，主要是从事前预防和事后个案处理着手，不断地补充和完善域名管理法规。目前，我国的域名管理体系还面临着很多挑战。

二、域名管理与规范

自2009年11月，中国实行域名实名制。为了规范互联网域名服务，保护用户合法权益,保障互联网域名系统安全、可靠运行,推动中文域名和国家顶级域名发展和应用,促进我国互联网健康发展,根据《中华人民共和国行政许可法》《国务院对确需保留的行政审批项目设定行政许可的决定》等规定,参照国际上互联网域名管理准则,工业和信息化部于2017年8月24日公布了《互联网域名管理办法》,于2017年11月1日开始施行。

该办法规定,在境内设立域名根服务器及域名根服务器运行机构、域名注册管理机构和域名注册服务机构的,应当依据办法取得工业和信息化部或者省、自治区、直辖市通信管理局(以下统称电信管理机构)的相应许可。办法明确规定了申请设立域名根服务器及域名根服务器运行机构、申请设立域名注册管理机构、申请设立域名注册服务机构的条件。

域名注册服务原则上实行"先申请先注册",相应域名注册实施细则另有规定的,从其规定。为维护国家利益和社会公众利益,域名注册管理机构应当建立域名注册保留字制度。任何组织或者个人注册、使用的域名中,不得含有下列内容:反对《中华人民共和国宪法》所确定的基本原则的;危害国家安全,泄露国家秘密,颠覆国家政权,破坏国家统一的;损害国家荣誉和利益的;煽动民族仇恨、民族歧视,破坏民族团结的;破坏国家宗教政策,宣扬邪教和封建迷信的;散布谣言,扰乱社会秩序,破坏社会稳定的;散布淫秽、色情、赌博、暴力、凶杀、恐怖或者教唆犯罪的;侮辱或者诽谤他人,侵害他人合法权益的;含有法律、行政法规禁止的其他内容。域名注册管理机构、域名注册服务机构不得为含有以上内容的域名提供服务。

工业和信息化部关于规范互联网信息服务使用域名的通知

为贯彻落实《中华人民共和国反恐怖主义法》《中华人民共和国网络安全法》《互联网信息服务管理办法》《互联网域名管理办法》等法律法规和规章的要求,进一步规范互联网信息服务域名使用,现就有关事项通知如下:

一、互联网信息服务提供者从事互联网信息服务使用的域名应为其依法依规注册所有。

(一)个人从事互联网信息服务的,域名注册者应为互联网信息服务者本人。

(二)单位从事互联网信息服务的,域名注册者应为单位(含公司股东)、单位主要负责人或高级管理人员。

二、互联网接入服务提供者应当按照《中华人民共和国反恐怖主义法》《中华人民共和国网络安全法》的要求,对互联网信息服务提供者的身份进行查验。互联网信息服务提供者不提供真实身份信息的,互联网接入服务提供者不得为其提供服务。

三、域名注册管理机构、域名注册服务机构应当按照《互联网域名管理办法》和电信主管部门的要求，建设相应的信息管理系统，与"工业和信息化部ICP/IP地址/域名信息备案管理系统"（以下简称备案系统）进行对接，报送域名注册相关信息。

四、域名注册管理机构、域名注册服务机构应当进一步加强域名真实身份信息注册管理，不得为未提供真实身份信息的域名提供解析服务。

五、互联网接入服务提供者在为互联网信息服务提供者提供接入服务时，应通过备案系统查验域名注册者的真实身份信息，不提供真实身份信息的或者提供的身份信息不准确、不完整的，互联网接入服务提供者不得为其提供接入服务。本通知施行前已在备案系统中备案的域名除外。

互联网接入服务提供者应当定期通过备案系统核查互联网信息服务提供者使用域名的状态，对于域名不存在、域名过期且未提供真实身份信息等情形的，互联网接入服务提供者应停止为其提供接入服务。

六、电信主管部门要督促互联网接入服务提供者、域名注册管理机构、域名注册服务机构按照上述要求开展业务，依法处各类违法违规行为，将处理结果纳入企业信誉管理档案，并向社会公示。

七、本通知自2018年1月1日起施行。

特此通知。

工业和信息化部
2017年10月31日

三、政府网站域名管理

域名是政府网站的基本组成部分和重要身份标识。近年来，在政府网站域名使用管理方面，存在责任不清、管理不严、使用无序、命名不规范、注册审批制度不完善等问题，影响了政府网站的权威性、规范性和安全性。

为深入贯彻习近平新时代中国特色社会主义思想和党的十九大精神，落实党中央、国务院关于加强网络安全建设的决策部署，促进政府网站健康有序发展，国务院办公厅于2018年8月25日下发了《国务院办公厅关于加强政府网站域名管理的通知》。

（一）健全政府网站域名管理体制

落实政府网站主办单位域名管理责任。政府网站主办单位要按照"谁开设、谁申请、谁使用、谁负责"的原则管理政府网站域名。一个政府网站原则上只注册一个中文域名和一个英文域名，如已有多个符合要求的域名，应明确主域名。

不得将已注册的政府网站域名擅自转给其他单位或个人使用，闲置的域名要及时注销。

1. 强化政府网站主管单位域名监管职责

政府网站主管单位要将域名管理作为网站监管工作的重要组成部分，加强统筹协调和业务指导，统一审核把关域名的注册、变更和注销工作。把域名管理情况纳入常态化抽查范围，加大对不按流程注册、注销或擅自出租、出借、转让域名等违规情况的通报问责力度，造成严重后果的，要对分管领导和有关责任人依法依规进行严肃处理。非垂直管理的国务院部门，如要求受其业务指导的省级、地市级政府部门开设网站，并使用其分配的域名，应承担网站监管主体责任。

2. 建立政府网站域名协同管理机制

中共中央网络安全和信息化委员会办公室、中央机构编制委员会办公室按照职责分工做好政府网站域名监督和安全管理工作。工业和信息化部加强域名行业管理，做好政府网站开办主体互联网信息服务（ICP）备案工作，对域名服务进行监督。公安部做好政府网站域名日常安全监管工作。政府网站主管单位要完善与本级网信、机构编制、工信、公安部门的协同机制，加强沟通合作，做好重要信息通报共享。对于发现的违法违规行为，工信、公安部门要按职责分工依法打击查处。

（二）进一步规范政府网站域名结构

政府网站应使用以". gov.cn"为后缀的英文域名和". 政务"为后缀的中文域名，不得使用其他后缀的域名。不承担行政职能的事业单位原则上不得使用以". gov.cn"为后缀的英文域名。县级以上地方各级人民政府和国务院部门开设的政府门户网站，要使用"www.□□□.gov.cn"结构的英文域名，其中□□□为本地区、本部门名称拼音或英文对应的字符串（下同）。省级、地市级政府部门开设的网站，要使用本级人民政府门户网站的下级英文域名，结构为"○○○.□□□.gov.cn"，其中○○○为本部门名称拼音或英文对应的字符串（下同）；实行垂直管理的国务院部门的基层单位网站，要使用国务院部门门户网站的下级域名，结构为"○○○.□□□.gov.cn"。政府网站的中文域名结构应为"△△△.政务"，其中△△△为网站主办单位的中文机构全称或规范化简称（下同）。

政府网站各栏目、频道、专题、业务系统等原则上使用同一级域名，其中政府门户网站的栏目等使用"www.□□□.gov.cn/…/…"和"△△△.政务/…/…"结构的域名；部门网站（包括省级、地市级政府部门，以及实行垂直管理的国务院部门的基层单位网站）的栏目等使用"○○○.□□□.gov.cn/…/…"和"△△△.政务/…/…"结构的域名。

(三)优化政府网站域名注册、注销等流程

1. 严格政府门户网站域名注册、注销审核

省级人民政府和国务院部门注册或注销政府门户网站域名,要经本地区、本部门主要负责人同意后,报国务院办公厅备案,并向国家域名注册管理机构提交政府网站域名业务申请基本信息表,".gov.cn"英文域名的注册管理机构为中共中央网络安全和信息化委员会办公室中国互联网络信息中心,".政务"中文域名的注册管理机构为中央机构编制委员会办公室政务和公益机构域名注册管理中心。地市级、县级人民政府注册或注销政府门户网站域名,要经本地区主要负责人同意后,向上一级人民政府办公厅(室)提交政府网站域名业务申请基本信息表,逐级审核后,由省级人民政府办公厅向国家域名注册管理机构提交政府网站域名业务审核表。国家域名注册管理机构依法依规对信息进行核验,核验通过后3个工作日内完成注册或注销工作。

2. 严格部门网站域名分配、收回审核

省级、地市级政府部门申请或注销部门网站域名,要经本部门主要负责人同意后,向本级人民政府办公厅(室)提交政府网站域名业务申请基本信息表,逐级审核后,报省级人民政府办公厅批准,省级、地市级人民政府门户网站按照审批意见分配或收回本级政府门户网站域名的下级域名。实行垂直管理的国务院部门的基层单位网站的域名,由国务院部门门户网站进行分配或收回管理。

3. 及时报备政府网站域名信息变更情况

政府网站域名持有者变更,需经政府网站主管单位同意;联系人等注册信息发生变更的,要在变更后20个工作日内向政府网站主管单位报备。政府门户网站域名相关信息变更的,政府网站主管单位要通知国家域名注册管理机构更新信息。

4. 统筹推进政府网站集约化与域名规范工作

政府网站集约化后,网站仍然保留但域名不符合要求的,应按流程重新申请域名,域名调整情况在网站首页醒目位置公告3个月后,注销原域名。业务系统、办事平台原则上不再作为独立网站运行,应尽快将相关信息和服务整合迁移,原域名按流程注销。

(四)加强域名安全防护及监测处置工作

1. 加强域名解析安全防护

要积极采取域名系统(DNS)安全协议技术、抗攻击技术等措施,防止域名被劫持、被冒用,确保域名解析安全。应委托具有应急灾备、抗攻击等能力的域名解析服务提供商进行域名解析,鼓励对政府网站域名进行集中解析。自行建设运维的政府网站服务器不得放在境外;租用网络虚拟空间的,所租用的空间应当位

于服务商的境内节点。使用内容分发网络服务的,应当要求服务商将境内用户的域名解析地址指向其境内节点,不得指向境外节点。

2. 加强域名监测处置

加强对政府网站域名安全的日常监测和定期检查评估,及时发现域名被劫持、被冒用等安全问题,健全完善处置机制,提高应急响应处置能力。加大对政府网站域名安全问题的统筹协调力度,发现被冒名申请注册顶级域名(如".cn"".net"".com")等情况,政府网站主管单位要及时协调工业和信息化部、公安部和国家域名注册管理机构进行处置。国家域名注册管理机构要健全安全管理和技术防护措施,加大对全国政府网站域名运行的日常监测力度,并将监测情况通报政府网站主管单位;加强政府网站域名解析数据备份与分析,定期开展政府网站域名服务应急演练,保障解析服务的稳定性、安全性和可靠性。

第五节　典型案例

一、美国政府门户网站

美国政府门户网站"firstgov"(第一政府网站)建设得非常成功,是国际领先的政府门户网站,于 2000 年 9 月正式开通运营,其域名在 2007 年 1 月由 www.firstgov.gov 更名为 www.usa.gov。2015 年 6 月开始,它的网址用 https 开头来加密,以提高网站的安全性。

而其整个网站界面也经历数次改革,首页的标语"在线指导政府信息和服务"正是网站的建设宗旨。现在的网站配色主要以国旗蓝、白色为主,多为白底黑字,如图 4-1 所示。在板块设计上,主要有最热门、通过主题找到政府服务和信息、联系政府机构与官员以及右边的快速查找和联系。这些栏目的设计既体现了用户的需求,也符合美国的政治体制。除此之外,还有专门为儿童设置的服务网站,可以链接到各个儿童网站,其整个页面背景是蓝白色,色调柔和,较为活泼生动,图标简单易懂,在栏目设置上也考虑到网站的受众人群,分成了 1~5 岁的孩子、6~8 岁的青少年、老师和家长四块内容。

二、英国政府门户网站

2012 年 10 月起,英国政府门户网站进行了改革,其中央政府各部委网站全部取消,从此英国只有一个统一门户网站(www.gov.uk),331 个公共机构也陆续向这一网站迁移,实现网上"集合办公"。它的页面设计借鉴了谷歌方式的服务理念,使公民通过关键词可以找到自己想要查询的服务,并通过对服务内容进行

图 4-1 美国政府门户网站

有效疏理,整合信息及使用通俗易懂的语言将服务事项进行分类。

概览整个网站,其网站配色只有国旗蓝、白色、黑色,页面清晰、简洁,图片较少,着重突出了内容要点和数据,如图 4-2 所示。首页的标语"更清晰、更快、更便捷地找到政府信息"完美地诠释了英国政府网站以用户为中心的设计理念。不同于其他国家的政府门户网站的板块设计,它实时更新出公众最需要服务的主题栏目——退出欧盟过渡期、就业求职、续缴车辆税、预约理论考试、个人所得税账户,并将这些栏目放在首页上端,构成了"Popular on GOV.UK"的板块。首页中间的板块更有针对性地根据不同人群的不同需求来设计该板块的信息和服务内容,按照收益、残疾人等建立了科学的分类,其内容几乎涵盖了所有公民需求。

图 4-2　英国政府门户网站

三、新加坡政府门户网站

新加坡政府门户网站（www.gov.sg）是新加坡官方的在线交流平台和知识库，提供最新的政策公告、信息和新加坡新闻。通过这个网站，用户可以查看政府相关的事件、使用政府翻译工具翻译术语和搜索联系公共服务机构。

概览整个网站，其网站配色以红、白、黑色为主，间或有橙色、蓝色等，如图 4-3 所示。"完整、服务、卓越"是其网站的设计宗旨。在板块设计上，主要有新闻、真实、微型网站、资源、反馈五大板块。其中，新闻板块包括了最热门的

图 4-3 新加坡政府门户网站

话题、政府最新消息、政府最新视频、新加坡即将举行的活动这几块内容。真实(factually)包括了防卫、经济、教育、环境、健康、住房、移民、法律以及其他等各个领域内的话题。微型网站(microsities)包括最新的专题板块；资源(resource)包含 SG 新闻中心、政府目录、政府词典、正在准备的活动、电子公民中心等。反馈板块则提供了用户的各类问题反馈功能。

四、中国政府门户网站

中国政府网（www.gov.cn）是国务院和国务院各部门，以及各省、自治区、直辖市人民政府在国际互联网上发布政府信息和提供在线服务的综合平台。它于

2006年1月1日正式开通。为做好信息公开、引导网络舆论、深化在线服务,中国政府网充分运用大数据、人工智能等技术,进行了多次改版升级。

概览整个网站,其配色以蓝白灰色调为主,字体颜色主要为黑、蓝,页面篇幅则在两屏以内,如图4-4所示。在整个板块结构设计上,主要有政务信息区、互动交流区、办事服务区和应用功能区四个区域。政务信息区主要是公布了总理、国务院、地方的工作动态、行政法规、规范性公文以及重大决策部署。互动交流区则设置了我向总理说句话、部长之声、回应关切等栏目来回应社会关切。办事服务区为公民、企业、外国人和社会组织提供各地区、各部门网上办事服务项目。应用功能区不仅连接到国务院部门网站、地方政府网站、驻外使领馆网站等,还链接到一些新闻媒体网站和中央企业网站。

图4-4 中国政府门户网站

当下，我国正处于政府机构改革的发展关键期，政府职能也逐步由管理型向服务型转变，为更好向服务型政府转变，应将政府门户网站的建设提升到国家战略高度，将政府门户网站的发展与政府改革紧密相连，从网站建设、网站内容、网站管理三个维度共同发力，投入更多人力、物力和财力加强政府门户网站建设，上至中央政府门户网站下至地方政府门户网站，均应积极借鉴国外政府门户网站的建设经验。当政府门户网站建设达到一定水平后，方能更好地为广大人民群众提供服务，更好地塑造政府形象，提升广大人民群众对政府的满意度。

第五章 网站运维管理

在网站建设的整个生命周期中,网站的维护与管理才是最重要的,每一个完善的网站都是需要定期与长期进行网站管理与维护。网站的维护是指致力于解决诸如如何有效进行介入控制,以及如何保证数据传输安全性的技术手段和安全机制策略;网站的管理是指监督、组织和控制网络通信服务以及信息处理所必需的各种活动的总称。其目标是确保计算机网络的持续正常运行并在计算机网络运行出现异常时能及时响应和排除故障。本章介绍了服务器、后台发布系统、绩效评估及网站安全等网站运维的相关设备与技术。

第一节 服务器

服务器(Server)是提供计算服务的设备。由于服务器需要响应服务请求并进行处理,因此,一般来说服务器应具备承担服务并且保障服务的能力。服务器的构成包括处理器、硬盘、内存、系统总线等,和通用的计算机架构类似,但是由于需要提供高可靠的服务,因此,在处理能力、稳定性、可靠性、安全性、可扩展性、可管理性等方面要求较高。

服务器作为硬件来说,通常是指那些具有较高计算能力,能够提供给多个用户使用的计算机。服务器与 PC(Personal Computer)机不同,PC 机在一个时刻通常只为一个用户服务。服务器与主机不同,主机是通过终端给用户使用的,服务器是通过网络给客户端用户使用的。和普通的 PC 机相比,服务器需要连续工作在 7×24 小时的环境,这就意味着服务器需要更多的稳定性技术,如支持使用 ECC(Error Correcting Code,错误检查和纠正)内存。

根据不同的计算能力,服务器又分为工作组(Work Group)级服务器、部门级服务器和企业级服务器。在网络环境下,根据服务器提供的服务类型不同,分为文件服务器、数据库服务器、应用程序服务器、Web 服务器等。服务器操作系统是指运行在服务器硬件上的操作系统。服务器操作系统需要管理和充分利用服务器硬件的计算能力并提供给服务器硬件上的软件使用。

一、服务器的结构

服务器系统的硬件构成与我们平常所接触的计算机有众多的相似之处，主要的硬件构成仍然包含以下几个主要部分：中央处理器、内存、芯片组、I/O(Input/Output)总线、I/O设备、电源、机箱和相关软件。这也成了我们选购一台服务器时所主要关注的指标。

整个服务器系统就像一个人，处理器就是服务器的大脑，各种总线就像是分布于全身肌肉中的神经，芯片组就像是骨架，I/O设备就像是通过神经系统支配的人的手、眼睛、耳朵和嘴；而电源系统就像是血液循环系统，它将能量输送到身体的所有地方。

在信息系统中，服务器主要应用于数据库和Web服务，而PC机主要应用于桌面计算和网络终端，设计根本出发点的差异决定了服务器应该具备比PC机更可靠的持续运行能力、更强大的存储能力和网络通信能力、更快捷的故障恢复功能和更广阔的扩展空间，同时，对数据相当敏感的应用还要求服务器提供数据备份功能。而PC机在设计上则更加重视人机接口的易用性、图像和3D处理能力及其他多媒体性能。

二、服务器的性能

可以从五个方面来衡量服务器是否达到了其设计目的：可靠性R(Reliability)；可用性A(Availability)；可扩展性S(Scalability)；易用性U(Usability)；可管理性M(Manageability)，即服务器的RASUM衡量标准。

(一)可靠性

可靠性是指定时间内系统正常工作的概率。增强可靠性可以帮助避免、检测和修复硬件故障。一个可靠性高的系统在发生故障时不应该默默的继续工作并交付结果。相反，它应该能自动检测错误，更好的情况是能修复错误。可靠性一般通过MTBF(平均无故障时间)来衡量。通常我们见到的衡量系统可靠性的指标：MTBF为120 000小时，这里的数值就是用来衡量系统可靠性的。

(二)可用性

对于一台服务器而言，一个非常重要的方面就是它的"可用性"，即所选服务器能满足长期稳定工作的要求，不能经常出问题。

服务器所面对的是整个网络的用户，而不是单个用户，在大中型企业中，通常要求服务器是永不中断的。在一些特殊应用领域，即使没有用户使用，有些服务器也得不间断地工作，因为它必须持续地为用户提供连接服务，不管是在上班，还是下班，也不管是工作日，还是休息或节假日。这就是要求服务器必须具备极高的稳定性的根本原因。

一般来说，专门的服务器都要 7×24 小时不间断地工作，特别像一些大型的网络服务器，如大公司所用服务器和网站服务器，以及提供公众服务的 Web 服务器等。对于这些服务器来说，也许真正工作开机的次数只有一次，那就是它刚买回全面安装配置好后投入正式使用的那一次，此后，它不间断地工作，一直到彻底报废。如果动不动就出毛病，则网络不可能保持长久正常运作。为了确保服务器具有高的"可用性"，除了要求各配件质量过关外，还可采取必要的技术和配置措施，如硬件冗余、在线诊断等。

(三) 可扩展性

服务器必须具有一定的"可扩展性"，这是因为企业网络不可能长久不变，特别是在当今信息时代，如果服务器没有一定的可扩展性，当用户一增多就不能胜任的话，一台价值几万，甚至几十万的服务器在短时间内就要遭到淘汰，这是任何企业都无法承受的。为了保持可扩展性，通常需要在服务器上具备一定的可扩展空间和冗余件（如磁盘阵列架位、PCI 和内存条插槽位等）。

可扩展性具体体现在硬盘是否可扩充，CPU 是否可升级或扩展，系统是否支持 Windows NT、Linux 或 UNIX 等多种可选主流操作系统等方面，只有这样才能保持前期投资为后期充分利用。

(四) 易用性

服务器的功能相对于 PC 机来说复杂许多，不仅指其硬件配置，更多的是指其软件系统配置。服务器要实现如此多的功能，没有全面的软件支持是无法想象的。但是软件系统太多，又可能造成服务器的使用性能下降，管理人员无法有效操纵。所以，许多服务器厂商在进行服务器的设计时，除了在服务器的可用性、稳定性等方面要充分考虑外，还必须在服务器的易使用性方面下足功夫。

服务器的易用性主要体现在服务器是不是容易操作，用户导航系统是否完善，机箱设计是否人性化，有没有关键恢复功能，是否有操作系统备份，以及是否有足够的培训支持等方面。

(五) 可管理性

在服务器的主要特性中，还有一个重要特性，那就是服务器的"易管理性"。虽然我们说服务器需要不间断地持续工作，但再好的产品都有可能出现故障，拿人们常说的一句话来说就是：不是不知道它可能坏，而是不知道它何时坏。服务器虽然在稳定性方面有足够保障，但也应有必要的避免出错的措施，以及时发现问题，而且出了故障也能及时得到维护。这不仅可减少服务器出错的机会，同时还可大大提高服务器维护的效率。服务器的易管理性还体现在服务器有没有智能管理系统，有没有自动报警功能，是不是有独立与系统的管理系统，有没有液晶监视器等方面。只有这样，管理员才能轻松管理，高效工作。

三、目前主流服务器配置

PC 服务器以其卓越的性价比和易用性占领着越来越多的服务器市场，因此，对于中小型企业而言，除了极个别的高端数据库应用外，英特尔(Intel)架构已经成为服务器的当然之选。

在选购服务器时，应当注意以下七个重要参数。

(一)中央处理器

中央处理器(CPU)对于服务器来说，就像人类的大脑。CPU 的类型、主频和数量在根本上决定着服务器的性能。

可用于服务器的 Intel CPU 主要分为三类，即奔腾(Pentium)系列、至强(Xeon)系列和安腾(Itanium)系列。其中，Pentium 主要用于普通计算机，对多处理器支持不够好，适用于入门级服务器；Xeon 作为服务器专用 CPU，除了拥有超线程技术外，还集成三级高速缓存体系结构，拥有高达 400MHz 的前端总线频率，Xeon 支持两个 CPU，Xeon MP 则支持 4 个、8 个或更多 CPU，适用于工作组和部门级服务器；Itanium 作为 64 位 CPU，提供高达 6.4Gbps 系统总线带宽和 3MB 的集成三级高速缓存，可用于处理大型数据库、进行实时安全交易等应用，适用于企业级服务器。

除此之外，CPU 的主频越高，缓存数量越大，则服务器的运算速度就会越快、性能就会越高。

(二)内存

服务器采用专用的 ECC 校验内存，并且应当与不同的 CPU 搭配使用。通常情况下，内存数量越大，服务器的性能越高。特别是对于数据库服务、代理服务、Web 服务等网络服务而言，内存数量显得尤其重要。通常情况下，入门级服务器的内存不应该小于 2GB，工作组级的内存不小于 4GB，部门级的内存不小于 8GB。

(三)芯片组与主板

即使采用相同的芯片组，不同的主板设计也会对服务器性能产生重要影响。服务器主板主要来源于三家厂商，即 Intel、超微和泰安。Intel 主板严格遵照规范制作，保证产品的最大兼容性，并对 Windows 做了优化设计，加上对自己所生产的 CPU 最为了解，更容易释放和获得性能，可以说 Intel 的服务器主板是高品质与高性能兼备的产品。但是，Intel 也有为了稳定性而牺牲性能的传统，在功能方面也没有太多的扩展性，价格也是各家服务器主板生产商中最贵的。超微的特点类似于 Intel，稳定、高效是第一要素，但价格却要比 Intel 低很多，所以，超微是最具性价比的服务器主板品牌。泰安的产品在保证稳定性的基础上，更多地关注了服务器的性能和扩展性，而且价格非常低廉，因此，它非常适用于那些非关键应用的服务器。

（四）网卡

既然服务器要为网络中其他计算机提供服务，自然就要实现与其他计算机之间的通信。即使服务器的处理能力很高，如果无法快速响应客户端的请求，那就会给网络传输造成瓶颈。因此，服务器应当连接在传输速率最快的端口上，并最少配置一块千兆网卡。对于某些有特殊应用的服务器(如 FTP 服务器、文件服务器或视频点播服务器)，还应当配置两块千兆网卡。需要注意的是，千兆网卡通常需要安装在 64 位 PCI 插槽中。

（五）硬盘和磁盘阵列(RAID)卡

所有数据都需要从硬盘读取，并将运算结果存储在硬盘上。因此，硬盘的读取/写入速率决定着服务器的处理速度和对客户的响应速率。除了在入门级服务器上可采用 IDE(Integrated Drive Electronics，它的本意是指把控制器与盘体集成在一起的硬盘驱动器，IDE 是表示硬盘的传输接口)硬盘外，通常都应采用传输速率更高、扩展性更好的 SCSI(Small Computer System Interface，小型计算机系统接口)硬盘。对于一些不能轻易中止运行的服务器而言，还应当采用热插拔硬盘，以保证服务器的不停机维护和扩容。

另外，为了扩充数据存储空间，保证数据存储的安全性，成倍提高数据读取速度，部门级和企业级服务器还往往采用 SAS RAID 卡，将若干硬盘组建为磁盘阵列。入门级服务器可采用廉价的 SATA RAID 卡，以实现相似的功能。

（六）冗余

可靠性是服务器最重要的指标。既然服务器在网络中的作用如此重要，那就要求服务器必须非常稳定，以便能随时为客户端能提供服务，也就是说，服务器需要不间断地工作。另外，所有重要数据都存储在服务器上，一旦硬盘损坏，数据将全部丢失。为了保证系统的可靠性，服务器采用了专门的技术。

1. 磁盘冗余

磁盘冗余采用两块或多块硬盘来实现磁盘阵列，即使一块硬盘损坏，也不会丢失数据。

2. 部件冗余

由于所有硬件设备都有发生故障的可能，因此，许多重要硬件设备都不止一个，如网卡、电源、风扇，这样可以保证部分硬件损坏之后，服务器仍然能够正常运行。

3. 热插拔

所谓热插拔，是指带电进行硬盘或板卡的插拔操作，实现故障恢复和系统扩容。既然服务器是 7×24 小时工作的，那么，即使在更换或添加硬盘，甚至在插拔板卡时也不能停机。因此，热插拔对于服务器而言，就显得非常重要。

(七)可扩展性

服务器的可扩展性既被用于部件冗余以保证运行的稳定性，同时，也被用于提升系统配置、增加功能。因此，服务器除了有较多的硬盘位置、内存插槽、CPU 插座外，还拥有丰富的板卡插槽。如果硬盘数量较多，还应当能够扩充电源模块。

四、服务器的选购原则

(一)稳定性原则

对于服务器而言，稳定性是最为重要的。为了保证网络的正常运转，首先要确保服务器的稳定运行，如果无法保证正常工作，将造成无法弥补的损失。

(二)针对性原则

不同的网络服务对服务器配置的要求并不相同。例如，文件服务器、FTP 服务器和视频点播服务器要求拥有大内存、大容量和高读取速率的磁盘，以及充足的网络带宽，但对 CPU 的主频要求并不高；数据库服务器则要求高性能的 CPU 和大容量的内存，而且最好采用多 CPU 架构，但对硬盘容量没有太高的要求；Web 服务器也要求有大容量的内存，对硬盘容量和 CPU 主频均没有太高要求。因此，用户应当针对不同的网络应用选择不同的服务器配置。

(三)小型化原则

除了为提供一些高级的网络服务不得不采用高性能服务器外，建议大家不要为了将所有的服务放置在一台服务器上而去购置高性能服务器。第一，服务器的性能越高，价格会越昂贵，性价比也就越差；第二，尽管服务器拥有一定的稳定性，但是，一旦服务器发生故障，就将导致所有服务的中断；第三，当多种服务的并发访问数量较大时，会严重影响响应速度，甚至导致系统瘫痪。因此，建议为每种网络服务都配置不同的服务器，以分散访问压力。另外，也可购置多台配置稍差的服务器，采用负载均衡或集群的方式满足网络服务需求，这样既可节约购置费用，又可大幅提高网络稳定性。

(四)够用原则

服务器的配置在不断提升而价格在不断下降，因此，只要能满足当前的服务需要并适当超前即可。当现有的服务器无法满足网络需求时，可以将它改为其他对性能要求较低的服务器(如 DNS、FTP 服务器等)，或者进行适当扩充，或者采用集群的方式提升性能，再为新的网络需求购置新型服务器。

(五)机架原则

当网络内需要较多服务器时，建议考虑采用机架式服务器。机架式服务器可统一安装在标准机柜内,既减少对空间的占用,又无需重复购置显示器和键盘。更重要的是,便于进行电源管理和集群操作。

五、目前主流 Web 服务器

(一)Lighttpd 服务器

1. 简述

Lighttpd 是一个德国人领导的开源 Web 服务器软件,具有非常低的内存开销,CPU 占用率低,效能好,以及丰富的模块等特点。支持 FastCGI、CGI、Auth、输出压缩(Output Compress)、URL 重写、Alias 等重要功能。它使用 FastCGI 方式运行 PHP 时,将使用很少的 PHP 进程响应很大的并发量。

2. 优点

(1)从稳定性上看,FastCGI 是以独立的进程池来运行 CGI,单独一个进程崩溃,系统可以很轻易地丢弃,然后重新分配新的进程来运行逻辑。

(2)从安全性上看,FastCGI 和宿主的服务器完全独立,FastCGI 怎么宕机也不会把服务器拖垮。

(3)从性能上看,FastCGI 把动态逻辑的处理从服务器中分离出来,大负荷的 I/O 处理还是留给宿主服务器,这样宿主服务器可以一心一意作 I/O,对于一个普通的动态网页来说,逻辑处理可能只有一小部分,大量的图片等静态 I/O 处理,完全不需要逻辑程序的参与。

(4)从扩展性上讲,FastCGI 是一个中立的技术标准,完全可以支持任何语言写的处理程序(如 PHP、Java、Python 等)。

(二)Apache 服务器

1. 简述

Apache 是世界排名第一的 Web 服务器,根据所做的调查,世界上 50% 以上的 Web 服务器在使用 Apache。

Apache 是以进程为基础的结构,进程要比线程消耗更多的系统开支,不太适合于多处理器环境,因此,在一个 Apache Web 站点扩容时,通常是增加服务器或扩充群集节点而不是增加处理器。世界上很多著名的网站,如 Amazon、Yahoo!、W3 Consortium、Financial Times 等都是 Apache 的产物。

2. 优点

(1)几乎可以运行在所有的计算机平台上。

(2)支持最新的 HTTP/1.1 协议。

(3)简单而且强有力地基于文件的配置(httpd.conf)。

(4)支持通用网关接口(CGI)。

(5)支持虚拟主机。

(6)支持 HTTP 认证。

(7)集成 PERL。

(8)集成的代理服务器。

(9)可以通过 Web 浏览器监视服务器的状态,可以自定义日志。

(10)支持服务器端包含命令(SSI)。

(11)支持安全 Socket 层(SSL)。

(12)具有用户会话过程的跟踪能力。

(13)支持 FastCGI。

(14)支持 Java Servlets。

(三)Nginx 服务器

1. 简述

Nginx 服务器是俄罗斯人 Sysoev 为俄罗斯访问量第二的 Rambler.ru 站点开发的十分轻量级的 HTTP 服务器,Nginx 发音为"Engine X",是一个高性能的 HTTP 和反向代理服务器,同时也是一个 IMAP/POP3/SMTP 代理服务器。Nginx 是一款轻量级的 Web 服务器/反向代理服务器及电子邮件(IMAP/POP3)代理服务器,并在一个 BSD-like 协议下发行。其特点是占有内存少,并发能力强,事实上 Nginx 的并发能力确实在同类型的网页服务器中表现较好,我国使用 Nginx 网站用户有:百度、京东、新浪、网易、腾讯、淘宝等。

Nginx 以事件驱动(Epoll)的方式编写,所以有非常好的性能,同时也是一个非常高效的反向代理、负载平衡,有研究表明能支持高达 50 000 个并发连接数。其拥有匹配 Lighttpd 的性能,同时还没有 Lighttpd 的内存泄漏问题,而且 Lighttpd 的 mod_proxy 也有一些问题并且很久没有更新。但是 Nginx 并不支持 CGI 方式运行,原因是可以减少因此带来的一些程序上的漏洞。所以必须使用 FastCGI 方式来执行 PHP 程序。

2. 优点

(1)处理静态文件,索引文件以及自动索引。

(2)打开文件描述符缓冲。

(3)无缓存的反向代理加速,简单的负载均衡和容错。

(4)FastCGI,简单的负载均衡和容错。

(5)模块化的结构。包括 gzipping,byte ranges,chunked responses,以及 SSI-filter 等 filter。如果由 FastCGI 或其他代理服务器处理单页中存在的多个 SSI,则这项处理可以并行运行,而不需要相互等待。

(6)Nginx 专为性能优化而开发,性能是其最重要的考量,实现上非常注重效率。

（7）Nginx 具有很高的稳定性。其他 HTTP 服务器，当遇到访问的峰值，或者有人恶意发起慢速连接时，也很可能会导致服务器物理内存耗尽频繁交换，失去响应，只能重启服务器。例如，当前 Apache 一旦上到 200 个以上进程，Web 响应速度就明显非常缓慢了。而 Nginx 采取了分阶段资源分配技术，使得它的 CPU 与内存占用率非常低。Nginx 官方表示保持 10 000 个没有活动的连接，它只占 2.5M 内存，所以类似 DOS 这样的攻击对 Nginx 来说基本上是毫无用处的。就稳定性而言，Nginx 比 Lighthttpd 更胜一筹。

（8）Nginx 支持热部署。它的启动特别容易，并且几乎可以做到 7×24 小时不间断运行，即使运行数个月也不需要重新启动。还能够在不间断服务的情况下，对软件版本进行升级。

六、云服务器

云服务器（Elastic Compute Service，ECS）是一种简单高效、安全可靠、处理能力可弹性伸缩的计算服务。其管理方式比物理服务器更简单高效。用户无需提前购买硬件，即可迅速创建或释放任意多台云服务器（表 5-1）。

表 5-1　传统服务器与云服务器的服务差异

	传统服务器业务	云服务器租用服务
投入成本	高额的综合信息化成本投入	按需付费，有效降低综合成本
产品性能	难以确保获得持续可控的产品性能	硬件资源的隔离＋独享带宽
管理能力	日趋复杂的业务管理难度	集中化的远程管理平台＋多级业务备份
扩展能力	服务环境缺乏灵活的业务弹性	快速的业务部署与配置、规模的弹性扩展能力

云服务器帮助用户快速构建更稳定、安全的应用，降低开发运维的难度和整体 IT 成本，使用户能够更专注于核心业务的创新。

云计算服务器（又称云服务器或云主机）主要面向中小企业用户与高端用户提供基于互联网的基础设施服务，这一用户群体庞大，且对互联网主机应用的需求日益增加。该用户群体具备如下特征：业务以主机租用与虚拟专用服务器为主，部分采用托管服务，且规模较大；注重短期投资回报率，对产品的性价比要求较高；个性化需求强，倾向于全价值链、傻瓜型产品。用户在采用传统的服务器时，由于成本、运营商选择等诸多因素，不得不面对各种棘手的问题，而弹性的云计算服务器的推出，则有效地解决了这一问题。

第二节　后台发布系统

随着网络应用的丰富和发展，很多网站往往不能迅速跟进大量信息衍生及业务模式变革的脚步，常常需要花费许多时间、人力和物力来处理信息更新和维护工作。遇到网站扩充的时候，整合内外网及分支网站的工作就变得更加复杂，甚至还需重新建设网站。如此下去，用户始终在一个高成本、低效率的循环中升级、整合。于是，经常听到许多网站管理人员这样的反馈：

(1)页面制作无序，网站风格不统一，大量信息堆积，发布显得异常沉重。
(2)内容烦杂，手工管理效率低下，手工链接视音频信息经常无法实现。
(3)应用难度较高，许多工作需要技术人员配合才能完成，角色分工不明确。
(4)改版工作量大，系统扩展能力差，集成其他应用时更是降低了灵活性。

对于网站建设和信息发布人员来说，他们最关注系统的易用性和功能的完善性，因此，这对网站建设和信息发布工具提出了一个很高的要求。

首先，角色定位明确，以充分保证工作人员的工作效率；其次，功能完整，满足各道门"把关人"应用所需，使信息发布准确无误。例如，为编辑、美工、主编及运维人员设置权限和实时管理功能。

根据以上需求，一套专业的后台发布系统 CMS 应运而生，以有效解决用户网站建设与信息发布中常见的问题和需求。对网站内容管理是该系统的最大优势，它流程完善、功能丰富，可把稿件分门别类并授权给合法用户编辑管理，不需要用户去理会那些难懂的 SQL 语法。

基于内容管理的后台发布系统从 2000 年开始成为一个重要的应用领域，这时.com 和 B2B、B2C 等经历了资本和市场的考验及洗礼，人们重新回到信息技术应用的基本面——如何提高竞争能力，而内容管理恰恰能够通过对企业各种类型的数字资产的产生、管理、增值和再利用，改善组织的运行效率和企业的竞争能力，企事业单位也开始认识到内容管理的重要性。

一、网络后台管理技术的基本功能

网络后台管理技术之所以能够在企业的管理运行过程中发挥重要作用，与其丰富的基本功能是分不开的：利用网络后台管理技术可以有效地实现对网站的管理工作，根据网站内部含有的数据信息的类别（如用户自身的保密信息、企业用来公开的新闻信息、进行公示的栏目分类信息、进行重点说明的企业专栏信息等）进行对数据信息的分类管理，提升对数据信息的管理效率。

管理系统后台的部分功能有：新闻发布、图片及其他文件上传、新闻定时发布和定时自动更新、内容采集、图片及影音文件加水印、新闻审核、新会员审核、邮件群发、域名绑定和解析以及对上述所有信息的修改删除等操作。

二、网络后台管理系统的设计理念

网络后台管理系统是一类具有着自身特点的网络管理软件，是专门为企业互联网管理定制的一款网络信息数据管理软件。因此，在进行对网络后台管理系统的设计的过程之中，要充分总结出网络后台管理系统的基本特点，有针对性地进行对网络后台管理系统的设计工作。

第一，要进行对网络后台管理系统需求分析的研究工作，并根据企业需求的特点进行对网络后台管理系统的设计工作。通过这样的方式，所设计出来的网络后台管理系统就可以有针对性地满足企业的实际需要，为企业的网络数据信息管理提供更多的帮助。

从企事业单位信息化的观点来看，以下因素导致对内容管理软件的巨大需求：

（1）知识是企业的财富。在Internet交互过程中，只有10%涉及销售，其他90%都和信息交互有关，员工的知识获取越来越依赖于互联网，特别是在电子商务的个性化环境中，客户为了做出购买决定，需要智能化地获取信息，不仅仅是商品的数量和价格，更重要的可能是产品的手册、安全保证、技术指标、售后服务、图片文件等。

（2）信息的及时性和准确性。无论在企业内网还是外网，信息更新越来越快，企事业单位的信息生产量越来越多，且呈现成倍增长的趋势，企事业单位更需要的是一个功能强大的、可扩展的、灵活的内容管理技术来满足不断的信息更新、维护，这时如何保证信息的准确性和真实性将显得越来越重要。

（3）企业内外网统一的需求增长。随着企事业单位信息化的建设，内联网和外联网之间的信息交互越来越多，优秀的内容管理系统对企业内部来说，能够很好地做到信息的收集和重复利用以及信息的增值利用，对于外联网来说，更重要的是真正交互式和协作性的内容。

第二，要进行对网络后台管理系统的总体设计的研究工作，具体来说，就是概括性地建设网络后台管理系统的大体框架，奠定网络后台管理系统的设计基调，总结出网络后台管理系统的主要管理内容。通过对网络后台管理系统的总体设计，可以有效地确定企业所建立的网络后台管理系统的具体管理对象，建立明确的管理方向。

三、进行网络后台管理的重要意义

随着互联网科学技术的不断发展，社会各个领域的企业单位将越来越多的数据信息资料储存发布在企业的内部网络和互联网之上,通过互联网技术,给社会各个领域带来了更加高效的数据管理方式,极大地提升了人类社会数据处理和传输的效率。但是,信息科学技术的发展也是一柄双刃剑,在极大提升数据信息存储运输管理的同时,信息管理的安全问题正逐步成为社会领域关注的焦点问题,在这样的背景下,开展基于安全管理的网络后台管理技术的研发工作就显得尤为必要。

近几年来,现代信息科学技术发展的速度越来越快,互联网上传输的数据类别也处于不断更新的状态,这就给企业的网络信息管理带来了更多难题。作为一种具有特殊性质的管理软件,企业网络管理系统的研发进度难以得到有效保证,尤其是目前在互联网上充斥着各种类别的病毒和植入性木马,这就需要企业在网络管理运行的过程之中,不断投入资金和精力,还不能够完全做到规避风险。在这样的背景下,进行基于安全管理的网络后台管理技术就成为了企业进行网络管理的必要手段之一。

随着信息科学技术的进一步发展,社会各个行业领域之间的竞争也会日趋激烈,企业所能够获得的利润也会逐渐下降。在这样的背景下,建立网络后台管理系统的重要性就会进一步突现出来。具体来说,通过运用网络后台管理系统,可以有效地通过对企业数据信息的需求分析,建立网络后台管理的项目管理创新,提升网络后台管理的管理效率,降低企业的信息管理安全风险。

进行网络后台管理有利于加强网络管理的效率,并可以有效地实现对网络数据的远程传输和编辑,增强互联网数据传输的有效性和安全性,对于企业的网络安全管理运行有着非常重要的现实意义。

第三节 绩效评估

一、绩效评估的含义

绩效(Performance)也称业绩、成绩、效果等,是指个人或组织开展的活动所取得的成就或产生的积极效果。绩效的观念首先运用于项目管理和人力资源管理方面,是管理科学和实践中的重要范畴之一。在管理学中,绩效定义为从过程、产品和服务中得到的输出结果,并将该输出结果与目标、标准、过去结果、其他组织的情况进行比较,从而对该输出结果进行评估。可见,绩效评估(Performance Measurement)则是识别、观察、测量和评估绩效的过程。

政府网站是指各政府部门在信息化建设基础上,以跨部门的综合业务应用系统为支撑,在互联网上建立起的官方网站,是政府实现政务信息公开、服务企业和社会公众，方便公众参与的重要渠道。政府网站评估则是在一定的理论指导下，有目的、有计划、有组织地运用特定方法、手段、系统，对政府网站建设状况加以分析、综合，做出描述和解释，阐明其发展规律的认识活动。

二、政府网站绩效评估的重要意义

政府网站绩效评估是指导政府网站建设的有效指挥棒。绩效评估并非单纯为了排名，而是作为引导各级各部门政府网站健康发展的一种途径，目的是通过评估，以消除政府网站"僵尸""睡眠"等现象为基础，进一步推进行政权力清单及财政资金等信息公开工作。同时，掌握网站建设现状和水平，进一步查找不足、总结经验、树立典型，帮助各级政府部门发现政府网站建设中存在的问题，并找出解决办法，加快推进政府网站健康、良性发展。

要进一步提高新形势下推进政府网站发展重要性的认识，把政府网站作为推进国家治理体系和治理能力现代化的重要组成部分，把政府网站和深化行政管理体制改革和促进政府职能转变的要求结合起来，把政府网站放在国家经济社会发展全局来推进。在这样的背景下，开展政府网站绩效评估具有非常重要的理论意义和实践价值。

第一，开展政府网站绩效评估是深化行政体制改革的重要措施。政府网站已成为信息时代政府实现其职能转变的重要方式，成为政府行政体制改革的新方向，而政府网站绩效评估正以其特有的方式为这种变革提供理论上的支持和技术上的帮助。因此，政府网站绩效评估对于促进政府行政体制改革、建设服务型政府都具有十分重要的现实意义。

第二，科学的绩效评估方法是度量政府网站发展水平和建设成效的依据。目前我国政府网站绩效评估无论是在理论研究还是实际应用上，都还存在着很大的不足，现有评估体系与方法难以对我国政府网站建设进行全面、客观、科学的测定及评价。政府网站绩效评估研究不仅能够丰富公共管理理论，同时对于评估政府网站建设成效、及时发现和纠正政府网站发展中的不足、总结政府网站建设得失、引导政府网站步入良性发展轨道也具有重要的实践指导意义。

第三，合理设置政府网站绩效目标并配合相应的绩效管理制度，可以使政府部门产生内在的激励约束机制，有助于在深层次上解决政府网站建设中的突出矛盾与问题。政府网站的产生和发展本身是以提升政府绩效为目的，通过建立政府网站绩效评估体系，能够提高政府及其工作人员的绩效意识，同时有利于进一步提高行政活动中的服务理念和责任意识，将公众满意作为政府工作的使命和宗旨，树立公众取向亦即"民本主义"的绩效文化。反过来，良好的绩效文化也可以促进政府网站绩效评估工作的长期化、规范化和制度化。

第四,公开公正的政府网站绩效评估有助于提高政府形象,增强政府公信力。政府形象是社会公众对政府在运行过程中显示的行为特征和精神状况的总体印象和评价。它既是社会公众的主观评价,又是政府客观表现的反映。公正地进行政府网站的绩效评估并将之公布,不管评估结果如何,都是政府就政府网站的效果与社会公众进行的积极沟通,有助于提高政府工作的透明度,有助于树立一个民主和负责任的政府形象。

三、政府网站绩效评估指标体系

为进一步引导和促进政府网站健康发展,深化电子政务应用,2009年4月22日,工业和信息化部发布了《政府网站发展评估核心指标体系(试行)》。2009年起,工业和信息化部不再委托评估机构开展全国性政府网站综合评估工作,按照"谁评估、谁公布、谁解释"的原则,鼓励有经验、有实力、有信用的评估机构开展政府网站发展评估,向社会公开发布评估结果,并负责对发布结果的解释。

工业和信息化部核心指标体系重心放在政府信息公开、网上办事、政民互动三个环节,不是政府网站评估所需的全部指标,不替代各地区、各部门已有的评估指标体系。具体指标及要点见表5-2所列。

表5-2 工信部政府网站发展评估核心指标体系(试行)

一级指标	二级指标	评估要点
政府信息公开	主动公开信息量	政府网站实际主动公开政府信息的总数量
	依申请公开量	全年公众通过政府网站申请公开信息的数量
	年度新增量	全年政府网站实际主动公开政府信息的新增数量
网上办事	网上办事量	政府网站实际提供的各类网上办事服务事项的数量
	网上办事度	公众通过政府网站办理相关服务事项中,政府网站提供网上办事服务的办理程度
	网上办事率	全年通过网站办理的服务事项的件数,占该事项全年通过各类办事渠道办理的总件数的比例
政民互动	公众参与量	全年公众通过政府网站参与各类互动活动的总事件(人次)数
	参与答复量	全年对公众通过政府网站参与建议的各类互动活动,给予答复的总件(条)数
	参与便捷度	政府网站为公众提供参与互动的渠道种类和数目,互动服务便捷程度满意的人数占使用政民互动服务总人数的比例

四、政府网站绩效评估的程序

政府网站绩效评估应该严格按照既定的规范程序进行,统一、规范的程序可以在相当程度上保证评估结果的可信度和可用性,方便进行横向比较,且利于评估工作的持续开展。一般政府网站绩效评估的流程大体可分为以下五个阶段:评估准备、评估设计、数据采集、评估分析和评估报告(图5-1)。

图 5-1 政府网站绩效评估流程图

(一)评估准备

在评估准备阶段,主要任务是确定评估的目的、目标和重点,并收集与此次评估有关的信息和参考资料,包括相关的评估报告和与评估对象有关的文献资料,系统了解与此相关的背景知识、现状动态和发展趋势,初步形成对评估对象的大致印象。如需委托第三方进行评估,应选择实力强、经验丰富的专业评估机构,并就评估的相关事项和双方责任等与之进行充分交流,在达成共识的基础上签订委托协议或合同。接着,应召开评估启动会或动员会,进一步明确评估的相关事宜。另外,在评估准备阶段不能忽视的两项工作分别是评估机构准备和评估物资准备。评估机构准备包括设置评估机构、配备评估的工作人员、明确评估机构内部的职责与权限等;评估活动需要一定物资支持,如办公用品、经费、设备等,评估物资准备对评估工作的顺利完成非常重要,它可以决定评估规模、评估范围以及可以开展多少评估活动等。

(二)评估设计

在评估设计阶段,主要工作包括设计评估问题,形成评估框架(包括评估的具体内容、评估要点和评估指标体系等)。其中,评估的指标体系尤为重要。指标是评估的工具,是反映评估对象属性的指示标志。指标体系则是根据评估目标和评估内容的要求构建的一组相关指标,是数据采集与评估分析等后续工作的依据;确定数据采集的来源、类型和方式;选出评估负责人,组建评估团队,应保证评估人员的知识结构、能力水平、责任心和工作时间等能够符合并满足评估要求;分配评估任务,明确责任范围;选择评估的方法和工具;设计评估交付结果形式,或综合评估报告或专题评估报告等;编制评估活动的时间进度表;完成评估设计方案文本,确定评估设计方案。

(三)数据采集

在数据采集阶段,主要工作包括设置数据采集、整理的最后期限;设计抽样方案、调查问卷和调研提纲;发放及回收问卷和调查表;进行各种数据信息的调查，包括案例调查、专题面访、实地调研及网上数据采集等；对采集到的各类数据信息进行分类和整理并做初步分析，为综合评估做准备；对数据采集的完成情况进行总结比对，查漏补缺，对某些缺乏的关键数据，进行必要补充。数据采集表是收集指标数据的主要方法，数据采集表是根据各项具体指标制定的，旨在向被评估对象获取具体数据的集合。数据采集表的制定要考虑与各项具体指标的评价标准和评分细则相联系。政府网站绩效评估的数据采集主要有两个来源：一是外部数据，即政府网站向社会公众提供的各种信息和服务，以及社会公众从政府网站获得的收益和对政府网站的满意程度等。对这类数据主要通过社会机构或政府授权的评估机构、访问政府网站、问卷调查等方式和途径进行采集。二是内部数据，即政府网站对政府内部行政的影响，包括政府网站管理制度、建设标准、安全防范等保障措施以及政府工作人员从政府网站中获得的收益和对政府网站的满意程度等。对这类数据主要通过政府上报材料和政府网站绩效主管机构等方式和途径进行调查采集，其中政府用户满意度可通过问卷方式调查。

(四)评估分析

在评估分析阶段，主要工作包括在数据信息采集整理的基础上，按评估问题组合信息，对数据信息进行分组，运用相关的评估方法，对数据进行统计和综合分析，形成评估的初步结论。在此基础上，对评估初步结论再进行确认或修正，形成正式的评估结论。评估分析是形成评估结论的后期环节，也是整个评估活动中难度最大、要求最高的环节。

(五)评估报告

在评估报告阶段，主要工作包括根据评估报告内容与格式的具体要求，以评估分析的结果为素材依据，撰写评估报告初稿，这里所说的评估报告，既可能是政府网站发展报告，也可能是绩效数据分析报告、绩效评估报告，或改进策略报告等。在初稿完成后，要对其进行反复讨论，并从理论高度和宏观视角，对报告中反映出的突出问题与取得的主要成绩进行梳理总结和归纳提炼，确定修改方案。定稿后应提交正式的评估报告。

第四节　网站安全

一、主要安全风险

网站面临的安全威胁主要来自于内部和外部两个方面，主要包括黑客入侵、网络病毒传播、信息篡改与盗窃、恐怖集团的攻击和破坏、资源拒绝访问、信息系统失控以及内部人员的违规或违法操作等多个方面。

(一)技术风险

技术方面的安全风险主要包括物理安全风险、链路安全风险、网络安全风险、系统安全风险和应用风险五方面。

1. 物理安全风险

物理安全涉及的风险主要有五个方面,一是自然灾害、物理设备老化等环境事故可能导致整个或部分系统瘫痪及数据丢失;二是电源故障造成设备断电,导致信息毁坏或丢失;三是设备被盗、被毁造成数据丢失或信息泄露;四是电磁辐射可能造成数据信息被窃取或偷阅;五是报警系统的设计不足或故障可能造成误报或漏报。

2. 链路安全风险

入侵者可能在传输链路上利用搭线窃听等方式截获机密信息,再通过一些技术手段读出信息;或通过对信息流向、流量、通信频度和长度等参数的分析,推出有用信息,如用户口令、账号等;或做一些篡改来破坏数据的完整性。

3. 网络安全风险

网络应用在提供了资源的共享性和系统的可靠性的同时,也增加了网络安全的脆弱性和复杂性。网络系统的数量、网络使用的服务、网络与Internet的连接方式、网络知名度以及网络对安全事故的准备情况等一些因素都会影响网络安全风险程度。再加上政府是一个特殊的行业,其信息资源早已是众矢之的,网络面临的安全威胁将更为严重。

4. 系统安全风险

目前的操作系统以及底层支撑系统多来自于国外厂商。很多系统有漏洞和"后门",即在各种软硬件中有意或无意间留下的特殊代码,通过这些代码可以获得软硬件设备的标识信息或进入操作系统特权控制的信息。

5. 应用安全风险

电子政务应用系统是软件。软件既是重要的系统资源,是安全保护的对象,是安全控制的措施,又是危害安全的途径和手段,而且由于电子政务应用系统直接面向业务进行信息处理,其业务范围广泛,应用主体众多,涉及复杂的权限管理和业务责任等原因,使得应用系统极为复杂,程序量很大,设计失误的风险难免会增多,加之还涉及软件开发人员的品行可靠性问题,所以,软件本身是十分脆弱的。如果考虑不周,或者受设计者本身的技术能力限制,则应用系统的各组成部分和整个网络,从系统集成、网络设计到计算机各个元器件、网络设备、安全专用设备、操作系统、网络协议、应用软件等,都可能无意识地留下可供攻击者开发利用的一些特性,使应用系统存在安全弱点或隐患,直接影响到应用系统的使用效果。

(二)管理风险

有调查显示,在已有的网络安全攻击事件中,约70%来自于网络内部的侵犯。组织内部安全管理制度不健全及缺乏可操作性,导致安全策略不完善或不能实施,或人们的安全意识薄弱、安全制度执行不利等原因,会使怀有恶意的内部人员成为最难防范的敌人,造成最大的安全隐患。这是因为内部人员对系统的工作原理和脆弱之处非常了解。内部人员熟悉组织结构,得到了系统的充分信任,也知道系统是如何针对他的行为进行调查的,故可以利用系统本身的资源来对付系统。为此,除了需要制定一系列信息安全标准和信息系统安全标准之外,还需要在设计技术安全措施的同时考虑管理安全措施的制定。而后者对政府来说更尤为重要。

内部安全威胁有:内部人员故意泄漏网络结构;安全管理员有意透露其用户名及口令;内部不怀好意的员工编些破坏程序在内网上传播;或者内部人员通过各种方式盗取他人的涉密信息并传播出去等。大多数技术安全措施,如防火墙、入侵者探测系统等旨在对付来自于系统外部的攻击手段,对内部的攻击却束手无策。

不难看出,电子政务信息安全是一个系统的概念,它既存在因为技术原因引起的安全隐患,也有非技术原因引起的安全问题。所以,仅依靠信息安全技术和产品,不可能形成有效的信息安全体系。要全面解决电子政务网络与信息安全问题,还需加强管理工作,如组织和制度建设等,以寻求电子政务整体的安全,为此,制定科学、完整的信息安全策略是整个信息安全体系建设的基础和保障。

二、安全管理方法

面对网络安全的脆弱性,除在网络设计上增加安全服务功能,完善系统的安全保障措施外,还必须花大力气加强网络的安全管理。

(一)日常管理

通常情况下,信息网络系统的安全,除了安全技术方面的安全保障措施外,必须健全相应日常管理措施,管理机构依据管理制度和管理流程对日常操作、运行维护、审计监督、文档管理进行统一管理。由于网络新漏洞的出现与新威胁的增加,要求通过网络安全管理实现系统审计信息的综合分析、在运行中不断调整安全策略、完善安全设计,使安全策略更符合实际、安全设计更趋合理。另外,要求建立各项应急响应措施与应急制度,提高系统抗攻击或抗灾难响应能力。日常管理主要包括:

(1)按照公安部门的要求,保存好网络系统日志、用户访问日志及网站中心其他工作人员的操作日志。

(2)定期系统地进行漏洞扫描和漏洞修补。定期查询入侵检测系统日志，了解恶意攻击情况，及时调整相关策略。

(3)关注互联网络病毒蔓延情况及黑客技术动向，及时收集、下载、升级防病毒、查杀病毒程序，发出病毒预警，提醒用户注意防范协助完成病毒查杀工作。

(4)发现危害政府网络安全活动，应立即报告公安机关，并做好记录，协助公安机关搞好案件调查。

(二)等级保护

信息安全等级保护是指对国家秘密信息、法人和其他组织及公民的专有信息及公开信息和存储、传输、处理这些信息的信息系统分等级实行安全保护，对信息系统中使用的信息安全产品实行按等级管理，对信息系统中发生的信息安全事件分等级响应、处置。

信息安全等级保护就是分等级保护、分等级监管，是将全国的信息系统(包括网络)按照重要性和遭受损坏后的危害性分成五个安全保护等级(从第一级到第五级，逐级增高)；等级确定后，第二级(含)以上信息系统向公安机关备案，公安机关对备案材料和定级准确性进行审核，审核合格后颁发备案证明；备案单位根据信息系统安全等级，按照国家标准开展安全建设整改，建设安全设施、落实安全措施、落实安全责任、建立和落实安全管理制度；备案单位选择符合国家规定条件的测评机构开展等级测评；公安机关对第二级信息系统进行指导，对第三、四级信息系统定期开展监督、检查。

1. 安全保护等级的划分

信息系统的安全保护等级应当根据信息系统在国家安全、经济建设、社会生活中的重要程度，以及信息系统遭到破坏后对国家安全、社会秩序、公共利益及公民、法人和其他组织的合法权益的危害程度等因素确定。信息系统安全保护等级共分五级。

第一级，信息系统受到破坏后，会对公民、法人和其他组织的合法权益造成损害，但不损害国家安全、社会秩序和公共利益。

第二级，信息系统受到破坏后，会对公民、法人和其他组织的合法权益产生严重损害，或者对社会秩序和公共利益造成损害，但不损害国家安全。

第三级，信息系统受到破坏后，会对社会秩序和公共利益造成严重损害，或者对国家安全造成损害。

第四级，信息系统受到破坏后，会对社会秩序和公共利益造成特别严重损害，或者对国家安全造成严重损害。

第五级，信息系统受到破坏后，会对国家安全造成特别严重损害。

2. 五级保护与监管

信息系统运营使用单位依据本办法和相关技术标准对信息系统进行保护，国家有关网络安全监管部门对其信息安全等级保护工作进行监督管理。

第一级信息系统运营使用单位应当依据国家有关管理规范和技术标准进行保护。

第二级信息系统运营使用单位应当依据国家有关管理规范和技术标准进行保护。国家网络安全监管部门对该级信息系统信息安全等级保护工作进行指导。

第三级信息系统运营使用单位应当依据国家有关管理规范和技术标准进行保护。国家网络安全监管部门对该级信息系统信息安全部级保护工作进行监督、检查。

第四级信息系统运营使用单位应当依据国家有关管理规范、技术标准和业务专门需求进行保护。国家网络安全监管部门对该级信息系统信息安全等级保护工作进行强制监督、检查。

第五级信息系统运营使用单位应当依据国家有关管理规范、技术标准和业务特殊安全需求进行保护。国家指定专门部门对该级信息系统信息安全等级保护工作进行专门监督、检查。

3. 对信息安全实行分等级响应、处置制度

国家对信息安全产品使用实行分等级管理制度。网络安全事件实行分等级响应、处置的制度，依据网络安全事件对信息和信息系统的破坏程度、所造成的社会影响和涉及的范围确定事件等级。根据不同安全保护等级信息系统中发生的不同等级事件制定相应的预案，确定事件响应和处置的范围、程度及适用的管理制度等。网络安全事件发生后，分等级按照预案响应和处置。

4. 信息安全等级保护政策体系

近几年，为组织开展信息安全等级保护工作，公安部根据《中华人民共和国计算机信息系统安全保护条例》的授权，会同国家保密局、国家密码管理局、原国务院信息办和发改委、财政部、教育部、国资委等部门出台了一些政策文件，公安部对有些具体工作出台了一些指导意见和规范，这些文件构成了信息安全等级保护政策体系（图5-2），为各地区、各部门开展信息安全等级保护工作提供了政策保障。

(三) 应急响应

要建立网络安全事件应急响应预案。网络安全事件应急响应预案是安全管理制度的一个重要部分，这里单独来讨论，主要是考虑到其重要性。事前有预案，一旦发生安全事件，就可以触发相应的预案处理程序，在最短的时间内恢复正常的网络信息服务，力求把安全事件的破坏力降到最低。

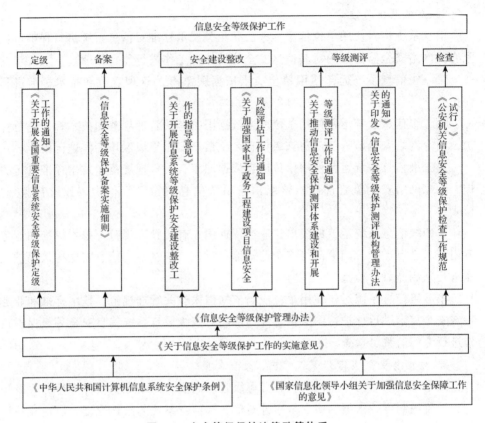

图 5-2 安全等级保护法律政策体系

1. 应急响应体系建设基于以下基本认识

一是网络安全的保险基础是大规模的检测、预警和响应系统。二是应急响应是保障信息网络可生存性的必要手段和措施。三是应急响应是积极防御和纵深防御体系中的最后一道防线。四是由于技术的因素，信息技术不对称，网络漏洞必须存在。因而，对网络安全事件进行应急响应是必不可少的关键环节。五是应急响应是入侵管理过程中的关键环节。六是应急响应是降低风险的主动有效措施，是增强积极防御能力的手段。七是整个预警与应急响应体系是以入侵检测为核心的，容纳并联合了其他安全防护设备，如防火墙、网络隔离、漏洞扫描、外联检测、拓扑发现等设备，统一进行入侵管理，支撑应急响应体系。

2. 应急响应体系建设的益处

一是第一时间了解网络的安全形势。网络中发生了哪些类型的安全事件，有哪些主要的外部入侵行为，有哪些类型的内部违规行为等，这些安全事件经总结、提升后，第一时间反馈给主管领导，及时了解当前网络的安全形势。二是把握安全趋势。结合网络的分布式特点，结合网络管理的分级管理、集中监控特点，监测并综合报告全局化的安全趋势，从而把握整个单位的整体网络安全态势。三是明确安全责任。在网络中出现安全事件后，能够迅速定位安全事件的来源，明确安全事件发生的范围，确认网络系统受损害程度，进而明确安全责任。

3. 应急响应体系建设的作用

一是及时发现安全事件。网络中发生了什么安全事件，有哪些外部入侵行为，是否有人对重要的服务器进行攻击，是否有人在进行嗅探等，所有这些突发的安全问题，都能够及时发现。二是快速定位安全处理。针对安全事件采取有效措施进行处理，集中监控网络蠕虫等特殊事件，了解并制止潜在的内外攻击行为，及时发现并清除网络病毒、恶意代码。三是更好地利用网络安全设备。组成以入侵检测为核心的安全产品联盟，与网络入侵检测、主机入侵检测、网络漏洞扫描、综合审计、防火墙等安全产品互动，形成综合分析的安全报告，更好地让这些安全设备起到应有的作用。

(四) 灾难恢复计划

灾难恢复计划包括在电子政务系统遭受重大破坏的情况下保留业务处理能力的准备工作。破坏因素包括人为和自然灾害造成的。高可靠性系统应该保证应用系统任何一个环节的失败不会影响业务的正常运行。因此，高可靠性方案应该考虑到应用、数据和系统各级的保护。一个有效的高可靠性系统环境应用能够做到：

(1) 任何计算机系统硬件、软件和应用故障不能影响整个中心的处理工作。

(2) 由于灾难(火灾、地震)等原因无法工作时，应有一个备份数据中心能够立即接管关键应用，继续运行。

(3) 主数据库恢复后，应用、数据应迅速切换回主系统运行。灾难恢复包括：数据库容灾；存储系统运程复制；软件远程复制等解决方案。容灾系统的设计没有千篇一律的定式，需要在保护已有投资的前提下选择最合适的解决方案。

(五) 安全制度

安全制度是指为保证系统的安全运转而建立的一套自上而下的安全组织机构及管理有关的规章制度。由于政府网络的特殊性和权威性要求，电子政务信息安全管理部门应根据管理原则和该系统所处理数据的保密性要求，加强安全制度的研究、制定和实施，明确建设的指导原则规范、部门和人员的相关职能和责任、信息的时效控制，以制定相应的管理制度或采用相应的规范。

1. 遵循信息安全管理条例的相关规定

我国已颁布了一系列有关信息安全的管理条例，在各级政府制定相应的安全管理制度时应该遵循这些管理条例的规定，主要有以下内容：《中华人民共和国保守国家秘密法》《中华人民共和国国家安全法》《中华人民共和国电子签名法》《计算机软件保护条例》《商用密码管理条例》《中华人民共和国计算机信息系统安全保护条例》《中华人民共和国国家标准计算机信息系统安全保护等级划分准则》《计算机信息系统安全专用产品检测和销售许可证管理办法》《科学技术保密规定》《信息技术安全标准目录》《中华人民共和国计算机信息网络国际联网管理暂行规定》《专用网与公用网联网的暂行规定》《互联网出版管理暂行规定》《关于互联网中文域名管理的通告》《计算机信息系统集成资质管理办法（试行）》《计算机信息网络国际联网出入口信道管理办法》《通信建设市场管理办法》《中国公用计算机互联网国际联网管理办法》《中国公众多媒体通信管理办法》《电子认证服务管理办法》等。

2. 安全管理制度的制定原则

一是多人负责原则：每一项与安全有关的活动，都必须有两人或多人在场。二是任期有限原则：任何人最好不要长期担任与安全有关的职务，以免使他认为这个职务是专有的或永久的。三是最小权限原则：每个人只负责一种事务，只有一种权限。四是职责分离原则：在信息处理系统工作的人员不要打听、了解或参与职责以外的任何与安全有关的事件，除非系统主管领导批准。在此基础上，制定包括机房管理、网络管理、系统管理、设备管理、信息管理、应急处理、人员管理、技术资料管理等有关信息系统建设的规范。

3. 安全制度的主要内容

政府网站的安全制度主要包括以下四个方面：

（1）明确责任部门。各政府机关应当对其建立的政府网站的安全职责，明确安全的责任部门。

（2）系统的安全要求。政府网站系统的建设应当包括机房建设、Web安全发布系统、电子公告服务内容过滤系统、防火墙系统、病毒防治系统、邮件过滤系统、入侵检测和审计系统、网络及主机漏洞扫描系统等。

（3）安全产品的要求。政府网站的安全产品应当具备公安部颁发的"计算机信息系统安全专用产品销售许可证"和中国国家安全测评认证中心颁发的"国家信息安全认证产品型号证书"，确保系统的先进、稳定和可靠。

（4）安全工作制度。政府机关应当建立如下政府网站的安全工作制度：对政府网站的数据应当制作定期备份；为重要设备和系统建立密码并定期更新；建立严格的机房管理制度；定期测评系统安全，及时对病毒防治系统、操作系统、数据库等系统软件进行升级；建立预警机制，制定应急方案；进行定期演练，并报信息网络安全协调办公室备案；在发生安全突发事故后，应当及时向有关机构报告。

三、新媒体环境下的网络安全隐患

(一)新媒体环境下网络环境现状

当今社会,网络已深度融入了人们的生活,网络媒体在信息传播的速度、信息覆盖面、民众情感交流和意见表达方面,发挥了突出作用,对社会群体的影响力日益提升。网络媒体和传统媒体相比,具有如下特征:

1. 网络的虚拟性

众所周知,新媒体是以网络为代表的一类新兴媒体,这类媒体同互联网一样具有一定的虚拟性。网络中人们没有身份,只有虚假的姓名和头像等,这就不能使得网友的关系同正常社会中的朋友关系一样相提并论,在这样的环境下,一些网民,尤其是大学生网民就容易轻易相信别人而误入歧途。

2. 与网民的互动

新媒体是一种交互式的模式,它改变了电视报刊等传统媒体的单一性模式,网络的使用者可以自由发送信息,将自己的想法与意见反馈到相应的栏目或节目之中。同时,网民还可以在微博、贴吧、论坛等自由发送信息,具有一定的言论自由性。

3. 包容性与开放性

新媒体多样化、自主化的传播形式体现了它的包容性。新媒体传播有文字、图像、视频、音频等多种传播形态,传统媒体界限分明的形式在新媒体环境下已经没有意义。包容性是网络的技术特性造就的,这就意味着网络空间的信息是良莠不齐、纷繁芜杂的。开放性,一是指对于外部世界的开放性,网络对公众是开放的,任何人都可以接入网络;二是指网络内部的开放性,网民可以在网络空间共享信息资源。

4. 信息接收的碎片化

新媒体时代的信息是零散的,人们获取信息的方式也是零散的,不似传统新闻的报道,受众需要真正坐下来或者放下工作来接收消息。在快餐化社会下,人们获取信息的方式也不再单一,网民可以随时随地拿出手机寻找手机新闻。

(二)网络安全存在的隐患

1. 信息泄露

信息诈骗是网络环境下最常见的问题,随着新媒体时代的到来,网络的现实性也逐渐回归。IP地址就像一个人的身份证明,而且现在众多的网络游戏或一些常用软件都开启了实名认证,网民需要填写正确的个人信息才能注册使用,这样一来网民的信息便会轻易透露,但为了软件的使用,这又是网民必须经历的一步。

2. 网络暴力

网络暴力是一种危害严重、影响恶劣的暴力形式，它是指一类由网民发表在网络上的并且具有诽谤性、诬蔑性、侵犯名誉、损害权益和煽动性五个特点的言论、文字、图片、视频，这一类言论、文字、图片、视频会针对他人的名誉、权益与精神造成损害，人们习惯称其为"网络暴力"。网络暴力已经打破了道德底线，往往也伴随着侵权行为和违法犯罪行为，亟待运用教育、道德约束、法律等手段进行规范。网络暴力是网民在网络上的暴力行为，是社会暴力在网络上的延伸。网民们若想获得自由表达的权利，也要担当起维护网络文明与道德的使命，至少，要保持必要的理性、客观。在现代社会中，网络暴力一直存在，尤其是对于现在青少年来说，他们易冲动，稍有不合就会产生一定的行为。

2019年12月，国家互联网信息办公室发布《网络信息内容生态治理规定》。根据规定，网络信息内容服务使用者和生产者、平台不得开展网络暴力、人肉搜索、深度伪造、流量造假和操纵账号等违法活动。

3. 网络谣言

网络谣言是指通过网络介质(如微博、国外网站、网络论坛、社交网站、聊天软件等)而传播的没有事实依据，带有攻击性、目的性的话语。它主要涉及突发事件、公共卫生领域、食品药品安全领域、政治人物、颠覆传统和离经叛道等内容。

谣言传播具有突发性且流传速度极快，因此，对正常的社会秩序易造成不良影响。偷换概念、以偏概全，谣言防不胜防；宁信其有、不信其无，从众心理加速传播。网络谣言，尤其是网络政治谣言由于真伪难辨、蛊惑性强，容易带来严重社会问题，甚至引发社会动荡和政局失稳。许多国家把打击网络政治谣言作为谣言治理的重要内容，综合施策、严厉打击。

2013年9月9日，最高人民法院和最高人民检察院公布的《关于办理利用信息网络实施诽谤等刑事案件适用法律若干问题的解释》，明确了网络谣言在什么情况下构成犯罪。该司法解释于2013年9月10日起施行。

4. 不良信息

网络无疑带给人们丰富的信息，但这些信息中也不乏有些不良或者虚假的。自媒体网络时代，网民可以自由发送信息，但发送的信息质量与真实性却是很难核实的，这就导致了一部分虚假信息出现在网络中。再经过快速的网络转发传播等，有些本来真实的信息也变了味道。另外，现在很多黄色信息和不良宗教信息都充斥着网络环境之中。

(三)针对新媒体网络安全的策略

互联网兴起推动了新媒体的空前繁荣。一是用户的体验好了，编辑表现的手法更多了；二是信息发布渠道多了，三屏合一，线上线下互动；三是新闻的速度更快了，随着智能手机的普及，人人都成为"记者"，新闻行业进入到实时推送的时代……总之，新媒体时代正在悄然走进我们工作、生活的方方面面。

1. 政府应加强管理措施

政府要在一定程度上进行宏观调整，对不同地区、部门与网络媒体有关的生产、销售、安装等环节进行规范化管理。应将网络媒体的规范与管理作为工作的重点；要严格管理利用网络媒体经营娱乐业务的实体，如网吧等；要建立严格的经营手续，经营者必须具有从业素质合格证，要采取有效措施来净化网络媒体用于娱乐业的服务环境，切实提高其社会效益。

2. 将网络安全上升到国家战略高度，等级保护落实是工作抓手

网络安全作为国家安全的重要组成部分，一直以来都得到国家领导的高度重视，2014 年我国成立网络安全与信息化领导小组，习近平同志亲任组长。2017 年 6 月《网络安全法》正式实施，规定了我国网络安全实行等级保护制度。2019 年 12 月，新的等级保护标准（等保 2.0）实施。网络安全的建设与管理开始有法可依，有规可查。

3. 各网站要加强安全防护对网络的安全管理

制定一套新的制度，改善网络环境。此外，还必须对管理人员进行安全管理意识培训，要提高他们的安全意识，培训他们对丢失信息等的处理，不能出现信息一旦丢失便会广为扩散的现象。

4. 网民要加强自我保护

网民作为网络使用的主体，他们的意识是十分重要的，网民要有良好的素质和敏锐的判断力来判断信息的正误与真实性，不能被其他一些外界因素影响其自身的判断。另外，当网民得知自己受骗或受到伤害时要有维权意识，主动寻找可以解决问题的方法，要学会使用法律武器。

新媒体环境下，网络安全面临的形势严峻，必须要对此高度重视，从各个方面解决这一问题，树立网络正气和弘扬社会主义价值观，形成一个良好的网络环境，也只有这样才能促进互联网的进一步发展。

四、安全使用个人计算机

(一)杀(防)毒软件不可少

病毒给全球计算机系统造成巨大损失，令人们谈"毒"色变。上网的人中，很少有谁没被病毒侵害过。对于一般用户而言，首先要做的就是为计算机安装一套正版的杀毒软件。

现在不少人对防病毒有个误区，就是对待计算机病毒的关键是"杀"，其实对

待计算机病毒应当是以"防"为主。目前绝大多数的杀毒软件都在扮演"事后诸葛亮"的角色,即计算机被病毒感染后杀毒软件才忙不迭地去发现、分析和治疗。这种被动防御的消极模式远不能彻底解决计算机安全问题。杀毒软件应立足于拒病毒于计算机门外。因此,应当安装杀毒软件的实时监控程序,应该定期升级所安装的杀毒软件(如果安装的是网络版,在安装时可先将其设定为自动升级),给操作系统打相应补丁、升级引擎和病毒定义码。由于新病毒的出现层出不穷,现在各杀毒软件厂商的病毒库更新十分频繁,应当设置每天定时更新杀毒实时监控程序的病毒库,以保证其能够抵御最新出现的病毒攻击。

每周要对计算机进行一次全面的杀毒、扫描工作,以便发现并清除隐藏在系统中的病毒。当用户不慎感染上病毒时,应该立即将杀毒软件升级到最新版本,然后对整个硬盘进行扫描操作,清除一切可以查杀的病毒。如果病毒无法清除,或者杀毒软件不能做到对病毒体进行清晰的辨认,那么应该将病毒提交给杀毒软件公司,杀毒软件公司一般会在短期内给予用户满意的答复。而面对网络攻击之时,我们的第一反应应该是拔掉网络连接端口,或按下杀毒软件上的断开网络连接钮。

专网杀毒软件仍存在以下几类问题:

(1)传统杀毒软件依赖病毒库,无法应对新的病毒安全形势。据知名安全公司 McAfee 2013 年度安全报告显示,目前,病毒木马样本总数接近 6000 万,且逐月仍在增长。网络版杀毒软件依托本地病毒库查杀病毒,300M 的病毒库最多容纳 300 万左右的病毒样本,已经远远不能满足公安网病毒防范要求。

(2)病毒库升级不畅,限制了现有杀毒软件的杀毒能力。由于专网与互联网物理隔离,病毒库升级包靠各地干警手工导入,在消耗了大量人力、物力的同时常常无法及时升级,导致专网内各种宏病毒、老病毒依然存在。

(3)杀毒软件管理中心无法级联,全网缺乏统一管控手段。目前,杀毒软件由各省和地市信息中心自行采购部署,不同品牌的管理中心之间不支持级联,中心无法对全网计算机病毒情况进行统一和精细化的管控,无法指导各省对病毒疫情进行应急响应。

(4)无法对特种木马全网查杀,网络安全风险极大。特种木马是境外间谍机构针对我国政府专网专门编写的计算机病毒,目前没有手段对其进行全网查杀。特种木马感染的计算机一旦连接互联网,则会造成专网泄密的重大案件,安全风险极大。

(二)个人防火墙不可替代

如果有条件,安装个人防火墙以抵御黑客的袭击。所谓防火墙,是指一种将内部网和公众访问网分开的方法,实际上是一种隔离技术。防火墙是在两个网络通信时执行的一种访问控制尺度,它能允许"同意"的人和数据进入网络,同时将"不同意"的人和数据拒之门外,最大限度地阻止网络中的黑客来访问网络,防止他们更改、拷贝、毁坏重要信息。防火墙安装和投入使用后,并非万事大吉。要想充分发挥它的安全防护作用,必须对它进行跟踪和维护,要与商家保持密切的联系,时刻注视商家的动态。因为商家一旦发现其产品存在安全漏洞,就会尽快发布补救产品,此时应尽快确认真伪(防止特洛伊木马等病毒),并对防火墙进行更新。在理想情况下,一个好的防火墙应该能把各种安全问题在发生之前解决。就现实情况看,这还是个遥远的梦想。目前,各家杀毒软件的厂商都会提供个人版防火墙软件,防病毒软件中都含有个人防火墙,所以可用同一张光盘运行个人防火墙安装,重点提示防火墙在安装后一定要根据需求进行详细配置。合理设置防火墙后应能防范大部分的蠕虫入侵。

(三)分类设置密码并使密码设置尽可能复杂

在不同的场合使用不同的密码。网上需要设置密码的地方很多,如网上银行、上网账户、E-mail、聊天室以及一些网站的会员等,应尽可能使用不同的密码,以免因一个密码泄露导致所有资料外泄。对于重要的密码(如网上银行的密码)一定要单独设置,并且不要与其他密码相同。

设置密码时要尽量避免使用有意义的英文单词、姓名缩写以及生日、电话号码等容易泄露的字符作为密码,最好采用字符与数字混合的密码。

不要贪图方便在拨号连接的时候选择"保存密码"选项;如果是使用 E-mail 客户端软件(Outlook Express、Foxmail、The Bat 等)来收发重要的电子邮箱,如 ISP 信箱中的电子邮件,在设置账户属性时尽量不要使用"记忆密码"的功能。因为虽然密码在机器中是以加密方式存储的,但是这样的加密往往并不保险,一些初级的黑客即可轻易地破译密码。

定期地修改自己的上网密码,至少一个月更改一次,这样可以确保即使原密码泄露,也能将损失减小到最少。

(四)不下载、不打开来路不明的软件、邮件及附件

不下载来路不明的软件及程序。几乎所有上网的人都在网上下载过共享软件(尤其是可执行文件),在带来方便和快乐的同时,也会悄悄地把一些不欢迎的东西带到机器中,如病毒。因此,应选择信誉较好的下载网站下载软件,将下载的软件及程序集中放在非引导分区的某个目录,在使用前最好用杀毒软件查杀病毒。有条件的话,可以安装一个实时监控病毒的软件,随时监控网上传递的信息。

不要打开来历不明的电子邮件及其附件,以免遭受病毒邮件的侵害。在互联网上有许多种病毒流行,有些病毒就是通过电子邮件来传播的,这些病毒邮件通

常都会以带有噱头的标题来吸引打开其附件，如果您抵挡不住它的诱惑，而下载或运行了它的附件，就会受到感染，所以对于来历不明的邮件应当将其拒之门外。

(五) 警惕"网络钓鱼"

目前，网上一些黑客利用"网络钓鱼"手法进行诈骗，如建立假冒网站或发送含有欺诈信息的电子邮件，盗取网上银行、网上证券或其他电子商务用户的账户密码，从而窃取用户资金的违法犯罪活动不断增多。公安机关和银行、证券等有关部门提醒网上银行、网上证券和电子商务用户对此提高警惕，防止上当受骗。

目前，"网络钓鱼"的主要手法有以下几种方式：

(1) 发送电子邮件，以虚假信息引诱用户中圈套。诈骗分子以垃圾邮件的形式大量发送欺诈性邮件，这些邮件多以中奖、顾问、对账等内容引诱用户在邮件中填入金融账号和密码，或是以各种紧迫的理由要求收件人登录某网页提交用户名、密码、身份证号、信用卡号等信息，继而盗窃用户资金。

(2) 建立假冒网上银行、网上证券网站，骗取用户账号和密码实施盗窃。犯罪分子建立起域名和网页内容都与真正网上银行系统、网上证券交易平台极为相似的网站，引诱用户输入账号和密码等信息，进而通过真正的网上银行、网上证券系统或者伪造银行储蓄卡、证券交易卡盗窃资金；还有的利用跨站脚本，即利用合法网站服务器程序上的漏洞，在站点的某些网页中插入恶意 HTML 代码，屏蔽一些可以用来辨别网站真假的重要信息，利用 Cookies 窃取用户信息。

(3) 利用虚假的电子商务进行诈骗。此类犯罪活动往往是建立在电子商务网站，或是在比较知名、大型的电子商务网站上发布虚假的商品销售信息，犯罪分子在收到受害人的购物汇款后就销声匿迹。

(4) 利用木马和黑客技术等手段窃取用户信息后实施盗窃活动。木马制作者通过发送邮件或在网站中隐藏木马等方式大肆传播木马程序，当感染木马的用户进行网上交易时，木马程序即以键盘记录的方式获取用户账号和密码，并发送给指定邮箱，用户资金将受到严重威胁。

(5) 利用用户弱口令等漏洞破解、猜测用户账号和密码。不法分子利用部分用户贪图方便设置弱口令的漏洞，对银行卡密码进行破解。

实际上，不法分子在实施网络诈骗的犯罪活动过程中，经常采取以上几种手法交织、配合进行，还有的通过手机短信、QQ 等进行各种各样的"网络钓鱼"不法活动。

(六) 防范间谍软件

间谍软件(Spyware)是一种能够在用户不知情的情况下，在其计算机上安装后门、收集用户信息的软件。它能够削弱用户对其使用经验、隐私和系统安全的物质控制能力；使用用户的系统资源，包括安装在他们计算机上的程序；或者搜集、使用并散播用户的个人信息或敏感信息。

到目前为止，间谍软件数量已有几万种。间谍软件的一个共同特点是能够附着在共享文件、可执行图像以及各种免费软件当中，并趁机潜入用户的系统，而用户对此毫不知情。间谍软件的主要用途是跟踪用户的上网习惯，有些间谍软件还可以记录用户的键盘操作，捕捉并传送屏幕图像。间谍程序总是与其他程序捆绑在一起，用户很难发现它们是什么时候被安装的。一旦间谍软件进入计算机系统，要想彻底清除它们就会十分困难，而且间谍软件往往成为不法分子手中的危险工具。

从一般用户能做到的方法来讲，要避免间谍软件的侵入，可以从下面三个途径入手：

（1）把浏览器调到较高的安全等级——Internet Explorer 预设为提供基本的安全防护，可以自行调整其等级设定。将 Internet Explorer 的安全等级调到"高"或"中"可有助于防止下载。

（2）在计算机上安装防止间谍软件的应用程序，时常监察及清除计算机的间谍软件，以阻止软件对外进行未经许可的通信。

（3）对将要在计算机上安装的共享软件进行甄别选择，尤其是那些不熟悉的，可以登录其官方网站了解详情；在安装共享软件时，不要总是心不在焉地一路单击"OK"按钮，而应仔细阅读各个步骤出现的协议条款，特别留意那些有关间谍软件行为的语句。

（七）只在必要时共享文件夹

不要以为在内部网上共享的文件是安全的，其实在共享文件的同时就会有软件漏洞呈现在互联网的不速之客面前，公众可以自由地访问那些文件，并很有可能被有恶意的人利用和攻击。因此，共享文件应该设置密码，一旦不需要共享时立即关闭。

一般情况下不要设置文件夹共享，以免成为居心叵测的人进入计算机的跳板。

如果确实需要共享文件夹，一定要将文件夹设为只读。通常共享设定"访问类型"不要选择"完全"选项，因为这一选项将导致只要能访问这一共享文件夹的人员都可以将所有内容进行修改或者删除。Windows98/ME 的共享默认是"只读"的，其他机器不能写入；Windows2000 的共享默认是"可写"的，其他机器可以删除和写入文件，对用户安全构成威胁。

不要将整个硬盘设定为共享。例如，某一个访问者将系统文件删除，会导致计算机系统全面崩溃，无法启动。

(八)定期备份重要数据

数据备份的重要性毋庸讳言,无论防范措施做得多么严密,也无法完全防止"道高一尺,魔高一丈"的情况出现。如果遭到致命的攻击,操作系统和应用软件可以重装,而重要的数据就只能靠日常的备份了。所以,无论采取了多么严密的防范措施,也不要忘了随时备份重要数据,做到有备无患。

第六章 网络舆情

随着互联网时代的深入发展，信息传播与意见交互空前快捷，网络舆论的表达诉求也日益多元。互联网舆情已经成为政府了解社情民意、把握舆情动向、对突发事件做出快速响应和处理不可或缺的手段。网络舆情是以网络为载体，以事件为核心，广大网民情感、态度、意见、观点的表达、传播与互动，以及后续影响力的集合。如果引导不善，负面的网络舆情将对社会公共安全形成较大威胁。对政府部门来说，如何加强对网络舆情的及时监测、有效引导，以及对网络舆情危机的积极化解，对维护社会稳定、促进国家发展具有重要的现实意义，也是创建和谐社会的应有内涵。本章重点讲述网络舆情的概念、网络舆情的监测与分析、研判与预警、舆情引导及真实的网络舆情热点案例等主要内容。

第一节 网络舆情概述

一、舆论与网络舆情

(一)舆论与网络舆论

舆论通常指在一定范围内的多数人的意见；有时也特指大众传播媒体发表的意见，人们常把媒体视为舆论的承载者。

网络舆论是指人民群众借助互联网平台对一定社会空间内发生的某些社会现象发表言论，体现了人民群众对公共问题和社会管理的态度以及看法，网络舆论是大部分人民群众对社会上出现的各种现象体现出来的态度、情绪等的混合体。这些年来，网络舆论发展迅速，对社会的影响越来越大，被人们公认为是第四媒体，这主要是因为伴随着互联网在世界上的普及，网络舆论反映人民群众生活的作用非常明显。

(二)舆情与网络舆情

舆情是"舆情情况"的简称，是指在一定的社会空间内，围绕中介性社会事件的发生、发展和变化，作为主体的民众对作为客体的社会管理者、企业、个人及其他各类组织及其政治、社会、道德等方面的取向产生和持有的社会态度。它是较多群众关于社会中各种现象、问题所表达的信念、态度、意见和情绪等表现的总和。

网络舆情，则是以网络为载体，以事件为核心，是广大网民情感、态度、意见、观点的表达、传播与互动，以及后续影响力的集合。带有广大网民的主观性，未经媒体编校和包装，直接通过多种形式发布于互联网上。

一些学者认为"舆情"的政治指向性更为明确，更关注意见背后的社会学、政治学变化的过程，而"舆论"则更关注传播过程和传播学变化的构造和后果；"舆情"更多是民众的社会政治态度，"舆论"不仅包括公众的"声音"，而且包含了国家或政府的"声音"以及媒体自身的"声音"。

二、网络舆情的特点

当前，网络舆情是社会现实中舆情的真实反映，其主要特征有：

1. 突发性

网络舆情可以在瞬间形成，大部分都是在事前毫无征兆的情况下突然发生的，形成和传播的速度快得出奇，一个普通的事件在网络的介入之后，会在几天甚至更短时间内炒得沸沸扬扬，家喻户晓。当某一新闻事件引发网民关注时，网民会纷纷自发转帖、跟帖，发表评议，致使该新闻事件以几何级的速度在网上传播。与传统媒体的舆情传播线性路径不同，网络舆情传播呈现的是非线性的散播路径，相关信息会在网络空间经历由点到面、由散到聚、由冷到热的过程。热点事件加上情绪化的意见，就可以点燃舆情的导火索。当一个事件发生时，网民可以立即在网络中进行意见表达，发表相关信息，网民个体意见可以迅速汇聚形成公共意见，各种渠道的意见迅速进行互动，网上与网下相互影响，从而迅速形成强大的舆论声势，持续升温，使舆情传播的影响力大大增强。

2. 自由性

网络是完全开放的，它拓展了公众个人的公共空间，给了所有人发表意见和参议政事的便利，每个人都有机会成为网络信息的发布者，每个人都有选择网络信息的自由，网民可以通过电子布告系统（Bulletin Board System，BBS）、新闻点评、博客、网站等平台及时发表意见，下情直接上达，民意表达更加畅通。由于互联网的匿名特点，多数网民会自然地、不加掩饰地表达自己的真实观点，或者反映出自己的真实情绪。因此，网络舆情比较客观地反映了现实社会的矛盾，比较真实地体现了不同群体的价值观念和情绪心态。网民的舆情呼声已经成为影响社会舆论和公共政策的重要力量。

3. 交互性

与传统媒体单向的信息传播相比，网络是一种互动的信息传播方式。网络的重要价值,不在于其信息的海量和传播的实时性,而在于其交互性上。网民可以进行跨越时空的互动交往,是网络舆情传播方式的本质特征。网络舆情的互动性体现在网民与政府、网络媒体与网民、网民与网民之间的互动。某一事件爆发后许多网民常参与讨论,相互探讨、争论,相互交汇、碰撞,甚至就不同观点出现激烈交锋。网民之间的互动实时交流,各类观点意见能够得到快速深入表达,并形成主流,网络舆情能够得到更加集中的反映。

4. 即时性

传统的大众传播媒介,无论是报刊杂志还是广播电视,在信息发布前都要经过排版、印刷或者录制、剪辑的制作过程,这无疑大大迟缓了发布时间。网络作为信息传播媒介,发布信息流程简单,信息传播速度快。网络信息的排版制作过程相对简单,从源头上确保了信息传播的即时性。网络信息可以实时刷新,不受出版周期、版面大小、播出时段限制,可提供最新动态信息。

5. 广泛性

网络的出现使得地球村成为现实,一个舆情消息可以在瞬间传遍全世界任何一个角落,可以在短时间内让世界各地的人们知晓。与传统舆情相比,网络舆情具有广泛性的特点,突破了信息传播的时空限制。网民数量也决定了网络舆情信息传播范围的大小,而中国具有世界上最大的网民数量,其传播范围较为广泛。另外,网络舆情的内容具有广泛性,可以涉及社会生活的方方面面,随着网络技术的发展,现实中的事务都可以上传到网络。

6. 负面性

当网络舆情爆发并吸引网民关注时,相关负面舆论铺天盖地而来,引起社会大众观点甚至行动上的剧烈冲突,引发公众的质疑和不满,导致公众对政府等组织的信任危机,对政府等相关组织形象造成负面影响。这也是网络舆情需及时研判和有效应对的原因之所在。

从近年的网络热点舆情事件来看,网络舆情呈现出一些新特点。如:

(1)次生舆情极易衍生。新媒体时代消息源增多,媒体"把关人"效果减弱,民间舆论场中极易产生议程扩散现象。

(2)舆情活跃周期缩短。互联网时代信息交替较快,议题讨论持续时间较短,不断有新的舆情事件进入公众视野,使他们对很多社会公共话题所花费的时间和精力都在不断下降,舆情活跃时长随之越来越短。

(3)官方、民间舆论场的互动增多。传统媒体时代,话语权掌握在政府和媒体的手中,官方舆论场处于绝对优势。随着新媒体时代的到来,公众话语权逐渐增强,两个舆论场由单向的传受模式转变为互动模式。

(4)热点舆情的目光集中于民生和公共安全领域,与普通人的生活关系更为密切。

(5)热点舆情会发生成片爆发与情绪积聚的现象。

(6)热点舆情呈地域"下沉"和向身边琐细的生活诉求"下沉"的趋势。

(7)热点舆情易集中在执法与判罚的争议中。

(8)涉及企业热点舆情易造成企业和监管部门"双输"的局面。

随着互联网的普及率越来越高,网络舆情工作也相应发生了重大变化。如从最开始以人工监测为主,到现在以"系统+人工"监测的方式为主;再如对舆情事件的分析工作,也从以经验为主的定性分析转变为以数据判断为主的定量分析。

正是由于舆情工作方式的转变,使得人们对舆情系统服务的要求也越来越高。如何在海量数据中第一时间精准高效地找到所需的信息?如何将繁杂枯燥的数据转化为易于理解的、对舆情研判能起到真正有效作用的图表和分析结论?这些都是舆情服务需要解决的实际问题。

三、网络舆情的应用

(一)政府各领域的应用

互联网普及率日益提高,网民在中国民众的政治、经济和社会生活中扮演的角色越来越重要,通过互联网行使知情权、参与权、表达权和监督权。各级政府官员也通过各种形式在网上与百姓沟通,越来越多地通过网络问政于民,使得政府信息更加透明畅通(图6-1)。

目前,网络舆情项目采购的客户已远不止于宣传部门,有省、市、县、乡各级政府,还有许多部委职能部门也在向舆情监测服务机构购买相关服务。第一,政府在政法、反腐、公共安全、新闻出版、食药、卫生、工商税务、教育工作上,对网络舆情的重视与关注度最高;第二,是在农业、环保、计生、金融、电力、宗教、国土资源、旅游、体育等部门也有很大需求。

(二)企业各领域的应用

如今,已经有不少企业成立了网络舆情监测部门,主要用于品牌管理、竞争情报、公关、企业征信、金融、电子商务等方面。

网络舆情,是企业品牌管理的重要渠道,为品牌危机应对提供决策依据,为今后的危机管理提供经验。在竞争情报方

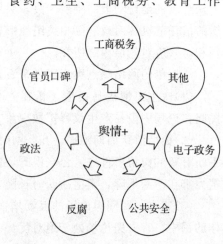

图6-1 舆情在政府各领域的应用

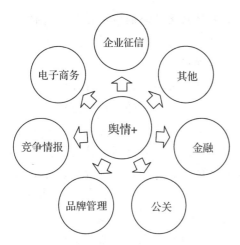

图6-2 舆情在企业各领域的应用

面,通过网络舆情监测可以获知竞争对手的活动信息,分析其媒体形象与营销策略,综合起来就是商业情报。在企业征信方面,通过网络舆情监测可以采集到某企业的行业评价信息、媒体评价信息、企业运营信息以及市场反馈信息等。在金融领域,通过网络舆情监测可以评估企业的网络声誉及信用状况(图6-2)。

四、网络舆情危机的特点

网络舆情的作用不可低估,它是民意表达最为快捷、集中、自由的"舆论场"。从中央到地方各级政府都对网络舆情高度重视。网络舆情危机频发,具有不确定性、易爆发性和偏激性,网民道德自律、网络传播行业自律和管理有待加强。

新媒体时代的舆情危机主要有以下五个特点:

(一)负面来源多样化,消息"绝对封锁"越来越难

在传统媒体时代,舆情传播掌控在媒体手中,由于传播的途径较为单一,传播对象明确,因此,对于负面消息的封锁较为简单。如今,自媒体时代,受众从单一的信息接受者转变为既是信息的接受者,又是信息的发布者和传递者,受众角色由接受者转向积极参与者,因此,信息传播主题复杂化。同时,网络技术的发展创新,舆论传播载体多样化,微博、博客、论坛、社区、QQ、抖音、移动互联网逐渐成为信息传播的主要阵地,特别是负面信息的温床,这些都使得传统的"负面封锁"成为传说。

(二)负面呈非中心、几何式裂变扩散,控制难度增加

网络信息传播具有便捷性特点,一条信息在极短时间内可以由成千上万的网友转发扩散,流传速度极快。其传播的方式也不再是简单地由某一平台曝光后再呈线性传播,由于信息传播载体多样化,信息传播可以同时在不同的平台上曝光,传播方式呈多点交叉特点,这就使得对负面信息的控制难度增加,不易危机舆情处置管理。

(三)社会化媒体时代,负面影响的放大作用空前显现

微博、微信、抖音的直播功能使一个局部危机可能演变成为全网的群体讨论,甚至演变成为线下的群体事件。网民的集体智慧,也使负面的内容与深度大大丰富,并且深化。网民集体智慧创作往往都是创意恶搞和对事件本身进行各角

度深挖的内容，具有高度的可传播性。集体智慧体现最核心的应用便是恶搞和人肉搜索，如"郭美美"事件等。

（四）微博、微信已成为网民情绪宣泄的重要途径

网民会将一些激烈的情绪在个人媒体——微博、微信中宣泄，抒发他们对所遇到事情的不满、对不公平待遇的愤怒等，这些情绪最集中的表现便是仇官、仇富情绪。当这些情绪成为了微博等主要社会化媒体中的主流趋势时，与这种情绪相符的言论便迅速传播，形成了更加强势的舆论导向。尤其是面对社会不公、司法腐败的案件的不断发生，涉及道德、诚信的案件接二连三，问题食品、环境污染层出不穷。

（五）民生、腐败内容成为网络危机的主题

民生问题与人民的最基本需求相连，是最容易引发民意溃堤的关键点。频发的食品、药品事故，没有妥善处理的环境、拆迁问题的不断累积，使民众对监管不力、政府治理制度的缺陷越来越不满，严重损害了政府的形象和公信力。同时，反腐也是网络热点之一，网络成为密切监督社会的平台，一块手表、一盒香烟甚至一个笑容都可能成为反腐的突破口，导致一个甚至一批官员的落马。

我国处在改革攻坚期和发展关键期，社会矛盾凸显，公众对一些社会问题越来越关注。互联网的日益普及和新媒体技术的发展，使网络成为舆情事件的发源地，甚至是恶意炒作的平台。科学应对媒体、正确引导舆论，事关党委政府形象，事关社会稳定。舆情处置与应对能力，既是领导干部政治素质的体现，也是领导干部执政能力的重要组成部分，舆情处置与应对能力的高低直接反映其执政能力的高低。

五、"网络舆情＋"

从 2015 年开始，网络舆情服务业又催生出一片新蓝海。其标志性事件则是谷尼国际软件公司提出"网络舆情＋"发展战略，将网络舆情与移动互联网、云计算、大数据、海外多语言舆情、新媒体、可视化与技术应用相结合，通过与政府、企业、媒体及媒体人的合作，全面推动传统舆情换代升级，形成舆情新生态。

（一）"网络舆情＋"的概念

"网络舆情＋"是"互联网＋"的子集，是融合与创新。"网络舆情＋"是网络舆情分析产生的快、准、全信息对社会各领域的融合性影响，和可视化结合即为数据新闻，和报告自动生成即为机器新闻。"网络舆情＋"通过移动互联网、云计算、大数据、海外多语言舆情、新媒体、可视化，与领域各行业相结合改变一种生态，促使整个网络舆情界更加开放、更加有效。

(二)"网络舆情+"的"五化一体"

"网络舆情+"的"五化一体"发展趋势,即地方化、行业化、全球化、可视化和自动化、新媒体。

1. 地方化

舆情业在过去呈现一种北京的舆情机构覆盖全国的态势,如人民网舆情监测室。但是这种态势即将改变,出现地方化的趋势。因为在一些地方的微博、微信、论坛互动交流中,带有方言色彩的普通话比较普遍,本地媒体与当地网民沟通起来比较方便,对当地的了解也更加全面深入,成本相对较低。

2. 行业化

此前,网络舆情多应用于宣传领域,而"网络舆情+"会逐步应用到各行业、各领域。网络舆情与移动互联网、云计算、大数据、海外多语言舆情、新媒体、可视化与技术应用相结合,全面应用到第三产业,形成了诸如舆情金融、舆情交通、舆情医疗、舆情教育等舆情新生态,同时也在向第一、第二产业渗透。

3. 全球化

中国国际化的迅速推进,使得中国必须加快对国际网络信息的分析和挖掘,企业实行全球化战略,对海外媒体舆情分析的需求也比较大。

4. 可视化

在信息高速膨胀的全媒体时代,受众养成了简单高效的阅读和信息获取习惯。形式活泼、表达直观、传达快速的可视化信息成为信息传播的常见形态。收集大量的数据进行整合分析,运用可视化的手段呈现在受众面前,为用户提供反映民声、民意、民愿的优质舆情报告作品。

5. 自动化

用户关注面过大,导致信息泛滥,超过了人们的接受能力和处理能力。舆情监测、预警、报告、分析只有实现自动化,才能满足使用要求。利用中文信息处理技术,自动对信息进行导航、主题聚类、危机预警、统计分析等处理,并能一键生成各种包含概述、图表、数据、排行等舆情分析报告,起到深度分析与辅助决策的作用。

6. 新媒体

新媒体的不断创新发展,在政务、经济、媒体、社交领域掀起革命性的浪潮,使舆论生态发生了巨大变化,微博、微信等成为引导公共舆论的新阵地,传统媒体、企业、政府等多元主体纷纷积极参与新媒体建设。新媒体的舆论场属性也越来越具有理性和建设性。政务新媒体成为各级政府部门发布权威信息、加强政民互动、引导网络舆论、提升社会治理能力的一个重要组成部分。"网络大V"在舆论场中的意见表达也以理性建议为主。

第二节　网络舆情监测与分析

一、网络舆情监测与分析的概念

网络舆情监测与分析是指通过人工方式和自动方式，对网络舆情的现状、原因、趋势等进行观察、梳理和判断，形成不同形式的报告、图表等分析结果，满足掌握网络舆情和新闻追踪等信息需求的活动。

(一) 网络舆情监测的人工方式

人工方式主要是利用搜索引擎对信息来源进行人工监测，或对信息来源进行浏览选择。这种方式的优点在于能发挥工作人员的经验和主观能动性，但由于网络舆情信息量巨大、更新速度快、传播扩散快，单纯依靠人工开展工作往往面临信息采集和对已采集信息进一步分析处理的困难，监测效率低，对突发舆情事件的反应速度慢。

(二) 网络舆情监测的自动方式

自动方式主要是整合互联网信息采集技术及信息智能处理技术，对互联网海量信息进行自动抓取、自动分类聚类、话题识别与跟踪、文本情感分析等多种操作。这种方式的优点在于能够提高舆情监测的全面性、及时性，降低舆情监测成本，但受制于技术水平限制，有时监测结果会包含大量干扰信息或无效信息。

一般使用的网络舆情监测管理平台来科学、有效、及时监测网络舆情的发展动态，主要价值有：

(1) 省时。抓取互联网上的相关信息更加迅速。使用相应的抓取技术和关键词检索技术，能够有针对性地抓取有用的信息，并依据信息舆情值的高低将帖子进行排序。在短时间内利用网络舆情监测管理平台可收集到更多有用的信息，智能化代替了人工搜索，使得发现高舆情值信息更加快速，也为相关部门处理争取到更多的时间去解决和应对该舆情信息。

(2) 省力。第一，网络舆情监测管理平台的硬件设备投资较少。网络舆情监测管理平台最低限度上只需要一台服务器和一台前端展示的计算机。借助硬件设备投资就可以代替大量人工搜索的工作，节省了人力资源成本。第二，自动分析大量的舆情信息。利用网络舆情监测管理平台可以对大量的数据进行智能分析和研判，自动生成相应的分析图表，帮助庞大的数据信息进行分析和理解。第三，自动生成舆情报告。采集到的信息可以通过分析数据结果来进行分类，并能自动生成舆情报告。

(3) 及时。网络舆情监测管理平台可以利用后台设定的报警条件，通过短消息、电子邮件、即时聊天工具、自动弹窗等方式，让用户在第一时间内收到高危的舆情自动报警信息。

（4）专业。网络舆情监测管理平台在数据分析、关键词、舆情的发展趋势、历史舆情事件等方面具有专业的分析团队，能够提供更加专业的分析和预警信息。专业的归档和整理，可以在出现类似事件时帮助提供迅速解决的办法，使公共情绪降温。

事实上，网络舆情监测与分析是一项高度人机合一的工作，既需要扎实的系统数据与广泛的监测来源作为基础，也需要网络舆情工作者以客观视角进行观察和发掘。只有将二者的优势融合，才能保证网络舆情监测的效果。

二、网络舆情监测与分析的步骤

通常来说，网络舆情监测与分析的主要步骤包括：选题→确定信息源→获取数据抽样→建立时空坐标系→信息分析→基础研判→数据挖掘→形成报告。

网络舆情选题需要在建立选题标准的情况下，从新闻事件、公众话题、热点现象等多方面入手确定。一般来说，选题标准取决于网络舆情工作服务对象的需求，如政务网络舆情，就需要在考虑政府工作职权范围、决策调整优化空间、是否涉及公众利益等问题的基础上进行选题。

网络舆情监测的信息源包括搜索引擎、传统媒体网络版、门户网站、微博、微信、论坛、博客、抖音、即时通信工具等。根据选题的特点选择监测信息源后，对信息进行概率或非概率的抽样，获取数据。

在网络舆情监测分析阶段，首先需要确定分析的时间维度与空间向度，如明确舆情的发生期、发酵期、发展期、高涨期、回落期和反复期等阶段，以及政治取向、经济价值、社会观念等分析角度。

在分析过程中，网络舆情工作者会生成多种包含文字、图表等要素在内的分析报告。一般来说，报告既可以按照篇幅来分类，如简报、单篇信息、综述、专题等；也可以按照频率来分类，如日报、周报、月报、季报以及年度报告等。报告形式的选择取决于网络舆情的实际情况，如针对突发事件舆情，可在第一时间选择简报进行消息速报；针对某阶段内某经济领域的发展问题，则可选择专题报告进行梳理和深入分析（表6-1）。

表6-1　不同网络舆情监测与分析报告的特点

	篇幅	时效性	深入度	编辑量
简报	短	强	浅	小
单篇信息	较短	一般	较浅	较小
综述	中	一般	较深	较多
专题	长	弱	深	多

三、网络舆情监测方式与方法

(一)常用免费网络舆情监测工具

1. 综合性监测

百度、Google 搜索可以通过关键词定期搜索一段时间内的网络信息,全面掌握企业网络舆情。

2. 监测主流网络媒体新闻信息

百度新闻订阅、Google alerts 可以通过关键词、分类订阅百度或 Google 新闻,定期接收订阅邮件,掌握企业相关的媒体报道,同时了解竞争对手及业界状况。

3. 监测论坛、博客等社区信息

奇虎网、百度博客搜索、Google 博客搜索可以通过关键字在奇虎网搜索博客、论坛的信息,掌握企业在社区中的相关话题,同时了解竞争对手及业界相关话题。可以采用按时间段、论坛名等高级搜索,缩小搜索范围,提高搜索质量。

4. 监测垂直平台及 B2B 网站信息

通过网盛生意搜、一呼百应、中搜企业搜索可以了解垂直平台及 B2B 网站中关于企业的网络舆情,同时获得竞争对手及业界信息。

5. 监测微博信息

新浪、搜狐、网易微博搜索目前还没有专门搜索各大微博平台的搜索引擎,可以通过各微博平台进行搜索。

6. 监测视频、图片信息

百度、Google 视频、图片搜索视频及图片信息也很重要,可以通过百度、Google 视频、图片搜索掌握企业多媒体方面的舆情。

7. 监测文档、文件信息

百度文档搜索、百度文档分享平台有时候在一些文档中也暗藏网络舆情(或者公司资料泄露等),可以通过百度文档搜索、百度文档分享平台搜索企业相关文档。

(二)专业舆情监测系统

由于网络信息始终处于动态变化之中,舆情传播环境复杂多变,越来越多的企业和政府单位开始使用专业的舆情监测软件,它不仅能够满足用户舆情采集、舆情分析需求,还能为用户提供舆情警报、行业动态以及竞争对手动态监测服务。

对于舆情的软件监测来说,一些关键技术(如网络舆情采集与提取技术、网络舆情话题发现与追踪技术、网络舆情倾向性分析技术、多文档自动文摘技术等)基本上都解决了。例如,可以从技术上设置关键词或敏感词,按词汇出现频率进行监测和统计,就技术而言是较为简单的问题。目前,国内已有较多从事网络舆情监测服务的机构(如新华网舆情在线、中国舆情网等),可提供网络舆情监测软件或网络舆情监测系统产品。这些软件或系统具有网络舆情预测、监测、预警、报警、倾向分析、趋势分析等功能,目前基本实现了自动分类、自动摘要、关键词提取、自动生成舆情报告等诸多强大的功能。因此,计算机技术和网络技术完全能满足网络舆情监测的要求,各级政府、企业、政府专业管理部门可使用相关的软件或产品,无需做人工的定量研判,但是其缺点是机械化、模式化,对自动生成的舆情研判结果还需要做出进一步研判。

(三)常用的舆情搜索技术

作为互联网搜索引擎获得信息的基本技术,信息采集技术的实现方法包括元搜索和网络爬虫两种模式。这也是当前网络舆情监测信息获得的主要途径。

1. 元搜索技术

所谓元搜索技术,就是在检索过程中将多个网络搜索引擎以串联的方式运行,监测方提交的搜索条件被初步处理后,分送给这些串行的搜索引擎,由其各自完成对相应数据库信息的检索工作,在获得初步搜索结果后,再将这部分信息进行二次加工,通过去重、排序、过滤等方式完成冗余信息的处理。元搜索技术在检索信息全面性方面要明显优于单搜索引擎技术。同时,元搜索技术在进行信息检索时并不需要对所有互联网信息进行搜索,具有明显的效率优势。通过该技术,引擎系统可自动识别抽取文章标题、发布时间、作者、摘要、正文关键元数据,无需单独配置模板标签。用户可以设定采集的栏目、URL、更新时间、扫描间隔等,系统将自动扫描目标信息源,以便及时发现目标信息源的变化,并以快速度采集到本地。

2. 爬虫技术

网络爬虫是按照一定的规则,自动地抓取万维网信息的一种程序或者脚本,它们被广泛用于互联网搜索引擎或其他类似网站,可以自动采集所有其能够访问到的页面内容,以获取或更新这些网站的内容和检索方式。从功能上来讲,爬虫一般分为数据采集、处理、储存三个部分。传统爬虫从一个或若干初始网页的URL开始,获得初始网页上的URL,在抓取网页的过程中,不断从当前页面上抽取新的URL放入队列,直到满足系统的一定停止条件。聚焦爬虫的工作流程较为复杂,需要根据一定的网页分析算法过滤与主题无关的链接,保留有用的链接并将其放入等待抓取的URL队列。然后,它将根据一定的搜索策略从队列中选择下一步要抓取的网页URL,并重复上述过程,直到达到系统的某一条件时停止。另外,所有被爬虫抓取的网页将会被系统存储,进行一定的分析、过滤,并建立索引,以便之后的查询和检索;对于聚焦爬虫来说,这一过程所得到的分析结果还可能对以后的抓取过程给出反馈和指导。

第三节 网络舆情研判与预警

一、网络舆情研判与预警方法

(一)舆情研判与预警

有学者指出:"网络舆情研判是指通过对网络舆情信息进行系统收集、分析和归纳,提取并整理出具有指导性意义的预警性、线索性和资料性的信息或报告的过程。其目的在于从基础的、散乱无序的内容中提取专门而有序的综合信息。"这一定义指出了网络舆情研判工作的主要内容。

这里认为舆情研判与预警是通过对舆情信息进行挖掘、收集、分析、归纳、整理,对舆情的性质和未来走向做出判断,并对舆情是否需要采取有效的引导措施做出判断,提前进行预测、预警的行为。舆情研判重在研究和做出判断,其目的在于预判和预警,对采取什么策略做出提前判断。

(二)舆情研判与预警方法

1. 定性研判与预警

舆情研判与预警的方法可以是定量的,也可以是定性的,在实际工作中更多的是主观的、定性的、经验性的研判和预警,因此,关键在于舆情工作人员的敏锐意识和判断能力,可以通过案例研究和经验积累提升这种研判和预警能力。

2. 定量研判与预警

对舆情的定量研判和预警应通过舆情软件来进行,因为对大量的数据进行定量统计分析时,如果采用人工,不仅工作量大,而且也是不可能实现的。舆情软件定量的统计分析结果最终需要舆情工作人员做出判断。因此,定性研判和预警比定量研判和预警更为重要,更具有实际意义。舆情工作人员如果没有意识到某个定量分析结果的重要性,定量的分析结果也就失去意义了。

另外,在危急情况下,舆情研判不一定形成书面报告,只要给相关管理者或领导者提供预警信息或指导性建议即可。而对于突发事件的相关舆情来说,对其走向和趋势、舆情的风险,在事件爆发后,应立即进行研判与预警,而对于突发事件舆情引导来说,不需要做出研判和预警,突发事件发生后,应立即进行舆情引导。

二、舆情内容研判与预警

舆情内容研判与预警是通过对舆情内容及其影响的判断,对舆情的性质和未来走向提前进行预测、预警。

对舆情内容主要从以下角度进行判断和预警,即该舆情是否对政府或某个政府部门有负面影响;舆情是否对政府或部门形象造成损害;舆情是否对公共利益造成威胁;舆情是否对公共安全造成威胁;舆情是否违背了传统伦理价值观或道德底线;舆情所涉及的舆论、言论是否有暴力倾向;舆情是否影响社会稳定;舆情是否引发冲突;舆情是否引发社会恐慌;网上相关言论是否会引发现实暴力冲突等。

三、舆情风险研判与预警

舆情风险研判与预警是舆情工作人员依据监测到的舆情数据和舆情状况,对舆情的风险高低或舆情风险级别做出主观性判断,据此采取相应舆情引导策略。一般来说,可以将舆情的风险从低到高分为以下五个风险等级:常态,轻度风险(蓝色,四级),风险(黄色,三级),高度风险(橙色,二级),极度风险(红色,一级)。如果判断舆情处于风险(黄色,三级)状态的时候,就应采取有效的舆情引导策略或启动舆情应对预案。

根据公共危机管理的经验来说,重大突发事件的相关舆情一般都可以判断在风险(黄色,三级)或以上,同时,应采取一定的舆情引导策略。例如MH370失联事件、山东平度农民被烧死事件、昆明火车站"3·01"严重暴力恐怖案等突发事件或危机事件的相关舆情都应预判为较高的风险级别。

四、舆情走向和趋势研判与预警

舆情走向和趋势研判与预警是舆情工作人员依据监测到的舆情数据、舆情状况、突发事件性质等,对舆情的发展趋势和走向做出预判,为舆情引导或突发事件处置提供参考建议。

一般来说,舆情可能存在以下走向与趋势:导致争论激化、导致事件影响扩大、引发社会恐慌、导致舆情或事件无法控制、导致人身攻击、致使矛盾冲突升级、引发网络暴力、引发群体事件、引起外媒关注等。一线舆情工作人员可根据经验、舆情监测数据、突发事件或危机的性质等做出上述走向和趋势判断。

五、舆情引导策略研判与预警

(一)舆情引导

舆情引导是指舆情爆发后或突发事件发生后,对舆情的性质、趋势和走向做出预判,相关部门或单位为了化解矛盾冲突、避免事态扩大,针对舆情所采取的措施或策略,如信息公开、澄清事实、舆论引导、查处舆情所反映的社会问题等，舆情引导应坚持正确的指导思想和原则。

（二）舆情引导策略研判与预警

舆情引导策略研判与预警是舆情工作人员根据监测到的舆情数据、舆情状况、突发事件性质等，对舆情的引导和应对工作做出预判，就舆情引导工作提出策略性、参考性建议，供管理者或决策者参考。

第四节　舆情引导与方法

舆情引导工作应该坚持四项基本原则，以党的方针、政策为指导，遵循党的思想宣传和舆论工作方针。同时，站在新的历史时期，网络已成为重要的舆论宣传阵地，因此，各级党政机关尤其要加强和重视网络舆情工作。

开展舆情引导工作应坚持四项基本原则，坚持中国特色社会主义方向；加强社会主义政治建设，促进社会主义文化建设；坚持用科学理论武装人，以正确的舆论引导人；重视网络舆情引导，以促进文化繁荣为导向；加强网络内容建设，以促进网络管理为导向。

在 2018 年 8 月 21 日至 22 日召开的全国宣传思想工作会议上，中共中央总书记、国家主席、中央军委主席习近平出席会议并发表重要讲话。他强调，完成新形势下宣传思想工作的使命任务，必须以新时代中国特色社会主义思想和党的十九大精神为指导，增强"四个意识"、坚定"四个自信"，自觉承担起举旗帜、聚民心、育新人、兴文化、展形象的使命任务，坚持正确政治方向，在基础性、战略性工作上下功夫，在关键处、要害处下功夫，在工作质量和水平上下功夫，推动宣传思想工作不断强起来，促进全体人民在理想信念、价值理念、道德观念上紧紧团结在一起，为服务党和国家事业全局做出更大贡献。

一、舆情引导工作的主要原则

（一）以人为本、生命第一原则

以人为本是科学发展观的基本要求，坚持以人为本，就是要尊重人的特性和本质，把人民的利益作为一切工作的出发点和归宿；把人作为经济社会发展和现代化建设的动力和目的，一切为了人，一切依靠人，不断满足人民多方面的现实需要和实现人的全面发展。以人为本，就是要求政府把关心人、尊重人、解放人、发展人作为社会经济发展的目的。这就要求在网络舆情应对过程中，要从人民的利益和需要出发，满足其物质、精神文化生活需求，而非简单地堵住舆论的"枪口"。

在全国宣传思想工作会议上，习近平指出："坚持人民性，就是要把实现好、维护好、发展好最广大人民根本利益作为出发点和落脚点，坚持以民为本、以人为本。"在事关突发事件和重大安全事故的舆情引导过程中，应及时报告，第一时间出现在现场，第一时间报道现场；把人的生命健康权放在首位，生命第一；在信息发布过程中，多发布如何尽一切努力地抢救和挽救生命，先救人后救物的情况。这也是近年来，各国在重大安全事故后，停止部分娱乐电视节目，而及时播报事故、伤亡及救援情况的原因。

(二)依法引导、合乎情理原则

在舆情引导的过程中，要坚持以国家相关的法律、法规为依据和准绳，符合法律、法规和其他规章制度的要求。《中华人民共和国宪法》明确了公众的言论自由和舆论监督权，《中华人民共和国宪法》第41条规定："中华人民共和国公民对任何国家机关和国家工作人员，有提出批评和建议的权利。"在依法保护公众知情权、监督权的同时，要依法规范公众及网民的监督行为，对那些恶意散布虚假信息、诬陷他人、危害国家利益以及对网络监督压制、打击、报复的，对违反有关网络管理或侵犯公民人身权、隐私权、名誉权的行为，有关主管机关要依据情节轻重和危害程度，依法追究法律责任。国家出台了诸多关于互联网的规定和管理办法，也是网络舆情应对工作的法律依据，如《互联网信息服务管理办法》等。

舆情引导还应做到合乎情理，不仅对待网民和公众要合情合理，公布的事实真相、事件细节也要合情合理，经得起推敲，否则必然引起网民的质疑，甚至攻击。

(三)及时引导、积极面对原则

舆情信息的最大特点就是传播迅速，网络舆情更是不受时空限制，可以在短时间内传播到世界各地。随着手机上网用户的增加，微博的普遍使用，突发事件、热点新闻、爆炸新闻等传播更是神速。因此，网络舆情一旦爆发，相关部门应坚持"黄金一小时"原则，第一时间做出反应，及时应对。从近年的经验来看，凡是有关政府某部门的负面新闻一旦出现，该部门就应立即进入网络舆情引导状态。

网络舆情一旦发生，基层相关部门应第一时间做出快速反应，相关人员应通力合作，根据经验在自己的职责范围内开展舆情引导和先期处理工作，而不是消极地等待上级部门来引导，或等上级过问才开展引导工作。不是消极抱怨，或者简单地"瞒""捂""堵"，在互联网时代，这种做法是极其危险、错误和愚蠢的。也不要抱有"息事宁人""大事化小小事化了"的心态，这将会使自身在网络舆情引导工作中处于不利和被动的地位。

(四)把握时机、抢占先机原则

舆情一旦发生，相关部门应通过媒体，主动宣传、营造有利的主流舆论态势和社会氛围，如主动准备新闻通稿等新闻稿件，主动联系有关媒体发布事件相关公告或信息，而不是以"主人"姿态坐等媒体调查事实真相和进行现场报道。尤其是重大敏感事件、突发事件的新闻报道和舆论引导，要努力抢占先机，把握话语权，赢得主动权，为舆情引导和应对工作营造良好的舆论氛围。

(五)公开透明、互动沟通原则

信息公开、透明是应对舆情的基本原则。从信息传播的角度来说，信息公开是对付小道消息和谣言的最好办法。事件发生或舆情爆发后，应公开事实真相、事情经过、伤亡情况、已采取的措施、已查明的事件原因（未确定原因的事件不要随意假想、臆断）等，让网民想知道、想了解的情况都能通过公开的渠道和信息找到，而不要让网民无从获取或查找，致使网民主观臆断或造谣。

在信息沟通和传递过程中，应重视平等、公平地与网民和媒体的互动交流沟通，知道他们在想什么、想获取哪方面的信息，对媒体、公众一视同仁。舆情爆发，群情涌动，如果居高临下，自说自话，会激起公众的质疑和反感，形成对立。无数群体性事件的应对经验表明，对话胜于对峙。舆情引导者和应对者只有放下架子，积极与媒体沟通，平等地与公众交流，以信息公开消除谣传猜测，才能赢得信任和支持，才能有效引导舆情，妥善处置事件。

(六)回应质疑、主动引导原则

现实社会一旦发生突发事件或探讨焦点问题，网络舆情便会逐渐形成。对于突发事件，网民会有各种疑问，会关心细节，对事件走势会表示关切，质疑事件的原因及来龙去脉。因此，舆情一旦爆发，仅仅发布信息是不够的，还必须迅速了解和把握现实社会和网上的舆情信息，迅速回应公众疑问，如果对网民的疑问和质疑置之不理、漠不关心，很可能导致舆情升级。

在回应公众或网民疑问的同时，还应主动引导舆情及舆论方向，将网络评论、跟帖、讨论引导到正确的方向上来，引导网民理性、客观地评价和看待事件，不能让非理性、偏激的观点占据主流。对涉及政治等敏感性问题，更是应向正面引导，避免舆情向反动的方向发展。也可以利用舆情专员或舆情评论员，监控、跟踪网络舆情，参与跟帖、评论、讨论，影响网络论坛，进而影响网络舆情走向，将不利舆情引导到主流舆情上来。

(七)信息准确、细节真实原则

真实准确是信息之本。准确真实的信息才不会误导公众，错误虚假的信息比没有信息危害更大，会给事件处理和舆情引导工作带来极大的危害。信息准确、细节真实，还原真相、还原全貌，尽量不让事件留下疑点，力争不给公众带来困惑，做到客观公正、取信于公众和网民，唯有如此才能促使问题尽早解决，舆情尽早平息。

（八）部门联动、协同引导原则

舆情引导工作涉及面广，会牵扯多个部门，引导工作需要部门之间有效联动，协调行动，共同应对。部门联动、协同引导是指相关舆情的政府主管部门及其他相关职能机构联合行动、分工协作、彼此配合，对舆情进行引导和应对等，从而化解舆情危机，促进舆情涉及的事件或问题有效解决。

部门联动既指舆情引导的各主体之间联合行动，如宣传部门、公安部门、工信部门等，也指上下级部门之间、政府与企业之间的联合行动，甚至包括与媒体之间的有效联动和沟通。各个部门之间高效的联合行动需要有效的沟通协调，做到步调一致、口径一致、行动一致，才能提高舆情的引导效果。

（九）分级引导、分工协作原则

属地管理与分级管理是我国政府管理的基本原则，这也是舆情引导工作的原则。根据舆情危急、紧急的程度以及舆情涉及事情的大小分别由不同层级的相关政府部门负责引导和应对，启动相应的应急预案。坚持归口管理，尽量就地解决，将舆情及舆情反应的事件化解在基层。

（十）统一指挥、统一领导原则

舆情一旦形成，应立即明确主管部门、主管领导及其责任，统一指挥、统一领导舆情引导工作，避免相互掣肘。尤其是对于突发事件而引发的网络舆情，在危机状态下，领导指挥机构有权调动各个部门的人力、物力，以便统一行动，从而将危害程度降到最低，同时应在领导指挥机构设立新闻工作组负责事件的媒体接洽、对外宣传、舆情引导工作。

● 小贴示：舆情引导常见的六种错误

A. 家丑不可外扬的面子心态

B. 沉默是金的自保心态

C. 媒体可控的自负心态

D. 为民做主的刚愎心态

E. 不给领导添乱的保镖心态

F. 不惜一切代价的维稳心态

二、舆情引导策略与方法

舆情引导是要解决说什么、怎么说、什么时候说、跟谁说、为什么说等几个问题。面对纷繁复杂的舆情，可以采取不同的引导策略和方法。

（一）召开新闻发布会

新闻发布会也称记者招待会，是一个组织直接向新闻界发布有关该组织信息、解释重大事件而举办的媒体活动，简称发布会。它是一种主动传播该组织相关信息，以谋求新闻界对该组织或该组织的活动、对某些重大事件进行客观而公正的报道的一种沟通方式。接受媒体采访也属于这种舆情引导方式方法。

对于舆情引导和应对来说，召开新闻发布会适用于以下情况：重大突发事件、重大舆情、人员伤亡或财产损失较大的事件、暴力恐怖事件和涉外事件等。

召开新闻发布会的优点和好处：会议隆重、形式正规，有较多新闻界的人士参加；沟通效果好，双向互动，一般先发布新闻，然后记者提问，有关部门或人员回答；影响范围大，传播迅速，报纸、电视、广播、网站都到现场，集中发布（时间集中、人员集中、媒体集中），迅速传播、扩散到目标受众。

● 舆情引导提示

重大突发事件、重大社会安全事件、人员伤亡或财产损失较大的事件等，都可以采用召开新闻发布会的形式进行舆情引导，以新闻发布会议程引导舆情是较为有效的舆情引导方法。

(二) 发公开信

公开信是将内容公布于众的信件。公开信可以笔写，可以印刷、张贴、在报上刊登，也可以在电台、电视台上播报，还可以通过网络媒体发布。其对象一般比较广泛，如给大学生的公开信、"三八"妇女节写给妇女同胞的公开信。无论是写给社会中的一部分人还是写给个人的公开信，对公开信的发布者来说，都希望有更多人的阅读、知晓，或者讨论信中的问题。公开信的内容一般涉及重大问题，往往具有指导作用、倡导作用、教育作用和宣传作用。

对于舆情引导和应对来说，发公开信适用于以下情况：重大舆情、重大事实错误、众多人质疑、共性问题等，或澄清事实、公开道歉类、回应质疑等。一封好的公开信，在舆情引导和宣传中会产生良好的反响，消除不利影响，引导舆情走向，促进人们积极参与讨论和问题处理，树立良好的社会风气，推动工作开展和活动顺利进行。在采用发公开信引导舆情的时候，一定要做到诚心诚意、实事求是，信件内容必须是真实的，否则一旦被公众和网民发现公开信有虚假内容，将会彻底失信于人。公开信一般包括标题、称谓、正文、结尾、署名，其具体写法与一般书信并无太大差异。

(三) 发布公(通)告

公告是指党政机关或其他社会组织对重大事件当众正式公布或者公开宣告、宣布。2012年7月1日起施行的《党政机关公文处理工作条例》对公告的使用范围明确为："适用于向国内外宣布重要事项或者法定事项"。其中包含两方面的内容：一是向国内外宣布重要事项，公布依据政策、法令采取的重大行动等；二是向国内外宣布法定事项，公布依据法律规定告知国内外的有关重要规定和重大行动等。

对于舆情引导和应对来说，发布公（通）告适用于重大危险源、极端天气、自然灾害、恐怖袭击事件等情况，发布预警信息应尽量做到全覆盖，同时让公众知晓潜在风险、了解注意事项。

（四）信息疏导

信息疏导是指发生突发事件或其他危机状态下，有关部门公开信息，告知相关人员真相，减少猜忌、谣言和小道消息的舆情引导方式。信息疏导既包括事件现场的信息疏导，也包括网络信息的疏导。

对于舆情引导和应对来说，信息疏导适用于谣言、误会、辨明是非、有不法分子煽动等情况。

（五）公开事实

公开事实是指发生突发事件或在其他危机状态下，有关部门及时主动地公开事实真相，包括事件的时间、地点、人物、影响、危害、应急处置措施等基本情况予以公开，以全景式、立体化的方式呈现事实，以消除公众疑虑，谣言和不实信息。在及时、准确地做好事件、危机现场处置工作的同时，高度重视舆情引导工作，及时发布权威信息，公开事实真相，凡是可以向社会公开的信息都要及时公开，这是满足群众知情权，自觉接受社会、媒体监督的基本要求。

对于舆情引导和应对来说，公开事实适用于突发事件、谣言、城市公共危机、治安事件或刑事案件等情况。

（六）解释澄清

解释澄清是指与舆情相关的部门或个人及时主动地解释事件原因，澄清事实真相或谣言，以正视听，从而有效引导舆情。

从舆情引导和应对的角度来说，解释澄清适用于以下情况：谣言、误导、误会、虚假消息和真相被扭曲等。

解释澄清可以通过多种方式，如通过电视、广播、报纸、相关网站、微博、博客进行澄清，公开事实真相，也可以通过委托机构或代理律师通过某些主流媒体加以澄清。

（七）公布案情

公布案情是指及时、动态地公布案件查处情况，案件调查、侦查进展情况等。公布案情并不是公布突发事件或案件的原因，更不是对事件或案件定性、下结论。这是舆情引导工作应极为谨慎的事项，也应引起舆情工作者的高度重视。简单、草率地对事件或案件下结论，极易引发新的舆情，使事件处置和舆情引导工作处于被动境地。

从舆情引导和应对的角度来说，及时公布案件查处情况适用于以下情况：重大伤亡或经济损失事件、社会治安事件或群体事件、重大刑事案件、重大食品安全事故、冤假错案和备受关注的悬案等。

(八) 承认错误

承认错误是指在处理突发事件进程中，在面对媒体、公众的时候，或在网络上，有关部门或个人，出现了明显错误的言行，或者某些言行对其他组织或个人造成了伤害，相关部门或个人及时公开承认错误的做法。

拒绝承认错误，既是欺骗自己，也是欺骗别人。错误可以原谅，但掩盖错误而说谎就不能原谅。拒绝承认错误也意味着拒绝改正错误，也很难避免再犯类似的错误。同时，为了掩盖一个错误，往往还需要犯一连串更多的错误。敢于和及时承认错误也是日常工作中的一种好做法。

作为舆情引导的一种方法，承认错误可以在新闻发布会上由相关人员公开承认错误、道歉，也可以在网络、微博、报纸、电视等媒体上发布公开致歉信，还可以登门向受害人当面道歉、承认错误，求得相关人员的谅解。

从舆情引导的角度来说，承认错误适用于以下情况：过失或过错，错误或不当言行、失误等。

(九) 领导直面

领导直面是指面对重大突发事件，如自然灾害、事故灾害、群体事件时，领导者到事件第一现场，直接与媒体或公众进行面对面的交流和沟通，或者面对重大舆情，领导者直接开展或参与舆情引导，领导者与意见领袖进行谈判等。领导直面的做法非常简单，就是领导者直接和媒体、公众沟通。当然，领导者是需要非常熟悉事件相关情况的。

从舆情引导的角度来说，领导直面适用于以下情况：重大突发事件、重大舆情、有关领导者的自身谣传等。

(十) 专家解读与人物专访

专家解读与人物专访是指发生突发事件或在其他危机状态下，有关部门组织某些专业领域的专家或权威人士，就某一突发事件、疑难问题或某些现象，在电视台、电台、报纸、网络等媒体上，对专家或权威人士进行访谈，或请专家及权威人士解答公众和网民的疑问的信息沟通方式。当然，这种方式也包括有关专家汇聚到现场解决重要问题。这种舆论引导方式多是一种双向交流、互动沟通的形式。

这种舆情引导方式能起到化解疑虑、探讨问题、辨明真相、传播科学知识、缓解焦虑情绪等作用，也能促进某些突发事件或危机的解决。多领域的专家聚集在一起，还可能就某些问题的解决碰撞出思想的火花。在突发事件或危机爆发后，政府可以主动联系媒体，组织有关专家解读与专访，如果问题重大，可以在重要黄金时段进行解读。

从舆情引导的角度来说，专家解读与人物专访适用于以下情况：重大自然灾害、重大事故灾难、公共卫生事件、各种谣传、迷信和公众存在重大疑虑等情况。

● **舆情引导的六种常见错误策略**

"鸵鸟"策略：充耳不闻，装聋作哑，不敢承认、面对事实

"泥鳅"策略：害怕，不知如何应对媒体，逃散，敬而避之

"袋鼠"策略：掩盖事实真相，遮遮躲闪，轻描淡写，"无可奉告"

"壁虎"策略：丢车保帅，大事化小，小事化了，舍小存大，舍末留本

"麻雀"策略：推诿指责，口径不一，互不通气，随意下定论

"鹦鹉"策略：缺乏自己的主张和观点，照搬文件，鹦鹉学舌

● **小贴士：舆情引导"十不"**

不能慢：反应敏捷，以快制快

不能怕：直面矛盾，沉着应对

不能瞒：尊重事实，公之于众

不能推：协同作战，通力合作

不能躲：坦然相见，以诚相待

不能假：实事求是，有错必纠

不能压：平等互信，合作共赢

不能和：坚持原则，不和稀泥，不无原则的和

不能狠：加强对话，讲究技巧，不说狠话、气话

不能拖：雷厉风行，速战速决

三、舆情引导工作流程

舆情引导大致经历以下10个程序（图6-3）和步骤，分别为：舆情监测、舆情研判预警、舆情信息上报、启动舆情引导预案、舆情信息公开、与公众和媒体互动、开展舆情引导、舆情动态跟踪与信息滚动播报、动态发布事件进展信息和舆情引导工作总结。对于突发事件以及重大安全事故来说，无需经过舆情监测、舆情研判预警、舆情上报等环节，便可直接启动舆情应对预案。同时，某些舆情引导工作步骤是同步进行、同步完成的，难以明确划分清楚。另外，舆情引导工作不是一劳永逸的，一次舆情引导工作结束后，还需要进行舆情监测，进行下一轮舆情应对工作，是一个循环往复的过程（图6-4）。

（一）舆情监测

对于非突发事件引发的舆情来说，舆情监测是舆情引导工作的起点和基础。舆情监测主要针对网站、网站论坛、BBS等网上舆论，这些网上舆论的特点是隐

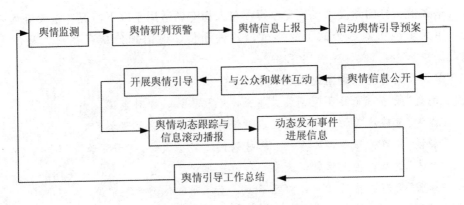

图 6-3 舆情引导的程序与流程

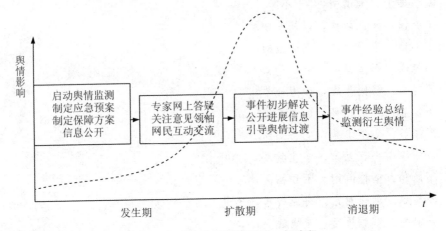

图 6-4 政府应对网络舆情一般流程

蔽性,需要通过监测,及早发现,提前应对。例如,网络谣言、政治敏感性言论、反动言论、煽动非法集合游行的言论等。随着网络技术的发展,网络舆情监测可以依靠技术实现,如使用网络舆情监测软件,设置关键词、敏感词,及时发觉相应的网络舆情。对于政府部门日常的人工检测来说,也可以定时关注国内各大网站关于本部门相关工作的新闻,并及时追踪相关评论。

(二)舆情研判预警

通过技术和人工监测,捕捉到了舆情,下一步工作便是对舆情及时做出研判,发出预警。一般来说,监测、研判预警几乎是同时完成的。网上有的言论或舆论,凭直觉便能判断出是否能引发舆情。舆情研判预警工作主要是对舆情带来的影响、风险和舆情的趋势与走向、舆情引导策略做出判断,并对风险较高的舆情如何进行引导和应用提出对策与建议。

(三)舆情信息上报

一般来说,对于有风险、影响范围大、可能升级、可能恶化的网络或社会舆情,应及时上报单位领导或上级管理部门,以便及时采取有效的引导措施。基层舆情研判人员或专业舆情研判人员并不一定拥有舆情应对指挥、管理、决策等权限,因此,应将舆情及时上报,这是管理权限和岗位职责的基本要求,如果因为没有及时上报而导致舆情或事态扩大,可能会被追究责任。

(四)启动舆情引导预案

对舆情进行研判预警后,对于可能升级或恶化、风险较高的舆情,如果基层舆情工作人员或分析人员具有生意人权限,即应立即采取初步的、必要的引导和应对措施,启动引导应急预案,如安抚、解释工作。如果舆情工作人员或分析人员不具有相应的管理权限,在上报领导或上级管理部门后,具有管理权限的部门或人员应及时启动相应的预案,采取应对和引导措施,避免舆情或事态扩大,如通过网络发布公告、主动联系相关新闻媒体、发布通告等。对于重大突发事件引发的舆情,有关人员还应及时赶赴事件现场,应对社会舆情,配合应急处置,安抚群众,公开喊话,平息事件等。

(五)舆情信息公开

在启动舆情引导预案后,应首先公开事件和相关舆情的信息,信息公开是应对舆情、应对突发事件的基本原则。信息公开是避免小道消息和谣言的最好途径,因此,应对谣言更应立即公开信息,澄清事实。公开信息的途径和方式是多种多样的,既可以通过传统媒体发布公告,也可以通过网络新媒体发布信息,还可以通过现场发布信息,尤其在紧急情况下,可以通过户外新媒体等形式公开信息。对于重大突发事件还需要利用全国性的主流媒体公布信息。为了方便公众查询信息,普遍的做法是综合利用多种途径和形式公开信息。应对社会舆情可以通过网络新媒体发布公开信息,应对网络舆情可以通过传统媒体发布信息,但对网络舆情来说,应在网络舆情相关的网站、论坛、公众号、讨论专区、BBS发布公开信息,更具受众针对性,这与应对社会现实舆情,在事件现场发布公开信息辟谣是一样的道理。

(六)与公众和媒体互动

在公开舆情消息的同时,应重视与公众(包括网民)和媒体的互动。与公众和媒体互动就是要求做到:对媒体的质疑做出及时的正面回复,并解释事实的真相;对网民提出的问题和疑问,及时给予回答;对受害者、家属等相关人员提出的利益诉求和主张,及时做出回应。

(七)开展舆情引导

即使能把控舆情的导向,零星负面的、反向舆论必然存在,不可能完全消除。舆情引导的方式较多，可以采取专门的舆情引导人员跟帖、参与论坛评论、发布有利的讨论主题等。也可以制造新的舆论主题，分散网民注意力，但这种方法也要注意恰当使用，否则会导致网民逆反心理，使舆情升级。有关领导也可以通过网络新媒体以及电视等传统媒体，直接呼吁网民，勿偏听偏信。

(八) 舆情动态跟踪与信息流动播报

随着舆情或与舆情相关事件的发展，会有新的信息出现，也会有新的舆论和舆情出现。这时，舆情引导工作应动态跟踪舆情发展态势，滚动播报新的信息，如伤亡人数等，同时，应注意监测是否有新的舆论及舆情出现。掌控了舆情的导向，并不意味着舆情引导和应对工作就此结束或是万事大吉。如果不及时跟踪舆情发展状况或者不及时播报网民期望知晓的最新信息，便可能导致舆情失控或者出现新的舆情，甚至导致事件升级，这在应对由突发事件或重大安全事故而引发的舆情时，需要特别注意。

(九) 动态发布事件进展信息

由突发事件或重大安全事故而引发的舆情会经历不同的发展阶段，大致可以划分为爆发、发展、应急处置、平息、善后处理、恢复重建等阶段，在事件处置与舆情引导的过程中，每个阶段都应动态发布事件进展信息。事件进展不仅限于伤亡人数，主要是指事件真相、原因、案件侦破进展等。

(十) 舆情引导工作总结

经过上述舆情引导工作的程序和步骤后，舆情引导工作进入经验与教训总结阶段，而这一阶段的工作往往被忽略。在事态逐步被控制后，事件得到合理处置，舆情引导和应对工作也逐步进入尾声。一般来说，在对事件应急处置的同时，也要对舆情引导工作加以总结。这一阶段的工作主要是总结舆情引导工作中做得好的经验，以便在以后的工作中沿用，并总结舆情引导工作中做得不好的教训，在以后的工作中避免犯同样的错误。

四、舆情引导工作机制

从现实工作和实践来看，舆情引导工作还存在诸多误区与问题。为有效引导舆情，改善舆情引导和应对工作状况，应构建舆情应对工作体系，完善舆情引导法律、法规，健全舆情引导工作制度，建立舆情引导机制，筑牢舆情引导工作基础。

(一) 构建舆情引导工作体系

舆情引导工作体系主要涉及应对人员、组织建设、工作责任分配等问题。对于舆情工作繁重的单位或部门，如公安局、检察院、安全监督生产管理局等，可以成立舆情工作领导小组，或确定分管领导，负责信息工作、宣传以及舆情引工作。其下可设立网络(信息)中心、新闻中心、宣传处(科、室)，在基层科室里配备舆情监测人员、舆情研判预警人员、跟帖评论人员、新闻发言人，分别负责舆情信息收集、舆情研判预警、舆情引导和应对工作。当然，基层舆情工作人员的分工并不是绝对的，主要是工作任务重点的偏重而已，也可能相关工作都需要参与，甚至由一个人完成。

由此在各个政府部门建立舆情信息收集队伍、舆情研判预警队伍、舆情引导应对队伍。我们认为，就舆情信息收集工作体系而言，各个部门主要负责舆情信息收集工作的网络(信息)中心之间应是相互联系、互联互通、信息共享的；而在初步做出研判预警后，对于非本部门的舆情，也应及时告知相应的部门，因此，舆情研判预警工作部门之间也应是相互联系的；对于舆情引导应对工作体系来说，各个部门在引导应对各种舆情中的问题、经验及做法时也应相互交流。总而言之，政府各个部门之间应形成纵横交叉的、立体的舆情引导工作体系，如图6-5所示。

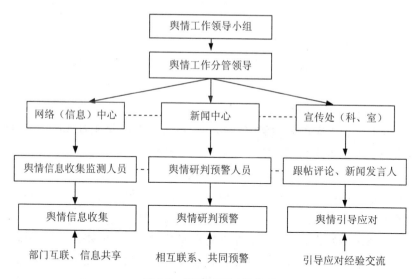

图 6-5 舆情引导工作体系

(二)完善舆情引导法律、法规

完善舆情引导法律、法规，可加速推进我国网络法治化进程。从目前的实践来看，我国在网络治理方面的法律、法规显得相对滞后。

一是现有的法律、法规对网络言论内容与网络谣言的认定、对违规或违法的网络言论与行为的处罚比较轻或者没有明确的规定。这不仅需要进一步加强对网络舆情和社会舆情实际情况的调查研究，结合我国社会现实，完善相关法律、法规，提高某些法律条文的可操作性，加大对网络谣言的惩罚力度，同时要加强对网络媒体的管理，严格准入许可，加大监督管理和违规处罚力度，督促网络媒体过滤不良信息，控制不良信息的传播。

二是要加紧完善和制定相关的法律、法规，以促进和加快我国舆情管理法制化、规范化、制度化的进程和步伐。借鉴其他发达国家较为成熟的法律、法规，结合我国网络发展过程中暴露出来的新情况、新问题以及突发公共事件中舆情的新特点，不断完善我国网络舆情方面的法律、法规。增强网络实名制，以净化网络公共空间。加大对网络犯罪、网络谣言等的打击力度，防止别有用心的敌对分子利用网络混淆是非、煽动闹事、制造混乱，进行非法游行集会，制造群体性事件等。

三是要整合职能，强化信息安全工作。通过完善法规，以解决网络管理、侦查打击等方面的多头管理问题。促进政府部门间的信息共享，避免和消除信息孤岛。促进网络空间安全发展与利用，做好信息安全工作是电子政务建设的前提。为此，应制定与政府信息安全相关的法律、法规，同时，建设区域电子政务安全认证中心，实现中央政府与各级政府之间信息资源的共享，充分保证网上作业的安全。

(三)健全舆情引导工作制度

面对舆情工作制度缺失和不完善的状况，为了有效引导和应对舆情，应健全和完善以下工作制度。

1. 新闻(网络)发言人制度

我国新闻发言人制度起始于20世纪80年代。1983年4月23日，中国记者协会首次向中外记者介绍国务院各部委和人民团体的新闻发言人，正式宣布我国建立新闻发言人制度，但是基层政府还没有形成制度。对于涉及多个政府职能部门的社会舆情或网络舆情，应明确横向沟通的要求，形成统一对外宣传口径，由政府新闻发言人统一对外发布，不能各说各话、各自为政。

建立网络新闻发言人制度，就是在原新闻发言人制度的基础上进一步拓展和延伸，建立政府各级网络发言人体系，代表政府各部门及时在网络上发布准确信息，将网络舆情回应责任落实到单位、落实到人头，通过制度减少"无回复、迟回复、乱回复"的现象。从制度建设的角度出发，网络舆情应对"一抓到底"，必要时可在网络媒体的网站等新媒体中开设专版专题等，以适应网络时代网络舆情多发的现实需要，如中央电视台、《人民日报》、新华社、人民网等主流媒体入驻短视频平台。

2. 舆情信息审核制度

宣传、工信等政府职能部门应出台网络信息审核制度，把好舆情信息审核、入口关，强化网络媒体的责任。该制度具体涉及网络管理员、网站编辑如何过滤、屏蔽、删除虚假谣言、暴力色情等信息。对明显违反法律政策、恶意歪曲事实真相的负面舆情网站应及时清除；对恶意攻击政府、攻击现行政治制度、煽动暴力或非法集会等方面的敏感信息，网站应严格限制，使类似地震谣言的信息不能随意发布、传播于网络。对于没有尽到相应信息管理和审核责任的网络媒体，政府主管部门应出台相应的惩处制度或措施。

政府主管部门平时应加强与网络媒体的沟通，检查网络媒体在制度执行方面的情况同时，应支持和鼓励企业做大做强主流网站，如人民网，在相应网站设置民生议题与网民进行交流。政府各个部门也应做好部门网站，设立领导人信箱以帮助网民解决各类诉求，使政府网站成为网民获取权威信息的重要渠道。

3. 建立网络评论员制度

政府舆情多发部门可以考虑设立网络评论员。网络评论员的主要职责是针对重大网络舆情，根据网络舆论引导和应对工作部署，开展网络舆论引导和不良信息处置等工作，以一个普通网民的身份在网上发布正面信息，参与网络和论坛讨论，引导网络舆论，不断提升政府和正面信息的舆论支持度。因此，网络评论员对政府机关内部来说是舆情工作人员、舆论评论员、形象宣传员、公关人员，在网络中是普通公众、代表民意。对于重大、复杂的舆情，涉及舆情工作较多的如公检法部门，可以设立网络评论员，以形成工作制度。

4. 推行网络实名制度

推进网络真实身份信息的管理可以加大网络监督管理执法的力度。在网络IP跟帖、论坛注册时用户需要录入真实的姓名、身份证号等信息实名制。从火车票实名制逐步推行的进程和实践来看，推行网络实名制不存在理论、实践和技术障碍。

(四)建立舆情引导长效机制

人每天都需要处理各种信息，从本质上来说，就是信息交流和沟通，因此，舆情也是人们生活的一部分。在当今社会，网络已经成为人们生活的一部分，成为人们信息传递的重要渠道。网络舆论与网络舆情也存在于人们生活的方方面面。概而言之，社会舆情和网络舆情无处不在，舆情管理也就成为政府部门的职能之一。为了应对常态化的舆情管理工作，应构建相应的日常工作机制。可包括舆情监测、舆情预警、舆情研判、舆情保障、舆情引导、舆情联动、舆情互动、舆情善后、舆情责任追究、舆情领导和突发事件应对机制。

(五)筑牢舆情引导工作基础

舆情工作不仅是处理危机、应对各种谣言、处理各种丑闻和负面信息的需要，也是强化网络安全和信息安全的需要，应该是党政部门的日常工作之一，应逐步规范化、制度化、常态化。做好舆情引导的基础性工作，还应该做好以下工作。

首先，各级政府部门应构建舆情工作体系，形成由宣传部门主导，公安部门等协作参与的舆情工作局面，深入研究网络舆情发展规律，加强互联网建设。建立各级政府部门共享、互动、开放的网络平台，通过网络平台可以了解社情民意，聆听群众心声，解疑释惑，鼓励网民建言献策，解决网上信访问题。

其次，应建设舆情管理人员队伍。对于一级政府来说，逐步建立新闻（网络）发言人、信息收集、信息研判、舆情引导的专业人员队伍，并定期进行专业培训。同时，政府部门还应形成与本部门舆情相关的专家学者、媒体人士的专家人才库，邀请这些专家为部门做相关培训，在突发事件或舆情爆发时发挥他们在舆情引导方面的积极作用。

最后，应明确本部门舆情引导工作原则，并以其作为指导本部门、本单位舆情引导工作的准绳。

五、网络舆情应急管理

网络舆情应急管理（或称舆情处置）是指对于社会事件引发的网络舆论危机，利用各种舆情监测手段，分析舆情发展态势，最大限度地压缩小道消息、虚假信息，变被动为主动，确保更准、更快、更好地引导舆情的一种危机处理方法。

发生网络舆情后，任何坐等或消极被动的做法都不利于舆情的引导。尽快平息，积极、有效地应对方能化解危机。这就要求做到将网络舆情危机当成一个提升政府公共管理能力的契机，充分认识网络舆情对社会管理提升的巨大作用。只有如此，才能建立起舆情应急管理的思维模式。出现网络舆情并不可怕，可怕的是面对舆情时的消极被动或一味遮掩的陈旧管理思想。政府不仅要建立舆情管理专业部门，更需要建立合理、高效的舆情应急管理体系和制度。只有用制度化的方式去应对突发的舆情，才能最大限度地做好舆情应急管理。从这个方面讲，建立在对舆情的充分认识基础之上的舆情应急管理体系是最具价值的应对之策，只有如此，才能最大限度地消除舆情所产生的重大危害，降低舆情的次生危害的发生可能性。

（一）网络舆情应急管理的三个环节

网络舆情管理的目的是有效化解网络舆论危机。它包括监测、预警、应对三个环节，这三个环节有机组合，从整体上构成了网络舆情联动应急、管理机制。

1. 网络舆情监测环节

网络舆情监测体系的建立主要依靠两方面的保障，一是制度、组织方面的保障；二是舆情发现、检测、分析及预警等技术、体系方面的保障。

就技术保障而言，要监测网络舆情，少不了要有及时有效的信息搜集、信息处理、信息研判、信息反馈、信息决策系统。这就需要强有力的技术系统，尤其是要有一套高效的计算机软件系统。对舆情信息监测与分析必须浏览和查找海量的网络信息，包括网络新闻报道、相关评论、网络论坛等，从这些信息中提取与事件相关的舆情信息，然后分析舆情信息的时间与空间分布情况，再通过多种手段和渠道进行正确的舆论方向引导。随着互联网技术的不断升级，网络舆情监测和舆情分析有必要通过相匹配的科技手段来进行。

依托网络舆情监测体系，网络舆情监测部门才能对舆情信息进行评估，分析并规划舆情监控内容，形成舆情预警信息。同时，根据舆情的监控级别规划新的监控内容，开始新的监控周期，形成一个具有生命特征的周期往复的社情民意反馈系统。

从类型上看，网络舆情监测分为日常监测和突发事件监测两种。日常监测，指将网络舆情监测作为本部门的一项日常工作不间断地进行，随时掌握网络舆论的导向、特点和趋势。日常监测的意义在于随时了解网络舆论的动态、方向；一旦发现有不利于社会稳定的重大虚假舆情，可以及时反馈到有关部门；通过"舆论领袖"引导等手段，对日常舆情进行引导，为有关部门提供社会舆情方面的决策支持。突发事件监测，指当发生群体性突发事件时对相关网络舆情的监测。突发事件的变化因素多，内部关系较为复杂，发展趋势难以预测，相关信息纷繁复杂，给管理机构的信息判断和决策增加了难度。突发事件中的矛盾双方往往处于对立状态，影响或阻碍了原有信息沟通渠道的正常功能，从而给各种小道消息提供了填补信息真空的机会。突发事件突发性强，社会影响大，留给决策者思考的时间短，如果不能及时准确获得最新信息并加以判断处理，产生的后果会非常严重。突发事件的巨大压力使决策者很难从容地对所有信息进行采集、整理和判别，一些有价值的信息可能会被遗漏或者忽视，从而对处理决策产生误导。因此，当突发事件出现时，完善的舆情监测机制，及时有效的舆情信息汇集和分析，全面地掌握与该事件密切相关的各种信息，就显得极其重要。

2. 网络舆情预警环节

网络舆情预警是指在从危机事件的征兆出现到危机开始造成可感知的损失这段时间内，为了解和应对危机所采取的必要、有效行动。网络舆情预警的流程主要包括以下环节：

第一，制定危机预警方案。针对各种类型的危机事件，制定比较详尽的判断标准和预警方案，做到有所准备，一旦危机出现便有章可循、对症下药。

第二，密切关注事态发展。保持第一时间对事态的获知能力，加强监测力度。

第三，及时传递和沟通信息。与舆论所涉及的政府相关部门保持紧密沟通。建立和运用这种信息沟通机制，已经成为网络舆情管理部门的重要经验。

危机预警能力的高低，主要体现在能否从每天海量的网络言论中敏锐地发现潜在危机的苗头，以及能否准确判断这种发现与危机可能爆发之间的时间差。这个时间差越大，相关职能部门越有充裕的时间来做准备，从而为下一阶段危机的有效应对赢得宝贵的时间。

3. 网络舆情应对环节

完善有效的网络舆情应对需要有强大的组织保证、制度保障和整套的应对机制。

首先，要制定一套较为成熟的网络舆情日常监测制度。各地危机预案正在或者已经制定，尤其是面对突发事件时要能够在短时间内制定高质量的预案。

其次，遇到重大突发公共事件时，能够在短时间内调动和整合各种力量，形成联动，产生危机应对的合力。

最后，危机事件后的系统有效评估。其内容包括舆情发展预测、采取措施，对下一阶段走向的研判，对前一阶段应对的总结、反思与建议等。从某种意义上说，如果有好的评估机制，每经历一次危机，管理部门的网络舆情危机应对能力就会得到提升。

(二) 完善网络舆情联动应急、管理机制的措施

公共危机事件的发生，实际上是社会系统由有序向无序发展并最终爆发突发性危机事件的过程。现阶段的中国正处在社会转型期，也是危机频发期，进行有效的危机管理是对现代政府的极大挑战和考验。对网络舆论来说，在无法通过正常渠道得到宣泄的情况下，公民长期积累的诉求随时可能因某事而爆发，造成民众与政府的矛盾激化乃至产生行政危机。

我国的公共管理危机处理机制尚处于起步阶段，与公共管理发达的国家有一定的差距，网络舆情危机也时有发生，政府在应对时尚缺乏有效的机制，往往处于被动的局面。可以通过设立综合性决策协调机构和常设的办事机构，加强政府部门间的协调以提高应对重大突发事件的能力。针对网络舆情问题，可以建立由宣传部门直接领导、各部门参加的舆情监管机构，平时负责网络舆情的监测工作，遇上突发事件时，可兼作网络舆情突发事件的指挥中心。这样，可以将舆情突发事件的处理从一种非流程化的决策过程转变为一种程序化的决策过程；可以提高有关部门的响应效率，采取有计划的步骤，沉稳地面对事件，消除影响，减轻危害，保障网络的安全运行和信息安全，同时形成网上正面舆论的强势传播，进而对社会产生正向的激励效果，有效阻止不良社会情绪的大范围蔓延，阻断不良网络舆情传播的内部和外部动力。

(三) 网络舆情应急预案的制定

在处置突发公共事件时，为及时回应、解答公众对突发公共事件有关的言

论、热点和疑虑，积极稳妥地化解网络舆论危机，维护政府和相关部门的公信力和社会形象，编制网络舆情应急预案是必不可少的。但是，部分地方政府部门的各类突发公共事件网络舆情应急预案还不够健全。对突发网络舆情的科学化处置，突出新媒体使用，以某省林业局突发网络舆情应急预案为例，以供参考。

某省林业局突发网络舆情应急预案

为适应互联网发展的新形势，进一步规范林业领域突发网络舆情应急管理工作，妥善处置网络舆情危机和消除负面影响，为我省林业改革发展营造健康有序的网络舆论环境，特制定本预案。

一、适用范围

本预案适用于事关我省林业领域的新闻报道或信息在互联网上出现后，所引发的网络传播、网络评论和后续报道，造成或有可能造成负面影响并引发网络舆情的应对处置工作。

二、工作原则

（一）统一领导，明确责任。成立领导小组和工作组统筹领导、组织、协调涉林网络舆情应对处置工作。按照属地管理、分级负责，谁主管、谁负责的原则，积极处置突发网络舆情。

（二）服务大局，防止危机。立足于服务保障林业改革发展稳定、服务保障重大活动的需要，进一步强化政治意识、大局意识和责任意识，正面引导，建设网络良好生态。

（三）快速反应，协同应对。舆情处置涉及的基层林业部门和局有关处室（单位）上下沟通，密切配合，团结协作，及时收集网络舆情信息，准确分析研判，第一时间采取应对措施，合力处置舆情，将影响和危害控制在最小范围。

（四）及时上报，听从指挥。发现舆情，及时报告；对涉及重大影响的网络舆情，按照应急管理有关规定上报省网信办，听从指挥、统一处置。

三、组织体系

（一）领导小组。在省林业局信息化建设领导小组的统一领导下，设立网络舆情处置工作组，负责网络舆情应对处置的组织协调工作。

（二）主要职责。在工作组领导下，由局办公室牵头，信息中心为主，各处室、单位配合，网评员参与，做好涉林网络舆情的监测、研判、应对、应急处置等工作。

四、处置程序

（一）舆情分级。将涉林网络舆情分为一般（Ⅲ级）、较大（Ⅱ级）、重大（Ⅰ级）三个级别。

1. 重大舆情（Ⅰ级）：表现为事件即将或已经被全国性门户网站首页或主要新闻媒体采录，在主要网络论坛被持续关注，被国外主要媒体重点炒作，可能引发更广泛的社会影响；省级以上领导做出批示、提出明确要求的。

2. 较大舆情（Ⅱ级）：表现为事件被省级以上门户网站或新闻媒体采录，在当地或全国性网络论坛中不间断有人跟帖的；在事发当地造成广泛社会影响的；并有可能被覆盖面更广的媒体所关注和传播的。

3. 一般舆情（Ⅲ级）：表现为事件在局门户网站、微博、微信、微视宣传平台或其他网络载体发现，未被社会舆论广泛关注或者关注度不高，但有扩大发展趋势的。

（二）监测预警

局办公室负责全省林业网评员队伍的管理和任务分配，省林业信息中心负责涉林网络舆情的日常监测和报告；各级林业部门、局机关各处室（单位）对本地、本部门工作领域的网络舆情加强监控。发现有较大影响的网络舆情，第一时间按照应急管理有关规定进行逐级报告或双重报告。

（三）分类处置

在严格执行保密法律法规、新闻宣传纪律等规定的基础上，对突发网络舆情进行分类处置。由网络舆情处置工作组负责对掌握的网络舆情进行等级研判，实行分级组织协调，及时启动相应的处置预案。

1. 一级响应。发生重大舆情（Ⅰ级）的，由网络舆情处置工作组第一时间报告领导小组，研究提出处置方案，由主要领导组织指挥应急处置工作。同时，上报省网信办请求协助处置舆情。发生重大舆情的，涉事主体要实施24小时网络舆情监测。

2. 二级响应。发生较大舆情（Ⅱ级）的，由网络舆情处置工作组提出舆情处置方案，报分管局领导签批处置意见，指定成立专门调查组或指定处室（单位）进行调查分析，协调宣传、职能处室等部门研究处置对策，责成舆情涉及的属地市县级林业部门积极开展应对。

3. 三级响应。发生一般舆情（Ⅲ级）的，由网络舆情处置工作组确定相关处室（单位）处置。一般舆情发生或者即将发生重大变化的，相关处室（单位）应及时报告网络舆情处置工作组。启动一、二级预案的，组织网评员积极介入舆情处置工作，有针对性地正面引导网上舆论，防止事态进一步扩大。

（四）信息发布

按规定需要由省林业局发布信息的，由突发网络舆情涉及的业务室负责起草文稿，经分管业务及宣传工作的局领导审核后，由网络舆情处置工作组协调主流新闻媒体、网站等宣传载体快速发布权威信息。

(五)动态跟踪

突发网络舆情涉及的业务处室根据舆情信息发展规律,在负面舆情趋于平稳后,需继续做好舆情后续监测和报告工作,密切关注舆情发展动向,防止舆情进一步演变或恶化。

五、应急保障

(一)加强组织领导。局机关各处室(单位)要深刻认识妥善处置突发网络涉林舆情的重要意义和积极作用,高度重视突发网络舆情应急处置工作,确定分管领导,明确职责,积极应对发生的网络舆情。

(二)完善工作制度。局机关各处室(单位)根据实际,进一步健全网络舆情监管和防范机制,营造好的舆情处置工作环境,培养和关心所在部门(单位)网评员,并选配讲政治、守纪律、懂网络、负责任的干部充实到省林业网评员队伍中。

(三)建立工作责任制。局机关各处室(单位)要及时准确、客观全面报告突发网络舆情并积极进行处置。对迟报、谎报、瞒报、漏报舆情重要信息,造成处置不当和不良影响的,应追究相关处室和有关责任人的责任。

本预案自下发之日起实施。

第五节 网络舆情典型案例分析

案例一、江苏响水"3·21"特大爆炸事故

(一)事件概况

2019年3月21日下午14:48左右,位于江苏省盐城市响水县陈家港镇的江苏天嘉宜化工有限公司发生爆炸事故。江苏盐城消防、连云港消防先后赶赴现场,经全力处置,现场明火被扑灭,空气污染物指标恢复至许可范围内。党中央、国务院和江苏省委、省政府对事故救援和处置工作高度重视,党和国家领导人做出重要批示,应急管理部、江苏省委、省政府主要领导亲赴现场指挥工作。经统计,此事故共造成78人死亡、76人重伤、640人住院治疗,直接经济损失19.86亿元。

(二)事件传播分析

根据大数据舆情系统监测的数据显示,在事故发生后的5天中,舆情热度不断攀升,至3月25日,第四次新闻发布会确认死亡人数达到78人,舆情热度到达峰值,之后逐步下降(图6-6)。且根据数据显示,事发后每小时微博讨论数量递增约1万条,持续到次日凌晨1:00。

图 6-6　事件传播趋势

从 3 月 21 日事故发生到 30 日 9:00，与"江苏响水爆炸事故"相关的信息共有 20 余万篇，其中，微博、微信和网站新闻媒体占到了报道总数的 70% 以上，成为舆论主要发酵场（图 6-7）。

在所有发布信息中，关于事故的负面舆情占主导地位（图 6-8）。

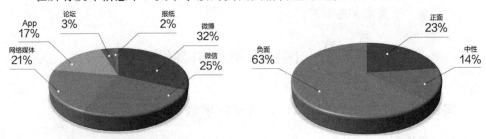

图 6-7　舆论场信息分布　　　　　图 6-8　舆情信息情感倾向

事件中提及频率较高的热词为：爆炸、事故、重伤、死亡等（图 6-9）。

(三) 媒体报道分析

1. 媒体、自媒体多方位介入，多视角呈现事件

事发后，新华社、《新京报》《北京青年报》等媒体具象化地呈现了事件的诸多影响及政府与相关部门、受灾群众及其家属、记者、当地群众等对此次事件的反应。例如，新华社《响水爆炸后的 24 小时"生死营救"》、北京青年报《响水化工爆炸中的失联者：首日援救中的寻人接力》、新京报《响水爆炸后的一天》等。

2. 深度报道相对集中，高站位思考特征较为突出

《人民日报》《南方周末》财新网等媒体，在此次事件中频发深度报道稿件。从报道内容上看，不仅多方位地还原了此次事件波及的各个层面，而且还从宏观层面反思当下经济发展模式的困境以及政府行为模式。《人民日报》更是以《响水爆炸，一查到底》为题旗帜鲜明地做出报道，稳定了人心，廓清了舆论场。

3. 谣言借助新技术扩散，政府、官媒合力辟谣

此次事件发生后，不少网民在微信朋友圈和微信群里散布大量"张冠李戴"的现场短视频和图片，"如果危险化工品爆炸，可能产生哪些危害""18名消防员因吸入大量致癌气体而牺牲"等传言则主要以文字为载体。对此，中国消防、平安江苏、《人民日报》、中央电视台等单位纷纷发布辟谣消息，澄清认知，以正视听（图 6-10）。

图 6-9　热　词　　　　　　　　图 6-10　官方辟谣

（四）网民观点分析

1. 爆炸事故刺激民众紧张神经，安全感缺失引发全民围观

随着时间的推移和救援工作的开展，媒体报道的伤亡人数不断增加，加之媒体报道中反复出现"地震""火光冲天""蘑菇云"等字眼，刺激民众紧绷的神经，同时也在影响着民众的社会风险认知，使得相关消息瞬间在网上裂变传播，江苏响水被推向舆论的风口浪尖。

2. 伤亡人数、环境影响、学生情况等，成为民众关注的焦点议题

爆炸事故发生后，网络上一时间出现大量爆炸现场的图片和视频（图 6-11）。不仅造成人员伤亡，而且导致化学危险品苯的泄露，同时工厂周边有多所学校。泄露的化学品对空气、水资源的污染，以及对学校的影响情况受到民众的广泛

图 6-11　事故现场

关注,成为焦点议题。

3. 安全生产亟待解决

事故发生后媒体爆料事发工厂在 2018 年曾被国家安全监管总局检查出存在 13 项安全隐患,有 4 条涉及苯,同时,从 2007 年开始,该化工园区已经引起多次爆炸,均未引起重视。政府的惩戒不到位,以及企业对于安全问题的疏忽,引起了群众的愤怒。公众都在期盼调查和问责结果的公布,期盼安全生产的监管和执行落到实处、落到根上,以防类似事故再次发生。

(五)舆情处置结果

1. 第一时间发声"占先手",压缩负面信息传播空间

3月21日16:42,即爆炸事故发生的两个小时内,中共盐城市委宣传部通过官方微博"盐城发布"及时发布信息,确认事实,与谣言赛跑,为救援让开通道。这一发声符合"黄金两小时"原则,在一定程度上降低了谣言产生、传播的可能性(图 6-12)。

图 6-12 官方微博截图

2. 多部门矩阵联动,以密集信息发布占领舆论场

事发后,江苏消防、江苏省生态环境厅、应急管理部、生态环境部、卫健委等多部门官方微博持续发声、相互联动,层层引导舆论。扩大了信息知晓率,阻止了舆论发酵,有效占据了舆论场。

3. 四次新闻发布会持续跟进,回应民众关切

在事故发生后,政府部门通过前后四次召开新闻发布会,公布具体伤亡数

字,针对网民关切焦点进行了及时回应,缓解了公众焦虑的心情,让舆论场清朗起来。

(六)舆情应对策略及重要启示

2017年,国务院办公厅政府信息与政务公开办公室发出《关于进一步做好政务新媒体工作的通知》要求,对"涉及特别重大、重大突发事件的政务舆情,要快速反应、及时发声,最迟应在24小时内举行新闻发布会,对其他政务舆情应在48小时内予以回应"。对政务舆情回应时限的明确,不仅能及时满足民众的知情权,增强政府的权威性,避免滋生舆情次生灾害,也是最快消除因各种舆情谣言滋生的必要手段。这也意味着面对政务舆情,不能再简单地靠"熬"就能过关。

事发两小时,盐城官方首次发声,确认事实。相关部门能够在舆情产生的"黄金两小时"内及时主动公开信息,高效回应社会关切,从一定程度上能挤压谣言传播空间,减少无谓的猜测、质疑,为事件处置营造良好舆情环境。关键时刻,权威信息必须由涉事机构亲自发布,并不断发布,以正视听。否则,当各种杂音出现,主导权完全交给媒体猎奇和坊间猜测,极有可能滋生谣言,使机构深陷舆论漩涡难以自拔。同时,在事发后的24小时内,除当地政府外,消防、生态环境、应急管理、卫生健康等多部门接连发声,公布事件最新进展,消除公众疑虑。"快速反应,及时出击"为减缓事态恶性发展发挥了重要作用。

生产管理学的著名理论"海恩法则"指出:"每一期严重事故的背后,必然有29次轻微事故和300起未遂先兆以及1000起事故隐患。"伴随着此次盐城化工厂爆炸事件,再一次给全社会敲响了警钟。不但当地应该引以为戒,其他地方也应该以此为契机强化自我反思,自觉破除形式主义的路径依赖,为优化社会治理奠定坚实基础。

(七)相关知识

谣言:现代汉语词典的解释是"没有事实根据的消息",一般是指没有事实基础,被捏造出来并通过一定传播方式传播的言论。

网络谣言:是指通过网络媒介(如网站、邮箱、聊天软件、社交网站、网络论坛、手机短信等)而传播的没有事实依据的消息。网络谣言同社会现实的谣言没有本质区别,只是传播介质和传播方式的不同而已。网络谣言传播具有突发性且传播速度极快,容易对正常的社会生活秩序造成不良影响。2013年9月9日,最高人民法院、最高人民检察院发布了《关于办理利用信息网络实施诽谤等刑事案件适用法律若干问题的解释》,明确了网络谣言在什么情况下构成犯罪。该司法解释于2013年9月10日起施行。

案例二、重庆保时捷女司机掌掴事件

(一)事件概况

2019年7月30日,一段秒拍视频在网络热传,内容显示重庆一位驾驶保时捷的女司机李某与一名男司机发生争执,女司机李某先动手扇了对方一耳光,被男司机回击。当日,重庆警方对此回应称,已对女司机驾车未按规定掉头、穿高跟鞋、戴帽子等行为进行处罚。然而该女子的嚣张态度引发了公愤,网民对其发起了"人肉搜索",其家庭背景、收入来源、交通违法处理等都被指有"猫腻"。在舆论不断要求公布女子"背景"的强烈呼吁下,8月1日晚间,重庆官方再次做出回应,确认女车主丈夫系渝北区公安分局某派出所所长,并成立调查组进行调查。8月5日,官方再次透露,该女子丈夫被暂停职务。8月12日,重庆市公安局渝北区分局官方微博"平安渝北"通报此事调查结果。通报最后提到,调查发现该女子丈夫任职期间涉嫌其他违纪问题,目前已将其免职并立案调查。另据央视网报道,重庆市公安局还发布了保时捷女车主李某的致歉书。

(二)事件传播分析

李某与男司机因行车发生冲突的相关视频被传上网络之后立即引发了舆论关注,舆情热度迅速上升(图6-13)。有网民对李某的历史进行曝光,促使在31日形成第一个舆论高峰点。8月1日深夜,"重庆发布""平安重庆"等官方微博账号相继发布通报后,李某是否存在利用其丈夫职务之便以权谋私的违法行为,并与四川"严书记"事件相关联,使舆情量于8月2日达到顶峰。舆论在激烈讨论童某暂被停职、类似事件频发原因、事件可能的调查结果等内容之后,舆情热度逐渐回落。

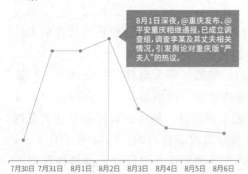

图6-13 事件传播趋势

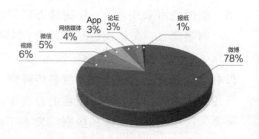

图6-14 舆论场信息分布

微博在此次传播中位居第一位,成为舆论主要发酵场(图6-14)。事件发生后,引发网民热议。与以往舆情事件传播途径不同的是,事件在视频传播平台中排在了第二位,"重庆保时捷女车主打人"标题的相关视频在各短视频平台广泛传播。截至8月15日12时，相关新闻报道1281篇，微博信息近3.6万余条，微信文章7800余篇。微博话题"保时捷女车主丈夫被立案调查""保时捷女车主丈夫被免职""保时捷女车主致歉书"等阅读量近14亿次，讨论近10万次。

事件中提及频率较高的热词为：耳光、掌掴、打人、违法、嚣张等（图6-15）。

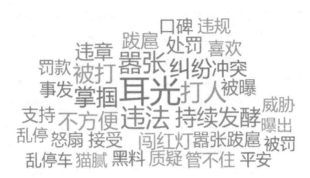

图6-15 热 词

(三)媒体报道分析

1. 女车主为何如此胆大妄为

《人民日报》发表评论，批评"保时捷女"29次违章，哪来的底气？文章更指出女子在这一事件中违反了多条驾驶规定，开豪车且举止蛮横，被视作"恃富而骄"的典型。《南方日报》发布评论，质问重庆保时捷女司机为何这般嚣张？女子胆大妄为的举动引发媒体的关注与声讨。

2. 呼吁警方进一步回应舆论疑惑

《人民日报》官方微博评论指出，"一记耳光，打出了霸蛮，也打出实力坑夫的节奏。从自称'爱飙车、经常闯红灯、扣分随意销'，到家庭背景、收入来源、交通违法处理被指有'猫腻'，亟待一一求证。正视质疑深查细挖，经得起追问，才能祛除人们心中的担忧和疑虑"。《南方日报》也认为，对执法者而言，当然要就事论事、依法办事。不过，有鉴于此事在网络上引发了不小的猜测和议论，相关部门似乎有必要进一步做出及时有效回应，才能避免公众无端揣测，从而赢得公众信服。除此之外，中国经济网、半月谈网等多家媒体都在呼吁有关部门应及时回应网友对这一事件的疑问。

3. 建议严惩公共空间的规则破坏者

《新京报》评论称，"公共空间，得讲规则。撒泼耍横，那不叫硬气叫痞气。这世上，没有人有义务去包容你的跋扈，一旦跋扈越过了道德和法律边界，那结局亦可料定：道德不答应，法律不纵容。"《长江日报》评论认为，此事揭示出"特殊通道""社会能人"的现实存在，呼吁"公共生活的指导原则，是平等而不是特殊,更不是'特权'。社会一切制度和规则都应体现社会公正,而不能为'特殊'网开一面"。

(四)网民观点分析

1. 炫富心理与危险驾驶引发舆论反感,质疑女子的财产来路正当性

穿高跟鞋导致的交通事故屡见不鲜。该女子不仅驾车戴帽遮挡视线,还穿高跟鞋危险驾驶,加上驾驶的又是豪车,更加吸引眼球。男司机妻子在随后的采访中表示,"保时捷车主还说我们穿得差,开一个叫花车子"。网友"过去02306"提到,土石方的生意可不是一般人能碰的。

2. 女子气焰嚣张,态度恶劣,质疑其丈夫是否存在违规违纪的现象

据了解,该女子共计有29条交通违法记录,违法记录涉及的违法行为包括闯红灯、乱停车、违反禁止标线、驾驶时拨打接听手持电话等,并且多次在马路上与他人发生冲突。女子现场曾扬言:"我在渝北飙车是出了名的,红灯我全部都是闯,我打个电话全改"。女子的言论让舆论质疑是什么助长了女子的嚣张气焰,多次交通违法是否依法处理,女子是否有后台。

3. 希望有关部门尽快给出答复,尽快处理该事件,并期待挖出黑恶行为保护伞

网友"杰筏子"说:"支持官方依法查处!要早日将违法违纪分子绳之以法!"

微信公众号"曹教授"刊文《重庆女保时捷嚣张的行为,应该是扫黑除恶的一部分》,呼吁打击这种黑恶行为背后的公权力不作为。"此次重庆保时捷女子未必是黑恶势力,但其行为说是黑恶行为应不为过,这种黑恶行为持续的原因,就是公权力在她违法行为发生时的纵容和不作为。"

(五)舆情处置结果

重庆方面舆情反应滞后,错过舆论引导的"黄金时间",导致此次事件舆情发酵。

单从现场视频来看,保时捷女子掌掴男子耳光只是一场关于行车问题的交通纠纷,双方的和解本可以迅速平息舆论。但一开始官方通报避重就轻,既没有回应舆论关切,也没有缓解网民焦虑,反而加剧事态的发展。保时捷车主事后被扒出其丈夫为当地某派出所所长,而涉事派出所及重庆市公安局渝北分局均称"不方便透露",这种既不否认又不承认的态度,似乎坐实舆论猜测,认为女子老公存在涉黑行为。此外,重庆方面对本次舆情发展态势的研判不够敏锐,导致其难以在关键时刻把握时机,应对不断发展的舆情,控制负面倾向明显的舆情态势,造成舆情的进一步恶化。

不过,8月12日通报发出后,主流媒体对警方通报表示认可,认为官方声音起到"一锤定音"之效。多数网民点赞警方调查处置迅速有力,通报扎实有分

量，迅速引导舆论风向转正，获得社会各界高度评价。

(六)舆情应对策略及重要启示

1. 新技术平台成为触发舆论关注的重要载体

当前，短视频等新媒体技术平台已成为移动互联网时代更为便捷的内容形式及舆情信息传播的新路径。特别是年轻网民热衷上传短视频，传播热点社会事件。一个带摄像头的手机就可以让人人都成为视频的发布者和议题的发起者，完成一个媒体记者出镜、采访、剪辑、发布等复杂的新闻采集任务。加上短视频比文字、图片更具真实感，增强了网民的信任感和参与感。

2. 政务回应必须公开透明，且有针对性

在互联网发展新形势下，主动升级舆情回应能力，不仅有助于提高政府的公信力，也能让公众知情权得到进一步满足。对于任何舆情事件都应给予高度重视，大大方方回应社会质疑，及时消除公众猜测，让舆情及时得以平息。8月12日通报发出后，央视网指出，敏感事件如何通报才令人信服，重庆警方做了一个示范；《新华每日电讯》评论称，应对舆情最好的方式是信息公开，重庆这份通报广受网民点赞，社会效果良好，值得其他地方借鉴。

(七)相关知识

习近平总书记在2016年"4·19"讲话中谈及"建设网络良好生态，发挥网络引导舆论、反映民意的作用"时，曾一口气连用了6个"及时"，即"对建设性意见要及时吸纳，对困难要及时帮助，对不了解情况的要及时宣介，对模糊认识要及时廓清，对怨气怨言要及时化解，对错误看法要及时引导和纠正"。习近平总书记的讲话实际上是针对许多政府部门在利用政务新媒体进行信息公开、舆论引导过程中仍旧存在回应不及时、"失声"甚至缺位的现象所提出的改进建议，凸显了速度第一原则在应对网络舆情事件时的重要作用。

案例三、台风"利奇马"过境

(一)事件概况

2019年8月10日，超强台风"利奇马"突袭我国东部沿海地区，在浙江温岭城南镇首次登陆，预计将途经浙江、江苏两省和黄海海域，最大风力16级，成为中华人民共和国成立以来登陆浙江的第三强台风；11日，"利奇马"在山东青岛第二次登陆。据应急管理部统计，截至2019年8月14日，"利奇马"共造成1402.4万人受灾，56人死亡，14人失踪，1.5万间房屋倒塌，直接经济损失515.3亿元。

(二)事件传播分析

台风"利奇马"登陆前，气象机构及各地政府部门发布的预警信息"点燃"事件舆情。8月10日，台风"利奇马"在浙江温岭城南镇登陆后，受浙江临海全市被淹、上海转移撤离人员 25.3 万人等事件影响，舆情量逐渐上升。11 日，台风"利奇马"过境浙江、江苏，登陆山东。随着受灾地区的增加，相关话题急剧增长，12 日相关舆情量到达峰值（图 6-16）。

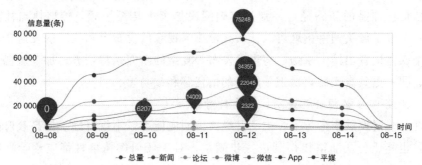

图 6-16　事件传播趋势

微博在此次传播中位居第一位，成为舆论主要发酵场（图 6-17）。事件发生后，引发网民热议。此外，短视频平台发挥重要作用，以翔实的视频引发大量网友关注。

传播中提及频率较高的热词为：感叹、相见、人生、普陀、防病（图 6-18）。

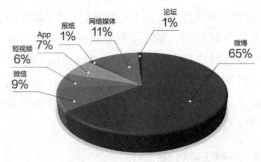

图 6-17　舆论场信息分布

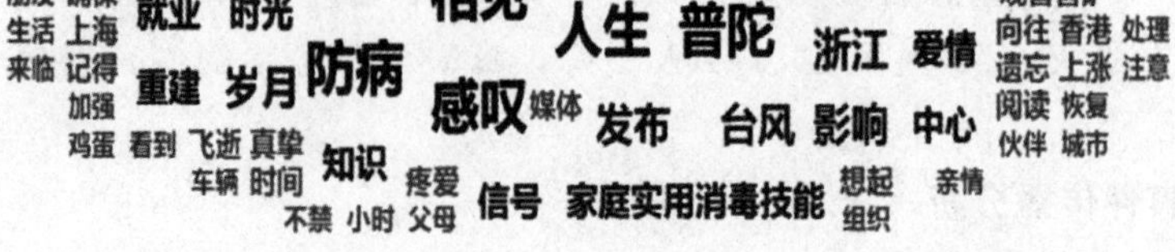

图 6-18　热词

(三)媒体报道分析

1. 客观报道灾情信息和相关救援保障工作

各新闻媒体以大量翔实的第一现场信息,为公众提供最新情况,有效引导了舆情走向。

2. 积极传播救灾抢险正面事件

央视网、人民网、新华网等媒体及其媒体官方微博积极传播抢险救灾时出现的典型人物与正面事件。如"江苏苏州消防员坐路边一口气吞下12个包子""宁波消防从第一处坍塌危房中救出9人"等事件的传播,起到了稳定社会情绪、激励救灾人员、安抚受灾群众的作用。

(四)网民观点分析

此次事件中民众参与话题的方式主要以传播分享媒体及各地政务发布的权威动态为主,集中表达了对此次"利奇马"超强台风的预警提示及对后续该如何有效防台抗台措施的情感倾向。

同时,存在"吐槽政府的预警不及时""反思民众对自然灾害的认识度不够""质疑灾情的报道不真实"等负面倾向,使公众的焦虑情绪不断扩大。

(五)舆情处置结果

"利奇马"台风虽引发社会各界广泛关注,民众讨论热度高,但整体舆情呈正面积极状态,这与相关部委和各地政府的迅速响应以及媒体的积极配合密切相关。

在台风预警阶段,国家防汛抗旱总指挥部、自然资源部等中央部委及时发布了预警信息并安排了相关工作。之后,各地方政府迅速响应,提前部署防范工作,各地官媒和政务发布也及时发布了预警信息,满足了公众知情权。此外,在预警信息传播过程中,各专业性气象官方微博和综合性新闻媒体也发挥了极大的积极作用,中国天气、中央气象台、人民日报、新华网等微博账号均积极对预警信息进行传播,加强了"利奇马"台风预警信息的传播力度,扩大了传播影响力,也让民众及时得知了预警信息,避免了恐慌情绪的过度蔓延。

在抢险救灾过程中,国家防汛抗旱总指挥部、应急管理部启动了防台风每日会商研判机制,召开了视频调度会。同时,各政府官方媒体及政务发布及时公布了相关救灾工作进程,为民众释放了工作部署有序跟进、台风情况实时更新、一线工作全面开展的积极信号。

此外,各新闻媒体也及时播发了灾情信息和相关救援保障工作,以大量翔实的第一现场信息,为公众提供最新情况,有效引导了舆情走向。而抢险救灾时出现的正面事件,对稳定社会情绪、激励救灾人员、安抚受灾群众起到了重要作用。

(六)舆情应对策略及重要启示

纵观"利奇马"相关舆情,正面声音占主流地位,其原因主要有三:

一是政府、媒体联动及时发布了相关信息,各种防灾救灾信息公开透明。在台风登陆前已将预警信息刷屏,在救灾期间各政府官方媒体和新闻媒体也实时公开救灾各项事宜,满足了民众知情权,展现了各地政府相关部门积极有序应对台风灾害的正面形象。

二是积极进行了正面宣传。通过一线图片、短视频等场景宣传报道,强化了对一线指挥、协同奋进的场景展示,特别是消防、城管、水利等一线处置部门单位,有利于软性体现了部门职能作为,树立正面形象;同时还强化了对救灾过程中各地好人好事的报道,这些正面事件不仅温暖了受灾地的群众,还引发了社会的广泛关注与好评。

三是及时澄清并处置了不实谣言。对流传较广的几条"灾情"谣言,如"黄南水库被冲垮了""永嘉300多人不见了""济南、沈阳、威海凤凰山路变压器泡水漏电"等,温州、台州、济南等地公安在第一时间进行了澄清,防止了不必要的恐慌和盲目应对,一定程度上缓解了群众的恐慌心理。

此次成功的舆情处置,启示一:自然灾害不可避免,中国集中力量办大事的政治优势,以及团结协作、攻坚克难的强大凝聚力再次展示了中国精神和中国力量。启示二:在全力救援抢险之际,也应及时进行正面宣传。这样才能最大限度让民众明白"关键时刻到底谁奋斗在一线""关键时刻到底谁在我们保驾护航",当后续舆论有人恶意攻击、无理谩骂时,民众才会有自己的独立思考和客观判断。启示三:中国是自然灾害多发的国家,如何进一步提升抗灾能力和质量,实现排险除危措施最优化和灾情损失最小化的目标,是今后需重点关注和强化科技攻关的新课题。

案例四、无锡高架桥侧翻事故

(一)事件概况

2019年10月10日18:10,江苏无锡"312"国道K135处、锡港路上跨桥发生桥面侧翻事故。桥下共有3辆小车被压,其中,一辆系停放车辆(无人),事故共造成3人死亡,2人受伤。经初步分析,上跨桥侧翻系运输车辆超载所致。

(二)事件传播分析

该事件发生后舆论呈现爆发式增长,据大数据舆情监测系统显示,在舆情发展趋势中,事件发生第二天,即11日,舆论达到高潮,当日共产生近5万条舆情信息(图6-19)。

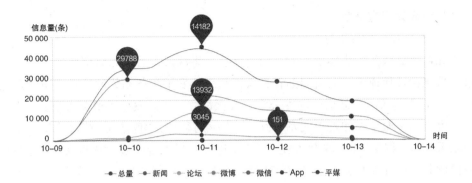

图 6-19 事件传播趋势

在事件传播中,微博平台最为突出,成为该事件的主要传播载体,引发网民热议(图 6-20)。

事件中提及频率较高的热词为:事故、超载、坍塌、平安、垮塌等(图 6-21)。

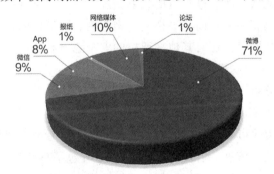

图 6-20 舆论场信息分布

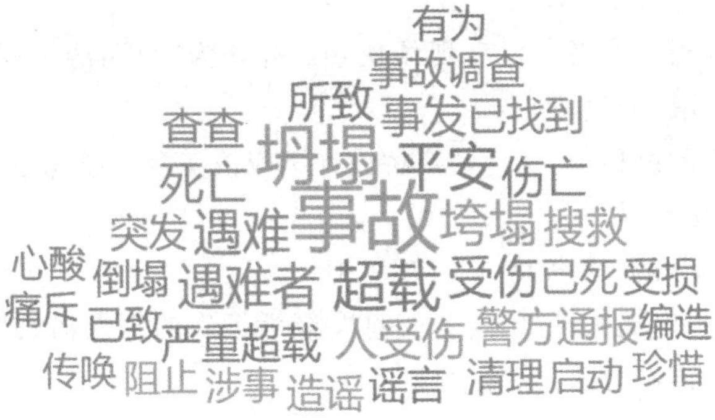

图 6-21 热 词

(三)媒体报道分析

1. 政府回应欠缺遭质疑

无锡官方政务新媒体信息发布明显滞后。事故发生后,无锡市政府迟迟未对事故情况做任何通报,其新闻办官方微博却先后发了两条无关的信息。事发后近12小时,无锡市人民政府新闻办公室官方微博终于正式发出了情况通报。

大众网·海报新闻发表文章《无锡上跨桥侧翻官方"龟速发布"遭质疑,记者现场采访被"清"》指出,事故发生后,"无锡发布""无锡交警""平安无锡"等当地微博政务号中并无官方消息发布,而在事故发生近20小时内,无锡官方除"平安锡山"及"无锡发布"外,尚无其他任何新的官方消息发布。

2. 货车超载成舆论关注核心点

微博成为各家媒体集中关注事故原因的核心平台。《中国交通报》官方微博率先将事故原因指向货车超载,成为《人民日报》、央视等媒体官方微博的重要信息源,也成为媒体对此次事故跟进报道的重要新闻素材。人民网评指出事故的诸多问号亟待拉直,让真相浮出水面。央视网、光明网、澎湃新闻、《新民周刊》等媒体在追问事故原因的同时,还对其他高架桥的安全隐患有所担忧,正如央视网评论的质问"还有多少安全隐患需要以事故排查?"

(四)网民观点分析

1. 政府回应滞后引网民调侃

事故发生后,无锡市政府迟迟未对事故情况做任何通报,其新闻办官方微博却先后发了两条无关的信息。引发网友调侃:"是外包了吗?"

网友声音:这时候都没个声信,宣传部门是用来做啥的呢?关键时刻,政务微博应及时发声,不能掩耳盗铃,不能若无其事,更不能顾左右而言他。

2. 对高架桥质量引发讨论

事发当日19时,有网友发布现场视频,并认为"豆腐渣工程害死人",引发网民对事故发生原因的议论。

网名为"飞翔的疯狗子"认为,道桥设计不应该安全承载冗余么,超载能超多少?这就能把桥压翻了?

3. 大量网民对遇难者祈福

事故发生后,出现大量"愿逝者安息""能活下来的都是福大命大啊""希望大家都平安"等的话语,为遇难者祈福。

(五)舆情处置结果

无锡高架桥坍塌事故发生后,多家媒体纷纷报道跟进,迅速引爆舆论。但无锡市相关政府部门迟迟未对事故做任何通报,当地各微博政务媒体号也并无官方消息放出。甚至在此期间,无锡市人民政府新闻办公室官方微博"无锡发布",还先后发布了两条无关博文，引发舆论质疑。

事故发生 9 个小时后，中央广播电视总台记者现场连线无锡市政府值班热线，对方表示不知详情，而宣传部门负责人电话也持续无人接听。随后，多家媒体以"值班热线表示不知详情 市政府新闻办微博只字未提"为题对事件进行报道，再次点燃网民的负面情绪，导致舆情进一步恶化（图 6-22）。

图 6-22　媒体报道

不难发现，在本次舆情应对处置过程中，无锡官方政务新媒体信息发布明显滞后。尽管江苏省、无锡市均在事故发生后的第一时间启动了应急响应机制，并全力开展事故救援处置工作。但由于信息发布不到位，严重阻碍了本次事故的信息畅通和公众知情，以至各类负面信息在舆论场中涌动不止，对相关部门公信力造成一定的负面影响。

（六）舆情应对策略及重要启示

一是重大突发事件发生后，官方要掌握对外发布信息的主动权。务必做到第一时间发声，成为第一消息源。然而无锡官方的回应缺乏时效性。事故发生后，无锡市政府迟迟未对事故情况做任何通报，"无锡发布""无锡交警""平安无锡"等当地微博政务号中也并无官方消息发布，这造成了公众对于当地宣传部门不作为的质疑，这种应对方式无助于舆论的降温，甚至加剧了负面舆情的持续发酵。

二是官方回应要妥当，防止次生舆情。10月13日21时，"无锡发布"发表了一篇题为《在重大事故面前，我们该做的是关爱与理性》的短评，指责公众不理性、不包容，引发了次生舆情。网民不应是政府处理事故的"假想敌"，政府不该用刻薄话来奚落网民对事故的关心。

面对公众关切，政府在处理上要更具速度和透明度，及时采取应急措施，积极协同媒体配合发布，清晰且详尽地回应群众期许，这才是避免加深误解和掌握舆论引导主动权的有效途径，在这个信息爆炸的时代，封堵信息只会产生舆情的次生灾害。

三是与其外行说，不如内行专家说。安全突发事件往往涉及很多专业领域，如此次事件中对于桥梁建造到底有没有问题上，公众缺乏专业认知，对事故原因存在困惑,在很大程度上源于对专业问题的不解和陌生,因此,谣言更易乘虚而入。对于事故原因,官方可以请专业机构和业内专家回应公众质疑。社交媒体时代,信息公开慢不得,拖不得,躲不得。拖延和掩盖,错过的是时机,损坏的是公信,丢掉的是人心。让群众知情,天塌不下来。

(七)相关知识

次生舆情就是从网络热点事件之中衍生出的新舆情事件。由于次生舆情往往存在异化发展的情况,在一定程度上满足了人们的猎奇心理,因此,公众对次生舆情的关注有时会超越事件本身,从而产生一些不可控因素。例如,有些次生舆情的发展会偏离事实真相,导致舆情进一步发酵,从而滋生各类网络乱象、网络谣言等,损害社会公共权益。因此,我们应将对次生舆情的监管纳入网络舆情治理的范畴之中,营造良好的网络舆论环境。

次生舆情大多是基于一些具有社会意义与代表性的社会焦点事件、政治问题等所引发的深层次舆论,其生成往往会经过一个再加工和酝酿发酵的过程。因此,次生舆论并不是完全独立的,它一般不会脱离原生网络舆论环境。

案例五、四川凉山森林大火

(一)事件概况

2019年3月30日18时许,四川省凉山州木里县雅砻江镇立尔村发生森林火灾,当地迅速组织力量,投入689人实施灭火作业。3月31日下午,扑火人员在转场途中,受瞬间风力风向突变影响,突遇山火爆燃,致30人失联。后经统计,31位救火英雄壮烈牺牲,其中包括27名凉山森林消防支队消防人员,4名地方干部群众。

(二)事件传播分析

四川凉山森林火灾发生后,相关报道引发舆论的高度关注,4月1日晚,"凉山森林火灾致30名扑火人员牺牲"的消息在《人民日报》、央视新闻等权威媒体的官方微博加持下开始在全网传播扩散。4月2日,凉山州人民政府新闻办公室公布在火灾中牺牲的英雄名单,同时决定将牺牲人员评定为烈士。相关消息继续引发舆论关注,达到传播峰值。4月4日,西昌市政府将4月4日定为哀悼日。央视新闻客户端以《选一个最好的方式记住你|凉山火灾独家报道》为主题进行报道,现场悲痛哀悼画面被大量传播,使得信息量再次增加形成次高峰(图6-23)。

有关四川凉山森林火灾的舆情信息中,主要舆情信息来自微博平台(图6-24)。《人民日报》、央视新闻等主流媒体账号以及"微凉山"等政府官微在微博平台密切发布火灾救援相关报道,公布牺牲人员名单并表示沉痛悼念,消息很快引发全网舆论的高度关注;多位明星及微博"大V"发文表示哀悼,进一步推动这一

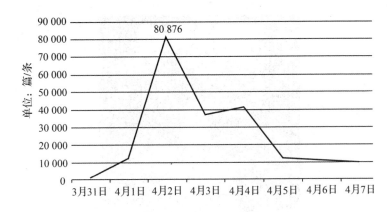

图 6-23 事件传播趋势

消息在网络传播、扩散;"四川木里县森林火灾""致敬消防英雄""幸存消防员回忆爆燃瞬间"等热门话题带动更大范围的阅读讨论,助推微博平台信息量高涨。

事件中提及频率较高的热词为:英雄、牺牲、赤子、大火、痛心等(图6-25)。

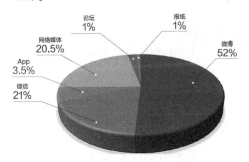

图 6-24　舆论场信息分布　　　　　　　图 6-25　热　词

(三)媒体报道分析

1. 持续关注报道火灾救援,全媒体平台传播引发全社会关注

自火灾发生后,媒体高度关注火灾的扑救和人员伤亡情况,都通过全媒体平台对四川凉山州木里县这场大火进行了报道。通过现场直播、视频报道、图文解说等多形式播报引发了全社会的广泛关注。

2. 主流媒体主动设置议程,把控全网舆情走向引全民寄哀思

一是主动宣传报道牺牲人员名单、最后朋友圈、最后电话、最后的影像等报道让生命定格在火灾救援中,引全民寄哀思(图6-26)。二是及时回应质疑,权威解答扑救人员救援专业性、山火爆燃危害、森林火灾如何自救等问题,引导舆论正向发展。在权威媒体和专家的联合释疑下,关于此次救援不利的言论不攻自破,网络舆论回归致敬、悼念的氛围之中。三是我国消防制度改革与世界接轨,

图 6-26　网民寄哀思

期待应急救援更加专业化和职业化，保障救援人员的生命安全。

《人民日报》发表文章《木里森林火灾：为何一定要救？》权威回应，"森林大火必须要在早期进行有效控制""此次火灾属于无人区但蔓延会危及周边群众安全""飞机灭火只能进行大范围明火扑灭，暗藏烟点必须辅助人员扑灭"等问题。

《新京报》文章《哀悼扑火人员，让应急救援最受尊敬》称，当应急救援人员再次出现大量伤亡，对于这个职业的风险和奉献，全社会都应有更充分的认识，并对这个群体抱以更多的尊重与理解。期待应急救援体制改革和职业化探索，能够让和平时期那些为公共安全"负重"的"最可爱的人"，获得更多的安全庇护。

3. 双线齐管权威严惩不法行为，维护社会公德，净化舆论环境

一些人在网络或者其他场合辱骂 30 名英勇牺牲的烈士，对此，各地警方迅速行动，将这些诋毁英雄的不法人员依法查处。同时，媒体积极报道警方行动，侮辱救火英雄的行为将受到法律制裁（图 6-27）。

光明网文章《网络不是法外之地！侮辱凉山消防英雄的网民，将面临法律严惩！》认为，此次火灾中牺牲的 30 位英雄烈士理应得到尊

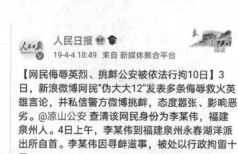

图 6-27　媒体护法

重，我们应向他们致敬、默哀。个别网民出言不逊，侮辱英雄，其言语不仅扰乱了公共秩序，同时也造成了极为恶劣的社会影响，侮辱救火英雄的违法人员理应受到法律制裁。

(四)网民观点分析

1. 多明星发文哀悼，带动全民悲伤情绪蔓延

网友"华子敬"：他们正值青春芳华之时，本可以与家人共享天伦，但他们却选择了负重逆行，选择了使命担当，愿一路走好！伟大的英雄们，你们并未远走，你们的精神永存。

网友"陈长飞1976"：英雄的事迹，应该拿来作为后来者奋斗进取的精神源泉，应该成为一个社会共同遵守的价值取向。

2. 关怀幸存者和遇难者家属，希望政府给予最好的安抚和救助

网友"十染"：活着回来的并不见得多好过，应激创伤反应不是小事情，如果真的关心消防员们，请给予充分的心理疏导和一个良好的恢复空间，时间是治愈良药，希望时间能让他们好起来！

网友"川味太浓z"：希望该给的补助能一毛不差的到家里，毕竟这将来也是个顶梁柱。听说过之前的烈士家属每月只有小几百块钱度日的。

3. 建议加强消防队伍专业化、科学化、职业化建设，加快改革减少人员伤亡

网友"占豪"：看到这样的消息，心都是抽抽的，30个家庭瞬间崩溃。建议在两方面做改进，一个是我们要给森林防火部门配备更加先进的装备，譬如无人机、精确的定位装置、火情分析系统（可根据无人机获得的信息以及大数据模型推演火情发展趋势，并能给防火员和消防员及时的预警提醒）等；二是我们应该考虑调整森林防火救火的一些机制，在什么情况下使用什么策略需要更科学一些。

4. 臆测消防人员的牺牲是地方政府不作为，救灾思路错误导致

网友"徐池"：地方政府明显存在不作为，凉山是森林资源密集区，火灾重灾区，此次处理就像毫无经验。

网友"何刚"：但这么多战士的牺牲，是否存在判断灾情和指挥救灾的失误？森林烧了可以重新栽树恢复，30条生命可是一起不复返！救灾思路需要大转变！否则他们真的就白死了。

(五)舆情处置结果

四川省凉山州木里县"3·30"森林火灾发生后，应急管理部和森林消防局第一时间组织力量展开搜救。四川省政府依法成立了火灾调查组介入调查。凉山州政府举行火灾新闻通气会，通报火场扑救、医疗救援和牺牲人员等情况。央视新闻等主流媒体对追悼仪式进行了视频直播，四川省人民政府追认牺牲的消防员为烈士。此举有利于凝聚民心，鼓舞士气，战胜困难，最终扑灭烈火。此外，有个别网民对消防员的救火行为表示质疑，称山火无需扑灭。中国林业科学研究院森林防火专家、湖南省林业局局长等人士相继发声，向民众解释山火爆燃、难以扑灭等问题。此外，公安机关及时依法拘留网上辱骂牺牲消防员的网民，使得舆论欣慰，"恶意"得止，相关舆情平稳有序。

（六）舆情应对策略及重要启示

研究分析这次事件的舆情处置情况，可以为以后的突发公共事件舆情处置与舆论引导工作提供经验和借鉴。具体为：

一是推动解决实际问题，解决主体舆情。突发公共事件应对经验表明，要突出对线下问题的解决，这是公众最为关心的。如事件救援进展、事件原因调查、相关责任依法问责、颁布相应整改措施、并对相关领域进行预防性事故隐患排查等，对缓和公众情绪、稳定社会秩序会起到积极作用。

二是相关信息及时发布，积极回应社会关切。突发公共事件关系群众生命财产安全及线下社会稳定，舆情爆点多、关注度高、传播快、影响范围广，因此，突发公共事件发生后，应在第一时间公开信息、释放信号、传递真相、稳定人心。同时主动快速引导、正面回应疑虑、赢得群众理解和支持，始终确保舆论正确方向。

三是加强辟谣工作，及时引导网民遵规守法。网络谣言等引发的次生灾害会严重影响对突发事件的应急处置。相关部门应加强舆情监测、留意舆论场动态，第一时间进行辟谣和澄清，及时遏制不实、不良信息的扩散与传播，为突发公共事件处置制造良好舆论氛围。

四是建立动态化、长期性的舆情治理机制和舆论监督预警机制。制定政府危机管理的监测预防机制，加强舆情监测及风险评估。首先，加强重大突发事件舆情风险源头研判，制定舆情应对处置预案，做好舆情监测、研判、回应，及时解疑释惑，理顺情绪，化解矛盾。其次，建立突发公共安全事件中政府危机管理的预防机制，制定科学和操作性强的应急预案。在此过程中，要根据外部动态环境的变化及时对应急预案进行补充和调整，必要时提前演练。

案例六、疫情期间武汉城管殴打配菜员

（一）事件概况

2020年年初，一场新冠肺炎席卷全球，我国新冠肺炎疫情防控指挥部出台各种疫情防控暂行办法，要求社会层面实行群防群控。

2020年3月2日上午，一则"疫情期间武汉城管殴打配菜员"的视频在抖音、

微博中流传，引发网民关注，涉事城管被指暴力执法，网络舆情迅速发酵。视频显示，多名身穿制式服装的城管人员正围着一名黄衣男子进行殴打。同日，武汉市江汉区城市管理执法局一名工作人员回应视频内容属实，目前正在调查此事，有结果会及时公布。3月3日上午，武汉市江汉区政府办官方微博"两江交汇"发通报称，公安部门正在调查处置；汉兴街工委和纪工委对发生冲突的吕某某等三名城管人员予以辞退，对负有管理责任的汉兴街公共管理科相关负责人立案调查。当日，《新京报》采访被打的新湾路"阿拉家鲜生"生鲜店配送员李某，其回忆称事发当天因为配送蔬菜较多，店内放不下，就把几个菜筐放在外边，但是随后城管以"影响市容市貌"为由与其发生冲突，"我问特殊时期不能理解一下吗？他们说理解不了"。

(二)事件传播分析

根据大数据舆情系统显示，3月2日，武汉城管殴打配菜员事件发生后，城管被指暴力执法，网络舆情迅速发酵，3月3日，江汉区政府发布官方通报，引发网民热议，舆情达到顶峰，当日全网近28 000条舆情数据(图6-28)。

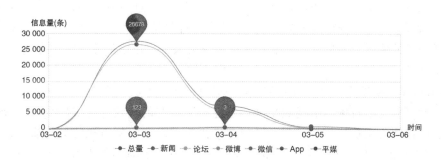

图6-28　事件传播趋势

此次事件，95%的舆情信息来自微博平台(图6-29)。

事件中提及频率较高的热词为：事情、沟通、应该、理解、问题等(图6-30)。

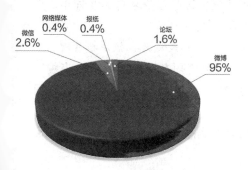

图6-29　舆论场信息分布　　　　　　　图6-30　热　词

(三)媒体报道分析

1. 粗暴执法不是疫情防控的护身符

《南方都市报》评论称，疫情防控不是粗暴执法的护身符，无论什么样的理由，粗暴执法都是极端错误的。光明网评论指出，"硬指标"不能成为暴力执法的"依据"，抬手就打、抬脚就踹的"执法手段"，即便亮出"防疫"旗号也是解释不通的。红星新闻评论批评称，"这就是典型的没有执法温度，不问事由，不由分辨，不容转圜"。

2. 媒体呼吁各方多沟通，基层人员应做到文明执法，人性化执法

《南方都市报》评论称，特殊时期尤其需要更柔性的人性执法，执法多问问缘由，多听几句解释，戒除粗鲁的、暴虐的执法冲动，对战疫而言都将是关键且可贵的助力。光明网评论指出，在繁重防控任务之下，各方再忙也别忘了相互沟通，避免信息不对称导致无谓的内耗。

(四)网民观点分析

1. 暴力执法引众怒

此事一经报道，不少网民愤怒不已，认为这是一件极其恶劣的事件。有网友称，"特殊时期，这样在小区门口送菜的人，都是冒着自身风险保障居民最基本生活需求的值得尊敬的人。执法执到他们身上去了，还用如此野蛮的方法，真让人生气。"

2. 城管与商贩频出冲突惹争议，城管再一次陷入舆论漩涡

武汉城管殴打配菜员视频出来后迅速引来网友的热议，"又暴力执法！城管什么时候能文明执法？"近年来，城管这一执法部门屡因暴力执法等行为被诟病，甚至"不知道从什么时候开始，城管这个词就是比较恶毒的骂人方式了"。由于外界对城管部门一直持负面态度，此次事件再一次使其深陷舆论漩涡，不少人质问"谁给这些城管打人的权利"。有网友直言，"城管就是一个怪胎机构，权力大无边"。此外，也有人认为，中国大多数城管之所以容易和小商小贩发生冲突，很大一部分和城管自身的素质有关，当下的城管队伍中，一部分来自无业青年，血气方刚，屡屡粗暴行事，自然让大家对城管意见颇大。

3. 基层执法再被吐槽形式主义严重，"特殊时期"不能成为乱执法挡箭牌

据媒体报道，此次冲突主要原因是城管认为"菜筐摆在室外影响市容市貌"。而这一原因遭到网友的吐槽，"武汉街上空荡荡的，也不知市容整给谁看"。有网友联系此前武汉城管扣押火神山工程车一事，指出"给的原因同样奇葩，影响市容，压坏道路"。还有网友表示，"武汉是全世界的焦点，在一个世界瞩目的舞台这样执法，必须严惩"。

(五)舆情处置结果

此次舆情快速升温，归根结底在于执法者违法，滥用权力必然会引来舆论追

打。面对舆论怒火,当地政府部门的处置工作十分迅速:事发当日下午,涉事单位通过媒体先行表态"会调查,及时公布结果",表现出较高的舆情意识;距离舆情爆发不到24小时,江汉区政府兑现承诺,通报了相关责任人处分结果,汉兴街工委和纪工委对发生冲突的城管人员三人予以辞退,对负有管理责任的汉兴街公共管理科相关负责人予以立案调查。区纪委监委将依纪依规对街道相关负责人追责问责,推动舆情快速回落。江汉区新型肺炎疫情防控指挥部要求各街道部门以此为鉴,举一反三,落实好疫情防控相关规定。总体来看,尽管还有"临时工背锅""处理偏轻"等猜测和不满,但官方处置基本上受到了认可。

(六)舆情应对策略及重要启示

事件发生之时,武汉依然是全世界新冠疫情的重灾区,方方面面压力较大,坚守在每一个工作岗位上的人都很辛苦,这是事实。但正因为如此,城管在特殊时期执法,应更有温度、更有柔性。如果只是一味粗暴强势执行所谓规定,无疑将城管人员置于民众对立面,也有将小事闹大,给民众添堵之嫌。

城管成为舆论焦点,还有其背后深层次原因。近年来,城市管理问题被推上风口浪尖,因城管暴力执法并陷入"塔西佗陷阱"的怪圈,导致城管被"妖魔化"。城管极端执法事件的与日俱增并不断衍化为群体性事件乃至政治性问题已是一个显而易见的事实。于是,我们又不得不反躬自问,城管"妖魔化"并陷入"塔西佗陷阱"现象难道仅仅只是"城管制度"和"网络舆论"的结果吗?导致城管"妖魔化"现象的社会根源又是什么呢?从更深层次的角度,城管"妖魔化"现象是中国社会转型过程中社会矛盾冲突表达、暴戾情绪宣泄的一种典型表现,其本质是公众政治信任不断缺失的过程。

疫情面前,病毒无情,人有情。对于这件事,双方都应该多一些包容和理解。不同岗位的人社会分工不同,每个人的工作都是一种付出,理应得到尊重。就这件事来说,疫情时期配菜员坚持配菜送菜,这给当地居民提供了很大便利,这是值得大家赞扬的。城管人员,为了维护城市管理秩序每天奔波在大街小巷,也是非常不容易的,即使是他们在执法过程中有些行为过激,但是出发点是好的,我们也应该给予理解。所以,遇到问题一定要好好沟通,切不可意气用事。生活中每天都会有因沟通不足产生矛盾,如果大家都可以多一些耐心和理解,社会将会很美好。

(七)相关知识

"塔西佗陷阱"(Tacitus Trap),就是政府部门在遭遇公信力危机之时,无论说真话还是假话,做好事还是坏事,都会被认为是说假话、做坏事。得名于古罗马时代的历史学家塔西佗。这一概念最初来自塔西佗所著的《塔西佗历史》,是塔西佗在评价一位罗马皇帝时所说的话:"一旦皇帝成了人们憎恨的对象,他做的好事和坏事就同样会引起人们对他的厌恶。"

  以上案例可以看出政府简单的"选择性发布",不仅不能让民众信服,而且会让质疑更加密集。在网络时代,这种轨迹更加明显。若政府稍微处理不慎,或出现些许疏漏,一个再平常不过的社会事件,都有可能落入"塔西佗陷阱",导致政府公信的"二次危机"。

  随着政府对政务公开工作的重视,政务新媒体数量日益增多,其中不乏"僵尸号",缺乏整体规划、专业化的运营机制和效果评估等问题严重制约着政务新媒体的未来发展。政务新媒体的工作不应该停留于发布信息、沟通受众,还应该对信息发布后取得的效果进行监控分析,将政务新媒体的舆情回应成果纳入到政府部门的绩效考核体系中,建立起一套科学全面的效果评估机制,用规范的制度来激发政务新媒体工作人员的工作热情和竞争意识。并将之列入衡量政务新媒体传播效果的标准,如传播广度、受众反响等。还要建立奖惩制度,对表现突出、勇于创新的政务新媒体给予表彰,激励其再接再厉;对推脱责任、怠慢懒政的政务新媒体提出批评,制定合理的惩罚措施。

附录一　新媒体主要法律法规（全文）

一、《中华人民共和国网络安全法》

中华人民共和国网络安全法

（2016年11月7日第十二届全国人民代表大会常务委员会第二十四次会议通过）

第一章　总则

第一条　为了保障网络安全，维护网络空间主权和国家安全、社会公共利益，保护公民、法人和其他组织的合法权益，促进经济社会信息化健康发展，制定本法。

第二条　在中华人民共和国境内建设、运营、维护和使用网络，以及网络安全的监督管理，适用本法。

第三条　国家坚持网络安全与信息化发展并重，遵循积极利用、科学发展、依法管理、确保安全的方针，推进网络基础设施建设和互联互通，鼓励网络技术创新和应用，支持培养网络安全人才，建立健全网络安全保障体系，提高网络安全保护能力。

第四条　国家制定并不断完善网络安全战略，明确保障网络安全的基本要求和主要目标，提出重点领域的网络安全政策、工作任务和措施。

第五条　国家采取措施，监测、防御、处置来源于中华人民共和国境内外的网络安全风险和威胁，保护关键信息基础设施免受攻击、侵入、干扰和破坏，依法惩治网络违法犯罪活动，维护网络空间安全和秩序。

第六条　国家倡导诚实守信、健康文明的网络行为，推动传播社会主义核心价值观，采取措施提高全社会的网络安全意识和水平，形成全社会共同参与促进网络安全的良好环境。

第七条　国家积极开展网络空间治理、网络技术研发和标准制定、打击网络违法犯罪等方面的国际交流与合作，推动构建和平、安全、开放、合作的网络空间，建立多边、民主、透明的网络治理体系。

第八条 国家网信部门负责统筹协调网络安全工作和相关监督管理工作。国务院电信主管部门、公安部门和其他有关机关依照本法和有关法律、行政法规的规定，在各自职责范围内负责网络安全保护和监督管理工作。

县级以上地方人民政府有关部门的网络安全保护和监督管理职责，按照国家有关规定确定。

第九条 网络运营者开展经营和服务活动，必须遵守法律、行政法规，尊重社会公德，遵守商业道德，诚实信用，履行网络安全保护义务，接受政府和社会的监督，承担社会责任。

第十条 建设、运营网络或者通过网络提供服务，应当依照法律、行政法规的规定和国家标准的强制性要求，采取技术措施和其他必要措施，保障网络安全、稳定运行，有效应对网络安全事件，防范网络违法犯罪活动，维护网络数据的完整性、保密性和可用性。

第十一条 网络相关行业组织按照章程，加强行业自律，制定网络安全行为规范，指导会员加强网络安全保护，提高网络安全保护水平，促进行业健康发展。

第十二条 国家保护公民、法人和其他组织依法使用网络的权利，促进网络接入普及，提升网络服务水平，为社会提供安全、便利的网络服务，保障网络信息依法有序自由流动。

任何个人和组织使用网络应当遵守宪法法律，遵守公共秩序，尊重社会公德，不得危害网络安全，不得利用网络从事危害国家安全、荣誉和利益，煽动颠覆国家政权、推翻社会主义制度，煽动分裂国家、破坏国家统一，宣扬恐怖主义、极端主义，宣扬民族仇恨、民族歧视，传播暴力、淫秽色情信息，编造、传播虚假信息扰乱经济秩序和社会秩序，以及侵害他人名誉、隐私、知识产权和其他合法权益等活动。

第十三条 国家支持研究开发有利于未成年人健康成长的网络产品和服务，依法惩治利用网络从事危害未成年人身心健康的活动，为未成年人提供安全、健康的网络环境。

第十四条 任何个人和组织有权对危害网络安全的行为向网信、电信、公安等部门举报。收到举报的部门应当及时依法作出处理；不属于本部门职责的，应当及时移送有权处理的部门。

有关部门应当对举报人的相关信息予以保密，保护举报人的合法权益。

第二章　网络安全支持与促进

第十五条 国家建立和完善网络安全标准体系。国务院标准化行政主管部门和国务院其他有关部门根据各自的职责，组织制定并适时修订有关网络安全管理以及网络产品、服务和运行安全的国家标准、行业标准。

国家支持企业、研究机构、高等学校、网络相关行业组织参与网络安全国家标准、行业标准的制定。

第十六条 国务院和省、自治区、直辖市人民政府应当统筹规划，加大投入，扶持重点网络安全技术产业和项目，支持网络安全技术的研究开发和应用，推广安全可信的网络产品和服务，保护网络技术知识产权，支持企业、研究机构和高等学校等参与国家网络安全技术创新项目。

第十七条 国家推进网络安全社会化服务体系建设，鼓励有关企业、机构开展网络安全认证、检测和风险评估等安全服务。

第十八条 国家鼓励开发网络数据安全保护和利用技术，促进公共数据资源开放，推动技术创新和经济社会发展。

国家支持创新网络安全管理方式，运用网络新技术，提升网络安全保护水平。

第十九条 各级人民政府及其有关部门应当组织开展经常性的网络安全宣传教育，并指导、督促有关单位做好网络安全宣传教育工作。

大众传播媒介应当有针对性地面向社会进行网络安全宣传教育。

第二十条 国家支持企业和高等学校、职业学校等教育培训机构开展网络安全相关教育与培训，采取多种方式培养网络安全人才，促进网络安全人才交流。

第三章 网络运行安全

第一节 一般规定

第二十一条 国家实行网络安全等级保护制度。网络运营者应当按照网络安全等级保护制度的要求，履行下列安全保护义务，保障网络免受干扰、破坏或者未经授权的访问，防止网络数据泄露或者被窃取、篡改：

（一）制定内部安全管理制度和操作规程，确定网络安全负责人，落实网络安全保护责任；

（二）采取防范计算机病毒和网络攻击、网络侵入等危害网络安全行为的技术措施；

（三）采取监测、记录网络运行状态、网络安全事件的技术措施，并按照规定留存相关的网络日志不少于六个月；

（四）采取数据分类、重要数据备份和加密等措施；

（五）法律、行政法规规定的其他义务。

第二十二条 网络产品、服务应当符合相关国家标准的强制性要求。网络产品、服务的提供者不得设置恶意程序；发现其网络产品、服务存在安全缺陷、漏洞等风险时，应当立即采取补救措施，按照规定及时告知用户并向有关主管部门报告。

网络产品、服务的提供者应当为其产品、服务持续提供安全维护；在规定或者当事人约定的期限内，不得终止提供安全维护。

网络产品、服务具有收集用户信息功能的，其提供者应当向用户明示并取得同意；涉及用户个人信息的，还应当遵守本法和有关法律、行政法规关于个人信息保护的规定。

第二十三条　网络关键设备和网络安全专用产品应当按照相关国家标准的强制性要求，由具备资格的机构安全认证合格或者安全检测符合要求后，方可销售或者提供。国家网信部门会同国务院有关部门制定、公布网络关键设备和网络安全专用产品目录，并推动安全认证和安全检测结果互认，避免重复认证、检测。

第二十四条　网络运营者为用户办理网络接入、域名注册服务，办理固定电话、移动电话等入网手续，或者为用户提供信息发布、即时通讯等服务，在与用户签订协议或者确认提供服务时，应当要求用户提供真实身份信息。用户不提供真实身份信息的，网络运营者不得为其提供相关服务。

国家实施网络可信身份战略，支持研究开发安全、方便的电子身份认证技术，推动不同电子身份认证之间的互认。

第二十五条　网络运营者应当制定网络安全事件应急预案，及时处置系统漏洞、计算机病毒、网络攻击、网络侵入等安全风险；在发生危害网络安全的事件时，立即启动应急预案，采取相应的补救措施，并按照规定向有关主管部门报告。

第二十六条　开展网络安全认证、检测、风险评估等活动，向社会发布系统漏洞、计算机病毒、网络攻击、网络侵入等网络安全信息，应当遵守国家有关规定。

第二十七条　任何个人和组织不得从事非法侵入他人网络、干扰他人网络正常功能、窃取网络数据等危害网络安全的活动；不得提供专门用于从事侵入网络、干扰网络正常功能及防护措施、窃取网络数据等危害网络安全活动的程序、工具；明知他人从事危害网络安全的活动的，不得为其提供技术支持、广告推广、支付结算等帮助。

第二十八条　网络运营者应当为公安机关、国家安全机关依法维护国家安全和侦查犯罪的活动提供技术支持和协助。

第二十九条　国家支持网络运营者之间在网络安全信息收集、分析、通报和应急处置等方面进行合作，提高网络运营者的安全保障能力。

有关行业组织建立健全本行业的网络安全保护规范和协作机制，加强对网络安全风险的分析评估，定期向会员进行风险警示，支持、协助会员应对网络安全风险。

第三十条　网信部门和有关部门在履行网络安全保护职责中获取的信息，只能用于维护网络安全的需要，不得用于其他用途。

第二节　关键信息基础设施的运行安全

第三十一条　国家对公共通信和信息服务、能源、交通、水利、金融、公共服务、电子政务等重要行业和领域，以及其他一旦遭到破坏、丧失功能或者数据泄露，可能严重危害国家安全、国计民生、公共利益的关键信息基础设施，在网络安全等级保护制度的基础上，实行重点保护。关键信息基础设施的具体范围和安全保护办法由国务院制定。

国家鼓励关键信息基础设施以外的网络运营者自愿参与关键信息基础设施保护体系。

第三十二条　按照国务院规定的职责分工，负责关键信息基础设施安全保护工作的部门分别编制并组织实施本行业、本领域的关键信息基础设施安全规划，指导和监督关键信息基础设施运行安全保护工作。

第三十三条　建设关键信息基础设施应当确保其具有支持业务稳定、持续运行的性能，并保证安全技术措施同步规划、同步建设、同步使用。

第三十四条　除本法第二十一条的规定外，关键信息基础设施的运营者还应当履行下列安全保护义务：

（一）设置专门安全管理机构和安全管理负责人，并对该负责人和关键岗位的人员进行安全背景审查；

（二）定期对从业人员进行网络安全教育、技术培训和技能考核；

（三）对重要系统和数据库进行容灾备份；

（四）制定网络安全事件应急预案，并定期进行演练；

（五）法律、行政法规规定的其他义务。

第三十五条　关键信息基础设施的运营者采购网络产品和服务，可能影响国家安全的，应当通过国家网信部门会同国务院有关部门组织的国家安全审查。

第三十六条　关键信息基础设施的运营者采购网络产品和服务，应当按照规定与提供者签订安全保密协议，明确安全和保密义务与责任。

第三十七条　关键信息基础设施的运营者在中华人民共和国境内运营中收集和产生的个人信息和重要数据应当在境内存储。因业务需要，确需向境外提供的，应当按照国家网信部门会同国务院有关部门制定的办法进行安全评估；法律、行政法规另有规定的，依照其规定。

第三十八条　关键信息基础设施的运营者应当自行或者委托网络安全服务机构对其网络的安全性和可能存在的风险每年至少进行一次检测评估，并将检测评估情况和改进措施报送相关负责关键信息基础设施安全保护工作的部门。

第三十九条　国家网信部门应当统筹协调有关部门对关键信息基础设施的安全保护采取下列措施：

（一）对关键信息基础设施的安全风险进行抽查检测，提出改进措施，必要时可以委托网络安全服务机构对网络存在的安全风险进行检测评估；

（二）定期组织关键信息基础设施的运营者进行网络安全应急演练，提高应对网络安全事件的水平和协同配合能力；

（三）促进有关部门、关键信息基础设施的运营者以及有关研究机构、网络安全服务机构等之间的网络安全信息共享；

（四）对网络安全事件的应急处置与网络功能的恢复等，提供技术支持和协助。

第四章　网络信息安全

第四十条　网络运营者应当对其收集的用户信息严格保密，并建立健全用户信息保护制度。

第四十一条　网络运营者收集、使用个人信息，应当遵循合法、正当、必要的原则，公开收集、使用规则，明示收集、使用信息的目的、方式和范围，并经被收集者同意。

网络运营者不得收集与其提供的服务无关的个人信息，不得违反法律、行政法规的规定和双方的约定收集、使用个人信息，并应当依照法律、行政法规的规定和与用户的约定，处理其保存的个人信息。

第四十二条　网络运营者不得泄露、篡改、毁损其收集的个人信息；未经被收集者同意，不得向他人提供个人信息。但是，经过处理无法识别特定个人且不能复原的除外。

网络运营者应当采取技术措施和其他必要措施，确保其收集的个人信息安全，防止信息泄露、毁损、丢失。在发生或者可能发生个人信息泄露、毁损、丢失的情况时，应当立即采取补救措施，按照规定及时告知用户并向有关主管部门报告。

第四十三条　个人发现网络运营者违反法律、行政法规的规定或者双方的约定收集、使用其个人信息的，有权要求网络运营者删除其个人信息；发现网络运营者收集、存储的其个人信息有错误的，有权要求网络运营者予以更正。网络运营者应当采取措施予以删除或者更正。

第四十四条　任何个人和组织不得窃取或者以其他非法方式获取个人信息，不得非法出售或者非法向他人提供个人信息。

第四十五条　依法负有网络安全监督管理职责的部门及其工作人员，必须对在履行职责中知悉的个人信息、隐私和商业秘密严格保密，不得泄露、出售或者非法向他人提供。

第四十六条 任何个人和组织应当对其使用网络的行为负责，不得设立用于实施诈骗，传授犯罪方法，制作或者销售违禁物品、管制物品等违法犯罪活动的网站、通讯群组，不得利用网络发布涉及实施诈骗，制作或者销售违禁物品、管制物品以及其他违法犯罪活动的信息。

第四十七条 网络运营者应当加强对其用户发布的信息的管理，发现法律、行政法规禁止发布或者传输的信息的，应当立即停止传输该信息，采取消除等处置措施，防止信息扩散，保存有关记录，并向有关主管部门报告。

第四十八条 任何个人和组织发送的电子信息、提供的应用软件，不得设置恶意程序，不得含有法律、行政法规禁止发布或者传输的信息。

电子信息发送服务提供者和应用软件下载服务提供者，应当履行安全管理义务，知道其用户有前款规定行为的，应当停止提供服务，采取消除等处置措施，保存有关记录，并向有关主管部门报告。

第四十九条 网络运营者应当建立网络信息安全投诉、举报制度，公布投诉、举报方式等信息，及时受理并处理有关网络信息安全的投诉和举报。

网络运营者对网信部门和有关部门依法实施的监督检查，应当予以配合。

第五十条 国家网信部门和有关部门依法履行网络信息安全监督管理职责，发现法律、行政法规禁止发布或者传输的信息的，应当要求网络运营者停止传输，采取消除等处置措施，保存有关记录；对来源于中华人民共和国境外的上述信息，应当通知有关机构采取技术措施和其他必要措施阻断传播。

第五章 监测预警与应急处置

第五十一条 国家建立网络安全监测预警和信息通报制度。国家网信部门应当统筹协调有关部门加强网络安全信息收集、分析和通报工作，按照规定统一发布网络安全监测预警信息。

第五十二条 负责关键信息基础设施安全保护工作的部门，应当建立健全本行业、本领域的网络安全监测预警和信息通报制度，并按照规定报送网络安全监测预警信息。

第五十三条 国家网信部门协调有关部门建立健全网络安全风险评估和应急工作机制，制定网络安全事件应急预案，并定期组织演练。

负责关键信息基础设施安全保护工作的部门应当制定本行业、本领域的网络安全事件应急预案，并定期组织演练。

网络安全事件应急预案应当按照事件发生后的危害程度、影响范围等因素对网络安全事件进行分级，并规定相应的应急处置措施。

第五十四条 网络安全事件发生的风险增大时,省级以上人民政府有关部门应当按照规定的权限和程序,并根据网络安全风险的特点和可能造成的危害,采取下列措施:

(一)要求有关部门、机构和人员及时收集、报告有关信息,加强对网络安全风险的监测;

(二)组织有关部门、机构和专业人员,对网络安全风险信息进行分析评估,预测事件发生的可能性、影响范围和危害程度;

(三)向社会发布网络安全风险预警,发布避免、减轻危害的措施。

第五十五条 发生网络安全事件,应当立即启动网络安全事件应急预案,对网络安全事件进行调查和评估,要求网络运营者采取技术措施和其他必要措施,消除安全隐患,防止危害扩大,并及时向社会发布与公众有关的警示信息。

第五十六条 省级以上人民政府有关部门在履行网络安全监督管理职责中,发现网络存在较大安全风险或者发生安全事件的,可以按照规定的权限和程序对该网络的运营者的法定代表人或者主要负责人进行约谈。网络运营者应当按照要求采取措施,进行整改,消除隐患。

第五十七条 因网络安全事件,发生突发事件或者生产安全事故的,应当依照《中华人民共和国突发事件应对法》《中华人民共和国安全生产法》等有关法律、行政法规的规定处置。

第五十八条 因维护国家安全和社会公共秩序,处置重大突发社会安全事件的需要,经国务院决定或者批准,可以在特定区域对网络通信采取限制等临时措施。

第六章 法律责任

第五十九条 网络运营者不履行本法第二十一条、第二十五条规定的网络安全保护义务的,由有关主管部门责令改正,给予警告;拒不改正或者导致危害网络安全等后果的,处一万元以上十万元以下罚款,对直接负责的主管人员处五千元以上五万元以下罚款。

关键信息基础设施的运营者不履行本法第三十三条、第三十四条、第三十六条、第三十八条规定的网络安全保护义务的,由有关主管部门责令改正,给予警告;拒不改正或者导致危害网络安全等后果的,处十万元以上一百万元以下罚款,对直接负责的主管人员处一万元以上十万元以下罚款。

第六十条 违反本法第二十二条第一款、第二款和第四十八条第一款规定,有下列行为之一的,由有关主管部门责令改正,给予警告;拒不改正或者导致危害网络安全等后果的,处五万元以上五十万元以下罚款,对直接负责的主管人员处一万元以上十万元以下罚款:

（一）设置恶意程序的；

（二）对其产品、服务存在的安全缺陷、漏洞等风险未立即采取补救措施，或者未按照规定及时告知用户并向有关主管部门报告的；

（三）擅自终止为其产品、服务提供安全维护的。

第六十一条 网络运营者违反本法第二十四条第一款规定，未要求用户提供真实身份信息，或者对不提供真实身份信息的用户提供相关服务的，由有关主管部门责令改正；拒不改正或者情节严重的，处五万元以上五十万元以下罚款，并可以由有关主管部门责令暂停相关业务、停业整顿、关闭网站、吊销相关业务许可证或者吊销营业执照，对直接负责的主管人员和其他直接责任人员处一万元以上十万元以下罚款。

第六十二条 违反本法第二十六条规定，开展网络安全认证、检测、风险评估等活动，或者向社会发布系统漏洞、计算机病毒、网络攻击、网络侵入等网络安全信息的，由有关主管部门责令改正，给予警告；拒不改正或者情节严重的，处一万元以上十万元以下罚款，并可以由有关主管部门责令暂停相关业务、停业整顿、关闭网站、吊销相关业务许可证或者吊销营业执照，对直接负责的主管人员和其他直接责任人员处五千元以上五万元以下罚款。

第六十三条 违反本法第二十七条规定，从事危害网络安全的活动，或者提供专门用于从事危害网络安全活动的程序、工具，或者为他人从事危害网络安全的活动提供技术支持、广告推广、支付结算等帮助，尚不构成犯罪的，由公安机关没收违法所得，处五日以下拘留，可以并处五万元以上五十万元以下罚款；情节较重的，处五日以上十五日以下拘留，可以并处十万元以上一百万元以下罚款。

单位有前款行为的，由公安机关没收违法所得，处十万元以上一百万元以下罚款，并对直接负责的主管人员和其他直接责任人员依照前款规定处罚。

违反本法第二十七条规定，受到治安管理处罚的人员，五年内不得从事网络安全管理和网络运营关键岗位的工作；受到刑事处罚的人员，终身不得从事网络安全管理和网络运营关键岗位的工作。

第六十四条 网络运营者、网络产品或者服务的提供者违反本法第二十二条第三款、第四十一条至第四十三条规定，侵害个人信息依法得到保护的权利的，由有关主管部门责令改正，可以根据情节单处或者并处警告、没收违法所得、处违法所得一倍以上十倍以下罚款，没有违法所得的，处一百万元以下罚款，对直接负责的主管人员和其他直接责任人员处一万元以上十万元以下罚款；情节严重的，并可以责令暂停相关业务、停业整顿、关闭网站、吊销相关业务许可证或者吊销营业执照。

违反本法第四十四条规定，窃取或者以其他非法方式获取、非法出售或者非法向他人提供个人信息，尚不构成犯罪的，由公安机关没收违法所得，并处违法所得一倍以上十倍以下罚款，没有违法所得的，处一百万元以下罚款。

第六十五条　关键信息基础设施的运营者违反本法第三十五条规定，使用未经安全审查或者安全审查未通过的网络产品或者服务的，由有关主管部门责令停止使用，处采购金额一倍以上十倍以下罚款；对直接负责的主管人员和其他直接责任人员处一万元以上十万元以下罚款。

第六十六条　关键信息基础设施的运营者违反本法第三十七条规定，在境外存储网络数据，或者向境外提供网络数据的，由有关主管部门责令改正，给予警告，没收违法所得，处五万元以上五十万元以下罚款，并可以责令暂停相关业务、停业整顿、关闭网站、吊销相关业务许可证或者吊销营业执照；对直接负责的主管人员和其他直接责任人员处一万元以上十万元以下罚款。

第六十七条　违反本法第四十六条规定，设立用于实施违法犯罪活动的网站、通讯群组，或者利用网络发布涉及实施违法犯罪活动的信息，尚不构成犯罪的，由公安机关处五日以下拘留，可以并处一万元以上十万元以下罚款；情节较重的，处五日以上十五日以下拘留，可以并处五万元以上五十万元以下罚款。关闭用于实施违法犯罪活动的网站、通讯群组。

单位有前款行为的，由公安机关处十万元以上五十万元以下罚款，并对直接负责的主管人员和其他直接责任人员依照前款规定处罚。

第六十八条　网络运营者违反本法第四十七条规定，对法律、行政法规禁止发布或者传输的信息未停止传输、采取消除等处置措施、保存有关记录的，由有关主管部门责令改正，给予警告，没收违法所得；拒不改正或者情节严重的，处十万元以上五十万元以下罚款，并可以责令暂停相关业务、停业整顿、关闭网站、吊销相关业务许可证或者吊销营业执照，对直接负责的主管人员和其他直接责任人员处一万元以上十万元以下罚款。

电子信息发送服务提供者、应用软件下载服务提供者，不履行本法第四十八条第二款规定的安全管理义务的，依照前款规定处罚。

第六十九条　网络运营者违反本法规定，有下列行为之一的，由有关主管部门责令改正；拒不改正或者情节严重的，处五万元以上五十万元以下罚款，对直接负责的主管人员和其他直接责任人员，处一万元以上十万元以下罚款：

（一）不按照有关部门的要求对法律、行政法规禁止发布或者传输的信息，采取停止传输、消除等处置措施的；

（二）拒绝、阻碍有关部门依法实施的监督检查的；

（三）拒不向公安机关、国家安全机关提供技术支持和协助的。

第七十条 发布或者传输本法第十二条第二款和其他法律、行政法规禁止发布或者传输的信息的,依照有关法律、行政法规的规定处罚。

第七十一条 有本法规定的违法行为的,依照有关法律、行政法规的规定记入信用档案,并予以公示。

第七十二条 国家机关政务网络的运营者不履行本法规定的网络安全保护义务的,由其上级机关或者有关机关责令改正;对直接负责的主管人员和其他直接责任人员依法给予处分。

第七十三条 网信部门和有关部门违反本法第三十条规定,将在履行网络安全保护职责中获取的信息用于其他用途的,对直接负责的主管人员和其他直接责任人员依法给予处分。

网信部门和有关部门的工作人员玩忽职守、滥用职权、徇私舞弊,尚不构成犯罪,依法给予处分。

第七十四条 违反本法规定,给他人造成损害的,依法承担民事责任。

违反本法规定,构成违反治安管理行为的,依法给予治安管理处罚;构成犯罪的,依法追究刑事责任。

第七十五条 境外的机构、组织、个人从事攻击、侵入、干扰、破坏等危害中华人民共和国的关键信息基础设施的活动,造成严重后果的,依法追究法律责任;国务院公安部门和有关部门并可以决定对该机构、组织、个人采取冻结财产或者其他必要的制裁措施。

第七章 附则

第七十六条 本法下列用语的含义:

(一)网络,是指由计算机或者其他信息终端及相关设备组成的按照一定的规则和程序对信息进行收集、存储、传输、交换、处理的系统。

(二)网络安全,是指通过采取必要措施,防范对网络的攻击、侵入、干扰、破坏和非法使用以及意外事故,使网络处于稳定可靠运行的状态,以及保障网络数据的完整性、保密性、可用性的能力。

(三)网络运营者,是指网络的所有者、管理者和网络服务提供者。

(四)网络数据,是指通过网络收集、存储、传输、处理和产生的各种电子数据。

(五)个人信息,是指以电子或者其他方式记录的能够单独或者与其他信息结合识别自然人个人身份的各种信息,包括但不限于自然人的姓名、出生日期、身份证件号码、个人生物识别信息、住址、电话号码等。

第七十七条 存储、处理涉及国家秘密信息的网络的运行安全保护,除应当遵守本法外,还应当遵守保密法律、行政法规的规定。

第七十八条　军事网络的安全保护，由中央军事委员会另行规定。

第七十九条　本法自2017年6月1日起施行。

二、政府网站发展指引

国务院办公厅关于印发政府网站发展指引的通知

国办发〔2017〕47号

各省、自治区、直辖市人民政府，国务院各部委、各直属机构：

《政府网站发展指引》已经国务院同意，现印发给你们，请认真贯彻执行。

国务院办公厅
2017年5月15日

政府网站发展指引

为进一步加强政府网站管理，引领各级政府网站创新发展，深入推进互联网政务信息数据和便民服务平台建设，提升政府网上服务能力，按照党中央、国务院关于全面推进政务公开和"互联网＋政务服务"的要求，结合各地区、各部门政府网站工作实际，制定本指引。

本指引所称政府网站是指各级人民政府及其部门、派出机构和承担行政职能的事业单位在互联网上开办的，具备信息发布、解读回应、办事服务、互动交流等功能的网站。

各地区、各部门可参照本指引制定本地区、本部门政府网站管理办法，规范网站域名，严格开办流程，加强监管考核，推进资源集约，实现政府网站有序健康发展。

一、总体要求

（一）指导思想。

全面贯彻党的十八大和十八届三中、四中、五中、六中全会精神，深入贯彻习近平总书记系列重要讲话精神和治国理政新理念新思想新战略，认真落实党中央、国务院决策部署，统筹推进"五位一体"总体布局和协调推进"四个全面"战略布局，牢固树立和贯彻落实创新、协调、绿色、开放、共享的发展理念，按照建设法治政府、创新政府、廉洁政府和服务型政府的要求，适应人民期待和需求，打通信息壁垒，推动政务信息资源共享，不断提升政府网上履职能力和服务水平，以信息化推进国家治理体系和治理能力现代化，让亿万人民在共享互联网发展成果上有更多获得感。

(二)发展目标。

适应互联网发展变化,推进集约共享,持续开拓创新,到 2020 年,将政府网站打造成更加全面的政务公开平台、更加权威的政策发布解读和舆论引导平台、更加及时的回应关切和便民服务平台,以中国政府网为龙头、部门和地方各级政府网站为支撑,建设整体联动、高效惠民的网上政府。

(三)基本原则。

1. 分级分类。根据经济社会发展水平和公众需求,科学划定网站类别,分类指导,规范建设。统筹考虑各级各类政府网站功能定位,突出特色,明确建设模式和发展方向。

2. 问题导向。针对群众反映强烈的更新不及时、信息不准确、资源不共享、互动不回应、服务不实用等问题,完善体制机制,深化分工协作,加强政府网站内容建设。

3. 利企便民。围绕企业群众需求,推进政务公开,优化政务服务,提升用户体验,提供可用、实用、易用的互联网政务信息数据服务和便民服务。

4. 开放创新。坚持开放融合、创新驱动,充分利用大数据、云计算、人工智能等技术,探索构建可灵活扩展的网站架构,创新服务模式,打造智慧型政府网站。

5. 集约节约。加强统筹规划和顶层设计,优化技术、资金、人员等要素配置,避免重复建设,以集中共享的资源库为基础、安全可控的云平台为依托,打造协同联动、规范高效的政府网站集群。

二、职责分工

(一)管理职责。

国务院办公厅是全国政府网站的主管单位,负责推进、指导、监督全国政府网站建设和发展。各省(区、市)人民政府办公厅、国务院各部门办公厅(室)是本地区、本部门政府网站的主管单位,实行全系统垂直管理的国务院部门办公厅(室)是本系统网站的主管单位。主管单位负责对政府网站进行统筹规划和监督考核,做好开办整合、安全管理、考核评价和督查问责等管理工作。地市级和县级人民政府办公厅(室)承担本地区政府网站的管理职责。

中央网信办统筹协调全国政府网站安全管理工作。中央编办、工业和信息化部、公安部是全国政府网站的协同监管单位,共同做好网站标识管理、域名管理和 ICP 备案、网络安全等级保护、打击网络犯罪等工作。

(二)办站职责。

1. 政府网站的主办单位一般是政府办公厅(室)或部门办公厅(室),承担网站的建设规划、组织保障、健康发展、安全管理等职责。主办单位可指定办公厅

（室）内设机构或委托其他专门机构作为承办单位，具体落实主办单位的相关要求，承担网站技术平台建设维护、安全防护，以及展现设计、内容发布、审核检查和传播推广等日常运行保障工作。集约化网站平台的职责划分见本指引相关部分。

2. 政府网站内容素材主要由产生可公开政务信息数据和具有对外政务服务职能的业务部门提供。相关业务部门要积极利用政府网站发布信息、提供服务，确保所提供信息内容权威、准确、及时；建立保密审查机制，严禁涉密信息上网，不得泄露个人隐私和商业秘密；主动做好有关业务系统与政府网站的对接。政府网站要对接入的业务系统进行前端整合，统一展现。要根据业务部门的需要，灵活设置专栏专题，共同策划开展线上线下联动的专项活动，主动服务政府工作。

3. 政府网站内容编辑要有专门人员负责。具体负责网站内容的及时发布更新、数据资源的统一管理、信息服务的整合加工、互动诉求的响应处理、展现形式的优化创新等。做好信息内容的策划、采集、编制和发布，加强值班审看，及时发现和纠正错漏信息，确保网站内容准确、服务实用好用。

4. 政府网站技术运维要有专门人员负责。具体负责网站平台的建设和技术保障，做好软硬件系统维护、功能升级、应用开发等工作。按照网络安全法等法律法规和政策标准要求，开展检测评估和安全建设，并定期对网站进行安全检查，及时消除隐患。不断完善防攻击、防篡改、防病毒等安全防护措施，加强日常巡检和监测，发现问题或出现突发情况要及时妥善处理，确保网站平台安全、稳定、高效运行。

三、开设与整合

（一）网站开设。

政府网站分为政府门户网站和部门网站。县级以上各级人民政府及其部门原则上一个单位最多开设一个网站。

1. 分类开设。

政府门户网站。县级以上各级人民政府、国务院部门要开设政府门户网站。乡镇、街道原则上不开设政府门户网站，通过上级政府门户网站开展政务公开，提供政务服务。已有的乡镇、街道网站要尽快将内容整合至上级政府门户网站。确有特殊需求的乡镇、街道，参照政府门户网站开设流程提出申请获批后，可保留或开设网站。

部门网站。省级、地市级政府部门，以及实行全系统垂直管理部门设在地方的县处级以上机构可根据需要开设本单位网站。

县级政府部门原则上不开设政府网站，通过县级政府门户网站开展政务公开,提供政务服务。已有的县级政府部门网站要尽快将内容整合至县级政府门户网站。确有特殊需求的县级政府部门,参照部门网站开设流程提出申请获批后,可保留或开设网站。

各地区、各部门开展重大活动或专项工作时,原则上不单独开设专项网站,可在政府门户网站或部门网站开设专栏专题做好相关工作。已开设的专项网站,只涉及单个政府部门职责的,要尽快将内容整合至相关政府网站;涉及多个政府部门职责的,要将内容整合至政府门户网站或牵头部门网站。

2. 开设流程。

(1)省级政府和国务院部门拟开设门户网站,报经本地区、本部门主要负责同志同意后,由本地区、本部门办公厅(室)按流程办理有关事宜,并报国务院办公厅备案。地市级、县级人民政府拟开设政府门户网站,要经本级政府主要负责同志同意后,由本级政府办公厅(室)向上级政府办公厅(室)提出申请,逐级审核,并报省(区、市)人民政府办公厅批准。

省级、地市级人民政府部门拟开设部门网站,要经本部门主要负责同志同意后,向本级人民政府办公厅(室)提出申请,逐级审核,并报省(区、市)人民政府办公厅批准。实行全系统垂直管理的基层部门拟开设部门网站,要经本部门主要负责同志同意后,向上级部门办公厅(室)提出申请,逐级审核,并报国务院有关部门办公厅(室)批准。

(2)政府网站主办单位向编制部门提交加挂党政机关网站标识申请,按流程注册政府网站域名;向当地电信主管部门申请ICP备案;根据网络系统安全管理的相关要求向公安机关备案。

(3)政府网站主办单位提交网站基本信息,经逐级审核并报国务院办公厅获取政府网站标识码后,网站方可上线运行。新开通政府门户网站要在上级政府门户网站发布开通公告;新开通部门网站要在本级政府门户网站发布开通公告。未通过安全检测的政府网站不得上线运行。

3. 名称规范。

政府门户网站和部门网站要以本地区、本部门机构名称命名。已有名称不符合要求的,要尽快调整,或在已有名称显示区域加注规范名称。政府网站要在头部标识区域显著展示网站全称。

4. 域名规范。

政府网站要使用以.gov.cn为后缀的英文域名和符合要求的中文域名,不得使用其他后缀的英文域名。中央人民政府门户网站使用"www.gov.cn"域名,其他政府门户网站使用"www.□□□.gov.cn"结构的域名,其中□□□为本地区、本部门机构名称拼音或英文对应的字符串。如,北京市人民政府门户网站域名为

www.beijing.gov.cn，商务部门户网站域名为 www.mofcom.gov.cn。

部门网站要使用本级政府或上级部门门户网站的下级域名，其结构应为"○○○.□□□.gov.cn"，其中○○○为本部门名称拼音或英文对应的字符串。如，保定市水利局网站域名为 slj.bd.gov.cn。

政府网站不宜注册多个域名，已有域名不符合要求的，要逐步注销。如有多个符合要求的域名，应明确主域名。网站栏目和内容页的网址原则上使用"www.□□□.gov.cn/.../..." "○○○.□□□.gov.cn/.../..."形式。新开设的政府网站及栏目、内容页域名要按照本指引要求设置，原有域名不符合本指引要求的要逐步调整规范。

5. 徽标和宣传语。

徽标（Logo）是打造政府网站品牌形象的重要视觉要素。各地区、各部门可根据区域特色或部门特点设计网站徽标，徽标应特点鲜明、容易辨认、造型优美，便于记忆和推广。

政府网站一般不设置宣传语。如确有需要，可根据本地区、本部门的发展理念和目标等设计展示。

（二）网站整合。

政府门户网站一般不得关停。网站改版升级应在确保正常运行的情况下进行。

1. 网站迁移。

政府网站因无力维护、主办单位撤销合并或按有关集约化要求需永久下线的，原有内容应做整合迁移。整合迁移由主办单位提出申请，逐级审核，经省（区、市）人民政府办公厅或国务院部门办公厅（室）审批同意后，方可启动。拟迁移网站要在网站首页显著位置悬挂迁移公告信息，随后向管理部门注销注册标识、证书信息（如ICP备案编号、党政机关网站标识、公安机关备案标识等）和域名，向国务院办公厅报告网站变更状态。网站完成迁移后，要在上级政府网站或本级政府门户网站发布公告，说明原有内容去向。有关公告信息原则上至少保留30天。

2. 临时下线。

政府网站由于整改等原因需要临时下线的，由主办单位提出申请，逐级审核，经省（区、市）人民政府办公厅或国务院部门办公厅（室）审批同意后，方可临时下线，同时在本网站和本级政府门户网站发布公告。临时下线每年不得超过1次，下线时间不得超过30天。

政府网站如遇不可抗因素导致长时间断电、断网等情况，或因无法落实有关安全要求被责令紧急关停，相关省（区、市）人民政府办公厅或国务院部门办公厅

(室)要及时以书面形式向国务院办公厅报备,不计入当年下线次数。

未按有关程序和要求,自行下线政府网站或未按要求整改的,相关省(区、市)人民政府办公厅或国务院部门办公厅(室)要对网站的主办单位负责人严肃问责。

3. 网页归档。

网页归档是对政府网站历史网页进行整理、存储和利用的过程。政府网站遇整合迁移、改版等情况,要对有价值的原网页进行归档处理。归档后的页面要能正常访问,并在显著位置清晰注明"已归档"和归档时间。

(三)变更备案。

因机构调整、网站改版等原因,政府网站主办单位、负责人、联系方式、网站域名、栏目的主体结构或访问地址等信息发生变更的,应及时向上级主管单位备案并更新相关信息。网站域名发生变更的,要在原网站发布公告。

四、网站功能

政府网站功能主要包括信息发布、解读回应和互动交流,政府门户网站和具有对外服务职能的部门网站还要提供办事服务功能。中国政府网要发挥好政务公开第一平台和政务服务总门户作用,构建开放式政府网站系统架构,省级政府和国务院各部门网站要主动与中国政府网做好对接。

(一)信息发布。

各地区、各部门要建立完善政府网站信息发布机制,及时准确发布政府重要会议、重要活动、重大决策信息。国务院文件在中国政府网公开发布后,各地区、各部门要及时在本地区、本部门网站转载,加大宣传力度,抓好国务院文件的贯彻落实。

政府网站要对发布的信息和数据进行科学分类、及时更新,确保准确权威,便于公众使用。对信息数据无力持续更新或维护的栏目要进行优化调整。已发布的静态信息发生变化或调整时,要及时更新替换。政府网站使用地图时,要采用测绘地信部门发布的标准地图或依法取得审图号的地图。

1. 概况信息。发布经济、社会、历史、地理、人文、行政区划等介绍性信息。

2. 机构职能。发布机构设置、主要职责和联系方式等信息。在同一网站发布多个机构职能信息时,要集中规范发布,统一展现形式。

3. 负责人信息。发布本地区、本部门、本机构的负责人信息,可包括姓名、照片、简历、主管或分管工作等,以及重要讲话文稿。

4. 文件资料。发布本地区、本部门出台的法规、规章、应主动公开的政府文件以及相关法律法规等,应提供准确的分类和搜索功能。如相关文件资料发生修改、废止、失效等情况，应及时公开，并在已发布的原文件上作出明确标注。

5. 政务动态。发布本地区、本部门政务要闻、通知公告、工作动态等需要社会公众广泛知晓的信息，转载上级政府网站、本级政府门户网站发布的重要信息。发布或转载信息时，应注明来源，确保内容准确无误。对于重要信息，有条件的要配发相关图片视频。

6. 信息公开指南、目录和年报。发布政府信息公开指南和政府信息公开目录，并及时更新。信息公开目录要与网站文件资料库、有关栏目内容关联融合，可通过目录检索到具体信息，方便公众查找。按要求发布政府信息公开工作年度报告。

7. 数据发布。发布人口、自然资源、经济、农业、工业、服务业、财政金融、民生保障等社会关注度高的本地区本行业统计数据。加强与业务部门相关系统的对接，通过数据接口等方式，动态更新相关数据，并做好与本级政府门户网站、中国政府网等网站的数据对接和前端整合。要按照主题、地区、部门等维度对数据进行科学合理分类，并通过图表图解、地图等可视化方式展现和解读。提供便捷的数据查询功能，可按数据项、时间周期等进行检索，动态生成数据图表，并提供下载功能。

8. 数据开放。在依法做好安全保障和隐私保护的前提下，以机器可读的数据格式，通过政府网站集中规范向社会开放政府数据集，并持续更新，提供数据接口，方便公众开发新的应用。数据开放前要进行保密审查和脱敏处理，对过期失效的数据应及时清理更新或标注过期失效标识。政府网站要公开已在网站开放的数据目录，并注明各数据集浏览量、下载量和接口调用等情况。国家政府数据统一开放平台与中国政府网要做好数据对接和前端整合，形成统一的数据开放入口。

（二）解读回应。

1. 政府网站发布本地区、本部门的重要政策文件时，应发布由文件制发部门、牵头或起草部门提供的解读材料。通过发布各种形式的解读、评论、专访，详细介绍政策的背景依据、目标任务、主要内容和解决的问题等。国务院文件公开发布时，应在中国政府网同步发布文件新闻通稿和配套政策解读材料。

2. 政府网站应根据拟发布的政策文件和解读材料，会同业务部门制作便于公众理解和互联网传播的解读产品，从公众生产生活实际需求出发，对政策文件及解读材料进行梳理、分类、提炼、精简，重新归纳组织，通过数字化、图表图解、音频、视频、动漫等形式予以展现。网站解读产品须与文件内容相符，于文件上网后及时发布。

3. 政府网站应做好政策文件与解读材料的相互关联，在政策文件页面提供解读材料页面入口，在解读材料页面关联政策文件有关内容。及时转载对政策文件精神解读到位的媒体评论文章，形成传播合力，增强政策的传播力、影响力。

4. 对涉及本地区、本部门的重大突发事件，要在宣传部门指导下，按程序及时发布由相关回应主体提供的回应信息，公布客观事实，并根据事件发展和工作进展发布动态信息，表明政府态度。对社会公众关注的热点问题，要邀请相关业务部门作出权威、正面的回应，阐明政策，解疑释惑。对涉及本地区、本部门的网络谣言，要及时发布相关部门辟谣信息。回应信息要主动向各类传统媒体和新媒体平台推送，扩大传播范围，增强互动效果。

(三)办事服务。

1. 各省(区、市)人民政府、国务院有关部门要依托政府门户网站，整合本地区、本部门政务服务资源与数据，加快构建权威、便捷的一体化互联网政务服务平台。中国政府网是全国政务服务的总门户，各地区、各部门网上政务服务平台要主动做好对接。

政府网站要设置统一的办事服务入口，发布本地区、本部门政务服务事项目录，集中提供在线服务。要编制网站在线服务资源清单，按主题、对象等维度，对服务事项进行科学分类、统一命名、合理展现。应标明每一服务事项网上可办理程度，能全程在线办理的要集中突出展现。对非政务服务事项要严格审核，谨慎提供，确保安全。

2. 办事服务功能要有机关联文件资料库、互动交流平台、答问知识库中的信息资源，在事项列表页或办事指南页提供相关法律法规、政策文件、常见问题、咨询投诉和监督举报入口等，实现一体化服务。省级政府、国务院部门网站建设的文件资料库、答问知识库等信息服务资源应主动与中国政府网对接，形成互联互通的政务信息资源库。

3. 整合业务部门办事服务系统前端功能，利用电子证照库和统一身份认证，综合提供在线预约、在线申报、在线咨询、在线查询以及电子监察、公众评价等功能，实现网站统一受理、统一记录、统一反馈。

4. 细化规范办事指南，列明依据条件、流程时限、收费标准、注意事项、办理机构、联系方式等；明确需提交材料的名称、依据、格式、份数、签名签章等要求，并提供规范表格、填写说明和示范文本，确保内容准确，并与线下保持一致。

5. 全程记录企业群众在线办事过程，对查阅、预约、咨询、申请、受理、反馈等关键数据进行汇总分析，为业务部门简化优化服务流程、便捷企业群众办事提供参考。

(四)互动交流。

1. 政府门户网站要搭建统一的互动交流平台，根据工作需要，实现留言评论、在线访谈、征集调查、咨询投诉和即时通讯等功能，为听取民意、了解民愿、汇聚民智、回应民声提供平台支撑。部门网站开设互动交流栏目尽量使用政府门户网站统一的互动交流平台。互动交流栏目应标明开设宗旨、目的和使用方式等。

2. 信息发布、解读回应和办事服务类栏目要通过统一的互动交流平台提供留言评论等功能，实现数据汇聚、统一处理。

3. 政府网站开设互动交流栏目，要加强审核把关和组织保障，确保网民有序参与、提高业务部门互动频率、增强互动效果。建立网民意见建议的审看、处理和反馈等机制，做到件件有落实、事事有回音，更好听民意、汇民智。地方和部门网站对中国政府网转办的网民意见建议，要认真研究办理、及时反馈。

4. 对收集到的意见建议要认真研判，起草的舆情信息要客观真实反映群众心声和关切重点，有参考价值的政策建议要按程序转送业务部门研究办理，提出答复意见。有关单位提供的回复内容出现敷衍推诿、答非所问等情况的，要予以退回并积极沟通，督促相关单位重新回复。

5. 做好意见建议受理反馈情况的公开工作，列清受理日期、答复日期、答复部门、答复内容以及有关统计数据等。开展专项意见建议征集活动的，要在网站上公布采用情况。以电子邮箱形式接受网民意见建议的，要每日查看邮箱信件，及时办理并公开信件办理情况。

6. 定期整理网民咨询及答复内容，按照主题、关注度等进行分类汇总和结构化处理，编制形成知识库，实行动态更新。在网民提出类似咨询时，推送可供参考的答复口径。

五、集约共享

集约化是解决政府网站"信息孤岛""数据烟囱"等问题的有效途径。要通过统一标准体系、统一技术平台、统一安全防护、统一运维监管，集中管理信息数据，集中提供内容服务，实现政府网站资源优化融合、平台整合安全、数据互认共享、管理统筹规范、服务便捷高效。

（一）按职责推进集约化。

1. 各省（区、市）要建设本地区政府网站集约化平台。副省级城市、有条件的地级市或直辖市所辖的区（县）经省（区、市）人民政府办公厅批准后，可建设本地区政府网站集约化平台，并与省级平台实现互联互通和协同联动。

国务院部门要建设本部门政府网站集约化平台，内设机构不得单独建设网站技术平台。实行全系统垂直管理的国务院部门原则上要建设本系统政府网站集约化平台，可根据实际情况建设国务院部门和省级垂直管理部门两级平台。

各省（区、市）人民政府办公厅和国务院部门办公厅（室）负责本地区、本部门政府网站集约化工作的统筹推进、组织协调和考核管理，要指定专门机构研究集约化平台的建设需求、技术路线、系统架构、部署策略、运维机制、安全防护体系等。

2. 省级政府部门网站要部署在省级平台。地市级和县级政府门户网站、地市级政府部门网站、实行双重管理部门的网站，要部署在省级平台或经批准建设的地市级平台。

实行全系统垂直管理部门的网站，按照国务院有关部门要求部署在相应平台。已开设的国务院部门内设机构网站要集约至国务院部门集约化平台。

其他经批准开设的政府网站要部署在对应的省部级平台或经批准建设的地市级平台。

3. 集约化平台的管理部门和平台上政府网站的主办、承办单位要结合实际情况协商确定各自职责。原则上，各政府网站主办、承办单位负责本网站的栏目策划、内容保障等工作，并自行安排有关经费。集约化平台的管理部门要做好技术支撑和安全保障工作。如已建设的集约化平台无法满足有关政府网站个性化需求，集约化平台的管理部门应与各主办、承办单位沟通协商，积极配合并及时响应。

4. 在国务院部门集约化平台上部署的基层部门网站，应按照基层部门网站对应的主管单位要求做好信息内容保障工作。集约化平台的管理部门要积极响应基层部门网站开设整合、栏目定制等需求。

（二）平台功能和安全防护。

1. 集约化平台要向平台上的政府网站提供以下功能：站点管理、栏目管理、资源管理、权限管理；内容发布、领导信箱、征集调查、在线访谈；站内搜索、评价监督；用户注册、统一身份认证；个性定制、内容推送、运维监控、统计分析、安全防护等。同时，要具备与政务公开、政务服务、电子证照库等系统和数据库对接融合的扩展性。可使用CDN（内容分发网络）等技术，提升访问请求的处理效率和响应速度。

2. 集约化平台要充分利用云计算、大数据等相关技术，满足本地区、本部门、本系统政府网站的建设需求，可依托符合安全要求的第三方云平台开展建设。要加强对集约化平台的日常管理和考核监督，确保安全稳定运行。

（三）共享共用信息资源。

1. 构建分类科学、集中规范、共享共用的全平台统一信息资源库，按照"先入库，后使用"原则，对来自平台上各政府网站的信息资源统一管理，实现统一分类、统一元数据、统一数据格式、统一调用、统一监管。

2. 基于信息资源库、电子证照库和统一身份认证系统，从用户需求出发，推动全平台跨网站、跨系统、跨层级的资源相互调用和信息共享互认。

3. 乡镇、街道和县级政府部门的信息、服务和互动资源原则上要无缝融入县级政府门户网站各相关栏目，由县级政府门户网站统一展现，实现信息、服务和互动资源的集中与共享。省级、地市级政府部门网站集约至统一平台后，信息资源要纳入统一的信息资源库共享管理，同时可按部门网站形式展现，保留相对独立的页面和栏目。实行全系统垂直管理部门的网站，信息资源原则上由国务院有关部门统一管理。

六、创新发展

（一）个性化服务。

以用户为中心，打造个人和企业专属主页，提供个性化、便捷化、智能化服务，实现"千人千网"，为个人和企业"记录一生，管理一生，服务一生"。根据用户群体特点和需求，提供多语言服务。围绕残疾人、老年人等特殊群体获取网站信息的需求，不断提升信息无障碍水平。

优化政府网站搜索功能，提供错别字自动纠正、关键词推荐、拼音转化搜索和通俗语言搜索等功能。根据用户真实需求调整搜索结果排序，提供多维度分类展现，聚合相关信息和服务，实现"搜索即服务"。

通过自然语言处理等相关技术，自动解答用户咨询，不能答复或答复无法满足需求的可转至人工服务。利用语音、图像、指纹识别等技术，鉴别用户身份，提供快捷注册、登录、支付等功能。

（二）开放式架构。

构建开放式政府网站系统框架，在满足基本要求的基础上，支撑融合新技术、加载新应用、扩展新功能，随技术发展变化持续升级，实现平滑扩充和灵活扩展。

开放网上政务服务接口，引入社会力量，积极利用第三方平台，开展预约查询、证照寄送以及在线支付等服务，创新服务模式，让公众享受更加便捷高效的在线服务。

建立完善公众参与办网机制，鼓励引导群众分享用网体验，开展监督评议，探索网站内容众创，形成共同办网的新局面。

（三）大数据支撑。

对网站用户的基本属性、历史访问页面内容和时间、搜索关键词等行为信息进行大数据分析，研判用户的潜在需求，结合用户定制信息，主动为用户推送关联度高、时效性强的信息或服务。

研究分析网站各栏目更新、浏览、转载、评价以及服务使用等情况，对有关业务部门贯彻落实决策部署，开展信息发布、解读回应、办事服务、互动交流等方面工作情况进行客观量化评价,为改进工作提供建议,为科学决策提供参考。

(四)多渠道拓展。

适应互联网发展变化和公众使用习惯,推进政府网站向移动终端、自助终端、热线电话、政务新媒体等多渠道延伸,为企业和群众提供多样便捷的信息获取和办事渠道。提高政务新媒体内容发布质量,可对来自政府网站的政务信息进行再加工和再创作,通过数字化、图表图解、音频视频等公众喜闻乐见的形式发布。开展响应式设计,自动匹配适应多种终端。建立健全人工在线服务机制,融合已有的服务热线资源,完善知识库,及时响应网民诉求,解答网民疑惑。加强与网络媒体、电视广播、报刊杂志等的合作,通过公共搜索、社交网络等公众常用的平台和渠道,多渠道传播政府网站的声音。开展线上线下协同联动的推广活动,提高政府网站的用户粘性、公众认知度和社会影响力。

七、安全防护

政府网站要根据网络安全法等要求,贯彻落实网络安全等级保护制度,采取必要措施,对攻击、侵入和破坏政府网站的行为以及影响政府网站正常运行的意外事故进行防范,确保网站稳定、可靠、安全运行。在网信、公安等部门的指导下,加强网络安全监测预警技术能力建设。网站安全与网站开设要同步规划、同步建设、同步实施。

(一)技术防护。

1. 政府网站服务器不得放在境外,禁止使用境外机构提供的物理服务器和虚拟主机。优先采购通过安全审查的网络产品和服务。使用的关键设备和安全专用产品要通过安全认证和安全检测。被列为关键信息基础设施的政府网站要在严格执行等级保护制度的基础上,实行重点保护,不得使用未通过安全审查的网络产品和服务。按照要求定期对政府网站开展安全检测评估。

2. 部署必要的安全防护设备,应对病毒感染、恶意攻击、网页篡改和漏洞利用等风险,保障网站安全运行。操作系统、数据库和中间件等软件要遵循最小安装原则,仅安装应用必需的服务和组件,并及时安装安全补丁程序。部署的设备和软件要具备与网站访问需求相匹配的性能。划分网络安全区域,严格设置访问控制策略,建立安全访问路径。

3. 前台发布页面和后台管理系统应分别部署在不同的主机环境中,并设置严格的访问控制策略,防止后台管理系统暴露在互联网中。要对应用软件的代码进行安全分析和测试,识别并及时处理可能存在的恶意代码。对重要数据、敏感数据进行分类管理,做好加密存储和传输。加强后台发布终端的安全管理,定期开展安全检查,防止终端成为后台管理系统的风险入口。

4. 加强用户管理,根据用户类别设置不同安全强度的鉴别机制。禁止使用系统默认或匿名账户，根据实际需要创建必须的管理用户。要采用两种或两种以上组合的鉴别技术，确定管理用户身份。严格设定访问和操作权限，实现系统管理、内容编辑、内容审核等用户的权限分离。要对管理用户的操作行为进行记录。加强网站平台的用户数据安全防护工作。

5. 使用符合国家密码管理政策和标准规范的密码算法和产品，逐步建立基于密码的网络信任、安全支撑和运行监管机制。

6. 在网站建设中，应采用可信计算、云计算、大数据等技术，利用集约化手段，开展网站群建设，减少互联网出口，实现网站的统一管理、统一防护，提高网站综合防护能力。

（二）监测预警与应急处置。

1. 建立安全监测预警机制，实时监测网站的硬件环境、软件环境、应用系统、网站数据等运行状态以及网站挂马、内容篡改等攻击情况，并对异常情况进行报警和处置。定期对网站应用程序、操作系统及数据库、管理终端进行全面扫描，发现潜在安全风险并及时处置。留存网站运行日志不少于六个月。密切关注网信、电信主管等部门发布的系统漏洞、计算机病毒、网络攻击、网络侵入等预警和通报信息，并及时响应。

2. 建立应急响应机制，制定应急预案并向本地区、本部门政府网站主管单位和网络安全应急主管部门备案，明确应急处置流程，开展应急演练，提高对网络攻击、病毒入侵、系统故障等风险的应急处置能力。发生安全事件时，要立即启动应急预案及时处置，并按照规定向有关管理部门报告。

3. 及时处置假冒政府网站。假冒政府网站是指以虚假政府机构名义、冒用政府或部门名义开办的，以及利用与政府网站相同或相似的标识（名称、域名、徽标等）、内容及功能误导公众的非法网站。对监测发现或网民举报的假冒政府网站，经核实后，相关省（区、市）人民政府办公厅或国务院部门办公厅（室）要及时商请网信部门处理。网信部门协调电信主管、公安等部门积极配合，及时对假冒政府网站的域名解析和互联网接入服务进行处置。公安机关会同有关部门对假冒政府网站开办者等人员依法予以打击处理。

（三）管理要求。

1. 明确政府网站安全责任人，落实安全保护责任。强化安全培训，定期对相关人员进行安全教育、技术培训和技能考核，提高安全意识和防范水平。对因工作失职导致安全事故的进行责任追究。被列为关键信息基础设施的政府网站，应对关键岗位人员进行安全背景审查。

2. 按照网络安全法等法律法规和政策标准要求，制定完善安全管理制度和操作规程，做好网站安全定级、备案、检测评估、整改和检查工作，提高网站防篡改、防病毒、防攻击、防瘫痪、防劫持、防泄密能力。

3. 建立政府网站信息数据安全保护制度，收集、使用用户信息数据应当遵循合法、正当、必要的原则。政府网站对存储的信息数据要严格管理，通过磁盘阵列、网页加速服务等方式定期、全面备份网站数据，提升容灾备份能力；利用对称、非对称的加密技术，对网站数据进行双重加密；通过设置专用加密通道，严格控制数据访问权限，确保安全，防止数据泄露、毁损、丢失。

八、机制保障

（一）监管机制。

1. 常态化监管。各地区、各部门要至少每季度对本地区、本部门政府网站信息内容开展一次巡查抽检，抽查比例不得低于30%，每次抽查结束后要及时在门户网站公开检查情况。对问题严重的要进行通报并约谈有关责任人。安排专人每天及时处理网民纠错意见，在1个工作日内转有关网站主办单位处理，在3个工作日内答复网民。除反映情况不属实等特殊情况外，所有留言办理情况均要公开。定期组织对政府网站安全管理和技术防护措施进行检查。编制政府网站监管年度报表，每年1月31日前向社会公开。

2. 考核评价。制定政府网站考评办法，把考评结果纳入政府年度绩效考核，列入重点督查事项。完善奖惩问责机制，对考评优秀的网站，要推广先进经验，并给予相关单位和人员表扬和奖励。对存在问题较多的网站，要通报相关主管、主办单位和有关负责人。对因网站出现问题造成严重后果的，要对分管领导和有关责任人进行严肃问责。可采用第三方评估、专业机构评定、社情民意调查等多种方式，客观、公正、多角度地评价工作效果。

3. 人员培训。将政府网站工作纳入干部教育培训体系，定期组织开展培训，把提升网上履职能力作为培训的重要内容，不断提高机关工作人员知网、懂网、用网的意识和水平。加强专业人才培养，建设一支具备信息采集、选题策划、编辑加工、大数据分析和安全保障等综合能力，熟悉政务工作和互联网传播规律，具有高度政治责任感和工作担当的专业化队伍。积极开展试点示范，树立标杆典型，建立交流平台，加强业务研讨，分享经验做法，共同提高管网、建网、办网的能力。

（二）运维机制。

1. 专人负责制度。指定专人对政府网站信息内容和安全运行负总责。明确栏目责任人，负责栏目的选题策划、信息编发和内容质量等。严格审校流程，确保信息内容与业务部门提供的原稿一致，发现原稿有问题要及时沟通。转载使用其他非政府网站信息的，要加强内容审核和保密审查。

2. 值班读网制度。建立24小时值班制度，及时处理突发事件，编辑、审核和发布相关稿件。设立质量管理岗位，加强日常监测，通过机器扫描、人工检查等方法，对政府网站的整体运行情况、链接可用情况、栏目更新情况、信息内容质量等进行日常巡检，每日浏览网站内容，特别要认真审看新发布的稿件信息，及时发现问题、纠正错漏并做好记录。

3. 资源管理机制。网站栏目主编根据权限从信息资源库调取资源，配置完善栏目。资源库管理团队要做好入库资源的管理，详细记录资源使用情况，并进行挖掘分析，提出栏目优化和新应用开发的建议。

4. 预算及项目管理制度。统筹考虑并科学核定内容保障和运行维护经费需要，把政府网站经费足额纳入部门预算，制定经费管理办法并加强管理。建立项目管理制度，规范做好项目立项、招投标和验收等工作，管理好项目需求、进度、质量和文档等。规范和加强采购管理，严格遵守政府采购制度规定和流程规范，凡属于政府采购范围的，必须按照国家法律法规执行，做到"应采尽采"。对外包的业务和事项，严格审查服务单位的业务能力、资质和管理制度，细化明确外包服务的人员、内容、质量和工作信息保护等要求，确保人员到位、服务到位、安全到位。

5. 年报制度。要编制政府网站年度工作报表，内容主要包括年度信息发布总数和各栏目发布数、用户总访问量、服务事项数和受理量、网民留言办理情况，以及平台建设、开设专题、新媒体传播、创新发展和机制保障等情况，确保数据真实、准确、完整，于每年1月31日前向社会公开。

（三）沟通协调。

1. 国务院办公厅建立与中央宣传部、中央网信办、中央编办、工业和信息化部、公安部的协同工作机制，县级以上地方人民政府办公厅（室）建立与本级宣传、网信、编制、电信主管和公安部门的协同机制，做好政府网站重大事项沟通交流、信息共享公示和问题处置等工作。

2. 各地区、各部门办公厅（室）要与宣传、网信部门建立政务舆情回应协同机制，及时通过政府网站、新闻媒体和网络媒体等发布回应信息，并同步向政务微博、微信等政务新媒体推送，扩大权威信息传播范围。政府网站要建立与新闻宣传部门及主要媒体的沟通协调机制，共同做好政策解读、热点回应和网站传播等工作。

（四）协同联动。

1. 建立政府网站间协同联动机制，畅通沟通渠道。对上级政府网站和本级政府门户网站发布的重要政策信息，应在12小时内转载；需上级政府网站或本级政府门户网站发布的重要信息，应及时报送并协商发布，共同打造整体联动、同步发声的政府网站体系。

2. 国务院通过中国政府网、国务院客户端发布的对全局工作有指导意义、需要社会广泛知晓的重要政策信息，国务院各部门网站和地方各级政府网站及其政务新媒体要及时充分转载；涉及某个行业或地区的政策信息，有关部门和地方网站应及时转载。

3. 鼓励国务院各部门和省级政府入驻国务院客户端，及时发布国务院重要决策部署落实情况等，并提供办事服务。

附件

网页设计规范

一、展现布局

（一）展现。

1. 政府网站应简洁明了，清新大气，保持统一风格，符合万维网联盟（W3C）的相关标准规范要求。

2. 政府网站应确定1种主色调，合理搭配辅色调，总色调不宜超过3种。使用符合用户习惯的标准字体和字号，同一类别的栏目和信息使用同一模板，统一字体、字号、行间距和布局等。

3. 按照适配常用分辨率的规格设计页面，首页不宜过长。在主流计算机配置和当地平均网速条件下，页面加载时长不宜超过3秒。

4. 对主流类别及常用版本浏览器具有较好的兼容性，页面保持整齐不变形，不出现文字错行、表格错位、功能和控件不可用等情况。

5. 网站内容要清晰显示发布时间，时间格式为 YYYY—MM—DD HH：MM。文章页需标明信息来源，具备转载分享功能。

6. 页面中的图片和视频应匹配信息内容，确保加载速度，避免出现图片不显示、视频无法播放等情况。避免使用可能存在潜在版权纠纷或争议的图片和视频。

（二）布局。

1. 政府网站页面布局要科学合理、层次分明、重点突出，一般分为头部标识区、中部内容区和底部功能区。

2. 头部标识区要醒目展示网站名称，可根据实际情况展示中英文域名、徽标（Logo）以及多语言版、搜索等入口，有多个域名的显示主域名。

3. 中部内容区要遵循"从左到右、从上到下"的阅读习惯，科学合理设置布局架构。

4. 底部功能区至少要列明党政机关网站标识、"我为政府网站找错"监督举报平台入口、网站标识码、网站主办单位及联系方式、ICP备案编号、公安机关备案标识和站点地图等内容。

5. 政府网站各页面的头部标识区和底部功能区原则上要与首页保持一致。

（三）栏目。

1. 栏目是相对独立的内容单元，通常为一组信息或功能的组合，按照信息类别、特定主题等维度进行编排并集中展现。

2. 栏目设置要科学合理，充分体现政府工作职能，避免开设与履职行为、公众需求相关度不高的栏目。政府门户网站和部门网站应设置机构职能、负责人信息、政策文件、解读回应、工作动态、互动交流类栏目。

3. 栏目名称应准确直观、不宜过长，能够清晰体现栏目内容或功能。

4. 栏目内容较多时，可设置子栏目。栏目页要优先展现最新更新的信息内容。

5. 做好各栏目的内容更新、访问统计和日常核查，对无法保障、访问量低的栏目进行优化调整或关停并转。杜绝出现空白栏目，暂不能正常保障的栏目不得在页面显示，不得以"正在建设中""正在改版中""正在升级中"等理由保留空白栏目。

（四）频道。

频道是围绕特定主题的重要栏目或内容的组合，一般设置在中部内容区顶部，在各页面统一展示，为公众便捷使用提供导航。重要的单个栏目也可以作为频道。频道设置要清晰合理，突出重点。频道不宜过多，一般以5～8个为宜。

（五）专题。

1. 专题是围绕专项工作开设的特定栏目，集中展现有关工作内容。一般具有主题性、阶段性和时效性等特点。

2. 专题一般以图片标题等形式在首页显著位置设置链接入口。专题较多时，要设置专门的专题区。

3. 专项工作结束时，相关专题要从首页显著位置撤下并标注归档标识，集中保留至专题区，便于公众查看使用。

4. 专题的页面风格原则上应与网站整体风格一致，具体页面展现可根据需要灵活设计。

二、地址链接

（一）内部链接。

政府网站要建立统一资源定位符（URL）设定规则，为本网站的页面、图片、附件等生成唯一的内部地址。内部地址应清晰有效，体现内容分类和访问路径的逻辑性，便于用户识别。除网站迁移外，网站各类资源的URL原则上要保持不变，避免信息内容不可用。

(二)外部链接。

政府网站所使用的其他网站域名或资源地址,称为该网站的外部链接。使用外部链接应经本网站主办单位或承办单位负责人审核。原则上不得链接商业网站。

(三)链接管理。

政府网站应建立链接地址的监测巡检机制,确保所有链接有效可用,及时清除不可访问的链接地址,避免产生"错链"、"断链"。对于外部链接要严格审查发布流程,不得引用与所在页面主题无关的内容。严格对非政府网站链接的管理,确需引用非政府网站资源链接的,要加强对相关页面内容的实时监测和管理,杜绝因其内容不合法、不权威、不真实客观、不准确实用等造成不良影响。打开非政府网站链接时,应有提示信息。网站所有的外部链接需在页面上显示,避免出现"暗链",造成安全隐患。

三、网页标签

网页标签是指网页模版中对有关展现内容进行标记而设置的标签,通常包括网站标签、栏目标签、内容页标签等。政府网站要在页面源代码"〈head〉…〈/head〉"中以 meta 标签的形式,对网站名称、政府网站标识码、栏目类别等关键要素进行标记,标签值不能为空。

政府网站要在所有页面中设置相关标签。栏目页要设置网站标签和栏目标签。内容页要在设置内容页标签的同时,设置网站标签以及栏目标签中的"栏目名称"和"栏目类别"标签。

(一)网站标签。

规范名称	标签名称	是否多值	设置要求	赋值内容
网站名称	SiteName	否	必选	政府网站的规范名称
网站域名	SiteDomain	是	必选	政府网站的英文域名
政府网站标识码	SiteIDCode	否	必选	政府网站合法身份的标识

示例如下:

```
〈head〉
…
〈meta name="SiteName" content="中国政府网"〉
〈meta name="SiteDomain" content="www.gov.cn"〉
〈meta name="SiteIDCode" content="bm01000001"〉
…
〈/head〉
```

(二)栏目标签。

规范名称	标签名称	是否多值	设置要求	赋值内容
栏目名称	ColumnName	否	必选	政府网站具体栏目的名称
栏目描述	ColumnDescription	是	必选	反映栏目设置目的、主要内容的说明
栏目关键词	ColumnKeywords	是	必选	反映栏目内容特点的词语
栏目类别	ColumnType	是	必选	首页 概况信息 机构职能 负责人信息 工作动态 政策文件 信息公开指南 信息公开目录 信息公开年报 依申请公开 数据发布 数据开放 政策解读 回应关切 办事服务 咨询投诉 征集调查 在线访谈 ……

示例如下:

> 〈head〉
> …
> 〈meta name="SiteName" content="中国政府网"〉
> 〈meta name="SiteDomain" content="www.gov.cn"〉
> 〈meta name="SiteIDCode" content="bm01000001"〉
> 〈meta name="ColumnName" content="政策"〉
> 〈meta name="ColumnDescription" content="中国政府网政策栏目发布中央和地方政府制定的法规、政策文件,中共中央有关文件,国务院公报,政府白皮书,政府信息公开,政策解读等。提供法律法规和已发布的文件的查询功能"〉
> 〈meta name="ColumnKeywords" content="国务院文件,行政法规,部门规章,中央文件,政府白皮书,国务院公报,政策专辑"〉
> 〈meta name="ColumnType" content="政策文件"〉
> …
> 〈/head〉

（三）内容页面标签。

规范名称	标签名称	是否多值	设置要求	赋值内容
标题	ArticleTitle	否	必选	具体内容信息的标题
发布时间	PubDate	否	必选	内容信息的发布时间，格式为 YYYY—MM—DD HH：MM
来源	ContentSource	否	必选	文章的发布单位或转载来源
关键词	Keywords	否	可选	反映文章信息内容特点的词语
作者	Author	否	可选	文章的作者或责任编辑
摘要	Description	否	可选	内容信息的内容概要
图片	.Image	否	可选	正文中图片 URL
网址	Url	否	可选	文章的 URL 地址

示例如下：

```
〈head〉
...
〈meta name＝"SiteName" content＝"中国政府网"〉
〈meta name＝"SiteDomain"content＝"www.gov.cn"〉
〈meta name＝"SiteIDCode" content＝"bm01000001"〉
〈meta name＝"ColumnName" content＝"要闻"〉
〈meta name＝"ColumnType" content＝"工作动态"〉
〈meta name＝"ArticleTitle" content＝"今天的国务院常务会议定了这3件大事"〉
〈meta name＝"PubDate" content＝"2017—04-12 21：37"〉
〈meta name＝"ContentSource" content＝"中国政府网"〉
〈meta name＝"Keywords" content＝"国务院常务会，医疗联合体，中小学，幼儿园，安全风险防控，统计法"〉
〈meta name＝"Author"content＝"陆茜"〉
〈meta name＝"Description" content＝"部署推进医疗联合体建设，部署加强中小学幼儿园安全风险防控体系建设，通过《中华人民共和国统计法实施条例（草案）》。4月12日的国务院常务会定了这3件大事，会上，李克强总理对这些工作作出了哪些部署？"〉
〈meta name＝"Url"
content＝"www.gov.cn/xinwen/2017—04/12/content _ 5185257. htm"〉
...
〈/head〉
```

四、其他

政府网站要方便公众浏览使用，页面内容要便于复制、保存和打印。要最大限度减少用户额外安装组件、控件或插件；确需使用的，要便于在相关页面获取和安装。应用系统、附件、视频等应有效可用，名称要直观准确。附件、视频等格式应便于常用软件打开，避免用户额外安装软件。避免使用悬浮、闪烁等方式，确需使用悬浮框的必须具备关闭功能。

政府网站严禁刊登商业广告或链接商业广告页面。

政府网站主办、承办单位要根据用户的访问和使用情况，对网站展现进行常态化优化调整。

三、关于推动传统媒体和新兴媒体融合发展的指导意见

新闻出版广电总局　财政部关于推动 传统出版和新兴出版融合发展的指导意见

新广发〔2015〕32号

各省、自治区、直辖市新闻出版广电局、财政厅（局），新疆生产建设兵团新闻出版局、财务局，解放军总政治部宣传部新闻出版局：

推动传统出版和新兴出版融合发展，把传统出版的影响力向网络空间延伸，是出版业巩固壮大宣传思想文化阵地的迫切需要，是履行文化职责的迫切需要，是自身生存发展的迫切需要。根据中共中央办公厅、国务院办公厅印发的《关于推动传统媒体和新兴媒体融合发展的指导意见》，结合出版业实际情况，现就推动传统出版和新兴出版融合发展，提出如下指导意见：

一、总体要求

1. 指导思想。以邓小平理论、"三个代表"重要思想、科学发展观为指导，深入贯彻落实习近平总书记系列重要讲话精神，贯彻落实中央关于全面深化改革的重大战略部署，坚持以先进技术为支撑、内容建设为根本，充分运用新技术，创新出版方式、提高出版效能，进一步掌握网络空间话语权，进一步提高出版业的影响力传播力和竞争实力，推动出版业更好更快发展。

2. 基本原则。必须始终坚持党管出版，把坚持正确政治方向和出版导向贯穿到出版融合发展的各环节、全过程，自觉体现社会主义核心价值观，始终坚持把社会效益放在首位，努力实现社会效益和经济效益有机统一；坚持正确处理传统出版和新兴出版关系，以传统出版为根基实现并行并重、优势互补、此长彼长；坚持强化互联网思维，积极推进理念观念、管理体制、经营机制、生产方式创新；坚持一体化发展，推动传统出版和新兴出版实现出版资源、生产要素的有效整合；坚持内容为本技术为用、内容为体技术为翼，运用先进技术传播先进文化；坚持重点突破和整体推进相结合，因地制宜、积极探索、差异化发展。

3. 工作目标。按照积极推进、科学发展、规范管理、确保导向的要求，立

足传统出版，发挥内容优势，运用先进技术，走向网络空间，切实推动传统出版和新兴出版在内容、渠道、平台、经营、管理等方面深度融合，实现出版内容、技术应用、平台终端、人才队伍的共享融通，形成一体化的组织结构、传播体系和管理机制。力争用3~5年的时间，研发和应用一批新技术新产品新业态，确立一批示范单位、示范项目、示范基地（园区），打造一批形态多样、手段先进、市场竞争力强的新型出版机构，建设若干家具有强大实力和传播力公信力影响力的新型出版传媒集团。

二、重点任务

4. 创新内容生产和服务。始终坚持贴近需求、质量第一，严格把关、深耕细作，将传统出版的专业采编优势、内容资源优势延伸到新兴出版，更好发挥舆论引导、思想传播和文化传承作用。探索和推进出版业务流程数字化改造，建立选题策划、协同编辑、结构化加工、全媒体资源管理等一体化内容生产平台，推动内容生产向实时生产、数据化生产、用户参与生产转变，实现内容生产模式的升级和创新。顺应互联网传播移动化、社交化、视频化、互动化趋势，综合运用多媒体表现形式，生产满足用户多样化、个性化需求和多终端传播的出版产品。强化用户理念和体验至上的服务意识，既做到按需提供服务、精准推送产品，又做到在互动中服务、在服务中引导，不断增强用户的参与度、关注度和满意度。

5. 加强重点平台建设。整合、集约优质内容资源，推动建立国家级出版内容发布投送平台、国家学术论文数字化发布平台、出版产品信息交换平台、国家数字出版服务云平台、版权在线交易平台等聚合精品、覆盖广泛、服务便捷、交易规范的平台及出版资源数据库，推进内容、营销、支付、客服、物流等平台化发展。鼓励平台间开放接口，通过市场化的方式，实现出版内容和行业数据跨平台互通共享。

6. 扩展内容传播渠道。各出版发行单位要探索适合自身融合发展的道路，创新传统发行渠道，大力发展电子商务，整合延伸产业链，构建线上线下一体化发展的内容传播体系。进一步加强实体书店建设，努力将实体书店建设成为集阅读学习、展示交流、聚会休闲、创意生活等功能于一体的复合式文化消费场所。支持实体书店与电子商务合作，在区域配送发挥各自优势。探索以用户为中心的全渠道服务模式。进一步开拓农村等出版产品消费市场。利用社交网络平台，建立出版网络社区等传播载体，打通传统出版读者群和新兴出版用户群，着力增强粘性，广泛吸引用户。借力商业网站的微博微信微店等渠道，不断扩大出版产品的用户规模，进一步扩大覆盖面。

7. 拓展新技术新业态。运用大数据、云计算、移动互联网、物联网等技术，加强出版内容、产品、用户数据库建设，提高数据采集、存储、管理、分析和运用能力。积极通过多种方式吸收借鉴、善加利用先进的传播技术和渠道,借力推动出版融合发展。充分利用新一代网络的技术优势,加快发展移动阅读、在线教育、知识服务、按需印刷、电子商务等新业态。加强出版大数据分析、结构化加工制作、资源知识化管理、数字版权保护、数字印刷、发布服务以及产品优化工具、跨终端呈现工具等关键性技术的研发和应用实践,着力解决出版融合发展面临的技术短板。建立和完善用户需求、生产需求、技术需求有机衔接的生产技术体系,不断以新技术引领出版融合发展,驱动转型升级。有计划地组织相关标准的制修订工作,完善标准化成果推广机制,加快国际标准关联标识符(ISLI)、中国出版物在线信息交换(CNONIX)等标准的推广和应用。

8. 完善经营管理机制。积极适应出版融合发展要求,主动探索出版单位内部组织结构的重构再造,逐步建立顺畅高效、适应市场竞争和一体化发展的内部运行机制。变革和融合传统出版和新兴出版生产经营模式,建立健全一个内容多种创意、一个创意多次开发、一次开发多种产品、一种产品多个形态、一次销售多条渠道、一次投入多次产出、一次产出多次增值的生产经营运行方式,激发出版融合发展的活力和创造力。探索建立首席信息官制度,加强版权、商标、品牌等的保护和多元化、社会化运营,构建融合发展状态下的经营管理模式。

9. 发挥市场机制作用。坚持行政推动和发挥市场作用相结合,探索以资本为纽带的出版融合发展之路,支持传统出版单位控股或参股互联网企业、科技企业,支持出版企业尤其是出版传媒集团跨地区、跨行业、跨媒体、跨所有制兼并重组。在网络出版以及对外专项出版领域,探索实行管理股试点。引导社会力量参与融合项目的技术研发和市场开拓,鼓励支持符合条件的出版企业上市融资,促进金融资本、社会资本与出版资源有效对接。增强传统出版单位的市场竞争意识和能力,健全技术创新激励机制和容错、纠错机制,探索建立股权激励机制。

三、政策措施

10. 加强相关法律法规修制工作。推动修订《中华人民共和国著作权法》,加快修订出台《网络出版服务管理规定》和《出版物市场管理规定》。制定新闻出版许可证管理办法、新闻采编人员职业资格制度暂行规定和网络连续出版物管理规定等。制定网络出版等新兴出版主体资格和准入条件,制定加强信息网络传播权行政保护指导意见,推动网络使用作品依法依规进行。通过逐步建立以法律法规为主体,以部门规章为配套,以规范性文件为补充的法律法规体系,规范、保障、推动出版融合发展。

11. 加大财政政策支持力度。充分发挥财政引导示范和带动作用,着力改善传统出版和新兴出版融合发展环境。加大中央文化产业发展专项资金支持力度,完善和落实项目补助、贷款贴息、保费补贴、绩效奖励等措施，更好地与新闻出版改革发展项目库等进行衔接，实现财政政策、产业政策与企业需求的有机衔接。支持出版企业在项目实施中更多运用金融资本、社会资本，符合条件的可通过"文化金融扶持计划"给予支持。加大国家出版基金对涉及出版融合发展的出版项目支持力度。继续实施新闻出版业转型升级重大项目，探索将传统出版和新兴出版融合发展纳入重大项目支持范围，突出重点、分步实施、逐年推进。

12. 优化出版行政管理。坚持和完善新闻出版主管主办制度，坚持出版特许经营，严格许可证管理。对网上网下、不同出版业态进行科学管理、有效管理，建立统一的导向要求和内容标准，建立出版单位社会效益评价机制。严厉打击各类非法出版物、网上淫秽色情信息，严厉打击出版领域的侵权盗版行为尤其是网上侵权盗版行为，创造良好的版权保护环境。加强质量管理，建立不良产品和企业退出机制。鼓励有条件的地区和出版单位率先发展，支持有先发优势的产业带、产业基地（园区）依托资源条件和产业优势，建设出版融合发展聚集区，扶持创业孵化，培育新的经济增长点。建立国家级出版融合发展研究基地（中心），对融合发展重大项目实施集智攻关。支持行业组织在出版融合发展研究、标准制定、自律维权等方面发挥积极作用。

13. 实施项目带动战略。充分发挥全民阅读、国家古籍整理出版、农家书屋、民文出版、出版发行网络建设、绿色印刷、"丝路书香"、国家数字复合出版、数字版权保护技术研发等项目的带动作用，支持提升出版融合发展的质量和水平。

14. 强化人才队伍建设。制定出版融合发展人才培养规划，支持出版单位与高校、研究机构和创新型企业联合开展出版融合发展人才培养，加大新兴出版内容生产人才、技术研发人才、资本运作人才和经营管理人才培养引进力度，进一步优化人才结构。建立出版融合发展人才资源库。鼓励出版传媒集团设立人才基金，鼓励出版单位加强领军人才和复合型人才队伍建设。建立健全绩效考核体系，创新项目用人机制，探索出版融合发展条件下吸引人才、留住人才、用好人才的有效途径。

四、组织实施

15. 统筹推进任务措施落实。各出版行政主管部门、出版单位要将出版融合发展列入行业和单位"十三五"规划等重大产业发展规划，制定实施方案，明确时间表、路线图、任务书，合理设计和规划实施项目，重大项目要按程序报批备案。制定精细化的项目指标，加强跟踪测评和效果评估。建立责任考核机制，一层抓一层，层层抓落实，将出版融合发展任务、重点项目落到实处。

16. 进一步加强组织领导。各级出版行政主管部门主要负责同志亲自抓、负总责，会同财政部门结合本地区（部门）实际，切实加强对出版融合发展的组织领导。要形成统一高效的议事决策和协调推动机制，整合各方资源，加强外部协作，强化内部协调，为推动出版融合发展提供有力保障。

新闻出版广电总局
财　政　部
2015年3月31日

四、关于进一步做好政务新媒体工作的通知

国务院办公厅政府信息与政务公开办公室
关于进一步做好政务新媒体工作的通知

国办公开办函〔2017〕13号

各省、自治区、直辖市人民政府办公厅，国务院各部委、各直属机构办公厅（室）：

党中央、国务院高度重视新媒体发展及其运用工作。当前政务微博、微信、移动客户端以及开设在其他第三方平台上的政务新媒体快速发展，已经成为政务公开的重要渠道，在传播党和政府声音、开展政策解读、回应公众关切等方面发挥了积极作用。但也有一些政务新媒体存在"有平台无运营""有帐号无监管""有发布无审核"等问题，给政府形象和公信力造成不良影响。为进一步做好政务新媒体工作，现就有关事项通知如下：

一、加强平台建设。坚持质量优先、管理先行，打造权威发布、反应灵敏的政务新媒体平台。各级政府和部门开设政务新媒体要集中力量做优做强一个主账号，有条件的地方和部门要建立上线联动、整体发声的新媒体矩阵。按照谁主管谁负责、谁发布谁负责的原则，明确责任主体，避免出现开而不管、管不到位的问题。

二、做好内容发布。政务新媒体要紧密围绕政府部门职能定位，及时发布政务信息，尤其是与社会公众关系密切的政策信息、服务信息，不得发布与政府职能没有直接关联的信息。做好解读解释，注重传播质量，提高信息内容可用性、实用性、易用性，可对政务信息进行再加工和再创作，运用数字化、图表图解、音频视频、访谈交流等公众喜闻乐见的形式发布。

三、强化引导回应。对涉及本地区本部门的重大突发事件，要按程序及时通过政务新媒体等发布信息，公布客观事实，并根据事件发展和工作进展发布动态

信息，表明政府态度，回应公众关切。对社会公众关注的热点问题，要通过政务新媒体等作出权威、正面的回应，阐明政策，解疑释惑。对涉及本地区本部门的网络谣言，要及时协调相关部门查证辟谣，同时通过多种渠道予以公布。建立网民留言审看、处理和反馈机制，有序开展互动回应，充分吸收网民意见建议，更好听民意、汇民智。

四、加强审核监管。 开设政务新媒体的政府和部门要建立明确规范的工作程序，并指定在编人员专人专岗负责政务信息发布工作。建立信息发布审核机制，严格把关发布内容。重大信息发布要经本单位主要负责同志或分管领导签批同意。对于委托其他单位运营的政务新媒体，开设单位要加强对发布内容的审核把关和检查指导，避免发布不当言论。

五、建立协同机制。 要与宣传、网信等单位加强沟通协调，跟踪监测政务新媒体相关网络舆情，一旦发现苗头性倾向性问题，按程序及时报告，会商研判，妥善处置。要与主流新闻媒体、重点新闻网站、政府网站加强协同联动，主动转载转发重要政务信息，形成传播合力，提升传播效果。加强政务新媒体网络安全运营，提高网络安全保障能力，防止账号被攻击、被窃取，发布的信息被篡改。

六、完善考核监督。 健全政务新媒体考核评价体系，围绕信息质量、发布时效、传播效果等方面制定考核指标。加强对考核结果的运用，对工作落实好的单位和个人，按照有关规定进行表彰表扬，对内容长期不更新、信息发布不准确、互动回应不及时、运维管理不规范，在发生重大政务舆情时"失声失语""雷言雷语""信谣传谣"引发负面舆情的政务新媒体，要督促整改，问题严重的进行问责。

各地区各部门要对政务新媒体工作人员加强培训，推广交流好的做法，不断提高工作能力和水平。

国务院办公厅政府信息与政务公开办公室
2017年5月3日

五、关于推进政务新媒体健康有序发展的意见

国务院办公厅关于推进
政务新媒体健康有序发展的意见

国办发〔2018〕123号

各省、自治区、直辖市人民政府，国务院各部委、各直属机构：

政务新媒体是移动互联网时代党和政府联系群众、服务群众、凝聚群众的重要渠道，是加快转变政府职能、建设服务型政府的重要手段，是引导网上舆论、

构建清朗网络空间的重要阵地，是探索社会治理新模式、提高社会治理能力的重要途径。近年来，各地区、各部门认真践行网上群众路线，积极运用政务新媒体推进政务公开、优化政务服务、凝聚社会共识、创新社会治理，取得了较好成效。但同时一些政务新媒体还存在功能定位不清晰、信息发布不严谨、建设运维不规范、监督管理不到位等突出问题，"僵尸""睡眠""雷人雷语""不互动无服务"等现象时有发生，对政府形象和公信力造成不良影响。为推动政务新媒体健康有序发展，经国务院同意，现提出如下意见。

一、总体要求

（一）指导思想。

以习近平新时代中国特色社会主义思想为指导，全面贯彻党的十九大和十九届二中、三中全会精神，坚持以人民为中心的发展思想，牢固树立新发展理念，认真落实党中央、国务院关于全面推进政务公开和优化政务服务的决策部署，实施网络强国战略，落实网络意识形态责任制，大力推进政务新媒体工作，明确功能定位，加强统筹规划，完善体制机制，规范运营管理，持续提升政府网上履职能力，努力建设利企便民、亮点纷呈、人民满意的"指尖上的网上政府"。

（二）工作目标。

到2022年，建成以中国政府网政务新媒体为龙头，整体协同、响应迅速的政务新媒体矩阵体系，全面提升政务新媒体传播力、引导力、影响力、公信力，打造一批优质精品账号，建设更加权威的信息发布和解读回应平台、更加便捷的政民互动和办事服务平台，形成全国政务新媒体规范发展、创新发展、融合发展新格局。

（三）基本原则。

1. 坚持正确导向。增强"四个意识"，坚定"四个自信"，坚决做到"两个维护"，围绕中心，服务大局，弘扬主旋律，传播正能量，讲好中国故事，办好群众实事。

2. 坚持需求引领。围绕公众需要，立足政府职能，切实解决有平台无运营、有账号无监管、有发布无审核等问题，优化用户体验，提升服务水平，增强群众获得感。

3. 坚持互联融合。按照前台多样、后台联通的要求，推动各类政务新媒体互联互通、整体发声、协同联动，推进政务新媒体与政府网站等融合发展，实现数据同源、服务同根，方便企业和群众使用。

4. 坚持创新发展。遵循移动互联网发展规律，创新工作理念、方法手段和制度机制，积极运用大数据、云计算、人工智能等新技术新应用，提升政务新媒体智能化水平。

二、明确工作职责

本意见所称政务新媒体，是指各级行政机关、承担行政职能的事业单位及其内设机构在微博、微信等第三方平台上开设的政务账号或应用，以及自行开发建设的移动客户端等。

国务院办公厅是全国政务新媒体工作的主管单位，地方各级人民政府办公厅（室）是本地区政务新媒体工作的主管单位，国务院各部门办公厅（室）或指定的专门司局是本部门政务新媒体工作的主管单位，实行全系统垂直管理的国务院部门办公厅（室）或指定的专门司局是本系统政务新媒体工作的主管单位。主管单位负责推进、指导、协调、监督政务新媒体工作。行业主管部门要加强对本行业承担公共服务职能的企事业单位新媒体工作的指导和监督。政务新媒体主办单位按照"谁开设、谁主办"的原则确定，履行政务新媒体的规划建设、组织保障、健康发展、安全管理等职责。可通过购买服务等方式委托相关机构具体承担政务新媒体日常运维工作。

各级政务新媒体按照主管主办和属地管理原则，接受宣传、网信部门的有关业务统筹指导和宏观管理。

三、加强功能建设

各地区、各部门要遵循政务新媒体发展规律，明确政务新媒体定位，充分发挥政务新媒体传播速度快、受众面广、互动性强等优势，以内容建设为根本，不断强化发布、传播、互动、引导、办事等功能，为企业和群众提供更加便捷实用的移动服务。中国政府网政务新媒体要发挥龙头示范作用，不断提升政务公开和政务服务水平。

（一）推进政务公开，强化解读回应。积极运用政务新媒体传播党和政府声音，做大做强正面宣传，巩固拓展主流舆论阵地。围绕中心工作，深入推进决策公开、执行公开、管理公开、服务公开、结果公开。做好主题策划和线上线下联动推广，重点推送重要政策文件信息和涉及群众切身利益、需要公众广泛知晓的政府信息。做准做精做细解读工作，注重运用生动活泼、通俗易懂的语言以及图表图解、音频视频等公众喜闻乐见的形式提升解读效果。要把政务新媒体作为突发公共事件信息发布和政务舆情回应、引导的重要平台，提高响应速度，及时公布真相、表明态度、辟除谣言，并根据事态发展和处置情况发布动态信息，注重发挥专家解读作用。对政策措施出台实施过程中出现的误解误读和质疑，要迅速澄清、解疑释惑，正确引导、凝聚共识，建立网上舆情引导与网下实际工作处置相同步、相协调的工作机制。县级政务新媒体要与本地区融媒体中心建立沟通协调机制，共同做好信息发布解读回应工作。

（二）加强政民互动，创新社会治理。畅通政务新媒体互动渠道，听民意、聚民智、解民忧、凝民心,走好网上群众路线。认真做好公众留言审看发布、处理反馈工作,回复留言要依法依规、态度诚恳、严谨周到,杜绝答非所问、空洞说教、生硬冷漠。加强与业务部门沟通协作,对于群众诉求要限时办结、及时反馈,确保合理诉求得到有效解决。要善于运用大数据、云计算、人工智能等技术,分析研判社情民意,为政府决策提供精准服务。注重结合重大活动、重要节日及纪念日、主题日等设置话题、策划活动,探索政民互动新方式。政务新媒体、政府网站、政务热线等应依托政府网站集约化平台完善和使用统一、权威、全面的咨询答问库,不断提升答问效率和互动质量。推动省级政府和国务院部门的咨询答问库与中国政府网对接联通。鼓励采用微联动、微直播、随手拍等多种形式,引导公众依法有序参与公共管理、公共服务,共创社会治理新模式。

(三)突出民生事项,优化掌上服务。强化政务新媒体办事服务功能,围绕利企便民,聚合办事入口,优化用户体验,推动更多事项"掌上办"。要立足工作职责,重点推动与群众日常生产生活密切相关的民生事项向政务新媒体延伸。着力做好办事入口的汇聚整合和优化,统筹推进政务新媒体、政府网站、实体政务大厅的线上线下联通、数据互联共享,简化操作环节,为公众提供优质便捷的办事指引,实现数据同源、服务同根、一次认证、一网通办。注重把握不同形态政务新媒体分众化、差异化的特点,创新服务模式,扩大服务受众,提升服务效果。政务新媒体提供办事服务应依托本地区、本部门已有的办事系统或服务平台,避免重复建设,防止形成新的信息孤岛和数据壁垒。

四、规范运维管理

(一)开设整合。县级以上地方各级人民政府及国务院部门应当开设政务新媒体,其他单位可根据工作需要规范开设。一个单位原则上在同一平台只开设一个政务新媒体账号,鼓励在网民集聚的新平台开设政务新媒体账号。严格按照集约节约的原则统筹移动客户端等应用系统建设,避免"一哄而上、一事一端、一单位一应用",移动客户端要全面支持IPv6(互联网协议第6版),支持在不同终端便捷使用。政务新媒体名称应简洁规范,与主办单位工作职责相关联,并在公开认证信息中标明主办单位名称,主办单位在不同平台上开设的政务新媒体名称原则上应保持一致。集中力量做优做强主账号,构建整体联动、集体发声的政务新媒体矩阵。对功能相近、用户关注度和利用率低的政务新媒体要清理整合,确属无力维护的要坚决关停。建立政务新媒体分级备案制度,开设、变更、关停、注销应向主管单位备案。政务新媒体主办单位发生变化的,应及时注销或变更账号信息,并向社会公告。

(二)内容保障。严格内容发布审核制度,坚持分级分类审核、先审后发,明确审核主体、审核流程,严把政治关、法律关、政策关、保密关、文字关。规范转载发布工作，原则上只转载党委和政府网站以及有关主管部门确定的稿源单位发布的信息，不得擅自发布代表个人观点、意见及情绪的言论，不得刊登商业广告或链接商业广告页面。建立原创激励机制，按照规范加大信息采编力度，提高原创信息比例。发布信息涉及其他单位工作内容的，要提前做好沟通协调。建立值班值守制度，加强日常监测，确保信息更新及时、内容准确权威，发现违法有害信息要第一时间处理，发现重大舆情要按程序转送相关部门办理。政务新媒体如从事互联网新闻信息服务或传播网络视听节目，须按照有关规定具备相应资质。

（三）安全防护。严格执行网络安全法等法律法规，落实安全管理责任，建立健全安全管理制度、保密审查制度和应急预案，提高政务新媒体安全防护能力。加强对账号密码的安全管理，防止账号被盗用或被恶意攻击等安全事件发生。加强监测预警和应急处置，对于泄露后会危及国家安全、公共安全、经济安全、社会稳定的信息和国家秘密、商业秘密、个人隐私，要加强管理，确保不泄露。强化用户信息安全保护，不得违法违规获取超过服务需求的个人信息，不得公开损害用户权益的内容。

（四）监督管理。加强政务新媒体的日常监管，定期组织检查，积极运用技术手段进行实时监控，及时通报、督促整改存在的突出问题。对发现的假冒政务新媒体，要求第三方平台立即关停，并通报有关部门依法依规处置。严禁购买"粉丝"等数据造假行为，不得强制要求群众下载使用移动客户端等或点赞、转发信息。第三方平台要强化保障能力，持续改进服务，为政务新媒体工作开展提供便利。

五、强化保障措施

（一）加强组织领导。各地区、各部门要充分认识移动互联网环境下做好政务新媒体工作的重大意义，提高认识，转变观念，完善政务公开协调机制，将政务新媒体工作纳入重要议事日程。明确分管负责人，统筹推动政务新媒体与政府网站整体协同发展。加强政务新媒体管理，提供必要经费保障，配齐配强工作人员，专岗专责，抓好工作落实。建立完善与宣传、网信、公安等部门的沟通协调机制，共同做好发布引导、舆情应对、网络安全等工作。

（二）加强人员培训。各地区、各部门要将政务新媒体工作纳入各级领导干部和公务员教育培训内容，着力强化运用政务新媒体履职能力。认真组织开展业务培训和研讨交流，增强信息编发能力、舆情研判能力、回应引导能力、应急处置能力，打造一支政治立场坚定、熟悉政策法规、掌握传播规律、具备较强能力的专业队伍。积极开展试点示范，选择发展基础好的地方和部门，开展规范发展、创新发展和融合发展试点，探索可借鉴、可推广的典型经验。

（三）加强考核评价。各地区、各部门要将政务新媒体工作情况列入年度绩效考核，制定考核评价办法。树立重实干、重实绩导向，对政务新媒体工作成效好的单位和个人，按照有关规定予以激励表扬。对违反规定发布转载不良或有害信息、破坏网络传播秩序、损害公众权益等突出问题，要严肃追责问责。国务院办公厅将对各地区、各部门政务新媒体进行网上监测和抽查，并通报有关情况。

国务院办公厅

2018年12月7日

六、网络信息内容生态治理规定

国家互联网信息办公室令

第5号

《网络信息内容生态治理规定》已经国家互联网信息办公室室务会议审议通过，现予公布，自2020年3月1日起施行。

主任 庄荣文

2019年12月15日

网络信息内容生态治理规定

第一章 总则

第一条 为了营造良好网络生态，保障公民、法人和其他组织的合法权益，维护国家安全和公共利益，根据《中华人民共和国国家安全法》《中华人民共和国网络安全法》《互联网信息服务管理办法》等法律、行政法规，制定本规定。

第二条 中华人民共和国境内的网络信息内容生态治理活动，适用本规定。

本规定所称网络信息内容生态治理，是指政府、企业、社会、网民等主体，以培育和践行社会主义核心价值观为根本，以网络信息内容为主要治理对象，以建立健全网络综合治理体系、营造清朗的网络空间、建设良好的网络生态为目标，开展的弘扬正能量、处置违法和不良信息等相关活动。

第三条 国家网信部门负责统筹协调全国网络信息内容生态治理和相关监督管理工作，各有关主管部门依据各自职责做好网络信息内容生态治理工作。

地方网信部门负责统筹协调本行政区域内网络信息内容生态治理和相关监督管理工作，地方各有关主管部门依据各自职责做好本行政区域内网络信息内容生态治理工作。

第二章 网络信息内容生产者

第四条 网络信息内容生产者应当遵守法律法规，遵循公序良俗，不得损害国家利益、公共利益和他人合法权益。

第五条 鼓励网络信息内容生产者制作、复制、发布含有下列内容的信息：

（一）宣传习近平新时代中国特色社会主义思想，全面准确生动解读中国特色社会主义道路、理论、制度、文化的；

（二）宣传党的理论路线方针政策和中央重大决策部署的；

（三）展示经济社会发展亮点，反映人民群众伟大奋斗和火热生活的；

（四）弘扬社会主义核心价值观，宣传优秀道德文化和时代精神，充分展现中华民族昂扬向上精神风貌的；

（五）有效回应社会关切，解疑释惑，析事明理，有助于引导群众形成共识的；

（六）有助于提高中华文化国际影响力，向世界展现真实立体全面的中国的；

（七）其他讲品味讲格调讲责任、讴歌真善美、促进团结稳定等的内容。

第六条 网络信息内容生产者不得制作、复制、发布含有下列内容的违法信息：

（一）反对宪法所确定的基本原则的；

（二）危害国家安全，泄露国家秘密，颠覆国家政权，破坏国家统一的；

（三）损害国家荣誉和利益的；

（四）歪曲、丑化、亵渎、否定英雄烈士事迹和精神，以侮辱、诽谤或者其他方式侵害英雄烈士的姓名、肖像、名誉、荣誉的；

（五）宣扬恐怖主义、极端主义或者煽动实施恐怖活动、极端主义活动的；

（六）煽动民族仇恨、民族歧视，破坏民族团结的；

（七）破坏国家宗教政策，宣扬邪教和封建迷信的；

（八）散布谣言，扰乱经济秩序和社会秩序的；

（九）散布淫秽、色情、赌博、暴力、凶杀、恐怖或者教唆犯罪的；

（十）侮辱或者诽谤他人，侵害他人名誉、隐私和其他合法权益的；

（十一）法律、行政法规禁止的其他内容。

第七条 网络信息内容生产者应当采取措施，防范和抵制制作、复制、发布含有下列内容的不良信息：

（一）使用夸张标题，内容与标题严重不符的；

（二）炒作绯闻、丑闻、劣迹等的；

（三）不当评述自然灾害、重大事故等灾难的；

（四）带有性暗示、性挑逗等易使人产生性联想的；

（五）展现血腥、惊悚、残忍等致人身心不适的；

（六）煽动人群歧视、地域歧视等的；

（七）宣扬低俗、庸俗、媚俗内容的；

（八）可能引发未成年人模仿不安全行为和违反社会公德行为、诱导未成年人不良嗜好等的；

（九）其他对网络生态造成不良影响的内容。

第三章　网络信息内容服务平台

第八条　网络信息内容服务平台应当履行信息内容管理主体责任，加强本平台网络信息内容生态治理，培育积极健康、向上向善的网络文化。

第九条　网络信息内容服务平台应当建立网络信息内容生态治理机制，制定本平台网络信息内容生态治理细则，健全用户注册、账号管理、信息发布审核、跟帖评论审核、版面页面生态管理、实时巡查、应急处置和网络谣言、黑色产业链信息处置等制度。

网络信息内容服务平台应当设立网络信息内容生态治理负责人，配备与业务范围和服务规模相适应的专业人员，加强培训考核，提升从业人员素质。

第十条　网络信息内容服务平台不得传播本规定第六条规定的信息，应当防范和抵制传播本规定第七条规定的信息。

网络信息内容服务平台应当加强信息内容的管理，发现本规定第六条、第七条规定的信息的，应当依法立即采取处置措施，保存有关记录，并向有关主管部门报告。

第十一条　鼓励网络信息内容服务平台坚持主流价值导向，优化信息推荐机制，加强版面页面生态管理，在下列重点环节（包括服务类型、位置版块等）积极呈现本规定第五条规定的信息：

（一）互联网新闻信息服务首页首屏、弹窗和重要新闻信息内容页面等；

（二）互联网用户公众账号信息服务精选、热搜等；

（三）博客、微博客信息服务热门推荐、榜单类、弹窗及基于地理位置的信息服务版块等；

（四）互联网信息搜索服务热搜词、热搜图及默认搜索等；

（五）互联网论坛社区服务首页首屏、榜单类、弹窗等；

（六）互联网音视频服务首页首屏、发现、精选、榜单类、弹窗等；

（七）互联网网址导航服务、浏览器服务、输入法服务首页首屏、榜单类、皮肤、联想词、弹窗等；

（八）数字阅读、网络游戏、网络动漫服务首页首屏、精选、榜单类、弹窗等；

（九）生活服务、知识服务平台首页首屏、热门推荐、弹窗等；

（十）电子商务平台首页首屏、推荐区等；

(十一)移动应用商店、移动智能终端预置应用软件和内置信息内容服务首屏、推荐区等；

(十二)专门以未成年人为服务对象的网络信息内容专栏、专区和产品等；

(十三)其他处于产品或者服务醒目位置、易引起网络信息内容服务使用者关注的重点环节。

网络信息内容服务平台不得在以上重点环节呈现本规定第七条规定的信息。

第十二条　网络信息内容服务平台采用个性化算法推荐技术推送信息的，应当设置符合本规定第十条、第十一条规定要求的推荐模型，建立健全人工干预和用户自主选择机制。

第十三条　鼓励网络信息内容服务平台开发适合未成年人使用的模式，提供适合未成年人使用的网络产品和服务，便利未成年人获取有益身心健康的信息。

第十四条　网络信息内容服务平台应当加强对本平台设置的广告位和在本平台展示的广告内容的审核巡查，对发布违法广告的，应当依法予以处理。

第十五条　网络信息内容服务平台应当制定并公开管理规则和平台公约，完善用户协议，明确用户相关权利义务，并依法依约履行相应管理职责。

网络信息内容服务平台应当建立用户账号信用管理制度，根据用户账号的信用情况提供相应服务。

第十六条　网络信息内容服务平台应当在显著位置设置便捷的投诉举报入口，公布投诉举报方式，及时受理处置公众投诉举报并反馈处理结果。

第十七条　网络信息内容服务平台应当编制网络信息内容生态治理工作年度报告，年度报告应当包括网络信息内容生态治理工作情况、网络信息内容生态治理负责人履职情况、社会评价情况等内容。

第四章　网络信息内容服务使用者

第十八条　网络信息内容服务使用者应当文明健康使用网络，按照法律法规的要求和用户协议约定，切实履行相应义务，在以发帖、回复、留言、弹幕等形式参与网络活动时，文明互动，理性表达，不得发布本规定第六条规定的信息，防范和抵制本规定第七条规定的信息。

第十九条　网络群组、论坛社区版块建立者和管理者应当履行群组、版块管理责任，依据法律法规、用户协议和平台公约等，规范群组、版块内信息发布等行为。

第二十条　鼓励网络信息内容服务使用者积极参与网络信息内容生态治理，通过投诉、举报等方式对网上违法和不良信息进行监督，共同维护良好网络生态。

第二十一条　网络信息内容服务使用者和网络信息内容生产者、网络信息内容服务平台不得利用网络和相关信息技术实施侮辱、诽谤、威胁、散布谣言以及侵犯他人隐私等违法行为，损害他人合法权益。

  第二十二条 网络信息内容服务使用者和网络信息内容生产者、网络信息内容服务平台不得通过发布、删除信息以及其他干预信息呈现的手段侵害他人合法权益或者谋取非法利益。

  第二十三条 网络信息内容服务使用者和网络信息内容生产者、网络信息内容服务平台不得利用深度学习、虚拟现实等新技术新应用从事法律、行政法规禁止的活动。

  第二十四条 网络信息内容服务使用者和网络信息内容生产者、网络信息内容服务平台不得通过人工方式或者技术手段实施流量造假、流量劫持以及虚假注册账号、非法交易账号、操纵用户账号等行为，破坏网络生态秩序。

  第二十五条 网络信息内容服务使用者和网络信息内容生产者、网络信息内容服务平台不得利用党旗、党徽、国旗、国徽、国歌等代表党和国家形象的标识及内容，或者借国家重大活动、重大纪念日和国家机关及其工作人员名义等，违法违规开展网络商业营销活动。

第五章 网络行业组织

  第二十六条 鼓励行业组织发挥服务指导和桥梁纽带作用，引导会员单位增强社会责任感，唱响主旋律，弘扬正能量，反对违法信息，防范和抵制不良信息。

  第二十七条 鼓励行业组织建立完善行业自律机制，制定网络信息内容生态治理行业规范和自律公约，建立内容审核标准细则，指导会员单位建立健全服务规范、依法提供网络信息内容服务、接受社会监督。

  第二十八条 鼓励行业组织开展网络信息内容生态治理教育培训和宣传引导工作，提升会员单位、从业人员治理能力，增强全社会共同参与网络信息内容生态治理意识。

  第二十九条 鼓励行业组织推动行业信用评价体系建设，依据章程建立行业评议等评价奖惩机制，加大对会员单位的激励和惩戒力度，强化会员单位的守信意识。

第六章 监督管理

  第三十条 各级网信部门会同有关主管部门，建立健全信息共享、会商通报、联合执法、案件督办、信息公开等工作机制，协同开展网络信息内容生态治理工作。

  第三十一条 各级网信部门对网络信息内容服务平台履行信息内容管理主体责任情况开展监督检查，对存在问题的平台开展专项督查。

网络信息内容服务平台对网信部门和有关主管部门依法实施的监督检查，应当予以配合。

第三十二条　各级网信部门建立网络信息内容服务平台违法违规行为台账管理制度，并依法依规进行相应处理。

第三十三条　各级网信部门建立政府、企业、社会、网民等主体共同参与的监督评价机制，定期对本行政区域内网络信息内容服务平台生态治理情况进行评估。

第七章　法律责任

第三十四条　网络信息内容生产者违反本规定第六条规定的，网络信息内容服务平台应当依法依约采取警示整改、限制功能、暂停更新、关闭账号等处置措施，及时消除违法信息内容，保存记录并向有关主管部门报告。

第三十五条　网络信息内容服务平台违反本规定第十条、第三十一条第二款规定的，由网信等有关主管部门依据职责，按照《中华人民共和国网络安全法》《互联网信息服务管理办法》等法律、行政法规的规定予以处理。

第三十六条　网络信息内容服务平台违反本规定第十一条第二款规定的，由设区的市级以上网信部门依据职责进行约谈，给予警告，责令限期改正；拒不改正或者情节严重的，责令暂停信息更新，按照有关法律、行政法规的规定予以处理。

第三十七条　网络信息内容服务平台违反本规定第九条、第十二条、第十五条、第十六条、第十七条规定的，由设区的市级以上网信部门依据职责进行约谈，给予警告，责令限期改正；拒不改正或者情节严重的，责令暂停信息更新，按照有关法律、行政法规的规定予以处理。

第三十八条　违反本规定第十四条、第十八条、第十九条、第二十一条、第二十二条、第二十三条、第二十四条、第二十五条规定的，由网信等有关主管部门依据职责，按照有关法律、行政法规的规定予以处理。

第三十九条　网信部门根据法律、行政法规和国家有关规定，会同有关主管部门建立健全网络信息内容服务严重失信联合惩戒机制，对严重违反本规定的网络信息内容服务平台、网络信息内容生产者和网络信息内容使用者依法依规实施限制从事网络信息服务、网上行为限制、行业禁入等惩戒措施。

第四十条　违反本规定，给他人造成损害的，依法承担民事责任；构成犯罪的，依法追究刑事责任；尚不构成犯罪的，由有关主管部门依照有关法律、行政法规的规定予以处罚。

第八章　附则

第四十一条　本规定所称网络信息内容生产者，是指制作、复制、发布网络信息内容的组织或者个人。

本规定所称网络信息内容服务平台，是指提供网络信息内容传播服务的网络信息服务提供者。

本规定所称网络信息内容服务使用者，是指使用网络信息内容服务的组织或者个人。

第四十二条 本规定自2020年3月1日起施行。

七、关于规范党员干部网络行为的意见

网络行为是党员干部言行的重要组成部分，中国共产党作为中国工人阶级的先锋队，中国人民和中华民族的先锋队，在网络行为中也应当自觉规范网络行为，发挥好模范带头作用，营造风正气清的网络环境。中共中央宣传部、中共中央组织部、中共中央网信办联合印发了《关于规范党员干部网络行为的意见》，对党员干部的网络行为提出了明确的指导意见，广大党员干部应当按照《意见》的要求，在网络上时刻注意自己的言行举止，严守政治纪律和政治规矩；对不准许的参加的网络传播行为、网络活动，坚决不参加；以职务身份注册账号时，严格履行报告义务；对网络违法行为积极举报监督，肃清全网风气。

《关于规范党员干部网络行为的意见》

（中宣发〔2017〕20号）

一、党员干部在网络上要严守政治纪律和政治规矩。必须牢固树立政治意识、大局意识、核心意识、看齐意识，坚决维护党中央权威，在思想上政治上行动上始终同以习近平同志为核心的党中央保持高度一致。严格遵守党规党纪，模范遵守国家法律法规，在网络行为中坚持正确政治方向，自觉宣传党的理论和路线方针政策，积极践行社会主义核心价值观，传播正能量、弘扬主旋律，共筑网上网下同心圆。

二、党员干部不准参与以下网络传播行为：发表违背党的基本路线，否定四项基本原则，歪曲党的政策，或者其他有严重政治问题的文章、演说、宣言、声明等；妄议中央大政方针，破坏党的集中统一；丑化党和国家形象，诋毁、污蔑党和国家领导人，歪曲党史、国史、军史，抹黑革命先烈和英雄模范；制造、传播各类谣言特别是政治类谣言，散布所谓"内部"消息和小道消息；出版、购买、传播非法出版物；宣扬封建迷信、淫秽色情；制作、传播其他有严重问题的文章、言论、音视频等信息内容。

三、党员干部不得参加以下网络活动：组织、参加反对党的理论和路线方针政策的网络论坛、群组、直播等活动；通过网络组党结社，参与和动员不法串

联、联署、集会等网上非法组织、非法活动；参与网上宗教活动、邪教活动，纵容和支持宗教极端势力、民族分裂势力、暴力恐怖势力及其活动；利用网络泄露党和国家秘密；浏览、访问非法和反动网站等。

四、严格规范党员干部在网络平台以职务身份注册账号行为。党员干部以职务身份在微博、微信、网络直播、论坛社区等境内外网络平台上注册账号、建立群组的，应当向所在党组织报告。

五、党员干部应当履行举报监督的义务。发现网上违法违规违纪信息、活动的，及时主动向有关部门、网络平台等举报，积极提供线索，协助有关方面处置。

六、切实加强对党员干部网络行为的教育、引导和管理。各级党组织要认真贯彻落实《党委（党组）意识形态工作责任制实施办法》以及《党委（党组）网络意识形态工作责任制实施细则》。对在网络活动中以身作则、表现突出的党员干部，要充分肯定、热情鼓励；对坚持正确立场、传播正能量而遭到围攻的党员干部，要旗帜鲜明地给予保护和支持；对党员干部违反本意见规定的，要依据党纪和国家法规进行严肃查处。

附录二 相关政策法律法规列表

序号	相关法律法规及政策名称	最新发布(修订)日期
1	《中华人民共和国著作权法》	1990年9月7日 2010年2月26日
2	《中华人民共和国电子签名法》	2004年3月24日 2015年4月24日
3	《中华人民共和国突发事件应对法》	2007年8月30日
4	《中华人民共和国侵权责任法》	2009年12月26日
5	《中华人民共和国网络安全法》	2017年6月1日
6	《中华人民共和国计算机信息系统安全保护条例》(国务院第147号、588号令)	1994年2月18日 2011年1月8日
7	《广播电视管理条例》(国务院第228号令、645号、676号令)	1997年8月11日 2013年12月7日 2017年3月1日
8	《中华人民共和国电信条例》(国务院令第291号)	2000年9月25日
9	《计算机软件保护条例》(国务院第339号令、632号令)	2001年12月20日 2013年1月30日
10	《互联网上网服务营业场所管理条例》(国务院第363号令)	2002年9月29日
11	《信息网络传播权保护条例》(国务院第468号令、634号令)	2006年5月18日 2013年1月30日
12	《中华人民共和国政府信息公开条例》(国务院第492号令、711号令)	2008年4月5日 2019年4月3日
13	《中国共产党宣传工作条例》	2019年6月29日
14	《中华人民共和国计算机信息网络国际联网管理暂行规定》	1996年2月1日
15	《中国公用计算机互联网国际联网管理办法》	1996年4月9日
16	《中国互联网络信息中心域名注册暂行管理办法》	1997年5月30日

(续)

序号	相关法律法规及政策名称	最新发布(修订)日期
17	《互联网信息服务管理办法》(国务院第292号令)	2000年9月25日
18	《互联网电子公告服务管理规定》	2000年10月8日
19	《互联网站从事登载新闻业务管理暂行规定》	2000年11月7日
20	《全国人大常委会关于维护互联网安全的决定》	2000年12月28日
21	《互联网出版管理暂行规定》	2002年6月27日
22	《中国互联网络信息中心域名争议解决办法》	2002年9月30日 2006年3月17日
23	《中国互联网络信息中心域名争议解决办法程序规则》	2002年9月30日 2006年3月17日
24	《中国互联网行业自律公约》	2003年5月10日
25	《互联网文化管理暂行规定》	2003年5月10日
26	《国家信息化领导小组关于加强信息安全保障工作的意见》(中办发〔2003〕27号)	2003年8月26日
27	《关于在游戏出版物中登载〈健康游戏忠告〉的通知》	2003年8月27日
28	《互联网等信息网络传播视听节目管理办法》	2004年7月6日
29	《最高人民法院、最高人民检察院关于办理利用互联网、移动通讯终端、声讯台制作、复制、出版、贩卖、传播淫秽电子信息刑事案件具体应用法律若干问题的解释》	2004年9月3日
30	《互联网域名管理办法》(工业和信息化部令第43号)	2004年11月5日 2017年11月1日
31	《关于进一步加强互联网管理工作的意见》 (中办发〔2004〕32号)	2004年11月8日
32	《互联网IP地址备案管理办法》	2005年2月8日
33	《非经营性互联网信息服务备案管理办法》(信息产业部第33号令)	2005年2月8日
34	《互联网著作权行政保护办法》	2005年4月29日
35	《关于做好中央政府门户网站内容保障工作的意见》(国办发〔2005〕31号)	2005年6月2日
36	《互联网安全保护技术措施规定》	2005年11月23日

（续）

序号	相关法律法规及政策名称	最新发布（修订）日期
37	《国家突发公共事件总体应急预案》	2006年1月8日
38	《关于加强政府网站建设和管理工作的意见》（国办发〔2006〕104号）	2006年12月29日
39	《信息安全等级保护管理办法》（公通字〔2007〕43号）	2007年6月22日
40	《国家电子政务工程建设项目管理暂行办法》（国家发展和改革委员会令第55号）	2007年8月13日
41	《互联网视听节目服务管理规定》	2007年12月27日
42	《中国互联网视听节目服务自律公约》	2008年2月22日
43	《关于进一步加强国家电子政务工程建设项目管理工作的通知》（发改高技〔2008〕2544号）	2008年9月24日
44	《广电总局关于加强互联网视听节目内容管理的通知》	2009年3月30日
45	《关于加快推进国家电子政务外网建设工作的通知》（发改高技〔2009〕988号）	2009年4月14日
46	《政府网站发展评估核心指标体系（试行）的通知》（工信部信〔2009〕175号）	2009年4月22日
47	《中国互联网络信息中心域名注册实施细则》	2009年6月5日
48	《广电总局关于加强以电视机为接收终端的互联网视听节目服务管理有关问题的通知》	2009年8月11日
49	《国务院关于印发文化产业振兴规划的通知》（国发〔2009〕30号）	2009年9月26日
50	《通信网络安全防护管理办法》（工信部第11号令）	2010年1月21日
51	《广电总局关于开办网络广播电视台有关问题的通知》	2010年5月10日
52	《关于金融支持文化产业振兴和发展繁荣的指导意见》（银发〔2010〕94号）	2010年4月9日
53	《关于三网融合试点工作有关问题的通知》	2010年7月20日
54	《广电总局关于手机电视集成播控平台建设和运营管理有关问题的通知》	2010年8月24日
55	《计算机信息网络国际联网安全保护管理办法》	2011年1月8日
56	《关于印发进一步鼓励软件产业和集成电路产业发展若干政策的通知》（国发〔2011〕4号）	2011年1月28日
57	《关于深化政务公开加强政务服务的意见》	2011年8月2日

(续)

序号	相关法律法规及政策名称	最新发布(修订)日期
58	《国务院关于大力推进信息化发展和切实保障信息安全的若干意见》(国发〔2012〕23号)	2012年6月28日
59	《关于进一步加强国家电子政务网络建设和应用工作的通知》(发改高技〔2012〕1986号)	2012年7月6日
60	《全国人民代表大会常务委员会关于加强网络信息保护的决定》(2012)	2012年12月28日
61	《国务院关于推进物联网有序健康发展的指导意见》(国发〔2013〕7号)	2013年2月5日
62	《电信和互联网用户个人信息保护规定》(工信部第24号令)	2013年7月16日
63	《电话用户真实身份信息登记规定》(工信部第25号令)	2013年7月16日
64	《"宽带中国"战略及实施方案》(国发〔2013〕31号)	2013年8月1日
65	《关于印发政府机关使用正版软件管理办法的通知》(国办发〔2013〕88号)	2013年8月15日
66	《最高人民法院、最高人民检察院关于办理利用信息网络实施诽谤等刑事案件适用法律若干问题的解释》	2013年9月9日
67	《国家卫星导航产业中长期发展规划》(国办发〔2013〕97号)	2013年9月26日
68	《关于进一步加强政府信息公开回应社会关切提升政府公信力的意见》(国办发〔2013〕100号)	2013年10月15日
69	《关于加强党政机关网站安全管理工作的通知》(中网办发文〔2014〕1号)	2014年5月10日
70	《关于加强和规范政府信息公开情况统计报送工作的通知》(国办发〔2014〕32号)	2014年6月23日
71	《即时通信工具公众信息服务发展管理暂行规定》	2014年8月7日
72	《关于加快传统媒体与新兴媒体融合发展的指导意见》	2014年8月21日
73	《关于加强电信和互联网行业网络安全工作的指导意见》(工信部保〔2014〕368号)	2014年8月29日
74	《关于促进智慧城市健康发展的指导意见》(发改高技〔2014〕1770号)	2014年8月29日
75	《关于加强政府网站信息内容建设的意见》(国办发〔2014〕57号)	2014年11月17日
76	《国家突发环境事件应急预案》(国办函〔2014〕119号)	2014年12月29日
77	《关于促进云计算创新发展培育信息产业新业态的意见》(国发〔2015〕5号)	2015年1月6日
78	《互联网用户账号名称管理规定》	2015年2月4日

(续)

序号	相关法律法规及政策名称	最新发布(修订)日期
79	《关于开展第一次全国政府网站普查的通知》(国办发〔2015〕15号)	2015年3月11日
80	《关于推动传统出版和新兴出版融合发展的指导意见》(新广发〔2015〕32号)	2015年3月31日
81	《互联网新闻信息服务单位约谈工作规定》	2015年4月28日
82	《关于大力发展电子商务加快培育经济新动力的意见》(国发〔2015〕24号)	2015年5月4日
83	《促进大数据发展行动纲要》(国发〔2015〕50号)	2015年8月31日
84	《三网融合推广方案》	2015年9月4日
85	《关于促进农村电子商务加快发展的指导意见》(国办发〔2015〕78号)	2015年10月30日
86	《网络出版服务管理规定》	2016年3月10日
87	《移动互联网应用程序信息服务管理规定》	2016年6月28日
88	《关于进一步加快广播电视媒体与新兴媒体融合发展的意见》的通知(新广电发〔2016〕124号)	2016年7月18日
89	《国家信息化发展战略纲要》	2016年7月27日
90	《互联网信息搜索服务管理规定》	2016年8月1日
91	《关于在政务公开工作中进一步做好政务舆情回应的通知》(国办发〔2016〕61号)	2016年8月12日
92	《关于印发政务信息资源共享管理暂行办法的通知》(国发〔2016〕51号)	2016年9月5日
93	《关于加快推进"互联网+政务服务"工作的指导意见》(国发〔2016〕55号)	2016年9月25日
94	《关于全面推进政务公开工作的意见》(国办发〔2016〕80号)	2016年11月10日
95	《关于印发"十三五"国家信息化规划的通知》(国发〔2016〕73号)	2016年12月15日
96	《关于促进移动互联网健康有序发展的意见》	2017年1月15日
97	《关于推动数字文化产业创新发展的指导意见》(文产发〔2017〕8号)	2017年4月11日
98	《互联网新闻信息服务管理规定》	2017年5月2日
99	《关于进一步做好政务新媒体工作的通知》(国办公开办函〔2017〕13号)	2017年5月3日

（续）

序号	相关法律法规及政策名称	最新发布（修订）日期
100	《关于印发政务信息系统整合共享实施方案的通知》（国办发〔2017〕39号）	2017年5月3日
101	《关于规范党员干部网络行为的意见》（中宣发〔2017〕20号）	2017年5月27日
102	《政府网站发展指引》（国办发〔2017〕47号）	2017年6月8日
103	《公共互联网网络安全威胁监测与处置办法》（工信部网安〔2017〕202号）	2017年8月9日
104	《互联网跟帖评论服务管理规定》	2017年8月25日
105	《互联网论坛社区服务管理规定》	2017年8月25日
106	《互联网群组信息服务管理规定》	2017年9月7日
107	《互联网用户公众账号信息服务管理规定》	2017年9月7日
108	《互联网域名管理办法》（工业和信息化部令第43号）	2004年11月5日 2017年11月1日
109	《关于全国互联网政务服务平台检查情况的通报》（国办函〔2017〕115号）	2017年11月3日
110	《2017年城市政务新媒体指数报告》	2017年11月30日
111	国家互联网信息办公室发布《微博客信息服务管理规定》	2018年2月2日
112	《关于加快推进全国一体化在线政务服务平台建设的指导意见》（国发〔2018〕27号）	2018年7月25日
113	《关于加强政府网站域名管理的通知》（国办函〔2018〕55号）	2018年8月25日
114	国务院办公厅关于印发《政府网站集约化试点工作方案》的通知（国办函〔2018〕71号）	2018年10月27日
115	《关于推进政务新媒体健康有序发展的意见》（国办发〔2018〕123号）	2018年12月27日
116	国家互联网信息办公室发布《区块链信息服务管理规定》	2019年1月10日
117	国务院办公厅秘书局关于印发政府网站与政务新媒体检查指标、监管工作年度考核指标的通知	2019年4月1日
118	《儿童个人信息网络保护规定》	2019年8月23日
119	《网络音视频信息服务管理规定》（国信办通字〔2019〕3号）	2019年11月18日
120	《App违法违规收集使用个人信息行为认定方法》（国信办秘字〔2019〕191号）	2019年11月28日

（续）

序号	相关法律法规及政策名称	最新发布（修订）日期
121	国家互联网信息办公室发布《网络信息内容生态治理规定》	2019年12月15日
122	国家林业局《关于进一步加强政务信息、电子政务、督查督办、政务公开工作的指导意见》（林办发〔2007〕127号）	2007年5月24日
123	《关于进一步规范林业信息简报报送工作的通知》	2008年9月3日
124	国家林业局印发《全国林业专网管理办法》	2010年7月8日
125	国家林业局印发《国家林业局办公网管理办法》	2010年7月8日
126	国家林业局印发《国家林业局中心机房管理办法》	2010年7月8日
127	国家林业局印发《国家林业局网络信息安全应急处置预案》	2010年7月8日
128	《中国林业网管理办法》（林办发〔2010〕187号）	2010年7月9日
129	《全国林业网站绩效评估标准（试行）》和《全国林业网站绩效评估办法（试行）》（办信字〔2010〕187号）	2010年12月15日
130	国家林业局印发《关于进一步加快林业信息化发展的指导意见》	2013年8月12日
131	国家林业局印发《全国林业信息化工作管理办法》（林办发〔2010〕187号）	2016年3月1日
132	国家林业局发布《"互联网＋"林业行动计划——全国林业信息化"十三五"发展规划》	2016年3月22日
133	国家林业局发布《关于全面推进政务公开工作的意见》（林办发〔2016〕45号）	2016年4月7日
134	国家林业局发布《关于推进中国林业物联网发展的指导意见》	2016年6月3日
135	国家林业局发布《关于加快中国林业大数据发展的指导意见》	2016年7月13日
136	国家林业局发布《关于推进全国林业电子商务发展的指导意见》	2016年9月5日
137	国家林业局发布《全国林业信息化率评测工作实施方案》	2016年11月15日
138	国家林业局发布《关于促进中国林业移动互联网发展的指导意见》（林信发〔2017〕114号）	2017年10月23日
139	国家林业局发布《关于促进中国林业云发展的指导意见》（林信发〔2017〕116号）	2017年10月25日
140	国家林业和草原局发布《国家林业局生产安全事故应急预案（试行）》	2017年12月22日
141	国家林业和草原局《关于进一步加强网络安全和信息化工作的意见》（林信发〔2018〕89号）	2018年9月3日
142	国家林业和草原局《关于促进林业和草原人工智能发展的指导意见》（林信发〔2019〕105号）	2019年11月8日

附录三　国家突发公共事件总体应急预案

一、《国家突发公共事件总体应急预案》

国家突发公共事件总体应急预案

1　总则

1.1　编制目的

提高政府保障公共安全和处置突发公共事件的能力，最大程度地预防和减少突发公共事件及其造成的损害，保障公众的生命财产安全，维护国家安全和社会稳定，促进经济社会全面、协调、可持续发展。

1.2　编制依据

依据宪法及有关法律、行政法规，制定本预案。

1.3　分类分级

本预案所称突发公共事件是指突然发生，造成或者可能造成重大人员伤亡、财产损失、生态环境破坏和严重社会危害，危及公共安全的紧急事件。

根据突发公共事件的发生过程、性质和机理，突发公共事件主要分为以下四类：

(1)自然灾害。主要包括水旱灾害，气象灾害，地震灾害，地质灾害，海洋灾害，生物灾害和森林草原火灾等。

(2)事故灾难。主要包括工矿商贸等企业的各类安全事故，交通运输事故，公共设施和设备事故，环境污染和生态破坏事件等。

(3)公共卫生事件。主要包括传染病疫情，群体性不明原因疾病，食品安全和职业危害，动物疫情，以及其他严重影响公众健康和生命安全的事件。

(4)社会安全事件。主要包括恐怖袭击事件，经济安全事件和涉外突发事件等。

各类突发公共事件按照其性质、严重程度、可控性和影响范围等因素，一般分为四级：Ⅰ级(特别重大)、Ⅱ级(重大)、Ⅲ级(较大)和Ⅳ级(一般)。

1.4 适用范围

本预案适用于涉及跨省级行政区划的，或超出事发地省级人民政府处置能力的特别重大突发公共事件应对工作。

本预案指导全国的突发公共事件应对工作。

1.5 工作原则

(1)以人为本，减少危害。切实履行政府的社会管理和公共服务职能，把保障公众健康和生命财产安全作为首要任务，最大程度地减少突发公共事件及其造成的人员伤亡和危害。

(2)居安思危，预防为主。高度重视公共安全工作，常抓不懈，防患于未然。增强忧患意识，坚持预防与应急相结合，常态与非常态相结合，做好应对突发公共事件的各项准备工作。

(3)统一领导，分级负责。在党中央、国务院的统一领导下，建立健全分类管理、分级负责，条块结合、属地管理为主的应急管理体制，在各级党委领导下，实行行政领导责任制，充分发挥专业应急指挥机构的作用。

(4)依法规范，加强管理。依据有关法律和行政法规，加强应急管理，维护公众的合法权益，使应对突发公共事件的工作规范化、制度化、法制化。

(5)快速反应，协同应对。加强以属地管理为主的应急处置队伍建设，建立联动协调制度，充分动员和发挥乡镇、社区、企事业单位、社会团体和志愿者队伍的作用，依靠公众力量，形成统一指挥、反应灵敏、功能齐全、协调有序、运转高效的应急管理机制。

(6)依靠科技，提高素质。加强公共安全科学研究和技术开发，采用先进的监测、预测、预警、预防和应急处置技术及设施，充分发挥专家队伍和专业人员的作用，提高应对突发公共事件的科技水平和指挥能力，避免发生次生、衍生事件；加强宣传和培训教育工作，提高公众自救、互救和应对各类突发公共事件的综合素质。

1.6 应急预案体系

全国突发公共事件应急预案体系包括：

(1)突发公共事件总体应急预案。总体应急预案是全国应急预案体系的总纲，是国务院应对特别重大突发公共事件的规范性文件。

(2)突发公共事件专项应急预案。专项应急预案主要是国务院及其有关部门为应对某一类型或某几种类型突发公共事件而制定的应急预案。

(3)突发公共事件部门应急预案。部门应急预案是国务院有关部门根据总体应急预案、专项应急预案和部门职责为应对突发公共事件制定的预案。

(4)突发公共事件地方应急预案。具体包括：省级人民政府的突发公共事件总体应急预案、专项应急预案和部门应急预案；各市(地)、县(市)人民政府及其基层政权组织的突发公共事件应急预案。上述预案在省级人民政府的领导下，按照分类管理、分级负责的原则，由地方人民政府及其有关部门分别制定。

(5)企事业单位根据有关法律法规制定的应急预案。

(6)举办大型会展和文化体育等重大活动，主办单位应当制定应急预案。

各类预案将根据实际情况变化不断补充、完善。

2 组织体系

2.1 领导机构

国务院是突发公共事件应急管理工作的最高行政领导机构。在国务院总理领导下，由国务院常务会议和国家相关突发公共事件应急指挥机构(以下简称相关应急指挥机构)负责突发公共事件的应急管理工作；必要时，派出国务院工作组指导有关工作。

2.2 办事机构

国务院办公厅设国务院应急管理办公室，履行值守应急、信息汇总和综合协调职责，发挥运转枢纽作用。

2.3 工作机构

国务院有关部门依据有关法律、行政法规和各自的职责，负责相关类别突发公共事件的应急管理工作。具体负责相关类别的突发公共事件专项和部门应急预案的起草与实施，贯彻落实国务院有关决定事项。

2.4 地方机构

地方各级人民政府是本行政区域突发公共事件应急管理工作的行政领导机构，负责本行政区域各类突发公共事件的应对工作。

2.5 专家组

国务院和各应急管理机构建立各类专业人才库，可以根据实际需要聘请有关专家组成专家组，为应急管理提供决策建议，必要时参加突发公共事件的应急处置工作。

3 运行机制

3.1 预测与预警

各地区、各部门要针对各种可能发生的突发公共事件，完善预测预警机制，建立预测预警系统，开展风险分析，做到早发现、早报告、早处置。

3.1.1 预警级别和发布

根据预测分析结果，对可能发生和可以预警的突发公共事件进行预警。预警级别依据突发公共事件可能造成的危害程度、紧急程度和发展态势，一般划分为四级：Ⅰ级(特别严重)、Ⅱ级(严重)、Ⅲ级(较重)和Ⅳ级(一般)，依次用红色、橙色、黄色和蓝色表示。

预警信息包括突发公共事件的类别、预警级别、起始时间、可能影响范围、警示事项、应采取的措施和发布机关等。

预警信息的发布、调整和解除可通过广播、电视、报刊、通信、信息网络、警报器、宣传车或组织人员逐户通知等方式进行，对老、幼、病、残、孕等特殊人群以及学校等特殊场所和警报盲区应当采取有针对性的公告方式。

3.2 应急处置

3.2.1 信息报告

特别重大或者重大突发公共事件发生后，各地区、各部门要立即报告，最迟不得超过4小时，同时通报有关地区和部门。应急处置过程中，要及时续报有关情况。

3.2.2 先期处置

突发公共事件发生后，事发地的省级人民政府或者国务院有关部门在报告特别重大、重大突发公共事件信息的同时，要根据职责和规定的权限启动相关应急预案，及时、有效地进行处置，控制事态。

在境外发生涉及中国公民和机构的突发事件，我驻外使领馆、国务院有关部门和有关地方人民政府要采取措施控制事态发展，组织开展应急救援工作。

3.2.3 应急响应

对于先期处置未能有效控制事态的特别重大突发公共事件，要及时启动相关预案，由国务院相关应急指挥机构或国务院工作组统一指挥或指导有关地区、部门开展处置工作。

现场应急指挥机构负责现场的应急处置工作。

需要多个国务院相关部门共同参与处置的突发公共事件，由该类突发公共事件的业务主管部门牵头，其他部门予以协助。

3.2.4 应急结束

特别重大突发公共事件应急处置工作结束，或者相关危险因素消除后，现场应急指挥机构予以撤销。

3.3 恢复与重建

3.3.1 善后处置

要积极稳妥、深入细致地做好善后处置工作。对突发公共事件中的伤亡人员、应急处置工作人员，以及紧急调集、征用有关单位及个人的物资，要按照规定给予抚恤、补助或补偿，并提供心理及司法援助。有关部门要做好疫病防治和环境污染消除工作。保险监管机构督促有关保险机构及时做好有关单位和个人损失的理赔工作。

3.3.2 调查与评估

要对特别重大突发公共事件的起因、性质、影响、责任、经验教训和恢复重建等问题进行调查评估。

3.3.3 恢复重建

根据受灾地区恢复重建计划组织实施恢复重建工作。

3.4 信息发布

突发公共事件的信息发布应当及时、准确、客观、全面。事件发生的第一时间要向社会发布简要信息，随后发布初步核实情况、政府应对措施和公众防范措施等，并根据事件处置情况做好后续发布工作。

信息发布形式主要包括授权发布、散发新闻稿、组织报道、接受记者采访、举行新闻发布会等。

4 应急保障

各有关部门要按照职责分工和相关预案做好突发公共事件的应对工作，同时根据总体预案切实做好应对突发公共事件的人力、物力、财力、交通运输、医疗卫生及通信保障等工作，保证应急救援工作的需要和灾区群众的基本生活，以及恢复重建工作的顺利进行。

4.1 人力资源

公安(消防)、医疗卫生、地震救援、海上搜救、矿山救护、森林消防、防洪抢险、核与辐射、环境监控、危险化学品事故救援、铁路事故、民航事故、基础信息网络和重要信息系统事故处置，以及水、电、油、气等工程抢险救援队伍是应急救援的专业队伍和骨干力量。地方各级人民政府和有关部门、单位要加强应急救援队伍的业务培训和应急演练，建立联动协调机制，提高装备水平；动员社会团体、企事业单位以及志愿者等各种社会力量参与应急救援工作；增进国际间的交流与合作。要加强以乡镇和社区为单位的公众应急能力建设，发挥其在应对突发公共事件中的重要作用。

中国人民解放军和中国人民武装警察部队是处置突发公共事件的骨干和突击力量，按照有关规定参加应急处置工作。

4.2 财力保障

要保证所需突发公共事件应急准备和救援工作资金。对受突发公共事件影响较大的行业、企事业单位和个人要及时研究提出相应的补偿或救助政策。要对突发公共事件财政应急保障资金的使用和效果进行监管和评估。

鼓励自然人、法人或者其他组织(包括国际组织)按照《中华人民共和国公益事业捐赠法》等有关法律、法规的规定进行捐赠和援助。

4.3 物资保障

要建立健全应急物资监测网络、预警体系和应急物资生产、储备、调拨及紧急配送体系，完善应急工作程序，确保应急所需物资和生活用品的及时供应，并加强对物资储备的监督管理，及时予以补充和更新。

地方各级人民政府应根据有关法律、法规和应急预案的规定，做好物资储备工作。

4.4 基本生活保障

要做好受灾群众的基本生活保障工作，确保灾区群众有饭吃、有水喝、有衣穿、有住处、有病能得到及时医治。

4.5 医疗卫生保障

卫生部门负责组建医疗卫生应急专业技术队伍，根据需要及时赴现场开展医疗救治、疾病预防控制等卫生应急工作。及时为受灾地区提供药品、器械等卫生和医疗设备。必要时，组织动员红十字会等社会卫生力量参与医疗卫生救助工作。

4.6 交通运输保障

要保证紧急情况下应急交通工具的优先安排、优先调度、优先放行，确保运输安全畅通；要依法建立紧急情况社会交通运输工具的征用程序，确保抢险救灾物资和人员能够及时、安全送达。

根据应急处置需要，对现场及相关通道实行交通管制，开设应急救援"绿色通道"，保证应急救援工作的顺利开展。

4.7 治安维护

要加强对重点地区、重点场所、重点人群、重要物资和设备的安全保护，依法严厉打击违法犯罪活动。必要时，依法采取有效管制措施，控制事态，维护社会秩序。

4.8 人员防护

要指定或建立与人口密度、城市规模相适应的应急避险场所，完善紧急疏散管理办法和程序，明确各级责任人，确保在紧急情况下公众安全、有序的转移或疏散。

要采取必要的防护措施，严格按照程序开展应急救援工作，确保人员安全。

4.9 通信保障

建立健全应急通信、应急广播电视保障工作体系，完善公用通信网，建立有线和无线相结合、基础电信网络与机动通信系统相配套的应急通信系统，确保通信畅通。

4.10 公共设施

有关部门要按照职责分工，分别负责煤、电、油、气、水的供给，以及废水、废气、固体废弃物等有害物质的监测和处理。

4.11 科技支撑

要积极开展公共安全领域的科学研究；加大公共安全监测、预测、预警、预防和应急处置技术研发的投入，不断改进技术装备，建立健全公共安全应急技术平台，提高我国公共安全科技水平；注意发挥企业在公共安全领域的研发作用。

5 监督管理

5.1 预案演练

各地区、各部门要结合实际，有计划、有重点地组织有关部门对相关预案进行演练。

5.2 宣传和培训

宣传、教育、文化、广电、新闻出版等有关部门要通过图书、报刊、音像制品和电子出版物、广播、电视、网络等，广泛宣传应急法律法规和预防、避险、自救、互救、减灾等常识，增强公众的忧患意识、社会责任意识和自救、互救能力。各有关方面要有计划地对应急救援和管理人员进行培训，提高其专业技能。

5.3 责任与奖惩

突发公共事件应急处置工作实行责任追究制。

对突发公共事件应急管理工作中做出突出贡献的先进集体和个人要给予表彰和奖励。

对迟报、谎报、瞒报和漏报突发公共事件重要情况或者应急管理工作中有其他失职、渎职行为的，依法对有关责任人给予行政处分；构成犯罪的，依法追究刑事责任。

6 附则

6.1 预案管理

根据实际情况的变化，及时修订本预案。

本预案自发布之日起实施。

二、《国家网络安全事件应急预案》

国家网络安全事件应急预案

1 总则

1.1 编制目的

建立健全国家网络安全事件应急工作机制，提高应对网络安全事件能力，预防和减少网络安全事件造成的损失和危害,保护公众利益,维护国家安全、公共安全和社会秩序。

1.2 编制依据

《中华人民共和国突发事件应对法》《中华人民共和国网络安全法》《国家突发公共事件总体应急预案》《突发事件应急预案管理办法》和《信息安全技术信息安全事件分类分级指南》(GB/Z 20986—2007)等相关规定。

1.3 适用范围

本预案所指网络安全事件是指由于人为原因、软硬件缺陷或故障、自然灾害等,对网络和信息系统或者其中的数据造成危害,对社会造成负面影响的事件,可分为有害程序事件、网络攻击事件、信息破坏事件、信息内容安全事件、设备设施故障、灾害性事件和其他事件。

本预案适用于网络安全事件的应对工作。其中,有关信息内容安全事件的应对,另行制定专项预案。

1.4 事件分级

网络安全事件分为四级:特别重大网络安全事件、重大网络安全事件、较大网络安全事件、一般网络安全事件。

(1)符合下列情形之一的,为特别重大网络安全事件:

①重要网络和信息系统遭受特别严重的系统损失,造成系统大面积瘫痪,丧失业务处理能力。

②国家秘密信息、重要敏感信息和关键数据丢失或被窃取、篡改、假冒,对国家安全和社会稳定构成特别严重威胁。

③其他对国家安全、社会秩序、经济建设和公众利益构成特别严重威胁、造成特别严重影响的网络安全事件。

(2)符合下列情形之一且未达到特别重大网络安全事件的,为重大网络安全事件:

①重要网络和信息系统遭受严重的系统损失,造成系统长时间中断或局部瘫痪,业务处理能力受到极大影响。

②国家秘密信息、重要敏感信息和关键数据丢失或被窃取、篡改、假冒,对国家安全和社会稳定构成严重威胁。

③其他对国家安全、社会秩序、经济建设和公众利益构成严重威胁、造成严重影响的网络安全事件。

(3)符合下列情形之一且未达到重大网络安全事件的,为较大网络安全事件:

①重要网络和信息系统遭受较大的系统损失,造成系统中断,明显影响系统效率,业务处理能力受到影响。

②国家秘密信息、重要敏感信息和关键数据丢失或被窃取、篡改、假冒，对国家安全和社会稳定构成较严重威胁。

③其他对国家安全、社会秩序、经济建设和公众利益构成较严重威胁、造成较严重影响的网络安全事件。

（4）除上述情形外，对国家安全、社会秩序、经济建设和公众利益构成一定威胁、造成一定影响的网络安全事件，为一般网络安全事件。

1.5 工作原则

坚持统一领导、分级负责；坚持统一指挥、密切协同、快速反应、科学处置；坚持预防为主，预防与应急相结合；坚持谁主管谁负责、谁运行谁负责，充分发挥各方面力量共同做好网络安全事件的预防和处置工作。

2 组织机构与职责

2.1 领导机构与职责

在中央网络安全和信息化领导小组（以下简称"领导小组"）的领导下，中央网络安全和信息化领导小组办公室（以下简称"中央网信办"）统筹协调组织国家网络安全事件应对工作，建立健全跨部门联动处置机制，工业和信息化部、公安部、国家保密局等相关部门按照职责分工负责相关网络安全事件应对工作。必要时成立国家网络安全事件应急指挥部（以下简称"指挥部"），负责特别重大网络安全事件处置的组织指挥和协调。

2.2 办事机构与职责

国家网络安全应急办公室（以下简称"应急办"）设在中央网信办，具体工作由中央网信办网络安全协调局承担。应急办负责网络安全应急跨部门、跨地区协调工作和指挥部的事务性工作，组织指导国家网络安全应急技术支撑队伍做好应急处置的技术支撑工作。有关部门派负责相关工作的司局级同志为联络员，联络应急办工作。

2.3 各部门职责

中央和国家机关各部门按照职责和权限，负责本部门、本行业网络和信息系统网络安全事件的预防、监测、报告和应急处置工作。

2.4 各省（区、市）职责

各省（区、市）网信部门在本地区党委网络安全和信息化领导小组统一领导下，统筹协调组织本地区网络和信息系统网络安全事件的预防、监测、报告和应急处置工作。

3 监测与预警

3.1 预警分级

网络安全事件预警等级分为四级：由高到低依次用红色、橙色、黄色和蓝色表示,分别对应发生或可能发生特别重大、重大、较大和一般网络安全事件。

3.2 预警监测

各单位按照"谁主管谁负责、谁运行谁负责"的要求,组织对本单位建设运行的网络和信息系统开展网络安全监测工作。重点行业主管或监管部门组织指导做好本行业网络安全监测工作。各省(区、市)网信部门结合本地区实际,统筹组织开展对本地区网络和信息系统的安全监测工作。各省(区、市)、各部门将重要监测信息报应急办,应急办组织开展跨省(区、市)、跨部门的网络安全信息共享。

3.3 预警研判和发布

各省(区、市)、各部门组织对监测信息进行研判,认为需要立即采取防范措施的,应当及时通知有关部门和单位,对可能发生重大及以上网络安全事件的信息及时向应急办报告。各省(区、市)、各部门可根据监测研判情况,发布本地区、本行业的橙色及以下预警。

应急办组织研判,确定和发布红色预警和涉及多省(区、市)、多部门、多行业的预警。

预警信息包括事件的类别、预警级别、起始时间、可能影响范围、警示事项、应采取的措施和时限要求、发布机关等。

3.4 预警响应

3.4.1 红色预警响应

(1)应急办组织预警响应工作,联系专家和有关机构,组织对事态发展情况进行跟踪研判,研究制定防范措施和应急工作方案,协调组织资源调度和部门联动的各项准备工作。

(2)有关省(区、市)、部门网络安全事件应急指挥机构实行24小时值班,相关人员保持通信联络畅通。加强网络安全事件监测和事态发展信息搜集工作,组织指导应急支撑队伍、相关运行单位开展应急处置或准备、风险评估和控制工作,重要情况报应急办。

(3)国家网络安全应急技术支撑队伍进入待命状态,针对预警信息研究制定应对方案,检查应急车辆、设备、软件工具等,确保处于良好状态。

3.4.2 橙色预警响应

(1)有关省(区、市)、部门网络安全事件应急指挥机构启动相应应急预案,组织开展预警响应工作,做好风险评估、应急准备和风险控制工作。

(2)有关省(区、市)、部门及时将事态发展情况报应急办。应急办密切关注事态发展,有关重大事项及时通报相关省(区、市)和部门。

(3)国家网络安全应急技术支撑队伍保持联络畅通,检查应急车辆、设备、软件工具等,确保处于良好状态。

3.4.3 黄色、蓝色预警响应

有关地区、部门网络安全事件应急指挥机构启动相应应急预案,指导组织开展预警响应。

3.5 预警解除

预警发布部门或地区根据实际情况,确定是否解除预警,及时发布预警解除信息。

4 应急处置

4.1 事件报告

网络安全事件发生后,事发单位应立即启动应急预案,实施处置并及时报送信息。各有关地区、部门立即组织先期处置,控制事态,消除隐患,同时组织研判,注意保存证据,做好信息通报工作。对于初判为特别重大、重大网络安全事件的,立即报告应急办。

4.2 应急响应

网络安全事件应急响应分为四级,分别对应特别重大、重大、较大和一般网络安全事件。Ⅰ级为最高响应级别。

4.2.1 Ⅰ级响应

属特别重大网络安全事件的,及时启动Ⅰ级响应,成立指挥部,履行应急处置工作的统一领导、指挥、协调职责。应急办24小时值班。

有关省(区、市)、部门应急指挥机构进入应急状态,在指挥部的统一领导、指挥、协调下,负责本省(区、市)、本部门应急处置工作或支援保障工作,24小时值班,并派员参加应急办工作。

有关省(区、市)、部门跟踪事态发展,检查影响范围,及时将事态发展变化情况、处置进展情况报应急办。指挥部对应对工作进行决策部署,有关省(区、市)和部门负责组织实施。

4.2.2 Ⅱ级响应

网络安全事件的Ⅱ级响应,由有关省(区、市)和部门根据事件的性质和情况确定。

(1)事件发生省(区、市)或部门的应急指挥机构进入应急状态,按照相关应急预案做好应急处置工作。

(2)事件发生省(区、市)或部门及时将事态发展变化情况报应急办。应急办将有关重大事项及时通报相关地区和部门。

(3)处置中需要其他有关省(区、市)、部门和国家网络安全应急技术支撑队伍配合和支持的,商应急办予以协调。相关省(区、市)、部门和国家网络安全应急技术支撑队伍应根据各自职责,积极配合、提供支持。

(4)有关省(区、市)和部门根据应急办的通报,结合各自实际有针对性地加强防范,防止造成更大范围影响和损失。

4.2.3 Ⅲ级、Ⅳ级响应

事件发生地区和部门按相关预案进行应急响应。

4.3 应急结束

4.3.1 Ⅰ级响应结束

应急办提出建议,报指挥部批准后,及时通报有关省(区、市)和部门。

4.3.2 Ⅱ级响应结束

由事件发生省(区、市)或部门决定,报应急办,应急办通报相关省(区、市)和部门。

5 调查与评估

特别重大网络安全事件由应急办组织有关部门和省(区、市)进行调查处理和总结评估,并按程序上报。重大及以下网络安全事件由事件发生地区或部门自行组织调查处理和总结评估,其中重大网络安全事件相关总结调查报告报应急办。总结调查报告应对事件的起因、性质、影响、责任等进行分析评估,提出处理意见和改进措施。

事件的调查处理和总结评估工作原则上在应急响应结束后30天内完成。

6 预防工作

6.1 日常管理

各地区、各部门按职责做好网络安全事件日常预防工作,制定完善相关应急预案,做好网络安全检查、隐患排查、风险评估和容灾备份,健全网络安全信息通报机制,及时采取有效措施,减少和避免网络安全事件的发生及危害,提高应对网络安全事件的能力。

6.2 演练

中央网信办协调有关部门定期组织演练,检验和完善预案,提高实战能力。

各省(区、市)、各部门每年至少组织一次预案演练,并将演练情况报中央网信办。

6.3 宣传

各地区、各部门应充分利用各种传播媒介及其他有效的宣传形式,加强突发网络安全事件预防和处置的有关法律、法规和政策的宣传,开展网络安全基本知识和技能的宣传活动。

6.4 培训

各地区、各部门要将网络安全事件的应急知识列为领导干部和有关人员的培训内容,加强网络安全特别是网络安全应急预案的培训,提高防范意识及技能。

6.5 重要活动期间的预防措施

在国家重要活动、会议期间,各省(区、市)、各部门要加强网络安全事件的防范和应急响应,确保网络安全。应急办统筹协调网络安全保障工作,根据需要要求有关省(区、市)、部门启动红色预警响应。有关省(区、市)、部门加强网络安全监测和分析研判,及时预警可能造成重大影响的风险和隐患,重点部门、重点岗位保持24小时值班,及时发现和处置网络安全事件隐患。

7 保障措施

7.1 机构和人员

各地区、各部门、各单位要落实网络安全应急工作责任制,把责任落实到具体部门、具体岗位和个人,并建立健全应急工作机制。

7.2 技术支撑队伍

加强网络安全应急技术支撑队伍建设,做好网络安全事件的监测预警、预防防护、应急处置、应急技术支援工作。支持网络安全企业提升应急处置能力,提供应急技术支援。中央网信办制定评估认定标准,组织评估和认定国家网络安全应急技术支撑队伍。各省(区、市)、各部门应配备必要的网络安全专业技术人才,并加强与国家网络安全相关技术单位的沟通、协调,建立必要的网络安全信息共享机制。

7.3 专家队伍

建立国家网络安全应急专家组,为网络安全事件的预防和处置提供技术咨询和决策建议。各地区、各部门加强各自的专家队伍建设,充分发挥专家在应急处置工作中的作用。

7.4 社会资源

从教育科研机构、企事业单位、协会中选拔网络安全人才,汇集技术与数据资源,建立网络安全事件应急服务体系,提高应对特别重大、重大网络安全事件的能力。

7.5 基础平台

各地区、各部门加强网络安全应急基础平台和管理平台建设,做到早发现、早预警、早响应,提高应急处置能力。

7.6 技术研发和产业促进

有关部门加强网络安全防范技术研究,不断改进技术装备,为应急响应工作提供技术支撑。加强政策引导,重点支持网络安全监测预警、预防防护、处置救援、应急服务等方向,提升网络安全应急产业整体水平与核心竞争力,增强防范和处置网络安全事件的产业支撑能力。

7.7 国际合作

有关部门建立国际合作渠道，签订合作协定，必要时通过国际合作共同应对突发网络安全事件。

7.8 物资保障

加强对网络安全应急装备、工具的储备，及时调整、升级软件硬件工具，不断增强应急技术支撑能力。

7.9 经费保障

财政部门为网络安全事件应急处置提供必要的资金保障。有关部门利用现有政策和资金渠道，支持网络安全应急技术支撑队伍建设、专家队伍建设、基础平台建设、技术研发、预案演练、物资保障等工作开展。各地区、各部门为网络安全应急工作提供必要的经费保障。

7.10 责任与奖惩

网络安全事件应急处置工作实行责任追究制。

中央网信办及有关地区和部门对网络安全事件应急管理工作中作出突出贡献的先进集体和个人给予表彰和奖励。

中央网信办及有关地区和部门对不按照规定制定预案和组织开展演练，迟报、谎报、瞒报和漏报网络安全事件重要情况或者应急管理工作中有其他失职、渎职行为的，依照相关规定对有关责任人给予处分；构成犯罪的，依法追究刑事责任。

8 附则

8.1 预案管理

本预案原则上每年评估一次，根据实际情况适时修订。修订工作由中央网信办负责。

各省（区、市）、各部门、各单位要根据本预案制定或修订本地区、本部门、本行业、本单位网络安全事件应急预案。

8.2 预案解释

本预案由中央网信办负责解释。

8.3 预案实施时间

本预案自印发之日起实施。

附录四　网络舆情监测服务机构

序号	机构名称	机构类型
1	北京拓尔思（TRS）信息技术股份有限公司	技术型网络类情服务机构
2	广州邦富软件有限公司	
3	北京阳光安吉互联网科技有限公司	
4	中科点击（北京）科技有限公司	
5	北京西盈信息技术有限公司	
6	长沙美音网络传播研究中心	
7	北京一飞科达软件有限公司	
8	人民日报社网络中心舆情监测室	媒体型网络舆情服务机构
9	新华网舆情在线	
10	中国舆情网（新华通讯社新闻信息中心数据加工中心）	
11	中国舆情法治网	
12	天津市社会科学院舆情研究所	研究型网络舆情服务机构
13	北京交通大学网络舆情安全研究中心	
14	新传媒网络舆情技术实验	
15	北京理工大学网络与分布式计算实验室	
16	华中科技大学舆情信息研究中心	
17	中国传媒大学网络舆情（口碑）研究所	

参考文献

陈红红,史红军,2010.网站管理与维护[M].北京:北京航空航天大学出版社.
陈李鹏,2018.基于网站平台的区域性广电媒体传播研究[J].襄阳职业技术学院学报,17(6):93-96.
陈晓华,2013.传统报纸使用微信新媒体的现状及问题研究[J].新闻传播(1):14-15,17.
程栋,2019.智能时代新媒体概论[M].北京:清华大学出版社.
代玉梅,2011.自媒体的本质:信息共享的即时交互平台[J].云南社会科学(6):172-174.
丁敏艺,2016.传统媒体与新媒体如何实现共赢[J].新闻研究导刊(5):336.
董少林,李海洋,2015.国外政府门户网站建设的经验及其启示[J].湖北社会科学(7):35-40.
董晓萌,田龙过,2018."三微一端"政务新媒体建设的困境与思考[J].新闻采编(2):56-58.
付雪妍,2017.场景理论下移动社交媒体的场景建构[J].新媒体研究(14):3-4.
宫承波,2009.新媒体概论[M].2版.北京:中央广播电视出版社.
龚海刚,刘明,2005.P2P流媒体关键技术的研究进展[J].计算机研究与发展,42(12):2033-2040.
黄楚新,2018.当前我国新媒体发展状况、问题及对策[J].人民论坛·学术前沿(10):79-87.
黄鸣奋,2008.艺术与混合现实[J].东南大学学报(哲学社会科学版)(6):74-78.
黄泽垚,2018.全息时代偶像舞台的新生——浅析全息投影技术对舞台的影响[J].新媒体研究,4(22):34-35.
金婷,2015.浅析政务新媒体的发展现状、存在问题及对策建议[J].电子政务(8):21-27.
景东,苏宝华,2008.新媒体定义新论[J].新闻界(3):57-59.
李世东,2017.政府网站建设[M].北京:中国林业出版社.
李世东,2018.林业信息化知识读本[M].北京:中国林业出版社.
林穗芳,2017.电子编辑和电子出版物——概念、起源和早期发展[J].中国编辑研究(3):361-433.
刘佩,2019.我国政府网站建设与发展的历史进程与规律特征[J].中国管理信息化,22(17):167-170.
刘铁良,2014.增强现实系统中人机交互技术研究[D].大庆:东北石油大学.
刘文静,2016.国内新媒体研究文献综述[J].新闻研究导刊(4):58-59.
刘信彤,2017.纸将死报永存——以《人民日报》微信公众号为例浅析媒体融合传播能力与效果评估研究[EB/OL].http://media.people.com.cn/n1/2017/0111/c409691-29014551.html,

2017-01-11/2019-03-04.

卢官明，宗昉，2007. IPTV 技术及应用[M]. 北京：电子工业出版社.

马歇尔·麦克卢汉，2006. 麦克卢汉如是说[M]. 何道宽，译. 北京：中国人民大学出版社.

马歇尔·麦克卢汉，2011. 理解媒介：论人的延伸[M]. 何道宽，译. 南京：译林出版社.

马新强，孙兆，袁哲，等，2010. Web 标准与 HTML5 的核心技术研究[J]. 重庆文理学院学报（自然科学版），29(6)：61-64.

那长敏，2009. 论新媒体定义的重构[J]. 新闻爱好者(20)：8-9.

尼葛洛庞帝，胡泳，范海燕，1997. 数字化生存[M]. 海口：海南出版社.

秦雨晴，朱林，蒋欣益，2017. 新媒体环境下的网络安全隐患[J]. 教育（文摘版），4(2)：303-304.

秋叶，勾俊伟. 2017. 新媒体运营[M]. 北京：人民邮电出版社.

人民日报评论部，让主流媒体成为"全媒体"[N]. 人民日报，2019-1-30(5).

邵权熙，张文红，杜建玲，2019. 中国林业媒体融合发展研究报告[M]. 北京：中国林业出版社.

施远涛，山雪艳，赵帅帅，2013. 三网融合下视听新媒体研究：回顾与前瞻[J]. 湖北科技学院学报(7)：195-198.

石焱，2017. 网络安全风险防范知识手册[M]. 北京：中国林业出版社.

宋奥琳，2019. 新媒体时代的网络舆情发展特点——以大熊猫"蜀兰"事件为例[J]. 视听，5(8)：106-107.

苏凯，赵苏砚，2017. VR 虚拟现实与 AR 增强现实的技术原理与商业应用[M]. 北京：人民邮电出版社.

谭天，夏厦，刘睿迪，2017. 中国新媒体研究发展回顾及展望[J]. 新闻爱好者(9)：35-40.

谭贤，2017. 新媒体运营从入门到精通[M]. 北京：人民邮电出版社.

谭云明，2018. 新媒体信息编辑[M]. 北京：清华大学出版社.

唐忠敏，2018. 流量时代传统电视的智能化生存[J]. 视听界(6)：22-25.

铁铮，2020. 林业科技知识读本[M]. 北京：中国林业出版社.

王彩平，2012. 危机应对：政府如何发布新闻[M]. 北京：国家行政学院出版社.

王传珍，2017. 知识付费奇点与未来[J]. 互联网经济(Z1)：68-73.

王桂梅，2009. 主题网络爬虫关键技术研究[D]. 哈尔滨：哈尔滨工业大学.

王婷，2019. 融媒体时代背景下中国林业发展趋势——评《中国林业媒体融合发展研究报告》[J]. 西部林业科学(6)：173.

王贤锋，2007. 全息术的历史与发展[J]. 现代商贸工业(5)：180-182.

吴敏，2010. 基于微博的媒体营销研究[D]. 广州：暨南大学.

武娟，2010. 2009 年新媒体研究综述[J]. 宜春学院学报(6)：188-190.

向丽明，2017. 简议融媒体时代下广播新闻编辑的创新意识培养[J]. 新闻研究导刊(7)：88.

肖俊，2018. 基于 P2P 的视频点播系统关键技术研究[D]. 南京：南京邮电大学.

谢欢，2017. 试论新媒体发展的最新阶段及其特点[J]. 新闻研究导刊(2)：102.

杨明刚，2019. 大数据时代的网络舆情[M]. 深圳：海天出版社.

杨明刚，田志标，杨莉莉，2013. 新媒体传播特征及对高校品牌形象塑造的影响与作用[J]. 中国广告(3)：137-140.

曾祥敏，2019. 中国新媒体研究报告2019[M]. 北京：人民出版社.

张开飞，2014. 浅析网络后台管理的重要性[J]. 山东工业技术，16(1)：101.

张天韵，2014. 试论新媒体的发展与传统媒体的应对[J]. 新闻传播(1)：83-84.

张英华，2017. 融媒体时代电视新闻编辑的创新意识和融合能力[J]. 西部广播电视(17)：169-170.

赵荣鑫，2016. 基于HTML5技术的品牌营销页面的交互设计研究[D]. 北京：北京交通大学.

郑远，2018. 政务新媒体在公共事件中的舆情应对策略研究——以@平安朝阳回应"红黄蓝幼儿园虐童事件"为例[J]. 传媒文化，9(27)：81-84.

周巍巍，2010. 网络爬虫网页库智能更新策略分析与研究[J]. 电脑知识与技术(31)：8814-8815.

周瑜嫄，2016. 移动端HTML5广告的受众体验设计研究[D]. 无锡：江南大学.

周玉娇，杨兴坤，2019. 网络舆情管理：监测、预警与引导[M]. 北京：知识产权出版社.

朱文剑，2015. 三网融合背景下IPTV组网方案的设计与实施[D]. 南京：南京邮电大学.

邹鸿强，陈里，苏桂锋，2015. 领导干部网络舆情工作指南[M]. 北京：人民日报出版社.

EMMERSBERGER C，SPRINGER F，WOLFF C，2009. Location Based Logistics Services and Event Driven Business Process Management[M]//Intelligent Interactive Assistance and Mobile Multimedia Computing. Heidelberg：Springer Berlin Heidelberg.

GRIGORE C BURDEA，PHILIPPE COIFFET，2005. 虚拟现实技术[M]. 北京：电子工业出版社.

后 记

自2012年林业信息化培训基地设立以来,已经连续七年开展了林业信息化基础知识与办公系统应用、公文传输系统应用、网站群信息维护、网络安全、信息化标准建设、等级保护、大数据与人工智能新技术应用、林业CIO高级研修、林业数字政府、新媒体与舆情应对等信息化专题培训项目,编写了《信息技术知识与办公技巧360问》《网络安全风险防范知识手册》等实用性培训教材,学员反馈良好。本书结合林草行业工作实际和培训学员反馈,最终选定了《新媒体与网站管理》这个书名,正式启动编写教材至今,已近两年,书稿终于在众多朋友和专家的帮助下,经过多轮的修改审校,接近完成。

在本书编写过程中,一场突如其来的新冠肺炎疫情席卷全球,给全世界人民生命安全和经济发展带来严峻考验。根据中央疫情防控工作部署,无数医护人员逆行武汉开展医学救治,科研工作者发挥科技创新作用,开展药物及疫苗攻关,百位院士为疫情防控提供科学的对策建议,大国重器精锐尽出,创新技术各显神通,全面融入防控疫情的主战场,担当起科技抗疫的跨界先锋。多省启动了重大突发公共卫生事件一级响应,采取多种举措来减少人员聚集,阻止疫情蔓延。

面对疫情的暴发与奋战,短视频新媒体平台凭借内容形式新、传播速度快、信息散发覆盖面广、交互性强等特点,在疫情报道中提高了信息传递效率,对于抗疫精神的弘扬、抗疫知识的传播发挥了重要作用。政务新媒体平台强化选题策划,在传递信息、引导舆论、安抚民心等方面发挥着主渠道作用,成为党政公开、政民互通的重要窗口。各媒体单位坚守岗位,借助媒体大数据相关服务与应用,通过庞大的互联网采集矩阵所积聚的海量新闻资讯与消息,为新冠疫情下的各媒体单位提供定向的专题数据服务。通过智慧媒体编辑部所提供的热点事件追踪分析,快速构建相关热门事件的追踪服务,全方位对该事件进行跟踪与深入分析。可以观察到微博、微信、抖音这类社交媒体平台成为事件热议的主要渠道。

同时,互联网行业许多企业商家开启了直播,以直播、短视频为代表的线上营销成为品牌商家们的首选。抖音、微博上的内容生产量最近大幅度增加,互动量也指数级增长,无论是全民做面包还是全民做凉皮,都看到了新媒体时代人们强大的创造能力,以及新媒体环境中共享和互动的强烈氛围。使用新媒体为社会创造价值，网民翻看的每一条消息，点过的每一个赞，转发的每一次评论，发布的每一条朋友圈，都是一次新媒体内容生产。让我们更加深刻地认识到敏锐的热点嗅觉能力、良好的专业素养和审美、天马行空的脑洞、扎实的文字和剪辑功底、随时为工作牺牲生活的决心……缺一不可。同时还要具备敏感的用户洞察能力，精准定位用户，以及如何将优质的内容推送到用户端，如何把合适的内容穿插进用户难以琢磨的碎片化时间之中。更为重要的一点，新媒体人需要有一套坚守的价值观，不为了热点和流量，牺牲自己的职业道德。这场疫情可以看到大数据的价值，看到危机公关的影响力，看到媒体报道如何消除大众的不确定，也看到了谣言四起时辟谣的艰难，看到纷繁芜杂的舆论场，看到爆炸的信息量，……这是每一个新媒体人应该深刻反思的问题，并且以身作则去净化公共的网络空间。

世界在变，技术在变，媒介在变，唯一不变的是变化。2020年，随着5G时代的到来，新媒体领域已经进入白热化阶段，社群电商有无限发展可能，精细化运营成为必然趋势。新媒体行业的监管也将日益严格，未来新媒体从业者需注重提高底线意识，建立相关的"内容审核"团队来规避风险。

本书融入了一些对新媒体管理工作的思考，无论是图文媒体还是视频媒体，一个优秀的新媒体运营者需要具备强大的内容生产能力以及平台运作能力。未来新媒体运营的核心，都要把用户放在第一位，用户关心自己的利益，只要与自己相关的内容，就会留意，就会停留，才会有进行下一步的机会，用户满意，才能做好运营，才能转化并最终产生价值。期待着更多的专家学者、同行，投身于互联网时代的媒体运营事业中，开展自主创新、科技创新，同时激发民族凝聚力和创造力。

最后，特别感谢相关部门的各位领导和权威专家，提供了很多有益的建议与意见，给予了重要的帮助和支持，在此一并表示诚挚的谢意！

编　者
2020年6月